# vous et votre
# CHIEN

# vous et votre CHIEN

DAVID TAYLOR

et PETER SCOTT

traduction de Jean-Pierre Quijano

Larousse

17, RUE DU MONTPARNASSE - 75298 PARIS CEDEX 06

Réalisation : Pierre Anglade

Nous exprimons notre reconnaissance à tous ceux qui ont contribué à la réalisation de cet ouvrage : Martine Gérardin, Jean-Pierre Quijano, François Salvatori et, en particulier, le docteur Jabart pour ses précieux conseils.

Nous remercions également, pour son aide et ses conseils, la Société centrale canine.

ISBN 2-03-512213-9



# Sommaire

# 4

## CHOISIR SON CHIEN



# 5

## LES SOINS DU CHIOT



# 6

## VIE QUOTIDIENNE, ÉDUCATION ET DRESSAGE



# 7

## L'ALIMENTATION



# 8

## LA TOILETTE



# 9

## LA REPRODUCTION



# 10

## LES EXPOSITIONS



# 11

## COMPRENDRE SON CHIEN



# 12

## LA SANTÉ DU CHIEN



# 13

## LES URGENCES

# INTRODUCTION

Nous ne saurons jamais comment débuta vraiment la longue association de l'homme et du chien. Les premiers chiens domestiques ressemblaient sans doute aux loups et fouillaient les détritus abandonnés par l'homme préhistorique aux abords de ses campements, quelque part au Proche-Orient. Peut-être nos ancêtres se nourrissaient-ils de leur chair. Peut-être s'emparèrent-ils de jeunes chiots pour en faire des animaux familiers. Toujours est-il que l'homme comprit sans tarder que le chien pouvait devenir pour lui un auxiliaire précieux. Ainsi débuta une longue association qui a laissé des marques durables et profondes dans notre société et dans notre culture.

S'il est vrai que les chiens ne sont pas les plus nombreux de nos animaux familiers, on peut penser qu'ils sont, à bien des égards, les plus importants. Tantôt chien d'aveugle, chien de berger ou chien de garde, le fidèle compagnon de l'homme est bien loin de n'avoir que des utilisations pratiques. C'est aussi et surtout un compagnon de tous les instants dont la présence a un effet psychologique bénéfique sur les êtres humains qui l'entourent. On a démontré que le fait de caresser un chien faisait baisser le pouls et la tension, que la simple présence d'un chien fidèle aidait le convalescent ou le malade à recouvrer la santé. Et comme le chien a besoin de prendre régulièrement de l'exercice, il aide ainsi son maître à rester en forme.

Bien sûr, il y a un revers à la médaille : les chiens sont parfois dangereux et ils peuvent transmettre des maladies. Par ailleurs, ils demandent plus de soins que certains de leurs propriétaires ne sont prêts à donner. Enfin, la diversité des races de chien est si grande que l'on peut sans doute affirmer qu'il existe véritablement une race de chien pour chacun d'entre nous.

Cet ouvrage, qui n'est pas destiné aux spécialistes, se veut une introduction au monde du chien. Il s'adresse à l'amateur, à l'enthousiaste, au maître qui veut comprendre et connaître son animal favori. On y trouvera exposées les informations et des théories les plus récentes, fruit de trente ans de travail auprès des chiens et de leurs cousins sauvages comme le loup, le chacal, le dhole et le renard.

**Les chiens et l'art (ci-dessus, à gauche)**
*Le chien est un sujet qui inspire les artistes depuis des siècles, comme en témoigne cette peinture du XIX^e siècle où l'on voit trois chiens entourant leur maîtresse.*

**La passion de l'eau (ci-dessus, à droite)**
*Trois Labradors s'ébattent sur la plage.*

**Vulnérable mais confiant (à droite)**
*Personne ne reste insensible devant un chiot, comme ce Danois nouveau-né.*

*Un chasseur et ses chiens (vitrail de Chartres, XIII^e siècle).*

**Le chasseur**

Par tempérament et par constitution, les chiens sont des chasseurs carnivores dont l'instinct prédateur est très vif. Les chiens sont courageux et tenaces, si bien que l'homme préhistorique mit très tôt à contribution leurs talents de chasseurs. Depuis la nuit des temps, ils accompagnent leurs maîtres à la chasse, seuls ou en meutes.

Un chien de chasse bien dressé pourchasse ou rabat le gibier, signale l'emplacement de la proie aux chasseurs, puis rapporte l'animal à son maître. C'est ce don qui explique qu'un chien rapportera inlassablement le bâton ou la balle que lui lance son maître.

**Un flair exceptionnel**

Les chiens possèdent un odorat beaucoup plus développé que le nôtre. Ils utilisent ce flair exceptionnel pour débusquer et pister le gibier, mais aussi pour suivre un criminel en fuite, retrouver un enfant perdu, ou encore découvrir des drogues ou des explosifs, quand ce ne sont pas des truffes. Le plus célèbre de ces limiers est

***Le chien du garde-chasse (ci-dessus)***
*Un Labrador attentif à tous les mouvements et à toutes les odeurs accompagne son maître dans les Highlands d'Écosse.*
***L'infatigable chien de berger (à droite)***
*Le Collie des Borders, l'un des plus remarquables chiens de berger.*

le Bloodhound, ou chien de Saint-Hubert, mais d'autres races sont tout aussi douées et travaillent régulièrement dans les rangs de la police et de l'armée.

## Un excellent coureur

Plusieurs races de chiens ont le pied extrêmement léger, ce qui leur permet de prendre leurs proies de vitesse. Le plus connu est le Greyhound, ou Lévrier anglais, qui pousse des pointes à plus de 60 kilomètres à l'heure. Parmi les autres chiens « aérodynamiques », citons le Saluki, le Whippet, l'Afghan et le Barzoï, ou Lévrier russe, véritable merveille de la « mécanique » canine.

## Le chien d'eau

De nombreux chiens adorent l'eau et sont d'excellents nageurs. C'est le cas par exemple du Golden Retriever, du Labrador, des Épagneuls, des Caniches et du Terre-Neuve. Les chiens semblent nager d'instinct et ne connaissent pas les affres de l'apprenti nageur. L'appel d'un étang, d'une rivière ou de la mer est irrésistible. De nombreux chiens barbotent dans l'eau si on les laisse faire.

**Un travailleur zélé**

Au cours des siècles, l'homme a trouvé d'innombrables utilisations au chien : garde, chasseur, machine de guerre, guide, ratier, animal de trait, fournisseur de poils et de viande, chauffe-pieds et, surtout, le meilleur compagnon qui soit. Jusqu'à une date très récente, on utilisait des chiens pour tirer des chariots en Belgique, en Hollande, en Allemagne et en Suisse. Pour se tenir au chaud, lorsque les nuits étaient fraîches, les aborigènes d'Australie partageaient leur couche avec un Dingo. Quant à leurs femmes, elles se « ceignaient » souvent les reins d'un petit chien pour se réchauffer quand elles ne portaient pas un jeune enfant sur le dos. Les Aztèques utilisaient le poil de chien pour faire des vêtements, mais ils engraissaient aussi un chien muet et sans poils pour le manger.

On se servait aussi de chiens pour récolter des plantes magiques, par exemple la mandragore, dont on tirait une substance narcotique et aphrodisiaque. La racine fourchue de cette plante rappelle un peu la forme du corps humain, si bien que la croyance populaire voulait qu'on ne puisse la sortir de la terre sans risquer sa vie. On attachait donc le bout d'une corde à la racine et l'autre à un chien. Il suffisait ensuite de chasser le chien pour que la racine de mandragore sorte de terre « avec un affreux gémissement », prétendait-on.

**Chiens de guerre**

A l'époque des Romains et au Moyen Age, les champs de bataille virent combattre – surtout contre la cavalerie – des molosses revêtus d'une armure légère auxquels on faisait porter des piques empoisonnées et des bassines remplies de soufre et de résine en fusion. De nos jours, les Russes se sont servis de chiens kamikazes, au cours de la Seconde Guerre mondiale, contre les tanks allemands. Les malheureuses bêtes, une mine sur le dos, étaient dressées à se précipiter entre les chenilles des véhicules.

**Chiens de travail**

Le chien a toujours été un auxiliaire précieux de l'homme au travail. Sa vigilance, son énergie et sa vivacité le prédestinaient à une carrière bien remplie. Quiconque a vu un chien de berger en action le comprendra sans peine. Les chiens de berger travaillent avec une très grande intelligence. Grâce à leur force stupéfiante et à leur extraordinaire endurance, les chiens des régions nordiques, comme le Husky, peuvent tirer de lourdes charges sur des traîneaux pendant de longues heures.

**Chiens d'aveugle**

Ces merveilleux chiens – généralement des Labradors, des Golden Retrievers ou des Bergers allemands – sont spécialement dressés pour voir à la place de leur maître. Mais celui-ci dépend si totalement de son chien que le dressage doit être extrêmement rigoureux et complet. De toutes les « professions » du chien, celle de chien d'aveugle est peut-être la plus importante et la plus respectée.

***Chien de berger turc (ci-dessus)***
*Dans les pâturages désolés de Turquie, les chiens de berger portent des colliers à pointes qui les protègent des loups.*

***Course de traîneaux (ci-dessus, à droite)***
*Dans le Grand Nord, les chiens de traîneau comme les Huskies disputent d'extraordinaires courses.*

***Aide de maison (à droite)***
*A côté des « grandes carrières », de nombreux chiens apprennent à se rendre utiles à la maison.*

***L'enfant et le chiot***
*Enfants et chiots s'amusent ensemble des heures durant.*
***Lui et moi (ci-dessus)***
*Le chien est un compagnon fidèle pour les gens âgés.*
***La discipline (à droite)***
*Le dressage d'un chien est aussi l'affaire des jeunes.*

## Le compagnon

A toutes les époques, la sagesse populaire s'est fait l'écho de ces paroles de saint Bernard (vers 1150) : « Quiconque m'aime aimera aussi mon chien. » De nos jours, les races de chien dépassent largement la centaine. Et pourtant, malgré cette extrême diversité, tous les chiens sont en fait « construits sur le même modèle », somme toute assez semblable à celui de leurs ancêtres primitifs. Le chien est un animal qui s'adapte avec une extrême facilité, ce qui explique d'ailleurs pourquoi il n'a pas évolué de façon radicale au cours des âges.

## Le parfait gardien

Le chien a naturellement un vif instinct de protection qu'il étend tout naturellement à son maître et à sa famille, à leur maison et à leur jardin.

Un bon chien de garde est aussi efficace, sinon plus, qu'un dispositif d'alarme, et le chien de garde n'est pas nécessairement un énorme Danois ou un Mastiff : un petit chien vous avertira tout aussi bien de la présence d'un intrus par ses aboiements. Bien dressé, un chien est un excellent gardien dont l'odorat et l'ouïe sont toujours en éveil.

**Le meilleur ami de l'homme**

Les chiens sont des animaux sociables et ils aiment la compagnie de l'homme. En fait, ils ont besoin de compagnie pour être heureux, et il n'est pas bon de les en priver. Les enfants et les personnes âgées sont généralement les compagnons les plus constants de leurs chiens et parviennent à établir avec eux des rapports particulièrement étroits et durables.

La meute reste au centre de la psychologie du chien. Et, en l'absence d'une meute véritable, le chien considère la famille comme « sa » meute, dont le chef, auquel il est prêt à faire allégeance, est tout naturellement le chef de famille.

Un chien sociable s'intéresse à toutes les activités de la famille et n'aime guère être tenu à l'écart. Même le chien qui paraît plongé dans le plus profond des sommeils au coin d'un feu ne tardera pas à ouvrir l'œil ou à dresser l'oreille s'il sent qu'il y a « du nouveau » dans son entourage.

Un chien a pour son maître une loyauté à toute épreuve. Si vous respectez votre chien, il vous respectera à son tour. En prenant la peine de dresser votre jeune chien, vous partez tous deux d'un bon pied, et vous aidez votre animal à mieux s'adapter à votre propre style de vic.

# 1

# L'ANATOMIE DU CHIEN

Comme de nombreux animaux, le chien est un merveilleux ensemble d'organes et de systèmes qui remplissent chacun leur fonction particulière en harmonie. L'anatomie est un sujet très vaste, mais un bref aperçu sur la manière dont le chien bouge, voit, entend, sent, respire, mange et digère nous aide à comprendre pourquoi il est fait tel qu'il est. Malgré les changements qu'il a subi depuis l'époque où il devait subvenir seul à ses besoins, le chien domestique demeure essentiellement un carnivore, et c'est ce trait qui a modelé son adaptation. Le chien était fait pour courir vite, pour capturer et tuer sa proie avec ses compagnons de meute. Il conserve aujourd'hui une extraordinaire finesse de l'ouïe et de l'odorat, bien supérieurs à ceux de l'homme. Une section de cet ouvrage, « La santé du chien » *(voir p. 226 à 275),* est consacrée aux affections du chien et à leur traitement.

# L'évolution du chien

La diversité des chiens est proprement stupéfiante, mais tous ont en commun certains traits fondamentaux qui en font essentiellement des animaux carnivores. Le chien est fait pour chasser, capturer, tuer et manger sa proie. Il porte la marque des carnivores : d'énormes dents carnassières. Et pourtant, le chien n'est pas un carnivore aussi perfectionné que le chat, par exemple. Les chiens ont conservé quelques molaires pour broyer et mastiquer. Chez le chat domestique, par contre, les molaires sont si réduites qu'elles ne peuvent pratiquement plus mastiquer.

Si les dents des carnivores ont subi des modifications particulières, leur squelette est resté relativement primitif. Les carnivores n'ont pas suivi les herbivores, chez qui les doigts se sont transformés en sabots. Un chien doit être agile, capable de changer rapidement de direction et d'utiliser ses griffes comme arme. Les herbivores sont parfois rapides, mais leurs déplacements sont essentiellement rectilignes et ils retrouvent moins facilement leur aplomb en cas de chute en pleine course.

Au cours des années, la sélection qui a donné naissance aux différentes races de chien a considérablement modifié l'anatomie originale de l'animal.

*Membre d'une meute*

Le chien, moins rapide qu'un chasseur solitaire comme le guépard, n'avait besoin que de pousser quelques pointes pour régler sa vitesse sur celle de ses compagnons de meute, mais sa musculature lui donnait une excellente endurance.

## MORPHOLOGIE EXTÉRIEURE

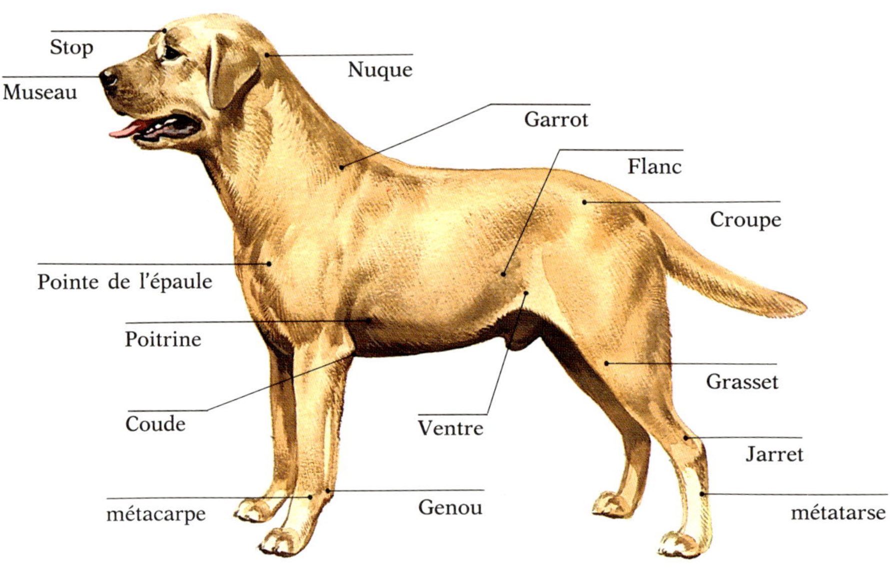

**Sélection naturelle et artificielle**

A l'état sauvage, lorsque certaines caractéristiques physiques sont avantageuses pour une espèce, les animaux qui les possèdent ont plus de facilité à survivre que les autres, et tendent donc à se multiplier. C'est Charles Darwin qui a conçu le principe de cette « sélection naturelle » en observant des pinsons et d'autres animaux sur les îles Galapagos. Au cours des siècles, l'homme a sélectionné chez le chien domestique certaines caractéristiques qui répondaient à un besoin particulier, mais qui auraient été vouées à l'échec si le chien était resté sauvage. Peut-on l'en blâmer ? Sans doute pas. En effet, l'homme a radicalement modifié son environnement naturel, et, s'il n'avait pas changé aussi le chien pour l'adapter à son monde, l'espèce aurait sans doute disparu aujourd'hui. Une chose est certaine : pour la plupart d'entre nous, le monde est enrichi par la diversité de nos amis les chiens. Quel que soit notre style de vie, il existe une race de chien qui peut s'y adapter.

Le tableau de la colonne de droite donne quelques exemples de sélections artificielles. Naturellement, il existe des exceptions, mais de nombreuses races ont vu le jour de cette manière. Certaines races n'ont été créées que pour les expositions canines, et la plupart des autres ont beaucoup évolué depuis leurs origines. Le Bulldog actuel, dont les pattes sont moins droites et le nez moins fin, ne pourrait plus s'acquitter des tâches pour lesquelles ses ancêtres furent élevés.

Que deviendra le chien dans les années à venir ? Comment les éleveurs et les clubs canins orienteront-ils son évolution ? Les vieilles races que nous connaissons bien évolueront probablement à mesure que les chiens de travail se transformeront progressivement en animaux de compagnie, sans perdre – espérons-le – toutes les qualités de leurs ancêtres. De nouvelles races évolueront probablement à partir de souches anciennes issues des quatre coins du monde, et les éleveurs parviendront sans doute à mieux maîtriser les problèmes héréditaires de certaines races actuelles.

## ÉLEVAGE SÉLECTIF

**Grands chiens de combat**
*Mastiff, Bulldog*
Gros chiens aux mâchoires puissantes, élevés pour l'attaque.

**Chiens de course**
*Saluki, Lévrier afghan, Greyhound, Lurcher, Deerhound*
Chiens élancés, à longues pattes, extrêmement rapides à la course.

**Petits chiens de chasse**
*Terriers*
Chiens de petite taille, très tenaces, qui chassent en meute ou débusquent les animaux dans leurs terriers.

**Chiens de montagne**
*Chien des Pyrénées, Bouvier bernois*
Chiens vigoureux, à la robe épaisse, élevés pour garder les troupeaux de montagne.

**Chiens courants et limiers**
*Bloodhound, Basset-Hound*
Chiens vigoureux, à l'odorat très fin, capables de suivre une piste (on prétend que leurs oreilles brassent l'air et « soulèvent » les odeurs).

**Chiens de berger**
*Collie des Borders*
Sélectionnés pour leur obéissance.

**Chiens d'eau**
*Caniche, Épagneul d'eau*
Chiens dont la robe au poil bouclé et serré sèche rapidement.

# Le squelette du chien

Le squelette du chien se compose de deux grands types d'os : les os longs (os tubulaires, comme ceux des membres) et les os plats (crâne, bassin et omoplates).

Si l'ossature de base n'a pas changé depuis les origines, les membres se sont considérablement différenciés selon les espèces. Il suffit pour s'en convaincre de comparer un Basset à un Saint-Bernard. Cette différenciation s'explique par la sélection artificielle des espèces.

Le squelette est une structure complexe, à la fois stable et mobile grâce aux ligaments, qui maintiennent les os tout en leur permettant de se déplacer dans certaines directions précises. Chaque articulation est entourée d'une capsule articulaire qui contient un lubrifiant, la « synovie ».

Au niveau de l'articulation, les extrémités des os sont recouvertes de cartilage — une surface lisse qui facilite le mouvement de l'articulation et absorbe les chocs.

**Fonctionnement du squelette**

Le squelette est en fait un ensemble de leviers osseux que meuvent des muscles attachés en des points critiques des os. Ces derniers sont liés les uns aux autres par des articulations qui jouent le rôle d'amortisseurs.

**La croissance des os**

Chez le fœtus, les os longs sont d'abord des structures cartilagineuses qui s'ossifient progressivement. L'os d'un membre est en fait une sorte de tube dont les deux extrémités sont munies d'une articulation. La partie de

SQUELETTE DU CHIEN

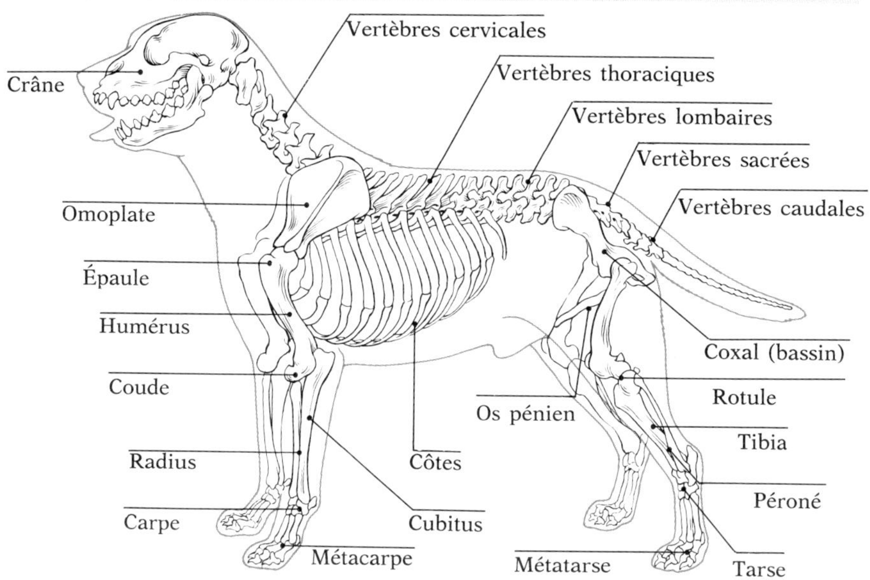

l'os comprise entre les deux articulations est recouverte de « périoste », une membrane fibreuse et résistante.

Chez le jeune chien, la couche interne de périoste se développe et s'ossifie, accroissant ainsi le diamètre de l'os. Pour que ce dernier ne devienne pas trop gros ni trop lourd, les couches d'os les plus anciennes sont réabsorbées et remodelées au fur et à mesure, si bien que la paroi osseuse conserve la même épaisseur. Lorsque le chien cesse de grandir, le périoste devient relativement inactif, sauf s'il doit régénérer la paroi osseuse à la suite d'une fracture. Pour éviter que l'os ne s'affaiblisse, son creux central est rempli de fines lamelles osseuses, les « tradécules ». Chez l'animal jeune, les alvéoles des tradécules sont garnies de moelle osseuse, qui est plus tard remplacée par de la graisse chez le chien plus âgé. La croissance des os en longueur s'opère au voisinage des articulations, au niveau de ce qu'on appelle les « cartilages épiphysaires ». Ces cartilages se développent progressivement dans la « métaphyse » *(voir la radiographie ci-dessous)* et s'ossifient progressivement, ce qui fait que l'os s'allonge peu à peu. Chez la plupart des chiens, les os longs atteignent leur longueur définitive vers dix mois.

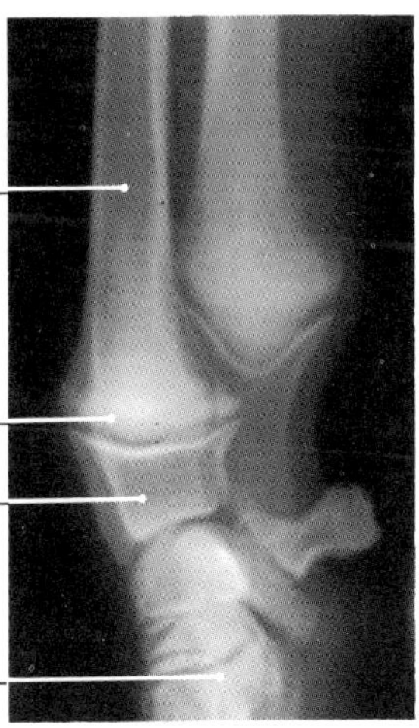


*Radiographie de l'articulation carpienne.*

**Élément nourricier**

Pour grandir, l'os a besoin des éléments nourriciers que lui apportent les vaisseaux sanguins. Le « canal médullaire », c'est-à-dire le canal central des os longs, est alimenté par une ou deux grosses artères nourricières qui pénètrent dans l'os par un orifice, le « trou nourricier ». L'épiphyse est irriguée par une couronne d'artères à l'intérieur de la capsule articulaire. Ces artères nourrissent les couches osseuses en formation ainsi que la partie interne du cartilage articulaire, qui tire de la synovie le reste des éléments nourriciers dont il a besoin.

### LA COLONNE VERTÉBRALE

La colonne vertébrale est composée de petits os, les vertèbres, liés les uns aux autres par des ligaments. Le « canal rachidien », au centre, renferme la moelle épinière. Les vertèbres se poursuivent jusque dans la queue. La plupart des nerfs quittent la moelle épinière en amont de la queue. Les vertèbres sont séparées par des coussinets fibreux, les « disques intervertébraux », qui absorbent les chocs et les mouvements. Ces disques sont constitués comme des oignons – de nombreuses « pelures » minces enveloppant un noyau liquide amortisseur. A mesure qu'un chien prend de l'âge, les disques de ses vertèbres durcissent et sa colonne vertébrale perd de sa souplesse. Chez certaines races, particulièrement le Teckel, le Pékinois et le Basset-Hound, ce phénomène se produit plus tôt et l'animal est sujet à la hernie discale *(voir p. 265).*

# Les muscles et la locomotion

Pris ensemble, les muscles du chien constituent le plus gros organe de son corps. Alors que l'élevage sélectif a beaucoup différencié la forme du corps et le squelette selon les races, les muscles du chien varient très peu d'une race à l'autre.

**Le fonctionnement des muscles**
La plupart des muscles sont attachés à des os. Les os plats constituent les principaux points d'attache des muscles qui assurent le mouvement des pattes. Lorsque les muscles se contractent, les os auxquels ils sont attachés se rapprochent. Quand ils se détendent, les os reprennent leur position antérieure. Des muscles descendent le long des pattes et sont fixés aux os longs en des points qui assurent un bras de levier maximal permettant de plus grands mouvements en contraction et en extension. Au point de contact avec l'os, les muscles deviennent des tendons fibreux.

Pour chasser, le chien sauvage a besoin d'une forte musculature. Faute d'exercice, le chien domestique a souvent une musculature molle. Parmi les

## MUSCULATURE DU CHIEN

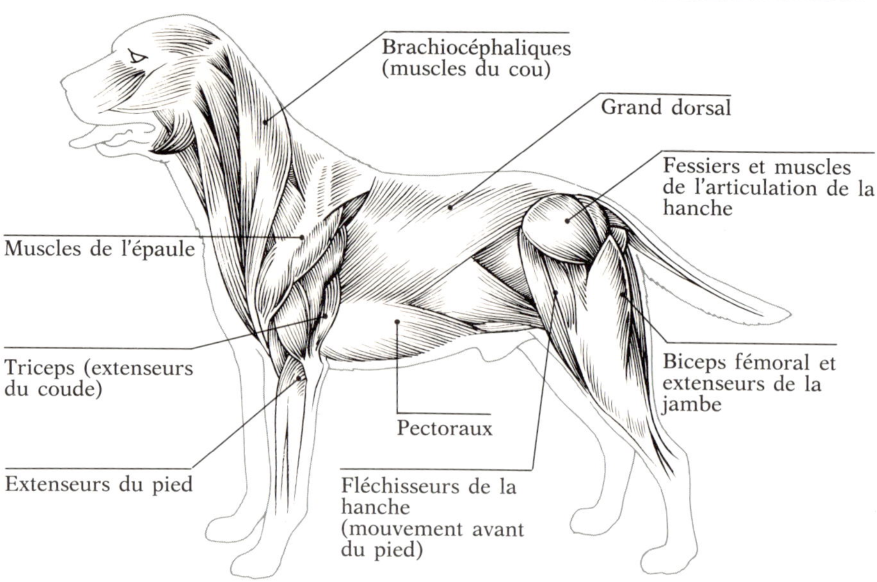

races actuelles, le chien d'attelage Husky reste proche du loup, dont il partage la force et l'endurance.

**Comment le chien se déplace**
L'appareil locomoteur du chien se compose d'os, d'articulations, de muscles et de nerfs. Le système nerveux commande et coordonne l'activité des muscles. Il envoie des messages aux muscles, qui à leur tour déplacent les os des membres.

Le mouvement des membres d'un chien peut se comparer à celui des rayons d'une roue : chaque membre entre tour à tour en contact avec le sol, par une rotation. Plus la roue est grande, plus la distance qu'elle couvre en un tour est grande. De même, plus les membres d'un chien sont grands, plus son pas est allongé. Par ailleurs, plus le centre de gravité du chien est déplacé vers l'avant, plus l'animal peut avancer rapidement, car ses membres postérieurs ne supportent que peu de poids et sont presque entièrement mobilisés pour la propulsion.

Il en va ainsi des races célèbres pour leur vitesse et leur agilité, par exemple les Greyhounds et les Barzoïs. Chez les chiens de chasse, les éleveurs recherchent habituellement un heureux compromis, car ces animaux doivent aussi pouvoir rapporter des proies parfois lourdes.

L'essentiel de l'action motrice est fournie par la puissante poussée des membres postérieurs. Ces membres supportent des efforts considérables. Les articulations des os sont donc solidement maintenues par un réseau complexe de muscles et de ligaments.

*Le saut*
Les chiens ne sont pas d'aussi bons sauteurs et grimpeurs que les chats, en partie parce qu'ils ne peuvent commander leurs griffes ou tordre leurs pattes. Mais un chien peut apprendre à sauter les obstacles en se servant de son poids pour se donner de l'élan. Toutefois, le point fort du chien est essentiellement la course d'endurance, plutôt que l'effort soudain que demande le saut.

**LES GRANDS CHIENS COURANTS**

Certains chiens élancés, comme le Lévrier afghan ou Dazi, le Lévrier persan ou Saluki, le Lévrier anglais et le Deerhound, ainsi que les races auxquelles ils ont donné naissance, sont spécialement élevés pour chasser « à vue ». Leurs longues pattes et leur dos allongé leur donnent une très grande vitesse.

Ces animaux peuvent atteindre des vitesses de 55 à 65 kilomètres à l'heure. La vitesse dépend essentiellement de la manière dont le chien place ses pieds.

A pleine vitesse, les membres postérieurs reprennent contact en avant du point que quittent les membres antérieurs. Par contraste, chez les races allongées à courtes pattes, comme le Basset, les membres arrière reprennent contact avec le sol loin derrière les membres avant.

# La tête

Il existe trois grandes formes de têtes chez le chien :

- *Dolichocéphale* – races à museau allongé, comme le Collie, le Lévrier afghan, le Doberman et le Fox-Terrier.
- *Brachycéphale* – races à museau court et écrasé, comme le Carlin, le Bulldog et le Pékinois.
- *Mésocéphale* – races qui se situent entre les deux extrêmes.

**Parties de la tête**

Les caractéristiques de la tête varient selon la forme générale du crâne. Les yeux se logent dans les « orbites », à l'intérieur des « arcades zygomatiques ». Les deux arcades zygomatiques définissent la largeur totale de la tête. Elles diffèrent de forme selon les races : l'arcade est relativement droite chez les races à museaux allongés, tandis qu'elle est très incurvée chez les races à museaux courts.

*La mâchoire*

La forme de la mâchoire varie beaucoup d'une race à l'autre. Elle est précisément définie dans les standards

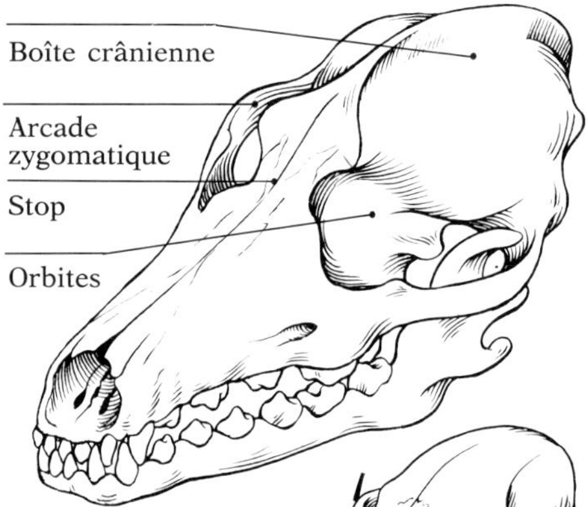


Dolichocéphale

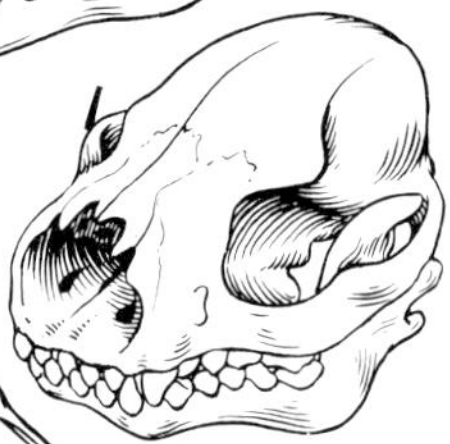

Brachycéphale

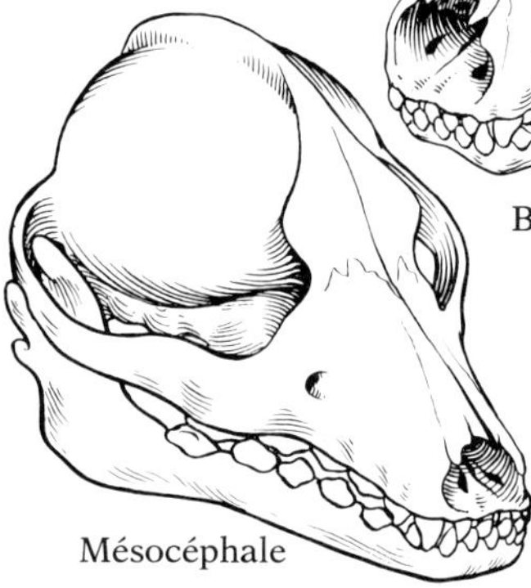

Mésocéphale

## TYPES DE MÂCHOIRES

La mâchoire est grignarde si la mâchoire inférieure avance par rapport à la supérieure. La mâchoire est correcte si les deux mâchoires ont la même longueur. Dans la mâchoire en ciseaux, les dents supérieures recouvrent à peine les dents inférieures. Dans la mâchoire bègue, la mâchoire supérieure avance.

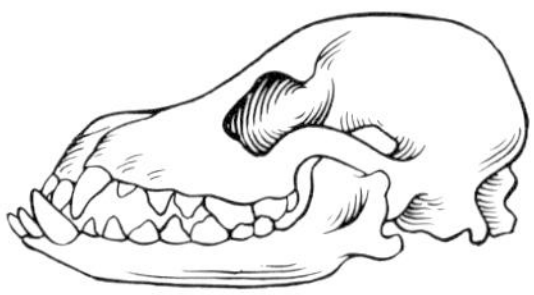

Mâchoire grignarde

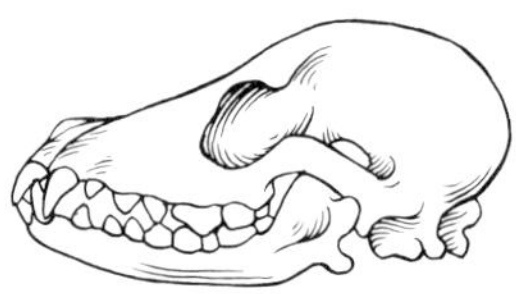

Mâchoire en ciseaux

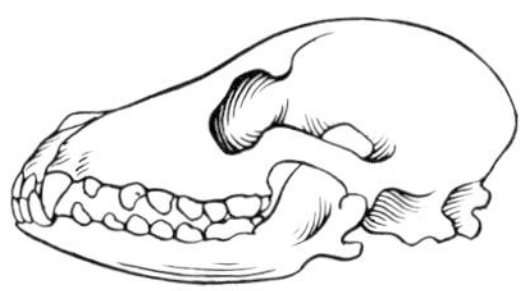

Mâchoire correcte

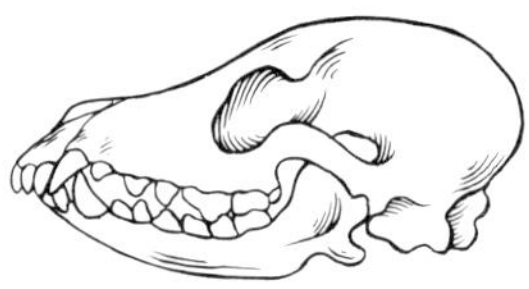

Mâchoire bègue

officiels de chaque race. Les muscles de la mâchoire sont très puissants. Un corniaud de 20 kilos peut exercer une force de morsure de 165 kilos, alors qu'elle n'est que de 20 à 30 kilos chez l'homme en moyenne.

*Le crâne*

La boîte crânienne, qui renferme le cerveau du chien, diffère elle aussi selon les espèces. Chez le Chihuahua, les éleveurs ont sélectionné une boîte crânienne exceptionnellement bombée. Malheureusement, cela a parfois amené à faire se reproduire des chiens qui présentaient des anomalies du cerveau.

*Le stop*

Il s'agit du point où la crête sagittale prend fin et où commence le chanfrein du museau. Pour certaines races, comme le Boxer, les standards prescrivent un stop prononcé, alors qu'il est pratiquement inexistant chez d'autres races comme le Greyhound ou le Bull-Terrier.

A l'arrière de la boîte crânienne, la crête sagittale se termine par la crête occipitale, très prononcée chez le Basset-Hound. Cette caractéristique n'apparaît généralement pas chez les chiots avant 9 ou 10 semaines.

*Le cerveau*

Le cerveau du chien diffère essentiellement de celui de l'homme en ce qu'il contient beaucoup moins de matière grise. Comme l'homme, le chien doit pouvoir coordonner et commander les fonctions et les mouvements de son corps, mais l'homme le fait d'une façon beaucoup plus perfectionnée. La majeure partie des fonctions cérébrales du chien sont liées aux sens et à la reconnaissance des objets. Les associations d'idées n'occupent qu'une place très réduite. Un chien peut apprendre à reconnaître une pièce de 10 francs, mais il ne comprendra jamais la notion d'argent ni combien de boîtes de nourriture vaut cette pièce.

Chez un grand chien comme le Saint-Bernard, dont le poids est comparable à celui de l'homme, le cerveau ne pèse que 15 pour cent du poids du cerveau d'un être humain. Il est intéressant d'observer que la région réservée au sens de l'odorat chez le chien possède quarante fois plus de cellules que la même région du cerveau humain *(voir p. 27)*.

*Les dents*

Les dents du chien sont celles d'un carnivore. Le chien possède de grosses dents, appelées « carnassières », qu'il utilise pour mastiquer les substances coriaces. La dernière prémolaire de la mâchoire supérieure s'est allongée et présente un tranchant qui recouvre la première molaire de la mâchoire inférieure lorsque le chien mord. Les longues incisives, pointues et légèrement incurvées, se referment comme des pinces sur les proies.

*Formule de dentition*

La formule de dentition correspond au nombre de dents de chaque type dans la « demi-mâchoire » supérieure et inférieure du chien :

Mâchoire supérieure : 3 incisives, 1 canine, 4 prémolaires, 2 molaires.

Mâchoire inférieure : 3 incisives, 1 canine, 4 prémolaires, 3 molaires.

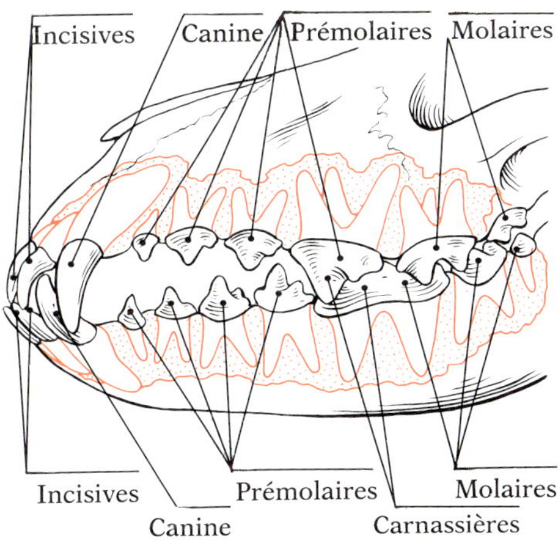


*Denture du chien.*

# Les yeux

Pour l'essentiel, l'œil du chien est très semblable à celui de l'être humain, mais il présente cependant quelques différences qui font que le chien n'a pas une vision exactement identique à celle de l'homme.

L'œil est divisé en deux grandes parties par le « cristallin ». A mesure que le chien grandit, le cristallin grandit lui aussi.

## Les trois « tuniques » de l'œil

L'œil se compose de trois tuniques, ou couches. D'avant en arrière, ce sont la « sclérotique », l'« uvée » et la « rétine ». La sclérotique se continue sur le devant de l'œil par un tissu transparent, la « cornée ». L'uvée se compose de trois parties : la « choroïde », l'« iris » et le « corps ciliaire ». La choroïde contient une couche réfléchissante, le *tapetum*. L'iris (un anneau musculaire) est commandé par le système nerveux. Il règle la quantité de lumière qui pénètre dans l'œil, comme le diaphragme d'un appareil photo. Le corps ciliaire (un anneau de tissus situé derrière l'iris) est l'endroit où est fixé le ligament suspensif qui retient et déplace le cristallin. Il joue également un rôle dans la focalisation de l'image sur la rétine et sécrète une substance qui nourrit la cornée.

*La rétine*

C'est la tunique interne de l'œil qui est sensible à la lumière. Elle contient des cellules photoréceptrices de deux types : les bâtonnets et les cônes. Les bâtonnets sont très sensibles, même aux faibles intensités lumineuses, mais ils ne distinguent que le blanc et le noir. Les cônes sont sensibles aux couleurs mais nécessitent une plus grande intensité lumineuse. Dans la rétine du chien, environ 5 pour cent seulement des cellules sont des cônes. Il est donc probable que le chien ne voit pratiquement pas les couleurs et qu'il ne distingue que le noir, le blanc et les différents gris.

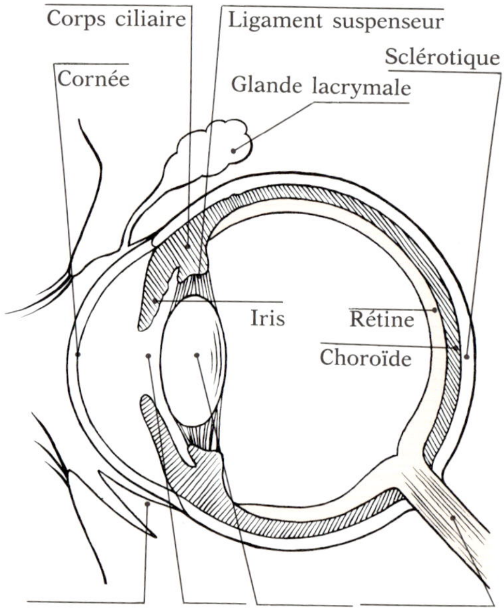


*Coupe de l'œil.*

## Les paupières

Sous la paupière supérieure se trouve la « glande lacrymale ». Elle sécrète des larmes qui empêchent la cornée de se déshydrater et de s'enflammer. Les deux paupières ont chacune dans leur angle intérieur un petit conduit ; les deux conduits se réunissent pour former la « voie lacrymale », qui débouche dans la fosse nasale. Une obstruction de ces conduits peut entraîner diverses complications *(voir p. 256).*

Les paupières supérieures et inférieures du chien sont garnies de cils qui peuvent blesser l'œil s'ils sont mal orientés. Certaines malformations des paupières, appelées entropion et ectropion, sont assez courantes.

*La troisième paupière*
Le chien possède, dans chaque œil, une troisième paupière, appelée « membrane nictitante ». L'essentiel de cette paupière est caché sous la paupière inférieure, et le bord pigmenté de la membrane n'est visible qu'au coin de l'œil, près du museau, sauf chez certaines races où celle-ci est très apparente. La membrane joue le rôle d'un essuie-glace pour l'œil et en chasse les corps étrangers. La troisième paupière est plus visible lorsque l'œil fait un mouvement rapide, ou encore lorsqu'il s'enfonce quand le chien vieillit ou à la suite d'une maladie. L'apparition soudaine d'une membrane nictitante qui reste ensuite visible peut être le symptôme d'une anomalie *(voir pp. 256-257).* Examinez votre chien pour voir s'il présente d'autres signes de maladie.

## LA VISION DU CHIEN

Les chiens voient mieux dans l'obscurité que l'homme, parce que leur rétine est surtout composée de bâtonnets sensibles aux faibles intensités lumineuses, et parce que le *tapetum lucidum* qui se trouve sous les bâtonnets leur renvoie une lumière « concentrée ». Cette particularité aide les chiens sauvages à chasser dans la pénombre. Les chiens sont également particulièrement habiles à déceler les mouvements à distance. Par contre, ils perçoivent relativement mal les objets fixes.

**Champ de vision**
Le chien a un champ de vision assez large grâce à la position de ses yeux et à la robustesse des muscles qui les déplacent. Mais le champ de vision n'est pas le même d'une race à l'autre, du fait que la forme de la tête détermine la position relative des yeux. En général, chez les races brachycéphales (museau court), comme le Carlin et le Bulldog, les yeux se trouvent sur le devant de la tête, ce qui leur donne une vision stéréoscopique meilleure que celle des races dolichocéphales (à museau allongé).

Chez ces dernières, les yeux sont généralement placés de biais, ce qui leur donne un champ de vision assez large, mais une vision stéréoscopique plutôt médiocre.

Chez l'homme, les champs de vision des deux yeux se recouvrent et lui donnent une bonne vision stéréoscopique, ce qui lui permet de mieux apprécier la profondeur et la distance. Les chiens ont un champ de vision plus large, mais ils apprécient moins bien les distances.

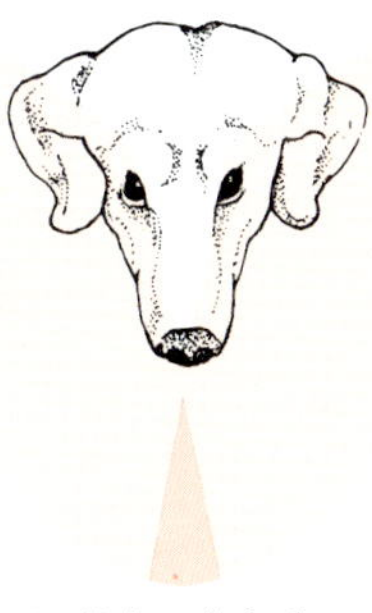

Dolichocéphale

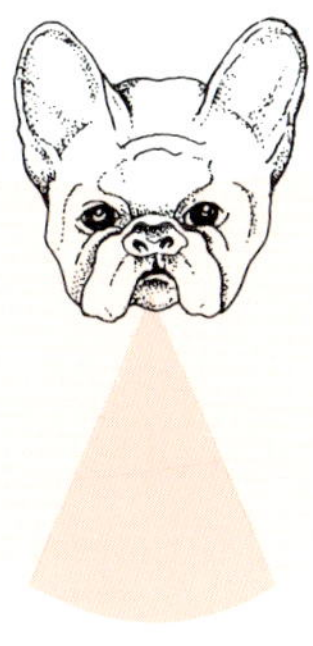

Brachycéphale

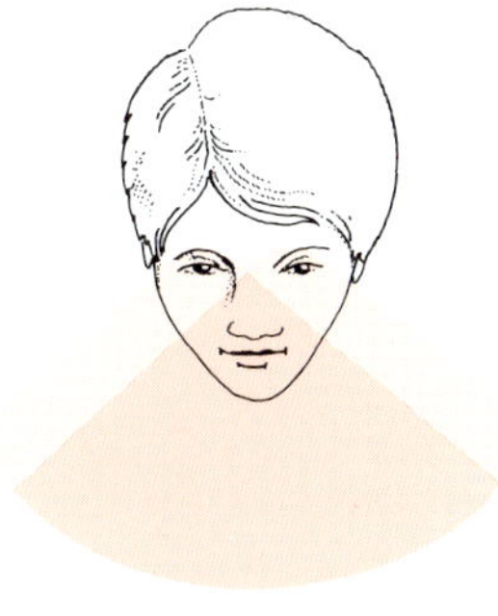

Homme

# Les oreilles et le nez

Les deux sens les plus développés chez le chien sont l'ouïe et l'odorat.

**Les oreilles et l'ouïe**

Le port et la forme des oreilles varient considérablement selon les races, mais tous les chiens ont une ouïe remarquable et entendent des sons de très haute fréquence, inaudibles pour l'homme.

Rien de plus « personnel » que l'oreille d'un chien, des grandes oreilles pendantes du Basset-Hound aux oreilles espiègles et bien droites de certains Terriers. Les oreilles du Cocker-Spaniel, couvertes d'un poil épais et soyeux, tombent des deux côtés de la tête. Celles du Bouledogue français, couvertes d'un poil ras, se dressent fièrement.

*Oreilles en chauve-souris et oreilles tombantes.*

**Les parties de l'oreille**

L'oreille externe, le « pavillon », varie beaucoup d'une race à l'autre. Par contre, le fonctionnement de l'oreille moyenne et de l'oreille interne est le même chez tous les chiens.

*Le pavillon*

L'oreille externe est une structure cartilagineuse recouverte de muscles et de peau. Chez la plupart des chiens, le pavillon est relativement mobile et s'oriente vers la source du son. Il débouche dans le conduit auditif externe, un petit tube vertical lui-même prolongé par un canal horizontal qui aboutit à une membrane fibreuse translucide, le « tympan ».

*L'oreille moyenne*

L'oreille moyenne du chien se compose du tympan et de la caisse du tympan, qui renferme les plus petits os du corps, les « osselets », auxquels on a donné les noms de marteau, d'enclume et d'étrier en raison de leurs formes et de leurs fonctions. Les trois osselets sont liés les uns aux autres et fonctionnent comme des leviers. Les sons reçus par l'oreille externe font vibrer le tympan. Cette vibration met en mouvement les osselets, qui transmettent le son à l'oreille interne.

Ce système d'osselets a l'avantage d'amplifier les sons tout en protégeant l'oreille interne des vibrations violentes produites par un bruit très fort, du fait que le mouvement des osselets est limité.

**L'oreille interne**

Plus au fond de l'oreille se trouvent la « cochlée » (ou limaçon), dévolue à l'audition, et les « canaux semi-circulaires », qui sont le siège de l'équilibre. Les canaux semi-circulaires perçoivent le mouvement, et le « saccule » et l'« utricule » donnent des indications sur l'alignement de la tête.

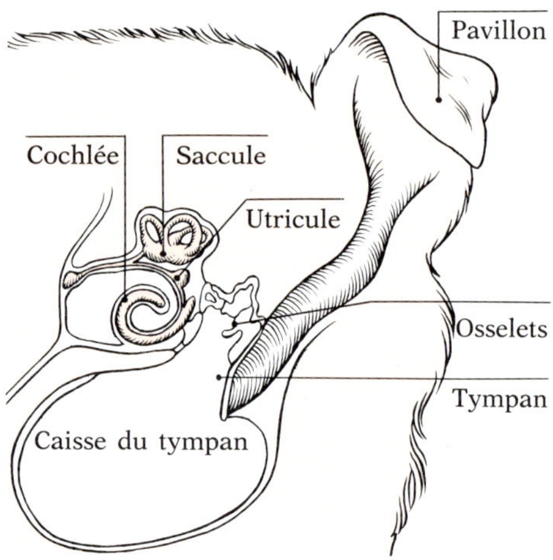


*Coupe de l'oreille.*

### LES SIFFLETS À ULTRASONS

Ces sifflets « silencieux » ne le sont pas pour un chien ! Ils produisent un son trop aigu pour l'oreille humaine, mais parfaitement audible pour un chien. Ces sons très aigus portent plus loin que les sons plus graves, et ils peuvent donc servir à commander un chien à distance. Les chiens perçoivent les sons jusqu'à quatre fois plus loin que la plupart des êtres humains.

## Le nez et l'odorat

L'odorat du chien est particulièrement remarquable. Par instinct, les chiens veulent tout flairer : les endroits où ils passent, les objets, les personnes et les autres chiens. L'odorat du chien lui donne de multiples informations et il est environ un million de fois plus sensible que le nôtre. Dans le cerveau du chien, les cellules consacrées à la reconnaissance des odeurs sont quarante fois plus nombreuses que chez l'homme. La grande sensibilité de l'odorat du chien est en partie due à la surface du récepteur olfactif dont il dispose (« muqueuse olfactive »). Chez l'homme, la surface de la muqueuse olfactive n'est que de 3 centimètres carrés, alors qu'elle est de 130 centimètres carrés chez le chien. Ce récepteur sensoriel possède de multiples replis qui forment un véritable labyrinthe où s'emprisonnent les odeurs. La densité des cellules sensorielles est très élevée chez le chien.

*Pourquoi le nez d'un chien est-il humide ?*

Le nez reste humide sous l'effet des sécrétions de cellules spéciales qui sont stimulées lorsque le chien flaire de nouvelles odeurs. Les odeurs, qui se manifestent sous la forme de particules infinitésimales, sont entraînées par les sécrétions jusqu'aux cellules sensorielles.

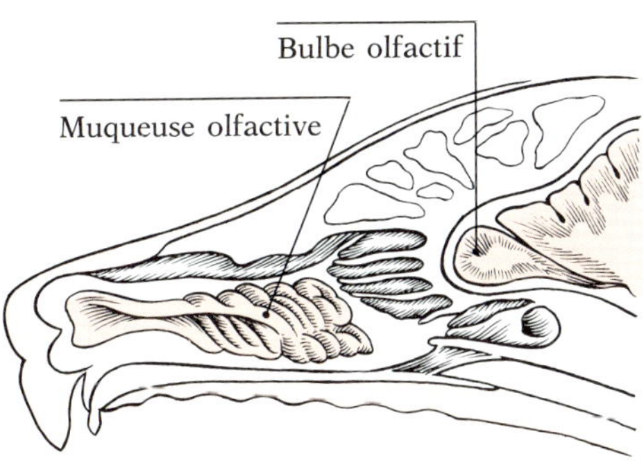


*Coupe du nez.*

## La respiration

Le « pharynx », au fond de la gorge, est la région où se croisent les voies respiratoire et alimentaire, c'est-à-dire la « trachée » et l'« œsophage ». Le voile du palais, qui se prolonge vers le bas, divise le pharynx en deux. Le chien respire essentiellement par le nez, le voile du palais refermant l'orifice de communication avec la bouche. La majeure partie de l'air qui arrive aux poumons passe donc par les voies nasales, où il est filtré, réchauffé et humidifié. La respiration par la bouche devient beaucoup plus importante lorsque la température ambiante est élevée, lorsque le chien a pris de l'exercice ou encore lorsqu'il souffre d'une maladie des voies nasales.

*Problèmes des races à museau court*

Chez les races brachycéphales, le voile du palais entraîne parfois des problèmes respiratoires, car il se trouve plus en arrière dans la gorge, ce qui restreint l'ouverture du pharynx et rend la respiration par la bouche particulièrement difficile pour certains chiens. Il est donc dangereux de maintenir leur bouche fermée, car ils ne peuvent respirer suffisamment par le nez quand ils sont excités. Pour que le voile du palais n'obstrue pas le larynx, ils leur faut respirer à la fois par le nez et par la bouche.

# La poitrine

La poitrine du chien est délimitée par la cage thoracique et par le diaphragme. Les poumons l'occupent presque tout entière. Le cœur est situé au centre de la poitrine. Le cœur et les poumons se déplacent à l'intérieur de la poitrine et, pour faciliter leur glissement, chacun d'eux est logé dans une sorte de sac. La poitrine est traversée par l'« œsophage », par lequel les aliments vont de la bouche au système digestif de l'abdomen.

**Le cœur**

Le cœur du chien est typique des mammifères, c'est-à-dire qu'il comporte quatre cavités : deux « oreillettes » sont en communication avec les puissants « ventricules », qui assurent la circulation du sang. Le ventricule droit pompe le sang jusqu'aux poumons, où il élimine son gaz carbonique et absorbe de l'oxygène. Des poumons, le sang revient à l'oreillette gauche, puis se déverse dans le ventricule gauche qui le fait circuler dans l'ensemble du corps *(voir p. 263).*

La circulation du sang dans l'ensemble du corps demande un plus grand effort que la circulation du sang dans les poumons, si bien que le ventricule gauche est plus gros et plus fort que le droit. La paroi du cœur renferme deux « régulateurs cardiaques » qui envoient des impulsions coordonnées aux muscles pour leur dire quand ils doivent se contracter ou se détendre.

**La trachée et les poumons**

L'entrée de la « trachée » est le « larynx », composé de plusieurs segments cartilagineux. Les cordes vocales sont situées dans le larynx.

La trachée est un tube composé d'anneaux cartilagineux. Elle mène aux poumons, où elle se divise en « bronches » qui se ramifient à leur tour. En fin de parcours, l'air pénètre dans les « alvéoles », petits sacs dont la membrane est irriguée par des vaisseaux sanguins. C'est là que le sang absorbe de l'oxygène et qu'il se débarrasse du gaz carbonique.

## LA POITRINE DU CHIEN

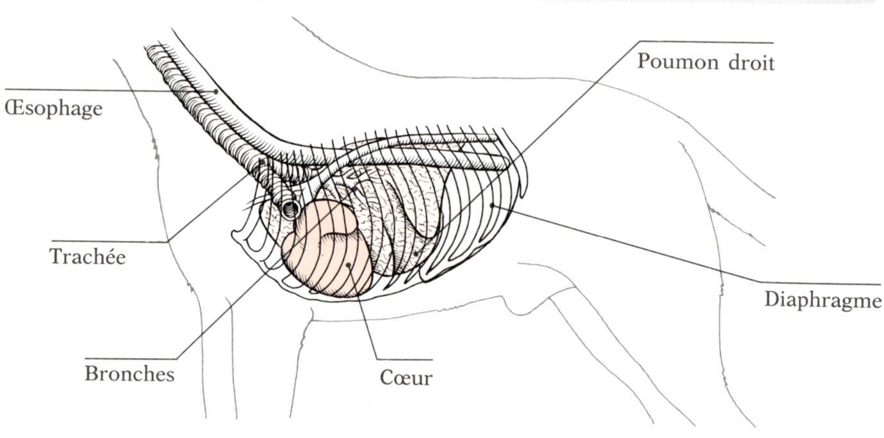

# L'abdomen

En arrière du diaphragme se trouve une cavité, l'abdomen, qui renferme plusieurs organes complexes aux fonctions multiples : digestion des aliments, excrétion, filtrage du sang, reproduction. Il se divise en trois parties :

- L'appareil génito-urinaire, auquel sont associés les reins et les organes de la reproduction.
- La rate.
- L'appareil digestif, qui comprend l'intestin, le foie et le pancréas.

**L'appareil génito-urinaire**

L'appareil génito-urinaire a des fonctions d'excrétion et de reproduction. (Les organes de la reproduction sont décrits à la page 188.) Chez le chien, les deux reins sont suspendus au sommet de l'abdomen, au voisinage des dernières côtes. Chaque rein se compose de la « capsule », de la « substance médullaire » et du « bassinet ». La capsule et la substance médullaire forment un système complexe de filtrage constitué d'éléments appelés « néphrons ».

*La fonction rénale*

Les reins filtrent le sang pour en éliminer les déchets potentiellement toxiques :

**1.** Les globules sanguins sont filtrés, produisant un liquide transparent.
**2.** Ce liquide passe dans des tubes ou le sodium est réabsorbé par les tissus.
**3.** Ce sodium entraîne une réabsorption de l'eau présente dans d'autres régions du tube, ce qui concentre l'urine.
**4.** D'autres déchets passent dans l'urine en divers points du tube.
**5.** Les tubes urinifères recueillent l'urine et la conduisent vers le bassinet.

Le déchet le plus dangereux de l'urine est l'« urée », produite dans le foie par la dégradation d'acides aminés. Un taux d'urée excessif dans le corps entraîne de graves problèmes qui peuvent être mortels.

Chaque rein possède un « uretère » par lequel l'urine s'écoule jusqu'à la vessie. Des mouvements péristaltiques (constrictions annulaires semblables à celles de l'intestin) font passer l'urine dans la vessie.

## L'ABDOMEN DU CHIEN

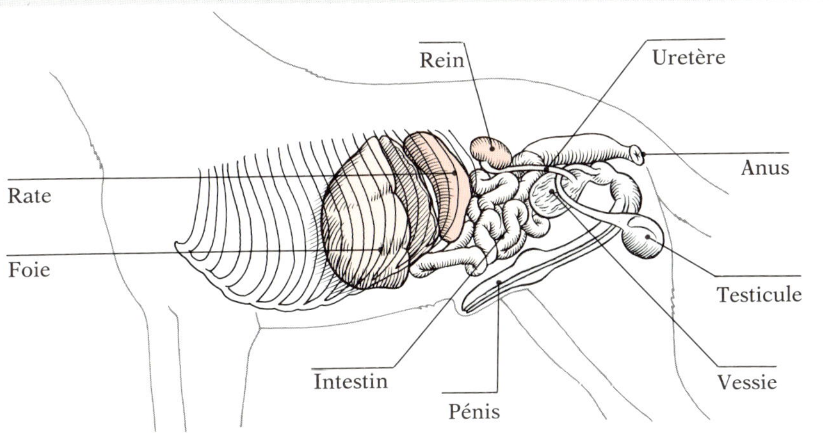

# L'appareil digestif

L'appareil digestif du chien se compose d'une suite d'éléments qui remplissent chacun une fonction particulière, aidés par une glande qui produit les enzymes nécessaires à leurs fonctions.
L'appareil digestif comprend :
**1.** La bouche et les glandes salivaires.
**2.** L'œsophage.
**3.** L'estomac.
**4.** Le duodénum, l'intestin grêle et le pancréas.
**5.** Le foie.
**6.** Le gros intestin et le rectum.

### LES RÔLES DE LA SALIVE

- La salive agglutine les aliments qui composent le bol alimentaire et en facilite le passage dans l'œsophage.
- La salive contient une enzyme qui commence la digestion de l'amidon dans la bouche. L'action de cette enzyme se poursuit dans l'estomac.
- La salive « nettoie » aussi la langue.
- Le sens du goût dépend partiellement de l'action de la salive, qui entraîne des particules infinitésimales d'aliments vers les papilles gustatives.
- L'évaporation de la salive de la langue contribue à la thermorégulation du chien *(voir p. 33).*

**La bouche**
L'appareil digestif entre en action dès que le chien flaire la présence de nourriture. Les glandes salivaires de la bouche sécrètent la salive qui commencera la digestion des aliments. Chez de nombreux chiens, le bruit d'une porte de placard ou le son d'un ouvre-boîtes suffit à déclencher la salivation.

**De la bouche à l'estomac**
Le chien broie la nourriture à l'aide de ses puissantes mâchoires, puis sa langue fait une boulette des aliments. C'est le « bol alimentaire », qui est repoussé au fond de la bouche par la langue, soulevé au travers du pharynx par-dessus le larynx, d'où il passe dans l'œsophage qui s'ouvre puis se referme

### L'APPAREIL DIGESTIF DU CHIEN

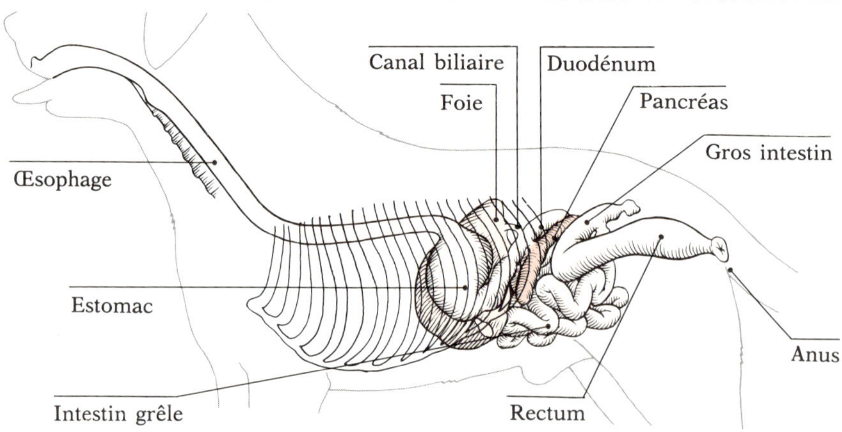

derrière lui. Cette manœuvre très complexe – la déglutition – fait intervenir des douzaines de petits muscles et un réseau extrêmement précis de commandes nerveuses.

Dans l'œsophage, des contractions musculaires, les « mouvements péristaltiques », font progresser les aliments dans le tube digestif. Puis le bol alimentaire avance dans l'œsophage jusqu'à l'estomac, où un clapet, le « sphincter du cardia », s'ouvre momentanément pour laisser pénétrer le bol alimentaire dans l'estomac.

*Digestion dans l'estomac*

La muqueuse stomacale du chien se divise en deux régions à peu près égales : la région du « fundus » et la région du « pylore ». La région du fundus contient des glandes gastriques qui produisent un acide et une enzyme, la pepsine, qui commence la digestion des protéines. La région du pylore possède des glandes qui produisent du mucus, dont la fonction est de liquéfier les aliments et d'empêcher les enzymes d'attaquer les muqueuses du tube digestif.

**Le duodénum**

Après un transit de trois à quatre heures dans l'estomac, de faibles quantités d'aliments passent dans le « duodénum ». Les glandes du duodénum produisent une sécrétion alcaline épaisse qui commence à neutraliser les acides de l'estomac et protège l'intestin. D'autres enzymes importantes, sécrétées par le « pancréas », pénètrent aussi dans le duodénum. Lorsque les aliments ont traversé l'intestin grêle, les enzymes ont achevé de les dégrader en éléments simples qui sont pour l'essentiel absorbés. La majeure partie de l'eau présente dans les aliments est réabsorbée dans le gros intestin avant que les résidus ne passent dans le rectum et ne soient évacués.

**Le pancréas**

Cette glande se loge dans l'anse du duodénum, près de l'estomac. L'arrivée des aliments dans le duodénum provoque la sécrétion du suc pancréatique, qui contient des enzymes. Le pancréas sécrète aussi de l'« insuline », une substance qui contribue au stockage du glucose. Le « diabète sucré » *(voir p. 245)* résulte de l'absence d'insuline. Chez tous les animaux, le plus gros des organes est le foie. Cette véritable « usine » de produits chimiques a plusieurs fonctions qui sont liées à la circulation sanguine, à l'absorption des aliments et à l'élimination des toxines.

**Le foie**

Cet important organe transforme et stocke les éléments nutritifs que lui apporte le sang venu du tube digestif, tout en éliminant les déchets.

### GLANDES ET HORMONES

Le chien a deux groupes de glandes : les exocrines et les endocrines.

**Glandes exocrines.** Elles déversent à l'extérieur leurs produits de sécrétion. Elles comprennent les glandes salivaires, sudoripares et mammaires, et les glandes de l'estomac, de la bouche et de l'œsophage.

**Glandes endocrines.** Elles déversent dans le sang des « messagers » chimiques (les hormones) : ce sont l'hypophyse, la thyroïde, les ovaires et les testicules.

**Un « centre de contrôle ».** L'hypophyse, située à la base du cerveau, joue un rôle capital : elle commande le fonctionnement des autres glandes en produisant des hormones « activantes » spécifiques, qui à leur tour font produire aux autres glandes leurs hormones. L'hormone produite par la « glande réceptrice » agit ensuite sur l'hypophyse et interrompt la production de l'hormone activante.

# La peau et la robe

La peau se compose de deux couches principales : l'« épiderme » (couche extérieure) et le « derme » (couche intérieure). Chez le chien, l'épiderme est beaucoup moins épais que chez l'homme, car il est mieux protégé par sa robe.

Le derme contient des vaisseaux sanguins, des glandes et des « follicules pileux » d'où sortent les poils, qui traversent l'épiderme. Chez l'homme, le derme et l'épiderme s'articulent selon une surface hérissée de saillies qui donnent à la peau sa souplesse. Ces saillies sont très peu nombreuses chez le chien, sauf sur le nez et sur les coussinets plantaires, où la peau est épaisse. Naturellement, les follicules pileux sont beaucoup plus nombreux chez le chien et ils contribuent à la liaison des deux couches.

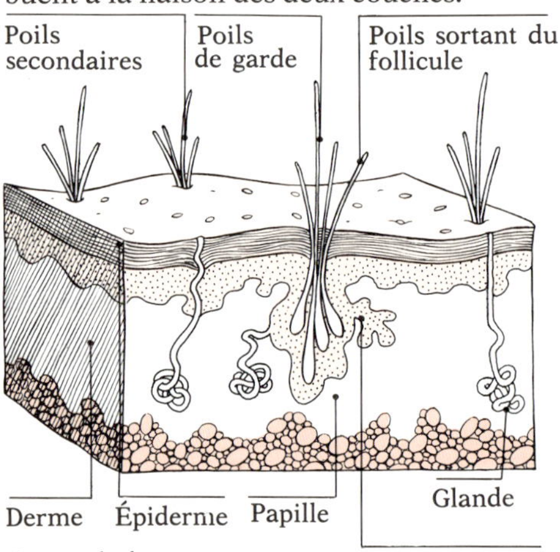


*Coupe de la peau.*

**La robe du chien**

Presque tous les chiens, exception faite de quelques races « nues », possèdent une épaisse robe de poils qui poussent des follicules pileux. A la base du follicule, une petite « papille » sécrète de la « kératine », la substance du poil. Les poils poussent en groupe dans les complexes de follicules qui produisent un poil de garde, ou poil primaire, qui constitue le pelage extérieur grossier, et plusieurs poils secondaires qui forment le duvet. La plupart des follicules sont pourvus d'un petit muscle attaché en biais dont la contraction fait se hérisser le poil.

*Les glandes sébacées*

Les glandes sébacées sont généralement reliées à un follicule. Elles produisent une sécrétion grasse, le sébum, qui empêche le poil de trop se mouiller ou de trop se dessécher tout en protégeant le chien des variations de température.

*Poils particuliers*

Le chien possède des poils sensibles dont les follicules sont plus profonds. Ceux-ci sont abondamment irrigués par le sang et contiennent plus de terminaisons nerveuses. Ces poils sensibles sont : □ Les cils des yeux. □ Les poils du « dragus » (oreille externe). □ Les « vibrisses », ou moustaches.

**LA CROISSANCE DU POIL**

Le poil des chiens ne cesse de pousser, et la plupart des chiens muent *(voir p. 174)*. Le cycle de croissance du poil comprend trois phases : l'anagenèse, la catagenèse et la télogenèse.

L'anagenèse est la phase de croissance active du poil qui sort de la papille. Lorsqu'il atteint la longueur voulue, le poil cesse de grandir, mais il reste attaché à la papille : c'est la phase de la catagenèse. Par la suite, la papille se contracte et libère le poil avant d'en produire un nouveau. C'est la phase de la télogenèse. Ces phases distinctes ne se produisent pas au même moment dans les différentes régions du corps, mais suivent le sens de la pousse du poil *(voir p. 174)*.

# Aspects particuliers

Le chien présente certaines particularités qui font de lui un animal bien à part. Si nous imaginons un chien, nous pensons à une créature qui gambade en remuant allègrement la queue, la langue pendante, et qui lance cet étrange aboiement plein de vie. Loin d'être « ornementales », toutes ces particularités ont leurs raisons d'être.

L'aboiement est l'un des moyens que le chien utilise pour communiquer avec l'être humain ou avec d'autres chiens. Les opérations chirurgicales qui empêchent le chien d'aboyer sont interdites dans certains pays, et elles privent certainement l'animal d'un utile moyen d'expression *(voir p. 216)*. La queue reflète aussi l'état d'esprit du chien. Un battement de queue est synonyme de plaisir ; d'autres ports de la queue indiquent la crainte, la soumission ou l'agression *(voir p. 216 à 218)*.

Le chien présente encore d'autres particularités, par exemple ses vibrisses tactiles, qui lui sont utiles dans le noir, et les glandes anales, qui lui permettent de marquer de signaux odorants son territoire. Les particularités du comportement du chien sont traitées dans le chapitre « Comprendre son chien », page 210 à 225.

## LES CHIENS TRANSPIRENT-ILS ?

Les chiens transpirent, mais pas pour les mêmes raisons que l'homme.

Les chiens possèdent sur tout le corps des glandes sudoripares apocrines dont le produit de sécrétion, lorsqu'il est décomposé par des bactéries, dégage une odeur caractéristique. Mais ces glandes ne participent aucunement à la thermorégulation. Les chiens possèdent aussi des glandes sudoripares eccrines dans les pattes. Leurs sécrétions (surtout de l'eau) aident les coussinets à conserver leur souplesse.

La thermorégulation, chez l'homme, se fait essentiellement par les nombreuses glandes sudoripares eccrines qu'il possède sur toute la peau. Chez le chien, la robe constitue une couche isolante qui conserve la chaleur. Même si elle est chaude au toucher, très peu de chaleur est transmise à la peau.

Chez le chien qui a très chaud, les glandes des pattes se mettent à sécréter abondamment, ce qui explique qu'il laisse souvent des traces humides !

En fait, chez la plupart des animaux, la thermorégulation se fait par évaporation dans les voies respiratoires. C'est la raison pour laquelle les chiens halètent, particulièrement lorsqu'il fait chaud.

*Le halètement du chien accélère la déperdition calorique.*

# 2

# LES ORIGINES DU CHIEN

Le chien fait partie d'une famille d'animaux qui comprend le loup, le renard, le coyote, le chacal et les chiens sauvages. Tous ces animaux ont des points communs dont le principal est leur denture hautement adaptable. Bien avant que le chien ne s'associe à l'homme, ses ancêtres avaient déjà entrepris une longue évolution. Les origines du chien domestique demeurent confuses, mais l'étude de cette évolution n'en est pas moins fascinante et nous aide à comprendre certains aspects fondamentaux de l'anatomie et du tempérament du chien. La domestication du chien a donné naissance aux innombrables races que nous connaissons aujourd'hui. Les huit millions de chiens qui vivent en France témoignent du succès de cette association durable.

# La famille du chien

Le chien appartient à une famille d'animaux, les « canidés », qui chassent en meute. Le chien domestique est connu sous le nom de *Canis familiaris*. Les autres membres de cette famille sont le loup, le renard, le coyote, le chacal et les chiens sauvages *(voir p. 39 à 41)*. Certains ressemblent aux chiens, d'autres sont très différents. Mais tous ont des points communs : une tête allongée et étroite, de longues mâchoires pourvues de nombreuses dents. Les dents arrière se prêtent à la fois à trancher et à broyer, ce qui permet à ces animaux d'adopter un régime aussi bien carnivore que végétarien.

La structure dentaire des canidés est l'une des admirables qualités qui leur ont permis de se répandre partout dans le monde et de survivre dans des habitats très divers, des déserts arides aux glaces de l'Arctique, de la toundra à la jungle et aux forêts montagneuses des régions septentrionales.

**L'évolution du chien**

L'évolution du chien a fait l'objet de nombreuses théories qui virent tantôt dans le loup, tantôt dans le renard, tantôt dans le chacal l'ancêtre direct du chien. Au XIXe siècle, la grande diversité des races de chien fit croire que cet animal avait plus d'un ancêtre sauvage, idée qui fut notamment avancée par Darwin. Selon cette théorie, le chacal et le loup, et peut-être le coyote et l'hyène, auraient été domestiqués indépendamment, et leurs progénitures se seraient croisées par la suite, mêlant ainsi les patrimoines génétiques de plusieurs espèces distinctes. Nous savons aujourd'hui que cette théorie est fausse et que l'incroyable diversité des races actuelles de chien est le résultat d'une sélection artificielle intensive à laquelle sont venus s'ajouter les effets de mutations génétiques *(voir p. 187)*.

*Paléocène*

Il y a 60 millions d'années, un petit animal à longue queue et courtes pattes, au corps long et flexible vivait dans les forêts. C'était le *Miacis,* un animal semblable à la belette, qui est le plus lointain ancêtre, non seulement des canidés, mais aussi d'autres familles (ratons laveurs, ours, belettes, civettes, hyènes et chats). Comme l'ours actuel, il marchait sur la plante des pieds, à la différence des chiens modernes qui marchent sur leurs « doigts ». Le *Miacis* possédait cinq doigts nettement séparés, et sa denture était celle du carnivore. Son cerveau était petit, mais nettement plus gros que celui des autres carnivores primitifs de l'époque des créodontes. Ces derniers, pourtant plus nombreux que les *Miacis,* ne participèrent pas à l'évolution du chien et finirent par disparaître il y a environ 20 millions d'années.

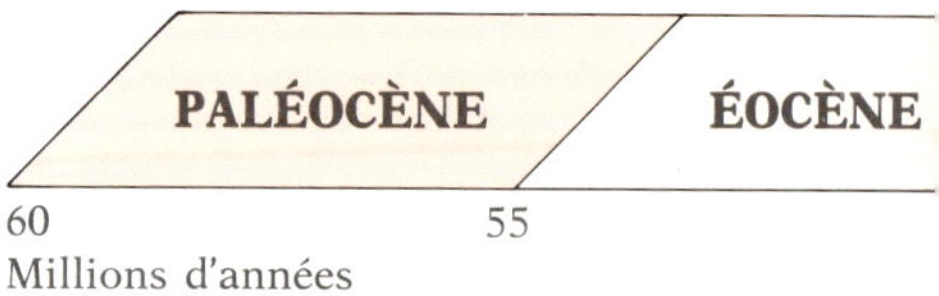

***Amphicyon***
*Gros chien à longue queue, semblable à un ours. Il vécut entre 30 et 5 millions d'années avant notre ère et disparut vers la fin du miocène.*

*Oligocène*
Au début de l'oligocène, il y a environ 35 millions d'années, le *Miacis* avait donné naissance à de nombreux canidés primitifs. Sur la quarantaine de canidés primitifs que connaît la science, certains étaient des chiens-ours, d'autres des chiens-hyènes et d'autres, enfin, les plus curieux de tous, des chiens-chats. Mais il y avait aussi des chiens-chiens, et ce sont les seuls qui finalement survécurent.

*Miocène*
Le début du miocène, il y a 20 millions d'années, vit apparaître un chien-chien très rudimentaire, le *Mesocyon*. Il avait un corps allongé, une longue queue, de courtes pattes et les mâchoires plus courtes que celles du chien moderne. Les membres arrière possédaient encore cinq doigts bien écartés, à la différence du pied à quatre doigts serrés du canidé moderne. Vers la fin du miocène, il y a de 10 à 15 millions d'années, apparaît le *Tomarctus,* un canidé doté de plus longues mâchoires et d'un cerveau plus volumineux. S'il n'avait pas encore l'intelligence du chien, il en possédait déjà tout les instincts sociaux.

*Pliocène*
Le premier véritable *Canis* fit son apparition il y a de 5 à 7 millions d'années. Cet animal commençait à marcher sur quatre de ses doigts (le cinquième allait devenir l'ergot), et son pied plus ramassé convenait mieux à la poursuite d'une proie.

*Quaternaire*
Au début du quaternaire, il y a 1 million d'années, un loup primitif, le loup d'Étrurie, commence à hanter l'Eurasie. Des études récentes donnent à penser que le loup d'Étrurie a fort bien pu être l'ancêtre direct du chien domestique et des loups modernes, notamment de la petite sous-espèce du Moyen-Orient et de l'Inde, le *Canis lupus pallipes,* un animal plus proche du chien que toutes autres sous-espèces de loups.

La théorie qui voulait que les chiens soient issus du chacal, du renard ou d'un croisement chacal-loup est aujourd'hui abandonnée. La plupart des auteurs pensent que l'ancêtre du chien a sans doute été un animal semblable à notre loup gris.

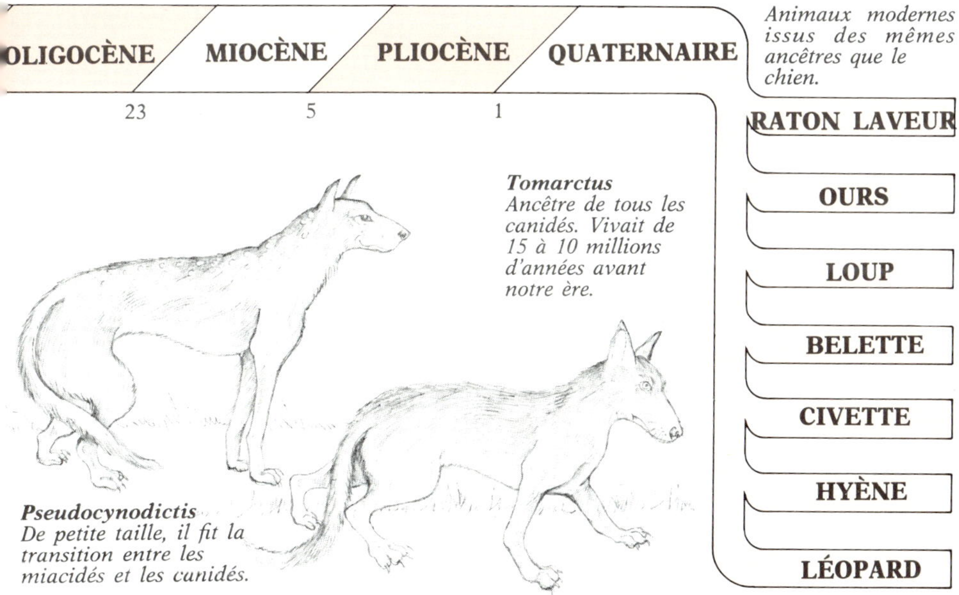


***Tomarctus***
*Ancêtre de tous les canidés. Vivait de 15 à 10 millions d'années avant notre ère.*

***Pseudocynodictis***
*De petite taille, il fit la transition entre les miacidés et les canidés.*

# Les débuts de la domestication

Des découvertes récentes de fossiles donnent à penser que la domestication du chien commença au Moyen-Orient il y a au moins 10 000 et peut-être même 35 000 ans. Certains savants croient que l'homme commença par domestiquer des loups « éboueurs » qui fouillaient dans les ordures des campements humains. D'autres pensent que l'homme préhistorique commença par chasser les animaux adultes pour les manger et qu'il recueillit des chiots pour les engraisser. Plus tard, des bandes nomades d'*Homos sapiens* amenèrent avec eux l'animal du Moyen-Orient en Europe. Des invasions semblables se produisirent peut-être aussi en Australie, où l'homme introduisit un ancêtre du dingo.

Avec les débuts de la civilisation, la présence du chien s'affirme dans les arts. En Iran, les archéologues ont découvert des petites sculptures de chiens à queue bouclée datant d'environ 6500 av. J.-C. Des ossements de chiens domestiques datant d'une période antérieure à l'âge de pierre (vers 7500 av. J.-C.) ont été retrouvés dans le Yorkshire et dans des sédiments vieux de 10 000 ans d'une grotte de Tchécoslovaquie. Les plus anciens ossements de chiens domestiques proviennent de la grotte du Jaguar, dans l'Idaho, aux États-Unis, que les Indiens de l'âge de pierre fréquentaient vers 8300 av. J.-C.

Le chien domestique se répandit rapidement dans le monde entier, sauf dans l'Antarctique. Partout, l'espèce a prospéré grâce à sa spécialisation modérée, à sa grande adaptabilité, à son intelligence aiguë et à son instinct de coopération sociale.

***Promenade dans un parc royal***
*Détail d'un bas-relief du palais d'Assourbanipal à Ninive, vers 649 av. J.-C. (British Museum).*

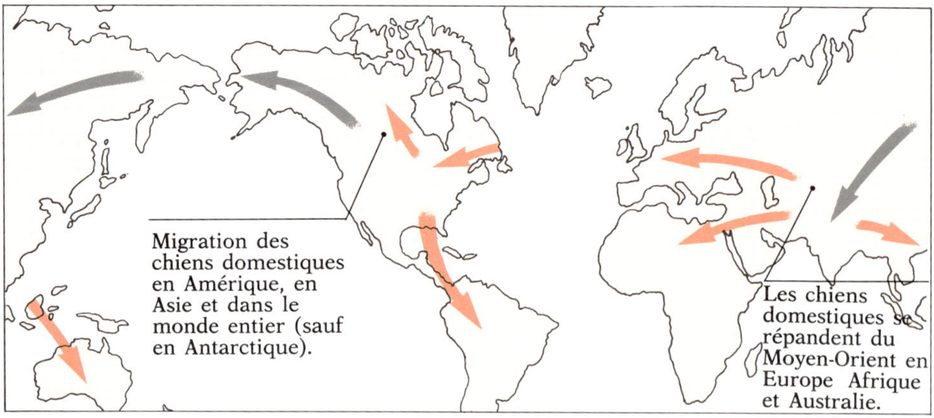


*Grands mouvements de migration du chien domestique dans le monde.*

# Les cousins sauvages du chien

Le chien domestique actuel a de nombreux cousins. Tous descendent du même canidé primitif *(Tomarctus)*, mais certains ne sont pas d'authentiques canidés, même s'ils présentent des ressemblances avec le chien. C'est le cas du lycaon, du dhole, de l'icticyon et du chien viverrin.

**Loup gris** *(Canis lupus)*
Le loup gris habite l'Amérique du Nord, l'Europe, l'Asie et le Moyen-Orient. On recense 35 sous-espèces, dont le loup des Grandes Plaines, qui suivait autrefois les troupeaux de bisons américains, et le loup commun des forêts d'Europe et d'Asie. L'animal pèse de 12 à 80 kilos, et sa robe va du blanc au noir en passant par le gris et le brun rougeâtre. Il vit jusqu'à 16 ans à l'état sauvage et jusqu'à 20 ans en captivité.

**Loup rouge** *(Canis rufus)*
Le loup rouge existerait encore dans le sud-est des États-Unis, mais il a peut-être disparu à l'état sauvage. Il s'est fortement hybridé avec le coyote à mesure que celui-ci progressait vers l'est. Cet animal, qui pèse de 15 à 30 kilos, a une robe cannelle ou chamois semée de rayures gris foncé ou noires.

**Coyote** *(Canis latrans)*
Ce canidé de 11 à 15 kilos vit au Canada et en Amérique du Nord. Son pelage gris-chamois est barré d'une rayure dorsale noire et moucheté de noir sur les membres antérieurs et la queue.

*Quelques membres d'une meute de loups gris* (Canis lupus) *dans une forêt d'Europe.*

**Chacal**

Il existe quatre espèces de chacals : le chacal doré *(Canis aureus)* d'Afrique, du sud-est de l'Europe et du sud de l'Asie ; le chacal à chabraque *(Canis mesomelas)* d'Afrique orientale et d'Afrique du Sud ; le chacal d'Abyssinie *(Canis simensis)* d'Éthiopie ; et le chacal rayé *(Canis adustus)* d'Afrique tropicale. Les chacals sont des canidés élancés qui ressemblent à des chiens. Ils pèsent de 7 à 15 kilos, et leur pelage va du jaune doré (chacal doré) au gris rayé de blanc sur les flancs (chacal rayé), en passant par le roux tacheté de noir et de blanc sur le dos (chacal à chabraque). Le chacal a une alimentation très variée : fruits, invertébrés, insectes, batraciens, reptiles, petits mammifères, gazelles et charognes.

***Chacals à chabraque dépeçant leur proie***
*Les chacals ne sont plus considérés comme les ancêtres directs du chien.*

**Renard**

Il existe quatre genres de renards et vingt et une espèces. On trouve le renard en Amérique, en Europe, en Asie et en Afrique. Il vit jusqu'à 6 ans à l'état sauvage et jusqu'à 14 ans en captivité. Les quatre genres de renards sont :

**1. Renard vulgaire** *(Vulpes).* Il habite l'Amérique, l'Asie et l'Afrique. Parmi les espèces, on note le renard rouge et le renard véloce.
**2. Renard d'Amérique** *(Dusicyon).* Parmi les espèces, le renard gris d'Argentine.
**3. Renard blanc** *(Alopex lagopus).* Il vit dans la région du pôle Nord.
**4. Chien oreillard** *(Otocyon megalotis).* Originaire d'Afrique.

***Chien oreillard***
*Un membre de la famille du renard. Les renards vivent et chassent seuls.*

**Dhole** *(Cuon alpinus)*

C'est le chien sauvage d'Asie que l'on retrouve dans toute l'Asie occidentale, la Chine, l'Inde, l'Indochine et l'Indonésie. Cet animal secret, de 12 à 20 kilos, a un pelage brun-roux et une queue noire. Il se nourrit d'insectes, de reptiles et de rongeurs. Il s'attaque aussi aux cerfs. Les dholes chassent en meute et sont extrêmement sauvages.

***Dhole et chien viverrin***
*La tête du dhole (à gauche) et celle du chien viverrin (à droite) font penser au renard, avec lequel ils n'ont pourtant aucune parenté.*

**Icticyon** *(Spetheos venaticus)*
Cet animal des forêts de l'Amérique du Sud est le plus curieux de tous les canidés. Il est robuste et trapu, à petite queue, à la tête en forme de coing, aux oreilles courtes, et sa robe est d'un brun profond. Il pèse de 5 à 7 kilos.

**Chien viverrin** *(Nyctereutes procyonoides)*
Cet animal originaire d'Asie orientale, de l'Extrême-Orient, de la Chine, du Japon et du nord de l'Indochine a été introduit en Europe. Il ressemble beaucoup au raton laveur, sans lui être apparenté. Le chien viverrin pèse jusqu'à 8 kilos. Il porte une longue robe tachetée noire et brune ; la tête et la pattes sont noires, tandis que la queue est rayée de noir. Cet animal mange des fruits, des insectes, des invertébrés et de petits mammifères.

**Lycaon** *(Lycaon pictus)*
Le territoire de cet étonnant animal d'Afrique s'étend du Sahara jusqu'en Afrique du Sud. Ses habitats sont très variés, mais il préfère la savane. L'animal pèse 20 à 30 kilos, et il porte une robe sombre dont les mouchetures claires ou jaunâtres sont propres à chaque individu. Il vit de 9 à 10 ans à l'état sauvage. Le lycaon chasse en meute les rongeurs, les zèbres et les grandes antilopes.

**Loup à crinière** *(Chrysocyon brachyurus)*
Ce beau canidé d'Amérique du Sud pèse environ 22 kilos. Il a un pelage roux, les pattes, le museau et la crinière noirs, tandis que la gorge, l'intérieur des oreilles et l'extrémité de la queue sont blancs.

**Dingo** *(Canis dingo)*
Ce chien habite l'Australie depuis au moins 8 000 ans. On le trouve également en Malaisie, en Thaïlande et en Birmanic. Il pèse une vingtaine de kilos, et son pelage est d'un brun rougeâtre tacheté de blanc. Il s'attaque souvent aux animaux domestiques.

***Dingos***
*Originaire d'Australie, ce chien sauvage s'est constamment croisé avec le chien domestique.*

*Meute de lycaons du Botswana, au pelage très caractéristique.*

# 3

# LES RACES

Une visite à une exposition canine fait immédiatement comprendre l'extraordinaire diversité des races de chien : l'énorme Berger des Pyrénées, au poil hirsute, mais aussi le minuscule Chihuahua, le grand Afghan plein d'élégance à côté du solide Bulldog, bizarrement bâti, la majesté ridée du Bloodhound et la tête lisse comme un œuf du Bull-Terrier... On a peine à croire que tous puissent être issus d'un même ancêtre lupoïde. Pourtant, nous savons que la diversité des races actuelles est le résultat d'une sélection intensive. Aux cours des siècles, l'homme a créé des chiens pour l'aider à chasser, pour garder ses biens, pour mener ses troupeaux, pour jouer avec lui. Si vous pensez vous procurer un chien, consultez ce chapitre pour mieux connaître les races qui vous intéressent, leur histoire et leurs origines, leurs aspects, leurs caractères et leurs tempéraments. Les conseils du chapitre « Choisir son chien » *(p. 120 à 127)* vous seront également utiles.

# Les débuts de l'élevage

On pense généralement que la domestication du chien date d'il y a 10 000 à 35 000 ans *(voir p. 39)*, ce qui fait de lui le premier compagnon animal de l'homme. L'élevage des chiens aurait pu commencer très peu de temps après. L'un des premiers objectifs a sans doute été de produire un chien très différent du loup dans son aspect, pour que les deux ne puissent être confondus. Pour cette raison, une petite taille, une robe blanche et bouclée, une queue dressée furent probablement des traits que recherchèrent les premiers éleveurs de chiens.

On chercha certainement aussi à développer les caractéristiques utiles des chiens. Les premières races domestiques ont sans doute servi à la chasse et à la défense, ou même comme source de viande et de fourrure.

***Chiens de chasse en pleine action***
*Détail de la tapisserie de Bayeux, où de féroces chiens aux puissantes griffes précèdent un chasseur et son faucon.*

**Chiens de chasse**

Avec le temps, les chiens se spécialisèrent de plus en plus, et ainsi apparurent graduellement deux catégories de chiens de chasse.

*Lévriers*

L'un des premiers groupes qui fit son apparition est celui des anciens lévriers. Leurs meilleurs représentants modernes sont l'Afghan *(p. 59)*, le Saluki *(p. 67)* et le Greyhound *(p. 65)*. De nombreux manuscrits de la Perse ancienne et des peintures tombales égyptiennes représentent ce type de chien, notamment le Tesem, antique lévrier égyptien. L'animal était particulièrement utile à découvert, là où des chasseurs armés d'arcs et de flèches ne pouvaient se rapprocher suffisamment de leurs proies. Rapides et silencieux, ces chiens pourchassaient le gibier, souvent aidés par des faucons spécialement dressés qui harcelaient et distrayaient la victime. Originaires du Proche-Orient, ces chiens se répandirent dans le monde et donnèrent naissance à plusieurs races, comme l'Irish Wolfhound *(p. 66)*, le Deerhound, le Barzoï *(p. 63)*, et même le Whippet *(p. 68)*.

*Limiers*

Le chien qui utilise son flair pour chasser est une création nettement postérieure. Ce chien, qui vit le jour en Europe, chassait en meute. C'était un excellent coureur de fond qui suivait infatigablement une piste jusqu'à épuiser le gibier. Certains tuaient leurs proies ; d'autres étaient dressés à « donner de la voix ». L'Elkhound en est un bon exemple.

*Chiens d'arrêt*

Avec l'invention du fusil, le chien de chasse trouva un nouvel emploi. Ceux qui possédaient un bon flair repéraient, d'autres faisaient lever les victimes, tandis qu'un troisième groupe rapportait les animaux abattus. Ces chiens devaient posséder de nouvelles qualités : une « gueule disciplinée » pour ne pas abîmer les oiseaux qu'ils rapportaient, une grande obéissance dans le cas des chiens d'arrêt qui devaient s'immobiliser une fois la proie découverte. Les chasseurs commencèrent par utiliser des chiens qu'ils employaient depuis longtemps pour la chasse au filet, notamment une espèce aujourd'hui disparue, le Braque espagnol *(p. 50)*. Grâce à la sélection, ils parvinrent à confirmer les qualités de ces chiens et obtinrent des animaux d'une loyauté et d'une intelligence exceptionnelles.

*Les premiers terriers*

Des centaines d'années plus tôt, un autre type de chien, de constitution et de tempérament très différents, avait été créé pour chasser les animaux à terrier : les renards, les blaireaux, les rats et les lapins. Ces chiens s'établirent très tôt en Angleterre, où les soldats romains leur donnèrent le nom de *terrarii*. Courts sur pattes, féroces et tenaces, les terriers anglais constituèrent pendant des siècles un assortiment plutôt disparate de robustes chiens de travail. Mais ils connurent une très grande popularité à la fin du XVIIIe et au XIXe siècle. De nombreuses races bien définies virent alors le jour.

## Chiens de garde et d'agrément

La chasse n'était pas la seule utilité du chien pour l'homme. Avec la domestication d'autres espèces, par exemple le mouton et la chèvre, le chien démontra sans doute assez vite ses qualités de berger.

Au cours des siècles, d'autres chiens devinrent des chiens de garde, des chiens de guerre, des chiens de traîneau, ou même des chiens de somme. Ils apprirent à sauver les noyés, à guider les voyageurs dans les montagnes enneigées, à prévenir leurs maîtres de l'arrivée des intrus, à poursuivre les criminels, à flairer les explosifs, à guider les aveugles.

Par contraste avec ces chiens de travail, il existe aussi une longue tradition de chiens d'agrément, parfaitement oisifs, source de compagnie, d'affection et d'amusement pour leurs maîtres.

Ces races remontent à au moins 2 000 ans et elles apparurent indépendamment à la fois en Europe et en Extrême-Orient. La miniaturisation de l'animal était un trait particulièrement recherché, encore qu'elle n'ait été obtenue dans ses formes extrêmes que tout à fait récemment. Autrefois réservés à l'aristocratie, ces « chiens-jouets » connaissent aujourd'hui une popularité considérable.

***Races disparues***
*L'ancêtre du Mastiff (en haut) et le Ban-Dog (en bas), illustrés dans* l'Histoire générale des quadrupèdes, *de Thomas Bewick (1790).*

# Les grandes familles actuelles

Il existe plusieurs classifications des races de chien, basées tantôt sur leur morphologie, tantôt sur leurs utilisations (chiens de berger, chiens de chasse, chiens de garde, chiens de compagnie). Mais, au-delà de ces catégories, subsiste le souvenir d'anciennes filiations. Le Mastiff *(p. 77)*, par exemple, a un physique bien particulier : vigoureux, le cou robuste, la tête massive et ridée. La plupart de ces chiens sont de grande taille et sont utilisés comme chiens de garde. Mais il existe une race d'agrément, le Carlin *(p. 177)*, qui présente des caractéristiques semblables. La plupart des chiens d'agrément sont apparentés à de gros chiens qui appartiennent à d'autres groupes et jouent des rôles très différents : les terriers, les épagneuls et les chiens courants. Le Loulou de Poméranie *(p. 116)*, par exemple, présente tous les caractères des Spitz, qui constituent certainement le groupe le plus délimité.

**Les races de Spitz**

Chez tous les Spitz, la queue est portée relevée et enroulée ; la tête triangulaire rappelle celle d'un loup ; les oreilles, petites, sont toujours dressées, et le cou est garni d'une abondante collerette. C'est le cas par exemple du Spitz finlandais, du Samoyède *(p. 83)*, de l'Akita Inu *(à droite)* et du Spitz-Loup *(p. 47)*. Le Spitz, originaire du Grand Nord, était autrefois le seul chien des régions subarctiques. Il existe aujourd'hui des douzaines de races. Les Esquimaux et les habitants de la Sibérie utilisaient ce robuste animal pour tirer leurs traîneaux et garder leurs animaux. On ne sait trop comment ce groupe a pu garder toute son originalité, mais il paraît clair que l'isolement du Grand Nord y a certainement contribué.

**Autres races originales**

Dans d'autres régions du monde, l'isolement a également contribué à la différenciation de races singulières. Les steppes désolées de la Mongolie ont vu naître le Chow-Chow *(p. 104)*, dont la

***Rhodesian Ridgeback***
*L'espèce est originaire d'Afrique du Sud. L'animal porte sur le dos une marque de poils noirs en forme de dague, unique à son espèce.*

***Akita Inu***
*L'Akita Inu est un robuste Spitz, le plus beau des trois chiens originaires du Japon. Il s'est progressivement répandu dans d'autres pays.*

langue noire et les pattes parfaitement droites le distinguent des autres chiens. D'Asie également nous sont venus les extraordinaires chiens de berger hongrois, le Komondor et le Puli, dont la robe hirsute se transforme, avec un peu de persuasion, en véritables tresses.

Plus à l'est, la Chine a donné naissance à l'étrange Char Pei, plus plissé qu'un accordéon, qui ne cède en originalité qu'au Chien à houppe, complètement chauve, à l'exception d'un long toupet soyeux.

Le continent africain s'enorgueillit de deux chiens très étranges eux aussi, le Rhodesian Ridgeback et l'étonnant petit Basenji d'Afrique centrale, dont la voix est une sorte de douce vocalisation.

**L'influence des expositions**

Les expositions canines se sont répandues au cours de la deuxième moitié du XIXe siècle. Les divergences de points de vue qui opposaient les éleveurs amenèrent la création de clubs qui fixèrent un standard pour chaque race de chien.

L'établissement de ces normes a entraîné un changement d'attitude radical chez les éleveurs. Dès lors, l'aspect extérieur l'emporta sur les qualités utilitaires du chien.

**Les problèmes de consanguinité**

Parallèlement, l'idée d'une race pure ne pouvait manquer de s'imposer. Les différentes races commencèrent à s'isoler génétiquement, tandis que le même ensemble plutôt limité de gènes était sans fin pris et repris d'une génération à l'autre. Les chiens qui remportaient des concours étaient demandés comme géniteurs, tandis que ceux qui n'étaient pas conformes à la norme n'avaient plus la faveur des éleveurs. Inévitablement, des chiens déjà apparentés finirent par se croiser, ce qui a entraîné diverses anomalies génétiques et, chez certaines races, un certain manque de vigueur.

***Keesbond (ci-dessus)***
*Ce Spitz de Hollande est le « chien de bateau » des mariniers.*
***Basenji (à droite)***
*Originaire d'Afrique, ce chien n'aboie pas.*

Certains défauts sont bien masqués ou ne se manifestent que vers l'âge de 7 ou 8 ans, si bien que le chien a pu se reproduire et transmettre ses anomalies à la génération suivante. D'autres se corrigent par la chirurgie, comme chez le Char Pei, une race chinoise, qui souffre souvent d'une anomalie congénitale appelée entropion *(voir p. 256) :* les paupières sont retournées vers l'intérieur et irritent beaucoup la cornée. Une simple opération corrige l'anomalie chez l'individu, mais elle ne peut corriger ses gènes, et sa progéniture risquera d'en souffrir elle aussi.

Les bons éleveurs s'efforcent d'écarter de la sélection les animaux trop fragiles ou au tempérament imprévisible, mais d'autres, malheureusement, cèdent à la tentation de faire se reproduire un chien qui « présente bien » aux expositions canines, même s'il a des tares. Enfin, lorsqu'une certaine race est en vogue, les éleveurs ont parfois tendance à produire des chiots en grande série qui, s'ils sont conformes à la norme par leur aspect extérieur, souffrent souvent d'anomalies génétiques.

***Char Pei***
*Cette ancienne race chinoise a été récemment sauvée de l'extinction. Son aspect étrange attire tous les regards aux expositions.*

## LES STANDARDS

Le monde des expositions canines est plein de mystères pour le profane. Des chiens qui paraissent parfaitement identiques défilent devant un juge qui les examine attentivement, leur ouvre la gueule, les fait courir et déclare enfin un vainqueur. A l'œil non averti, rien ne distingue vraiment cette bête des autres.

Pour se prononcer, le juge se base sur le « standard de la race » – une description idéale de l'apparence de telle ou telle race. Les principales caractéristiques de chaque race, que l'on trouvera dans la suite de ce chapitre, sont tirées du standard officiel de cette race, lui-même établi et modifié de temps à autre par un club. Ces descriptions détaillées, souvent extrêmement longues, ne sont accompagnées d'aucune photographie ou illustration. Le libellé de la norme se prête donc à des interprétations diverses d'un juge à l'autre. Celui-ci préférera tel chien, alors que celui-là aurait donné le prix à un autre animal, même s'ils tombaient tous deux d'accord pour écarter les plus mauvais spécimens. C'est cette variabilité qui explique la pérennité des expositions canines. Sans ces interprétations, la norme serait victime d'une contradiction fondamentale : d'une part, elle vise à ce que les chiens soient conformes à un idéal, mais, d'autre part, elle consiste à déclarer que tel animal est supérieur à tel autre.

# Classification des races

Dans ce chapitre, les races sont classées en six groupes :



Il existe de très nombreux autres systèmes de classification des races. Certains se fondent sur la morphologie de l'animal. D'autres prennent pour base l'utilisation des chiens et définissent ensuite des groupes. C'est ainsi que la Fédération cynologique internationale, à laquelle est affiliée la Société centrale canine pour la France, a établi une classification en dix groupes largement répandue dans le monde :

**1er groupe :** chiens de berger.
**2e groupe :** chiens de garde et de protection.
**3e groupe :** terriers.
**4e groupe :** teckels.
**5e groupe :** chiens courants pour gros gibier.
**6e groupe :** chiens courants pour petit gibier.
**7e groupe :** chiens d'arrêt, sauf races britanniques.
**8e groupe :** chiens de race britanniques.
**9e groupe :** chiens d'agrément ou de compagnie.
**10e groupe :** lévriers.

## ESTHÉTIQUE DU CHIEN

Certaines races ne demandent pratiquement pas de préparation pour une exposition canine. Mais, dans la plupart des cas, le maître du chien doit passer des heures à le « faire beau » ; le toilettage de la robe est un élément essentiel de la « silhouette » de chaque race.

**Essorillage** (ou coupe des oreilles). Cette pratique, aujourd'hui fort discutée, est encore admise, ou même prescrite pour certaines races, sauf en Grande-Bretagne où l'opération est interdite.

**Caudectomie** (coupe de la queue). Traditionnelle chez de nombreuses races, elle est même obligatoire en concours pour certains chiens. La caudectomie se pratique quelques jours après la naissance *(voir p. 131)*.

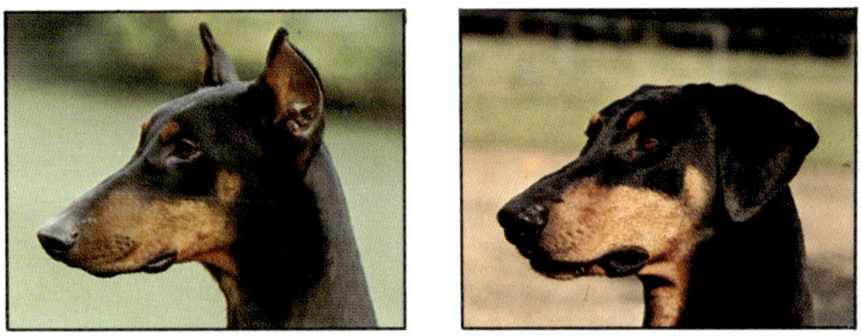

***Oreilles essorillées et oreilles non coupées chez le Doberman***
*Les oreilles coupées restent dressées. L'essorillage est jugé essentiel pour certaines espèces, mais il a été interdit en Grande-Bretagne.*

# Pointer

Malgré son élégance, ce chien est avant tout un chasseur hors classe.
**Histoire.** D'abord utilisé pour chercher les lièvres que pourchassaient ensuite les lévriers, le Pointer a trouvé sa véritable vocation avec l'apparition de l'arme à feu. Son ancêtre, le Braque espagnol, remonte à au moins 300 ans. Le Pointer est issu d'un croisement avec son ancêtre espagnol. Plus rapide et plus entreprenant, il est devenu une race établie au siècle dernier.
**Tempérament.** Autrefois plutôt féroce, l'apport de sang de setter lui a donné un tempérament facile.
**Particularités.** Le Pointer sait être un animal familier et affectueux, mais il met tout son cœur à son travail et il doit pouvoir chasser régulièrement.

***Braque allemand***
*Ce remarquable chien d'arrêt, excellent compagnon, a une queue écourtée portée horizontalement, ou vers le haut en pleine action.*

## PRINCIPALES CARACTÉRISTIQUES *Pointer*

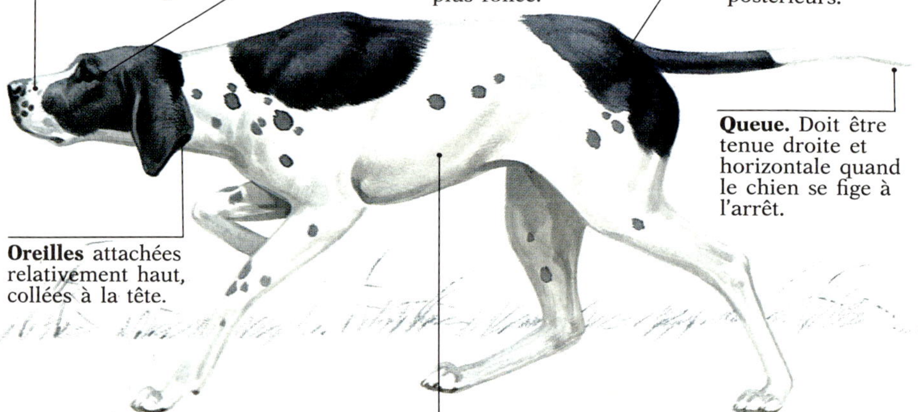

**Tête.** Un stop prononcé et un museau légèrement concave lui donnent une expression caractéristique.

**Yeux.** Regard doux et intelligent. Yeux ronds et noisette chez un chien clair, bruns chez un chien plus foncé.

**Corps** fort et gracieux, en légère pente vers les membres postérieurs.

**Queue.** Doit être tenue droite et horizontale quand le chien se fige à l'arrêt.

**Oreilles** attachées relativement haut, collées à la tête.

**Taille.** 61-69 cm.

**Robe.** Poil court et lisse, de couleur variable : citron, orange, marron ou noir, généralement mêlé de blanc.

**L'arrêt.** Le chien s'immobilise dans cette attitude caractéristique lorsqu'il flaire quelque chose, attendant l'ordre de son maître.

# Golden Retriever

Depuis son homologation en 1913, la race a connu une très grande popularité. Chien de chasse au fond de lui-même, c'est aussi un excellent animal familier.

**Histoire.** Comme le Flat-coated Retriever, dont il est issu, le Golden Retriever est un chien actif et intelligent qui ne craint ni l'eau ni les froids les plus vifs. Ces deux races, produits de croisements entre setters, épagneuls et Terre-Neuve, ont été spécialement conçues pour la chasse au gibier d'eau. Comme ses ancêtres, le Golden Retriever adore nager.

**Tempérament.** L'expression bonhomme de ce chien obéissant et très intelligent reflète sa personnalité.

**Particularités.** Il a besoin de beaucoup d'exercice et préfère un climat frais. Brosser régulièrement sa robe.

## PRINCIPALES CARACTÉRISTIQUES *Golden Retriever*

**Yeux** bien écartés, foncés ; bord des paupières foncé.

**Queue** de préférence portée à l'horizontale. Ni bouclée, ni portée trop gaiement.

**Oreilles** attachées haut, mais pas trop grandes.

**Tête** large ; museau vigoureux ; truffe noire.

**Corps** bien balancé ; poitrine profonde.

**Robe.** Poil plat ou ondulé ; sous-poil abondant ; doré ou crème, sans tache blanche.

**Taille.** 51-58 cm pour la femelle ; 56-61 cm pour le mâle.

***Flat-coated Retriever***
*Le Golden Retriever est issu du Flat-coated Retriever, dont la robe foncée, noire ou marron a un aspect luisant. Ce chien, très apprécié des chasseurs, commence à peine une nouvelle carrière d'animal de compagnie.*

# Labrador Retriever

Il allie les qualités d'un remarquable chien de chasse à celles d'un excellent animal familier.

**Histoire.** La carrière du Labrador a connu trois phases distinctes. Ce fut d'abord le chien des pêcheurs de Terre-Neuve, qui l'employaient à ramener les filets dans les eaux glacées. C'était probablement la race que l'on appelait autrefois le Chien de Saint-John.

Les pêcheurs de Terre-Neuve, qui vendaient leurs poissons en Angleterre, y laissèrent aussi des chiens, et c'est là que la race se consacra à la chasse. Le nom de « Labrador » lui fut donné en 1887 par l'un de ses premiers adeptes, le comte de Malmesbury. Plus récemment, le Labrador est devenu un chien de compagnie et l'un des meilleurs chiens d'aveugle.

**Tempérament.** Le succès du Labrador comme chien familier tient à sa bonne humeur, à sa patience, à sa loyauté et à sa douceur envers les enfants. Mais c'est aussi un bon chien de défense.

**Particularités.** La placidité de ce chien fait parfois croire qu'il peut s'adapter à tout. Mais le Labrador n'est pas fait pour une existence totalement sédentaire, et il a besoin de prendre suffisamment d'exercice pour rester en forme. Il doit pouvoir, en particulier, nager régulièrement.

## PRINCIPALES CARACTÉRISTIQUES *Labrador Retriever*

**Yeux** bruns ou noisette, de grandeur moyenne ; regard doux et intelligent.

**Queue.** La « queue de loutre » est caractéristique de la race. Épaisse à la base, elle s'effile vers la pointe. Elle doit être couverte d'un poil court et dense.

**Oreilles.** Portées en arrière, elles doivent pendre tout contre les joues.

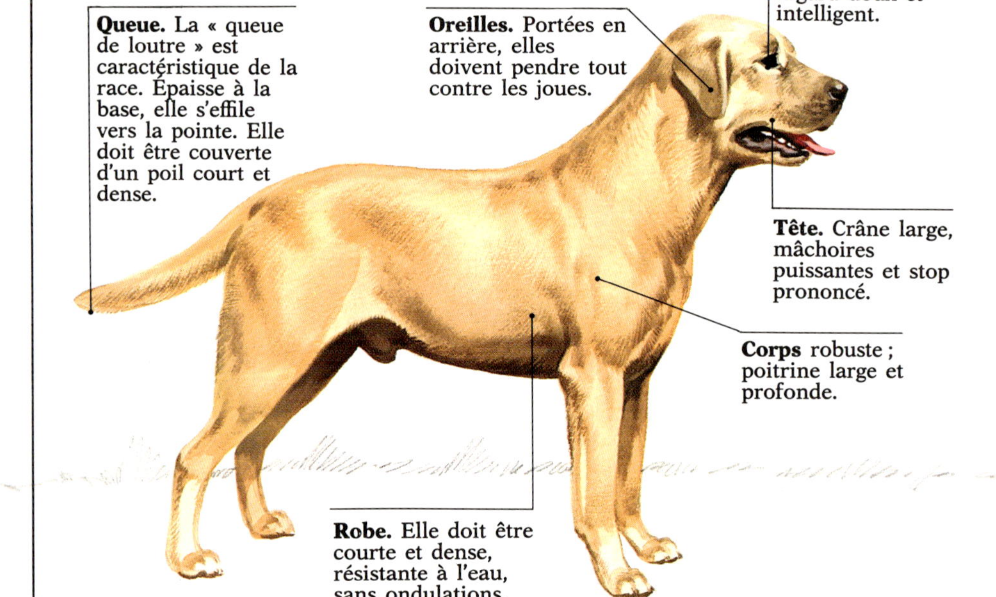

**Tête.** Crâne large, mâchoires puissantes et stop prononcé.

**Corps** robuste ; poitrine large et profonde.

**Robe.** Elle doit être courte et dense, résistante à l'eau, sans ondulations. Couleur unie, de préférence noire ou jaune ; une petite marque blanche sur la poitrine est admise.

**Taille.** 54-57 cm.

# Setter irlandais

C'est le plus racé et le plus noble des chiens de chasse.

**Histoire.** Les épagneuls, d'autres setters et les braques espagnols ont pu jouer un rôle dans l'hérédité de cette race. Autrefois rouge et blanc, il est devenu entièrement acajou au XIXe siècle. Le setter servait autrefois à lever le gibier que l'on prenait ensuite au filet. Il tombe en arrêt comme le pointer, mais se couche ensuite à terre *(set)*.

**Tempérament.** Les Setters irlandais ont beaucoup de charme. Vifs, affectueux, nerveux et espiègles, ils ont besoin d'une main ferme pour apprendre l'obéissance.

**Particularités.** Ce chien a besoin de grands espaces pour dépenser son surplus d'énergie.

***Setter anglais***
*Le plus petit des setters a une robe soyeuse et ondulée, toujours en partie blanche. Particulièrement amical et affectueux, il n'a aucun talent de chien de garde.*

## PRINCIPALES CARACTÉRISTIQUES *Setter irlandais*

**Taille.** Les proportions importent davantage que la taille, qui est en moyenne de 68,5 cm.

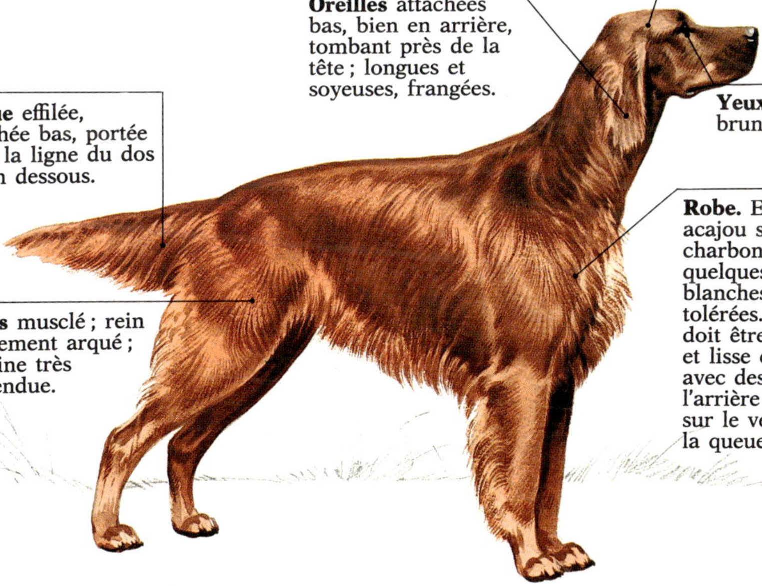

# Épagneul breton

Ce chien de chasse par excellence est très populaire en France et aux États-Unis.

**Histoire.** Le nom « épagneul » vient probablement du mot « espagnol » et rappelle que de nombreux chiens de chasse – setters, pointers et épagneuls – ont pour ancêtres les anciens chiens de chasse d'Espagne. En général, les épagneuls lèvent le gibier à plumes, tandis que les pointers et les setters s'occupent surtout de repérer le gibier. Mais l'Épagneul breton fait exception, car il sait « pointer », lever le gibier et le rapporter au chasseur. Ce merveilleux chien, tout en jambes, a d'ailleurs plus en commun avec les setters qu'avec les autres épagneuls. Au siècle dernier, un apport de sang de pointer a certainement renforcé encore ses caractéristiques. L'Épagneul breton reste essentiellement un chien de chasse, et les préoccupations esthétiques, comme les franges de la robe qui pourraient le gêner dans les broussailles, ne sont pas encouragées.

**Tempérament.** Comme chez la plupart des chiens de chasse, sa longue association avec l'homme a fait de lui un animal aimable, intelligent et plein de bonne volonté. Il se méfie des étrangers.

**Particularités.** Les longues promenades sont indispensables à ce chien qui ne demande qu'à travailler.

## PRINCIPALES CARACTÉRISTIQUES *Épagneul breton*

**Taille.** 44,5-52 cm.

# Springer-Spaniel

L'excellent caractère de ce robuste chien de chasse en fait un remarquable compagnon.

**Histoire.** Lorsque les groupes de chiens que l'on appelait « épagneuls de terre » furent séparés, les plus gros spécimens prirent le nom de Springer-Spaniels, car ils servaient à faire jaillir le gibier pour les fauconniers. Ce travail demande une grande endurance et beaucoup d'énergie, en plus d'un flair très vif et d'une curiosité infatigable. Avec l'apparition des armes à feu, le chien changea de rôle et servit à rapporter le gibier à plumes.

**Tempérament.** Affectueux et très actif.

**Particularités.** Ce chien est fait pour la campagne, mais il peut s'adapter à la ville si on lui laisse prendre suffisamment d'exercice.

***Welsh Springer-Spaniel***
*Un peu plus petit et plus fin que l'English Springer-Spaniel, ce chien a toujours une robe rouge et blanche.*

PRINCIPALES CARACTÉRISTIQUES *English Springer-Spaniel*

# Cocker américain

Comme le Cocker-Spaniel dont il est issu, ce chien a largement renoncé à sa vocation de chasseur pour devenir un chien de salon extrêmement apprécié.

**Histoire.** C'est vers 1880 que les premiers Cocker-Spaniels anglais furent introduits aux États-Unis. Une variété distincte apparut bientôt, mieux adaptée aux besoins des chasseurs américains. Aux États-Unis, le gibier d'eau était généralement de plus petite taille qu'en Angleterre, ce qui explique que le Cocker américain est moins grand que son cousin anglais. Vers 1930, les différences qui séparaient les deux cousins furent sanctionnées officiellement. La race la plus récente a connu une très grande vogue après la Seconde Guerre mondiale, tant dans son pays d'origine que dans le monde.

**Tempérament.** La sélection rigoureuse dont il a fait l'objet n'a aucunement privé le Cocker américain de son intelligence et de son caractère sportif.

**Particularités.** Ce chien a besoin de beaucoup d'exercice. Sa belle fourrure demande des soins réguliers.

PRINCIPALES CARACTÉRISTIQUES *Cocker américain*

**Taille.** 34-39 cm.

**Yeux** noisette ou noirs, selon la couleur de la robe. Ronds, ils remplissent les orbites ; regard droit.

**Tête.** Crâne bien arrondi ; arcades sourcilières prononcées ; museau plus court que celui du Cocker-Spaniel.

**Queue** coupée, dans la ligne du dos ou à peine au-dessus.

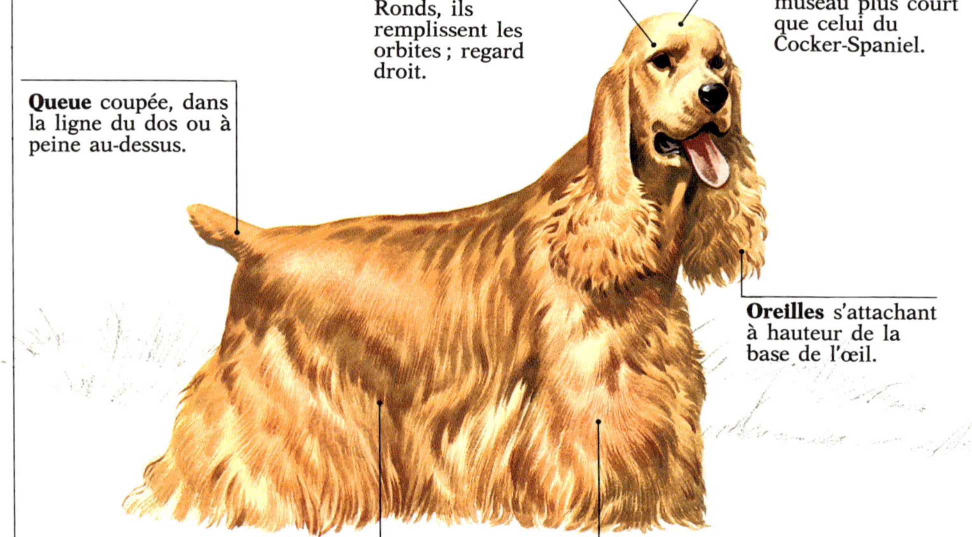

**Oreilles** s'attachant à hauteur de la base de l'œil.

**Corps** robuste, le dos en pente douce vers la queue ; poitrine profonde.

**Robe** soyeuse, plate ou peu ondulée, bien frangée ; elle est beaucoup plus longue que chez le Cocker-Spaniel. Couleur très variable.

# Cocker-Spaniel

La famille des épagneuls remonte au moins au XIVe siècle, puisqu'il en est fait mention dans les *Contes de Canterbury* de Chaucer, ainsi que dans le traité de la chasse de Gaston de Foix, qui datent de cette époque.

**Histoire.** L'ancienne famille des épagneuls s'est fortement diversifiée avec le temps. C'est au début du XIXe siècle que l'on vit apparaître un groupe de « cockers », ancêtres de la race actuelle. Le nom de cocker vient peut-être du vieil anglais *cock,* qui signifie lever le gibier, ou encore des coqs de bruyère que ces chiens chassaient autrefois. Le Cocker s'est surtout développé au pays de Galles et dans le sud de l'Angleterre, mais à mesure que sa robe, noire à l'origine, prenait des couleurs plus variées, ses admirateurs se sont multipliés partout dans le monde.

**Tempérament.** Gai, affectueux et intelligent, le Cocker est un parfait compagnon.

**Particularités.** La robe doit être brossée régulièrement, et les poils de ses oreilles et de ses pattes demandent quelques soins. Ce chien vif a besoin de beaucoup d'exercice.

## PRINCIPALES CARACTÉRISTIQUES *Cocker-Spaniel*

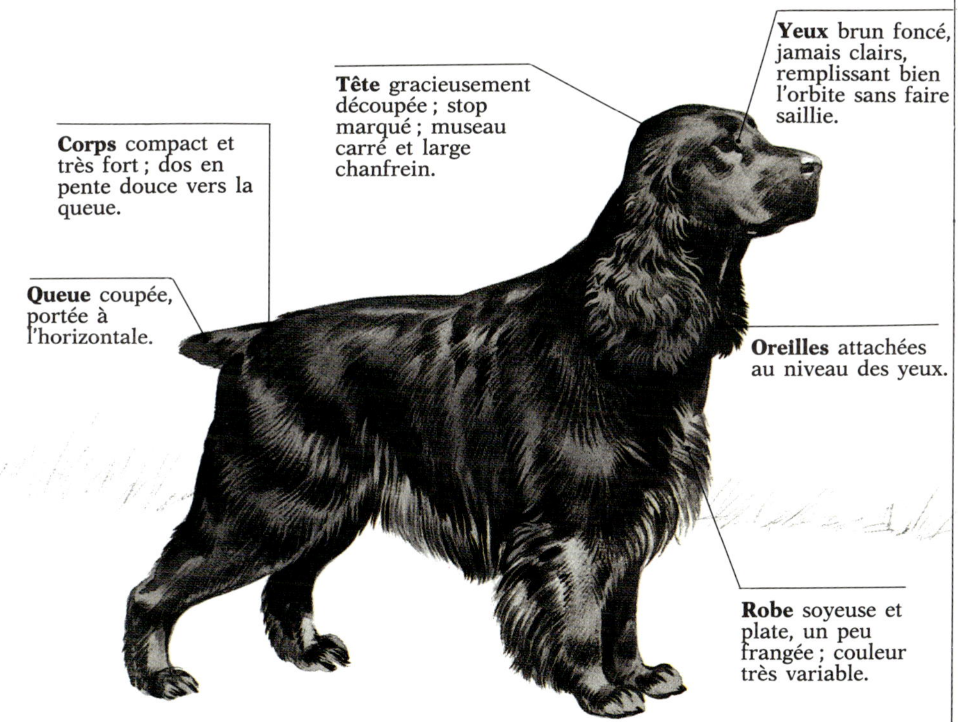


**Taille.** 38-41 cm.

# Braque de Weimar

Sa couleur grise a fait sa renommée depuis que l'un de ses admirateurs le surnomma « le fantôme gris d'Allemagne ».
**Histoire.** Certaines races apparaissent graduellement au cours des siècles. D'autres sont le résultat direct des efforts des éleveurs. Les choses sont plus complexes dans le cas du Braque de Weimar, car on sait qu'il existait des chiens de chasse gris en Allemagne depuis au moins 1630. Mais ce n'est qu'au XIX$^{e}$ siècle que les ducs de Weimar s'occupèrent de les modeler à leurs mesures. Le résultat est un superbe chien qui chasse aussi bien le petit que le gros gibier. Jusqu'en 1929, le club Weimar contrôlait rigoureusement la race, dont l'élevage était interdit hors d'Allemagne. Un Américain parvint cependant à introduire le chien aux États-Unis, où il connut bientôt un très grand succès parmi les chasseurs.
**Tempérament.** Bien tenu, un Braque de Weimar peut trouver sa place dans une famille. Mais c'est un animal intelligent et déterminé pour lequel un bon dressage est conseillé. Certains sujets sont très dangereux, et il est très important de s'adresser à des éleveurs de bonne réputation.
**Particularités.** Le Braque de Weimar a besoin de prendre beaucoup d'exercice.

PRINCIPALES CARACTÉRISTIQUES *Braque de Weimar*

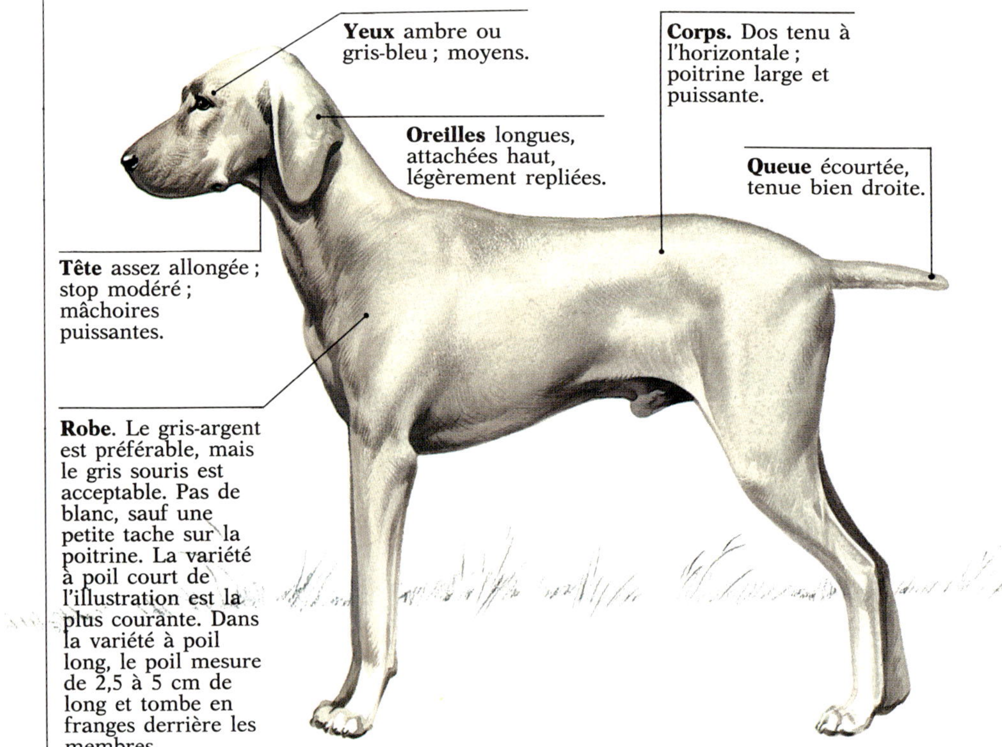


**Taille.** 56-63,3 cm pour la femelle ; 61-68,5 cm pour le mâle.

# Lévrier afghan

Selon la légende, ce chien d'une suprême élégance aurait trouvé sa place à bord de l'arche de Noé.

**Histoire.** On pense que l'Afghan est originaire d'Égypte, où il est fait mention de ce chien dès 3000 av. J.-C. Ce sont probablement des marchands qui l'introduisirent dans les montagnes de l'Afghanistan, où sa robe devint plus longue pour mieux le protéger des rigueurs de l'hiver. Pendant des siècles, ce fut le chien de la noblesse, qui l'utilisait pour chasser la gazelle, l'antilope, le loup et le renard. Le Lévrier afghan est apparu en France dans les années 50.

**Tempérament.** Aimable et bien disposé, son caractère indépendant peut causer des difficultés si ce chien n'est pas tenu fermement. Son instinct de tueur et de chasseur est très fort. Malgré son air hautain, l'Afghan a besoin de chaleur et d'attention. Il dépérit s'il se sent traité comme un bel objet.

**Particularités.** Ce chien demande un maître qui dispose à la fois de temps et d'argent. Il a besoin de beaucoup d'exercice, d'un toilettage soigné et d'une nourriture abondante.

## PRINCIPALES CARACTÉRISTIQUES *Lévrier afghan*

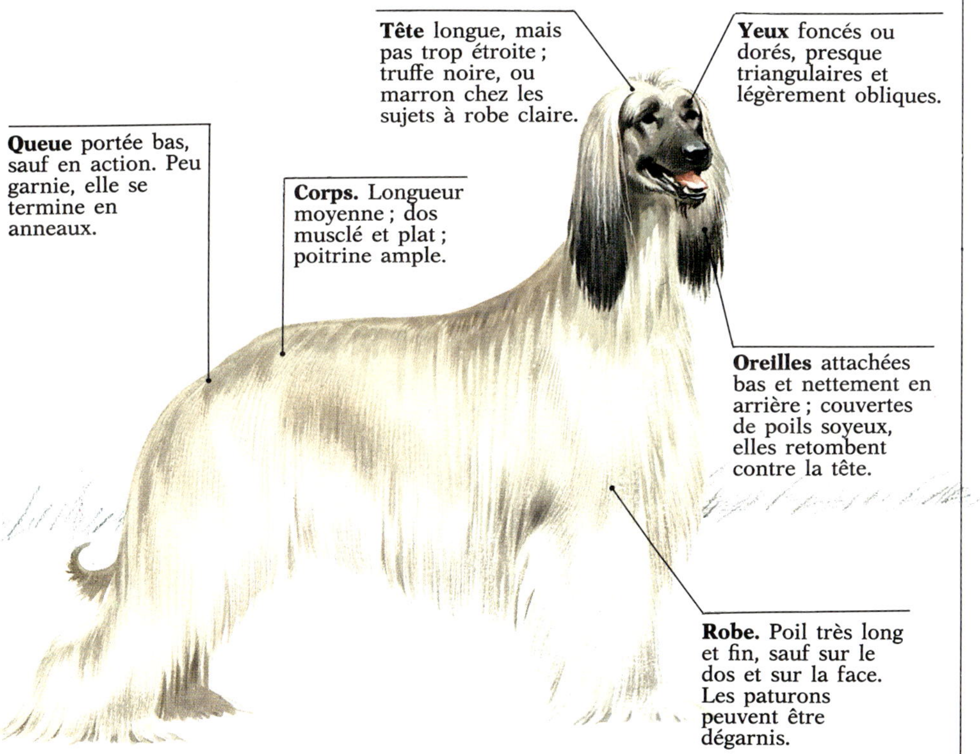


**Taille.** 61-68 cm pour la femelle ; 68,5-73,5 cm pour le mâle.

# Basset-Hound

Le nez au sol, le Basset-Hound est un limier hors pair.
**Histoire.** Ce robuste chien courant à pattes courtes est né en France vers la fin du XVI^e siècle. La forme de sa tête et son flair remarquable font penser qu'il est étroitement apparenté au Bloodhound, dont il serait une mutation. C'est au début du XIX^e siècle que le Basset-Hound a conquis les chasseurs à pied. Lent, il trottine cependant avec agilité dans les fourrés, où il lève le lièvre, le lapin et le faisan.

**Tempérament.** Les apparences sont souvent trompeuses. Malgré son expression plutôt mélancolique, le Basset-Hound est un chien extrêmement joyeux, vif, affectueux, d'une patience à toute épreuve avec les enfants. Généralement obéissant, il oublie tout de ses bonnes habitudes lorsqu'il suit une piste.
**Particularités.** Malgré ses allures de magistrat, le Basset-Hound est un sportif qui doit se dépenser pour ne pas prendre de l'embonpoint.

## PRINCIPALES CARACTÉRISTIQUES *Basset-Hound*

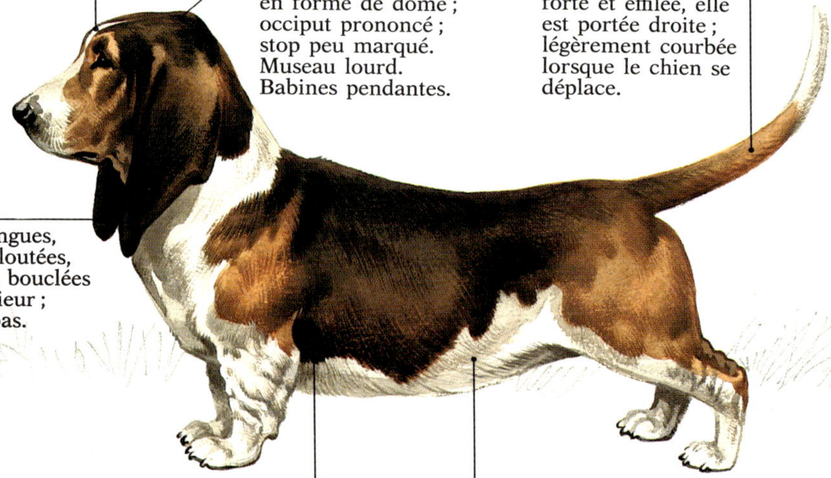

**Yeux** noisette ou bruns. Le rouge de la conjonctive inférieure est à peine visible.

**Tête.** Crâne étroit en forme de dôme ; occiput prononcé ; stop peu marqué. Museau lourd. Babines pendantes.

**Queue.** Longue, forte et effilée, elle est portée droite ; légèrement courbée lorsque le chien se déplace.

**Oreilles** longues, souples, veloutées, légèrement bouclées vers l'intérieur ; attachées bas.

**Robe.** Poil court, lisse et dense ; couleur variable.

**Corps.** Dos large, long et droit ; poitrine assez profonde.

**Membres** courts, massifs et vigoureux. Les coudes sont bien collés à la poitrine mais ne se touchent pas.

**Taille.** 33-38 cm.

# Beagle

Comme son cousin de plus grande taille le Fox-Hound, le Beagle est un chien robuste et intelligent, dont l'histoire est ancienne.

**Histoire.** Il y a 500 ans que ce chien au nez fin pourchasse avec ténacité le lièvre. Les plus petits, qui mesuraient moins de 25 cm, commençaient la chasse à dos de cheval ou dans la vaste besace du chasseur. Mais les Beagles étaient tout aussi appréciés des chasseurs à pied, qui l'utilisaient pour traquer les lapins.

**Tempérament.** Amical et enjoué, il est parfois entêté comme les autres chiens de meute. Le Beagle doit donc apprendre à obéir et demande une main très ferme.

**Particularités.** Le Beagle doit prendre de l'exercice tous les jours, et il ne peut être laissé seul trop longtemps.

***Fox-Hound américain***
*Descendant des Fox-Hounds anglais qui furent introduits en Amérique en 1650, le Fox-Hound américain est un chien de grande taille (53-63,5 cm).*

PRINCIPALES CARACTÉRISTIQUES *Beagle*

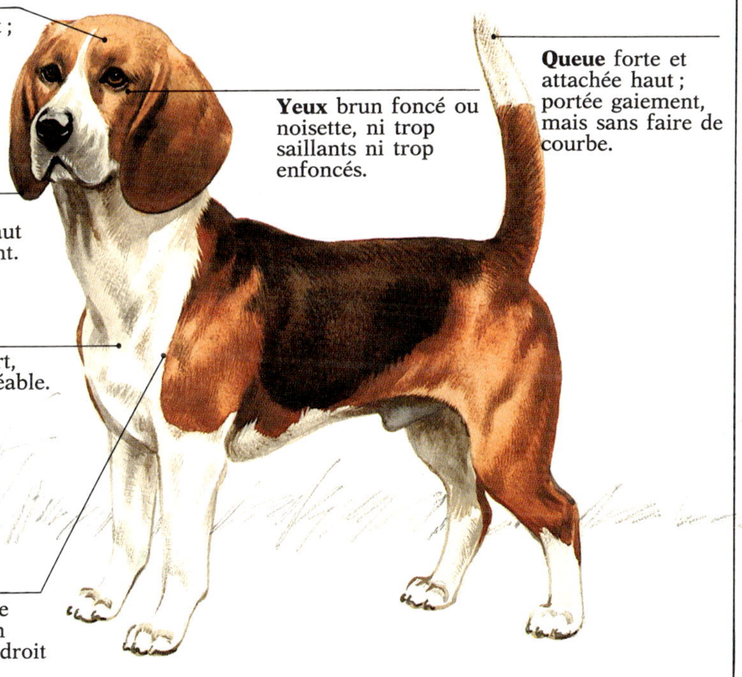


**Taille.** 33-40 cm.

# Bloodhound

Le flair exceptionnel de ce grand chien est légendaire.
**Histoire.** La race existe depuis au moins 2 000 ans. En France, en Suisse et en Belgique, elle est aussi connue sous le nom de chien de Saint-Hubert, du nom du saint patron des chasseurs. La race a connu la faveur de nombreux rois et princes, et son nom anglais *(blood)* est peut-être le reflet de ses relations aristocratiques et de sa longue ascendance. En tout cas, il n'a certainement rien à voir avec une quelconque férocité de cet animal, qui est l'un des plus doux qui soient. Pour lui, la chasse est une sorte de jeu : une fois sa proie découverte, il est parfaitement satisfait et se contente de la lécher énergiquement ou de battre de la queue.
**Tempérament.** Généralement solennel et réservé, il n'est affectueux qu'avec sa famille. Flairer est pour lui une obsession qui ne le quitte jamais, et il est parfois difficile de le rappeler lorsqu'il est sur une piste.
**Particularités.** Une alimentation bien réglée et beaucoup d'exercice lui sont indispensables.

## PRINCIPALES CARACTÉRISTIQUES *Bloodhound*

**Taille.** 58-64 cm pour la femelle ; 64-69 cm pour le mâle.

**Cou** long avec des bourrelets très prononcés.

# Barzoï

Comme l'Afghan, le Barzoï, également appelé Lévrier russe, est un chien très rapide qui chasse « à vue ».
**Histoire.** Le Barzoï serait originaire du Proche-Orient, où il aurait eu les mêmes ancêtres que le Saluki et l'Afghan. Un croisement avec un chien de berger russe à poil long lui aurait donné la robustesse nécessaire ainsi qu'une épaisse fourrure bouclée. En Russie, les grandes familles élevaient des meutes de Barzoïs pour la chasse rituelle au loup. Le tsar en offrit un spécimen à la reine Victoria en 1842.

**Tempérament.** Généralement calme et affectueux, le Barzoï n'en reste pas moins un chien de chasse. Comme toujours, il est préférable de s'adresser à un éleveur réputé. A cause de sa taille, de sa force et de sa vitesse, cet animal doit absolument apprendre à obéir aux ordres de son maître.
**Particularités.** Ce chien demande soins et attentions. Son appétit et son besoin d'exercice sont considérables. Sa fourrure exige des soins réguliers et sa personnalité demande une main ferme.

PRINCIPALES CARACTÉRISTIQUES *Barzoï*

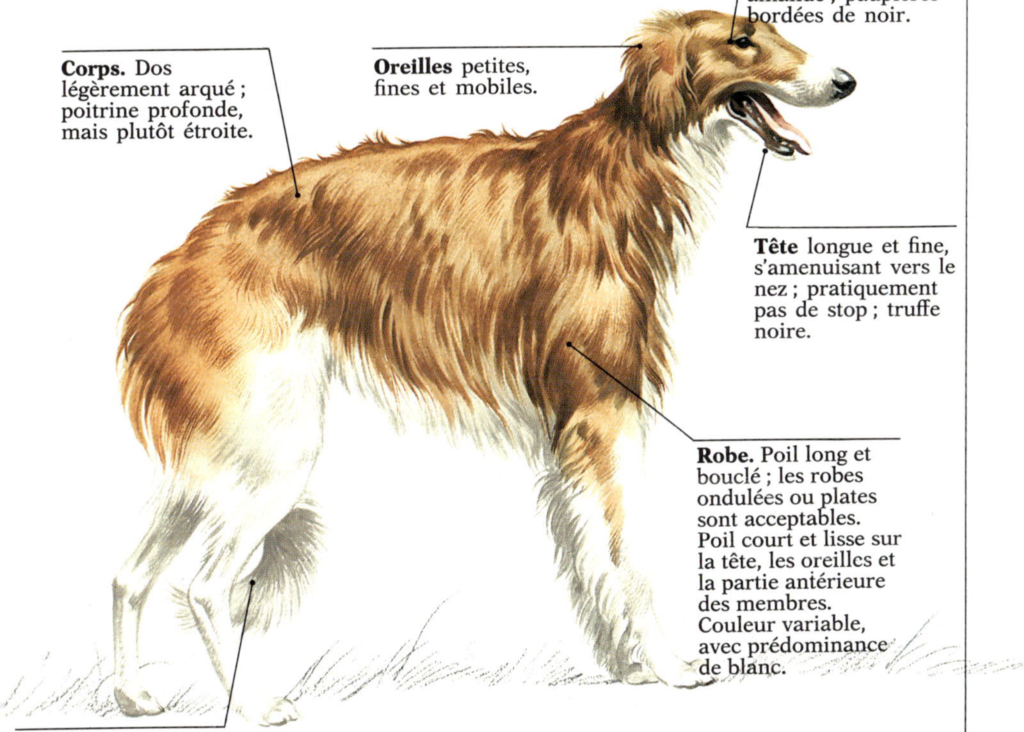

**Yeux** foncés, vifs et en amande ; paupières bordées de noir.

**Corps.** Dos légèrement arqué ; poitrine profonde, mais plutôt étroite.

**Oreilles** petites, fines et mobiles.

**Tête** longue et fine, s'amenuisant vers le nez ; pratiquement pas de stop ; truffe noire.

**Robe.** Poil long et bouclé ; les robes ondulées ou plates sont acceptables. Poil court et lisse sur la tête, les oreilles et la partie antérieure des membres. Couleur variable, avec prédominance de blanc.

**Queue.** Garnie de poils ; droite ou en faucille, elle ne doit pas boucler.

**Taille.** 68 cm ou plus pour la femelle ; 73 cm ou plus pour le mâle.

# Teckels

Les origines du Teckel sont mystérieuses. Il pourrait être issu du chien allemand « Dachshund » (chien à blaireau), nom que porte toujours le Teckel dans les pays de langue anglaise.

**Histoire.** En plus du blaireau, les ancêtres du Teckel chassaient le renard et le lapin. Leur petite taille leur permettait de poursuivre ces animaux dans leurs terriers. Les premiers chiens étaient de taille normale, et ce n'est que vers la fin du XIXe siècle qu'apparurent les variétés naines.

**Tempérament.** Les Teckels sont très vifs, particulièrement la variété à poil ras. Ce sont de bons chiens de garde.

**Particularités.** Une course endiablée dans un grand jardin leur procure habituellement assez d'exercice.

## PRINCIPALES CARACTÉRISTIQUES *Teckel standard à poil ras*

**Poids.** Standard : jusqu'à 10,4 kilos pour la femelle et 11,3 kilos pour le mâle. Nain : jusqu'à 5 kilos.

***Teckels à poil long et à poil dur***
*Très semblables à leurs cousins, les Teckels à poil long et à poil dur sont généralement plus calmes et plus réservés. Le Teckel à poil dur présente des traces du sang terrier qui lui a donné sa robe. Il est affectueux, énergique et sportif. Ces deux variétés existent aussi en taille naine.*

# Greyhound

Le plus rapide de tous les chiens, il atteint près de 65 km/h. Ce chien d'une suprême élégance est l'archétype du lévrier.

**Histoire.** Le Greyhound, ou Lévrier anglais, en dépit de son nom est originaire du Proche-Orient, comme les autres lévriers. Il y aurait fait son apparition 4 000 ans avant notre ère. Parmi toutes les races établies de longue date, c'est l'une de celles qui a le moins changé au cours des siècles.

**Tempérament.** Doux, affectueux et loyal, c'est un chien extrêmement bien élevé qui fait fureur dans les expositions.

**Particularités.** Beaucoup d'exercice ; nourriture abondante.

***Levrette d'Italie***
*Cette version miniature du Greyhound ne pèse que 3 kilos. Sa constitution délicate en fait un chien de salon.*

## PRINCIPALES CARACTÉRISTIQUES *Greyhound*

**Taille.** 69-71 cm pour la femelle ; 71-76 cm pour le mâle.

# Irish Wolfhound

Des siècles de légende celte entourent cet énorme chien majestueux, le compagnon de chasse des anciens rois d'Irlande.

**Histoire.** Dès l'époque des Romains, l'Irlande était réputée pour ses remarquables chiens de chasse, d'une taille colossale. Plus tard, le Wolfhound trouva sa place dans tous les chenils des grandes familles d'Europe. S'il chassait surtout le loup des forêts irlandaises, il pourchassait aussi le cerf et le sanglier. Mais, avec la disparition progressive du gros gibier et l'extinction des loups au XVIIIe siècle, il perdit de sa popularité, et les éleveurs anglais durent le croiser avec d'autres races, notamment le Deerhound, pour le sauver de l'extinction à la fin du XIXe siècle.

**Tempérament.** Doux géant, ce lévrier est un compagnon intelligent et sûr. Malgré sa force et ses qualités de chien de garde, il sait jouer avec les enfants.

**Particularités.** Il lui faut beaucoup d'espace et d'exercice. Ce chien a besoin d'une nourriture abondante.

PRINCIPALES CARACTÉRISTIQUES *Irish Wolfhound*

**Taille.** Au moins 71 cm pour la femelle ; 79 cm pour le mâle.

# Saluki

La grâce orientale du Saluki, ou Lévrier persan, s'allie à une très grande vitesse et à une endurance hors pair.
**Histoire.** Le Saluki est apparenté au Lévrier afghan *(voir p. 59)*, mais ses origines sont peut-être encore plus anciennes. On reconnaît ses traits d'une finesse remarquable dans des peintures pharaoniques qui datent de plus de 3 000 ans. Ce lévrier devint le favori des Perses et des Arabes qui l'utilisaient avec le faucon pour chasser la gazelle. Il existe une variété à robe frangée et une variété à robe lisse. L'animal est toujours très populaire au Moyen-Orient. La race a fait son apparition en Grande-Bretagne vers la fin du XIX^e^ siècle. Le Saluki est maintenant bien établi aux États-Unis et en France.
**Tempérament :** Amical, docile et loyal, ce chien doit cependant apprendre à obéir aux ordres de son maître. Les Salukis sont sensibles, et il faut les traiter avec douceur.
**Particularités.** Ce chien a besoin de grands espaces pour courir en toute liberté. Il faut le brosser souvent.

PRINCIPALES CARACTÉRISTIQUES *Saluki*

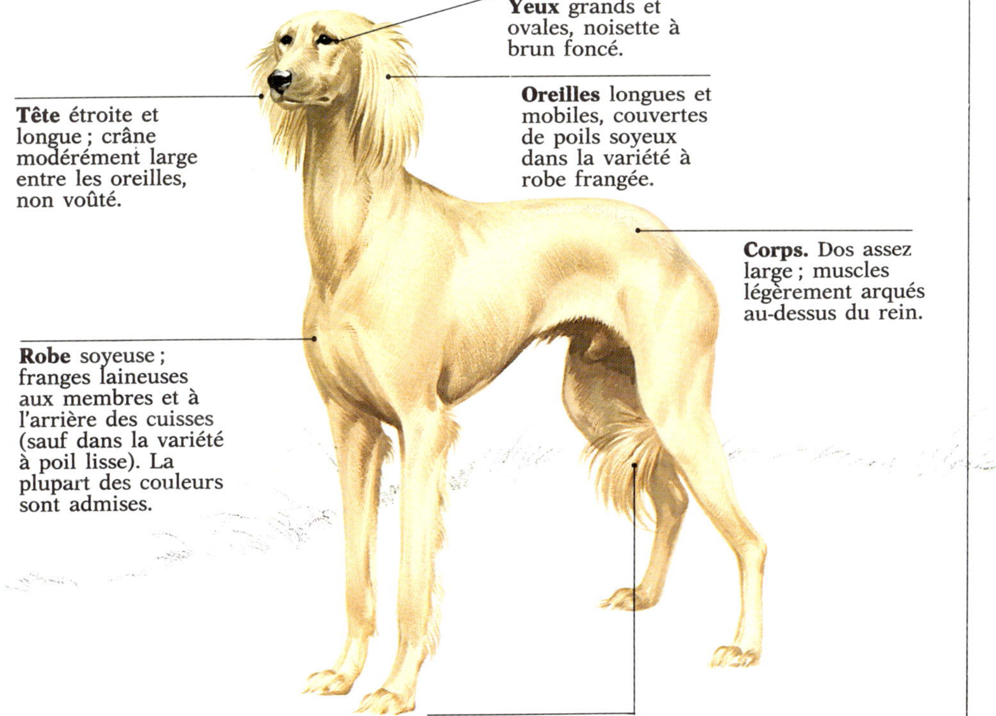


**Taille.** 58-71 cm.

# Whippet

Ce petit lévrier rivalise de vitesse et de grâce avec le Greyhound.
**Histoire.** Le Whippet a connu des hauts et des bas au cours de son existence. Son principal ancêtre, le Greyhound *(voir p. 65)*, le chien des rois et de la noblesse, remontait à l'époque des pharaons. Plus récemment, cette race aristocratique fut croisée dans les régions industrielles du nord-est de l'Angleterre avec des terriers pour produire un chien que l'on dressait à courir à toute vitesse vers son maître dès que celui-ci agitait un chiffon. Les Whippets devinrent ainsi des chiens de course très populaires en Angleterre, qui servaient aussi à la chasse au lapin. La race originale avait une robe rude à laquelle on préféra bientôt le poil fin du Whippet actuel.
**Tempérament.** Doux, affectueux et obéissant.
**Particularités.** Le Whippet a besoin de courir régulièrement, mais ni trop loin ni trop longtemps pour que la plupart des maîtres puissent s'en accommoder. Ce chien propre, très modéré dans son appétit, demande fort peu de son maître. Il frissonne souvent, ce qui donne une fausse impression de constitution délicate, mais il est bon cependant de le protéger du froid.

## PRINCIPALES CARACTÉRISTIQUES *Whippet*

**Taille.** 44-47 cm.

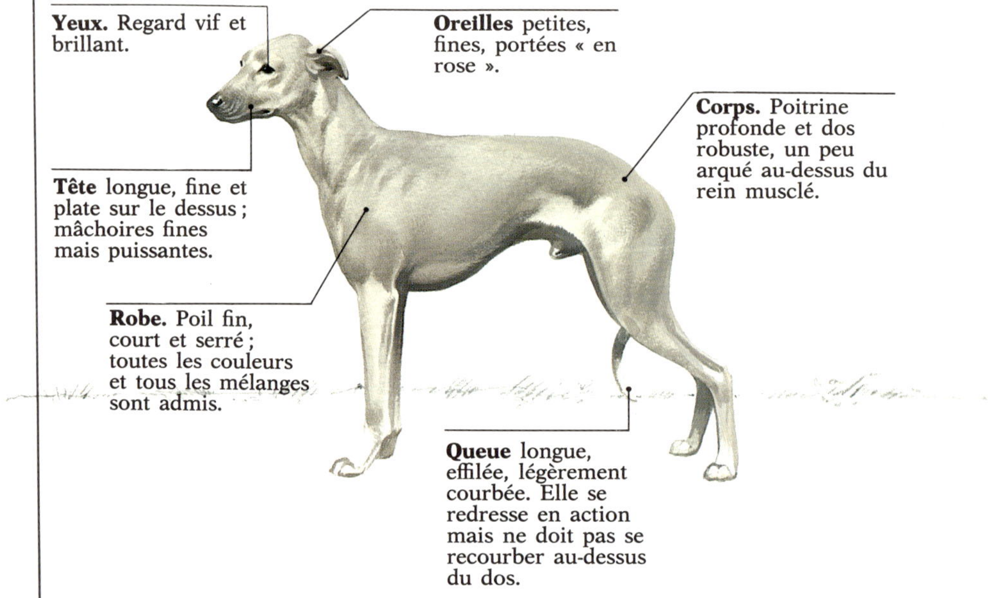

# Bouvier bernois

Ce très beau chien plein de charme, le plus beau chien du monde selon le cynologue suisse Hein, connaît une faveur grandissante.

**Histoire.** A l'origine, le Bouvier bernois était un animal de trait que les tisserands et les fromagers du canton de Berne attelaient à de petites voitures. Selon la légende, il serait arrivé en Suisse avec les légions romaines qui l'utilisaient comme un chien de garde. A la fin du XIX^e siècle, la race était en plein déclin. C'est alors qu'un amateur bernois se procura des spécimens de qualité, dont les rejetons sont les ancêtres du chien énergique et charmant que nous connaissons aujourd'hui. Le Bouvier bernois n'a pas oublié son passé, et il aime encore tirer des voitures pour le plus grand amusement des enfants.

**Tempérament.** Paisible, bien disposé, gai et affectueux. Toute brutalité le rebute.

**Particularités.** Ce chien a besoin d'exercice et d'une nourriture abondante. Brosser sa robe régulièrement.

PRINCIPALES CARACTÉRISTIQUES *Bouvier bernois*

**Taille.** 58-66 cm pour la femelle ; 63,5-70 cm pour le mâle.

# Boxer

Ce chien robuste et énergique, au caractère exubérant, est un excellent chien de garde.

**Histoire.** Le Boxer est probablement issu de molosses allemands que l'on faisait se battre contre des taureaux au Moyen Age. La race n'est apparue qu'au XIXe siècle, lorsque des éleveurs allemands croisèrent ce chien ancien avec d'autres races, notamment le Bulldog, pour en faire le parfait chien policier : féroce et courageux, intelligent et docile, puissant et robuste, agile et rapide. Le Boxer est toujours utilisé par la police dans son pays d'origine. Ailleurs, c'est surtout un chien de garde et un animal familier.

**Tempérament.** Exubérant et souvent bruyant. Malgré ses antécédents féroces, on peut généralement lui faire confiance, mais il est important de se procurer des chiots auprès d'un éleveur réputé.

**Particularités.** Ce chien sportif a besoin de prendre beaucoup d'exercice.

## PRINCIPALES CARACTÉRISTIQUES *Boxer*

**Remarque.** On peut couper les oreilles pour qu'elles se tiennent droites. Cette pratique est interdite dans certains pays.

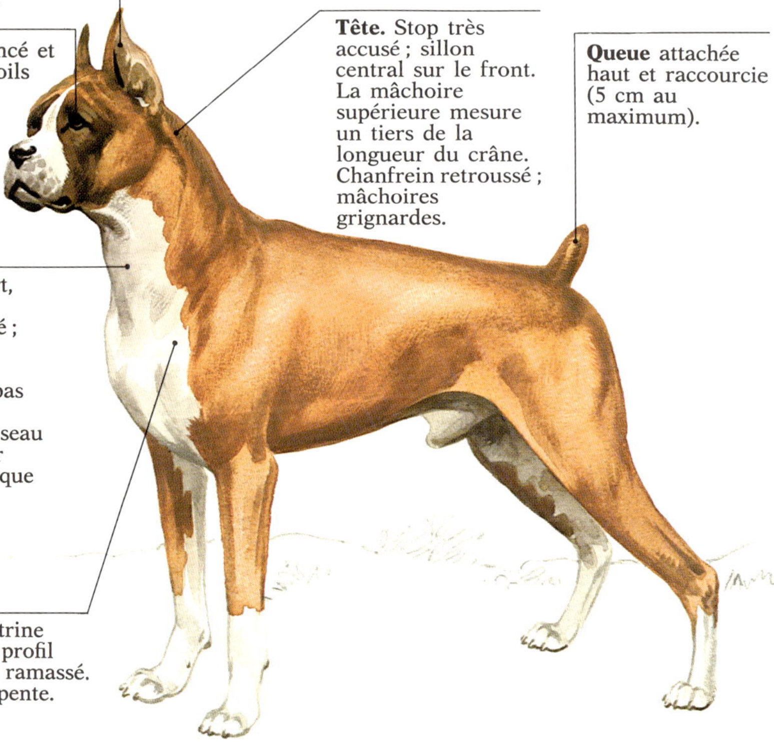

**Oreilles** attachées haut et bien écartées.

**Yeux** brun foncé et entourés de poils foncés.

**Tête.** Stop très accusé ; sillon central sur le front. La mâchoire supérieure mesure un tiers de la longueur du crâne. Chanfrein retroussé ; mâchoires grignardes.

**Queue** attachée haut et raccourcie (5 cm au maximum).

**Robe.** Poil court, brillant et lisse. Fauve ou bringé ; les marques blanches sont admises, mais pas une robe toute blanche. Le museau doit se détacher comme un masque foncé.

**Corps.** Poitrine profonde ; profil carré ; dos ramassé. fort et en pente.

**Taille.** 53-58,5 cm pour la femelle ; 56-61 cm pour le mâle.

# Collie barbu

Ce chien britannique a été pendant des siècles un chien de berger. Énergique et gai, c'est un excellent compagnon.
**Histoire.** Ses origines sont incertaines, mais on prétend que ses principaux ancêtres furent des chiens hongrois que des marchands polonais apportèrent en Écosse au Moyen Age. Ces animaux sont peut-être aussi les ancêtres du Bobtail, qui présente de nombreuses ressemblances avec cette race. Le nombre des Collies barbus baissa fortement entre les deux guerres. La race avait pratiquement disparu en 1944.
**Tempérament.** Très affectueux.
**Particularités.** La robe à poil long doit être brossée toutes les semaines, plus souvent les deux premières années. Ce chien est habitué au travail et doit prendre régulièrement de l'exercice.

## PRINCIPALES CARACTÉRISTIQUES *Collie barbu*

**Taille.** 51-53 cm pour la femelle : 53-56 cm pour le mâle.

***Chiots de Collie barbu***
*Le Collie barbu se développe lentement, et il a besoin d'un brossage fréquent les deux premières années, tant que sa fourrure pousse.*

# Collie des Borders

Précieux auxiliaire des bergers dans le monde entier, le Collie des Borders est aujourd'hui un chien de compagnie.

**Histoire.** La race a développé son vif instinct de berger aux frontières *(borders)* de l'Écosse. Chez les éleveurs, on favorisait sa docilité et son intelligence plutôt que son esthétique, et on le voit plus souvent aux concours de chiens de berger qu'aux expositions canines. Ce n'est que tout récemment, en 1976, que la race a été officiellement reconnue. L'homologation tend à privilégier l'esthétique, mais ce chien est encore si précieux pour garder les troupeaux qu'il conservera sans doute toutes ses qualités utilitaires.

**Tempérament.** Ce chien plutôt nerveux est loyal et obéissant. Il garde les enfants comme il le ferait d'un troupeau.

**Particularités.** A besoin de beaucoup d'exercice.

PRINCIPALES CARACTÉRISTIQUES *Collie des Borders*

***Collie des Borders***
*Cet animal est un incomparable chien de berger. Il répond remarquablement bien aux ordres – gestes, appels, sifflets – de son maître.*

# Collie

Le Collie, ou Berger d'Écosse, est l'un des plus beaux chiens du monde.
**Histoire.** Bien qu'on ne connaisse pas ses origines exactes, le Collie aurait eu pour ancêtre des chiens de berger écossais. Aujourd'hui, élevé surtout pour l'exposition, le Collie n'en conserve pas moins l'intelligence et la patience dont il avait besoin pour son ancien travail. Lors d'une visite en Écosse, la reine Victoria s'enticha de ce chien qui vint grossir les rangs des chenils du château de Windsor.
**Tempérament.** Très intelligent et enjoué, le Collie est un excellent compagnon.
**Particularités.** Ce chien doit être fréquemment brossé et doit prendre régulièrement de l'exercice.

***Collie à poil ras***
*Cette race ne diffère de l'autre Collie que par la longueur de la robe. Issu du Collie à poil dur et du Greyhound, ce chien connaît depuis peu un nouvel engouement.*

## PRINCIPALES CARACTÉRISTIQUES *Collie*

**Taille.** 51-56 cm pour la femelle ; 56-61 cm pour le mâle.

# Doberman

Cet excellent chien de garde, agile et robuste, est une grande réussite de la sélection artificielle.

**Histoire.** C'est à la fin du XIX^e siècle que Louis Dobermann créa sa race idéale. Nous ignorons quels sont les ascendances du Doberman, mais ce chien compte parmi ses ancêtres le Manchester-Terrier, le Rottweiler *(voir p. 81)*, et probablement des chiens de berger de sa Thuringe natale. Les premiers Dobermans avaient une réputation redoutable, mais leur postérité a aujourd'hui un caractère plus stable. La race a conservé toute son adaptabilité et, outre son rôle de chien de garde, le Doberman peut apprendre à suivre une piste, à rapporter et à garder les moutons.

**Tempérament.** Lors du choix d'un chiot, éviter tout signe de nervosité. Un sujet de bonne race peut être loyal et affectueux pour sa famille.

**Particularités.** Nécessite un dressage attentif et doit prendre régulièrement de l'exercice.

## PRINCIPALES CARACTÉRISTIQUES *Doberman*

**Remarque.** Les oreilles du Doberman sont souvent coupées en France, mais jamais en Grande-Bretagne.

**Taille.** 65 cm pour la femelle ; 68,5 cm pour le mâle.

# Berger allemand

L'élégance, la force et l'intelligence du Berger allemand ont fait de cette race l'une des plus appréciées, notamment comme chien de garde et comme chien d'armée et de police.

**Histoire.** Cet excellent chien de travail est le résultat d'une sélection qui n'a débuté qu'à la toute fin du siècle dernier. Il est issu de plusieurs chiens de berger d'Europe. Très utilisée par les Allemands au cours de la Première Guerre mondiale, la race fut introduite en France par d'anciens « poilus ».

**Tempérament.** Les sujets de bonne race sont intelligents et disciplinés. Certains autres peuvent être méchants ou nerveux. Il faut donc s'adresser à un éleveur réputé.

**Particularités.** Doit prendre beaucoup d'exercice. Brosser la robe régulièrement. Un bon dressage donne des résultats remarquables.

***Berger belge : le Grœnendael***
*Le Grœnendael est le plus connu des trois Bergers belges. Le Tervueren, qui lui ressemble beaucoup, a une robe fauve charbonnée. Le Malinois a le poil plus court, ce qui le fait ressembler au Berger allemand.*

PRINCIPALES CARACTÉRISTIQUES *Berger allemand*

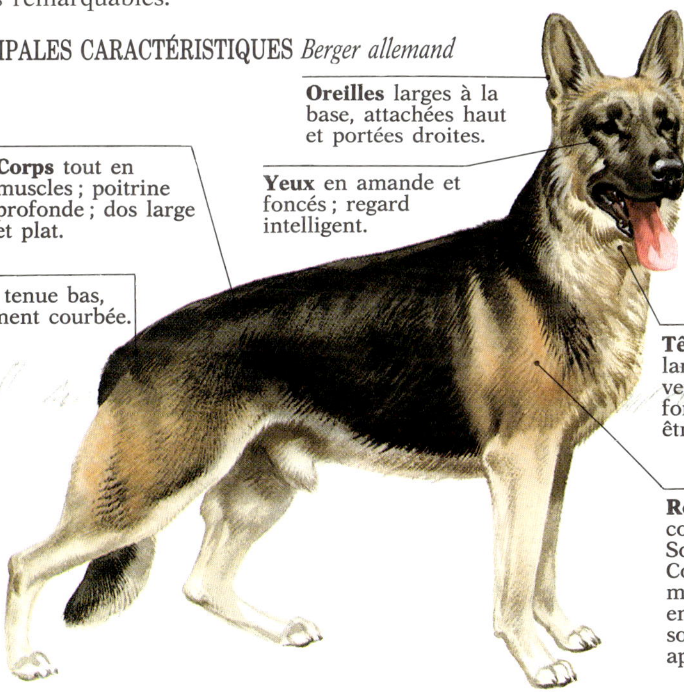


**Taille.** 56-61 cm chez la femelle ; 61-66 cm chez le mâle.

# Dogue allemand

Majestueux et athlétique, le Dogue allemand, ou Grand Danois, est une race aristocratique.

**Histoire.** Les ancêtres de ce grand chien avaient leur place dans toutes les maisons royales d'Europe au Moyen Age. On l'utilisait alors pour la chasse au sanglier. Comme son nom l'indique, le Dogue allemand est originaire d'Allemagne, et non du Danemark. C'était le chien favori de Bismarck.

**Tempérament.** Ce chien est conscient de sa force et sait se maîtriser.

**Particularités.** Ce colosse a besoin d'une alimentation abondante et de beaucoup d'exercice. Il doit aussi apprendre à obéir aux ordres de son maître.

***Dogue arlequin***
*Au XVIII$^{e}$ siècle, les aristocrates anglais prisaient beaucoup cette variété. Ils aimaient voir leur carosse flanqué de ces compagnons élégants.*

## PRINCIPALES CARACTÉRISTIQUES
*Dogue allemand*

# Mastiff

Autrefois chien de combat, le Mastiff anglais aux allures solennelles est aujourd'hui un aimable compagnon.
**Histoire.** L'histoire du Mastiff est riche en légendes. Les récits de bataille parlent souvent de lui, depuis l'invasion romaine de l'Angleterre jusqu'à Azincourt, et plus tard encore. Moins glorieusement, les Anglais l'utilisèrent aussi au Moyen Age dans des combats avec des ours ou d'autres chiens. A partir du XVII^e^ siècle, le Mastiff perdit de sa popularité, mais les éleveurs américains le perpétuèrent.
**Tempérament.** Doux, obéissant et loyal, il accepte bien les enfants. Malgré sa taille colossale, le Mastiff est extrêmement affectueux, mais il défend farouchement les biens de son maître.
**Particularités.** Doit faire des promenades régulières et manger beaucoup de viande.

***Bullmastiff***
*Produit d'un croisement entre Bulldogs et Mastiffs, Le Bullmastiff n'est devenu une race à part que vers le milieu du XIX^e^ siècle.*

PRINCIPALES CARACTÉRISTIQUES *Mastiff*

**Yeux** petits et bien écartés.

**Tête.** Front plat, à l'exception d'un creux central qui part des yeux, ridé lorsque le chien est en éveil. Truffe noire. Museau large et court.

**Oreilles** attachées haut, petites, fines et retombant à plat.

**Queue** attachée haut, effilée, tombant jusqu'au jarret ; légèrement courbée en action.

**Robe.** Poil court et lisse. Couleurs : abricot, argent, fauve ou bringé fauve foncé. Oreilles et museau noirs, avec du noir autour des orbites.

**Corps.** Poitrine large et profonde. Dos et rein larges et musclés.

**Taille.** Les sujets de grande taille et bien proportionnés ont la préférence.

# Terre-Neuve

Battue par les tempêtes de l'Atlantique, Terre-Neuve a donné naissance à un chien remarquablement doué.

**Histoire.** La race est certainement née à Terre-Neuve, mais on ne sait quelles sont exactement ses origines. Pour certains, ses ancêtres furent des chiens amenés par les premiers colons vikings ; pour d'autres, il est issu des chiens de montagne des Pyrénées, amenés par des pêcheurs français au XVIIe siècle. Quoi qu'il en soit, le Terre-Neuve devint un auxiliaire précieux pour ces marins. La réputation de ce chien stoïque et débonnaire se répendit hors de l'île au XVIIIe siècle.

**Tempérament.** Facile et placide, il a une expression paisible et rassurante.

**Particularités.** Le Terre-Neuve aime beaucoup se baigner. Il faut brosser sa robe au moins une fois par semaine. Il a besoin d'une quantité appréciable de viande.

***Un excellent nageur***
*Le Terre-Neuve raffole de l'eau. Bien des nageurs imprudents doivent leur vie à cet extraordinaire chien de sauvetage.*

PRINCIPALES CARACTÉRISTIQUES *Terre-Neuve*

**Tête** large et massive ; museau court et carré.

**Oreilles** petites, attachées bien en arrière et collées à la tête.

**Queue** mobile, épaisse et retombant juste au-dessous du jarret ; relevée lorsque le chien est en action.

**Yeux** petits, plutôt enfoncés et écartés ; brun foncé.

**Corps.** Poitrine large et profonde ; dos large et rein musclé.

**Robe.** Poil plat et dense, imperméable. Couleurs : noir, chocolat foncé, bronze, brun ou blanc, avec des marques noires.

**Taille.** 66 cm pour la femelle ; 71 cm pour le mâle.

# Bobtail

Malgré sa très riche fourrure, le Bobtail ne renie pas ses origines de travailleur.

**Histoire.** Le Collie barbu *(voir p. 71)* aurait des ancêtres communs avec le Bobtail. La race est née il y a quelques siècles à peine dans le sud-ouest de l'Angleterre, où on l'utilisait pour garder les troupeaux et pour conduire moutons et vaches au marché.

**Tempérament.** Un chiot de bonne race devient un compagnon aimable et obéissant s'il est bien dressé et si l'on s'occupe de lui.

**Particularités.** Il faut brosser sa fourrure fréquemment pour éviter la formation de bourre. Ce chien turbulent a besoin d'exercice pour ne pas perdre son bon caractère.

***Chiot de Bobtail***
*Cette petite boule de fourrure soyeuse deviendra bientôt un énorme animal, plutôt turbulent, qui devra pouvoir dépenser son surplus d'énergie.*

PRINCIPALES CARACTÉRISTIQUES *Bobtail*

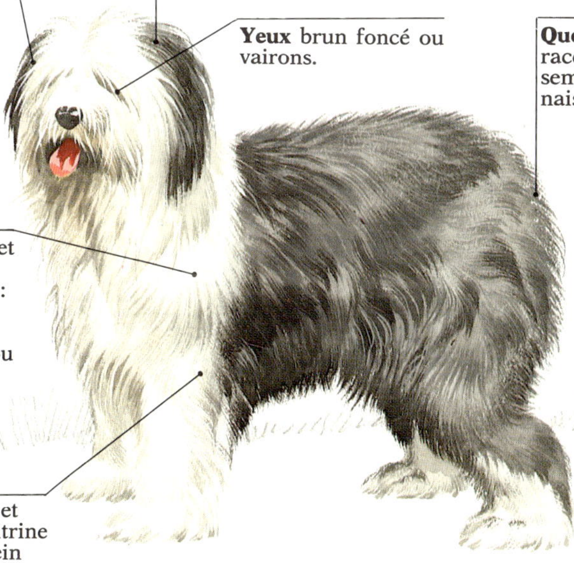


**Taille.** 66 cm pour la femelle ; 71 cm pour le mâle.

# Chien de montagne des Pyrénées

Cet animal est probablement le plus fort de tous les chiens, mais il a un caractère doux et affectueux.

**Histoire.** Les ancêtres de ce robuste chien de montagne sont venus d'Asie il y a plus de 1 000 ans. Pendant des siècles ils restèrent isolés dans les montagnes des Pyrénées, où ils servaient de chiens de berger. Il fallait beaucoup d'endurance et de vigilance pour protéger le troupeau contre les loups et les ours dans un climat rude de montagne. Ces qualités furent vite appréciées lorsque le chien sortit de son domaine. Il était très prisé à la cour de Louis XIV et devint chien de garde dans de nombreux châteaux. A l'époque, il servit aussi de chien de guerre.

**Tempérament.** Sensible, loyal et obéissant aux ordres de son maître.

**Particularités.** Sa fourrure exige des brossages fréquents. Ce chien a besoin de promenades régulières et il doit pouvoir prendre de l'exercice au grand air. Son appétit est fabuleux.

PRINCIPALES CARACTÉRISTIQUES *Chien de montagne des Pyrénées*

**Bouche.** Les babines et le palais doivent être noirs ou tachés de noir.

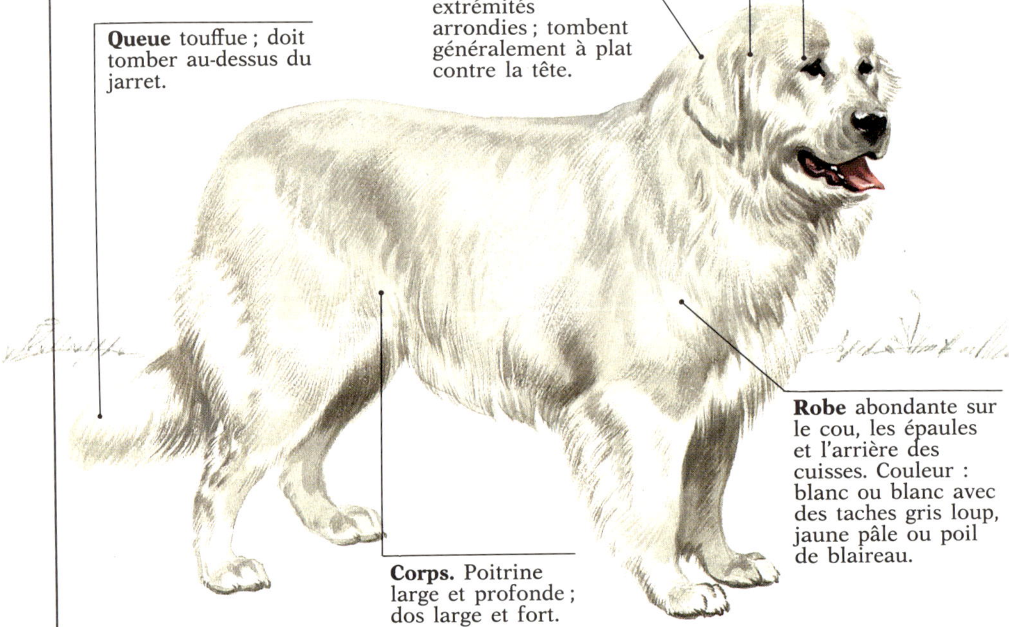


**Taille.** 66 cm pour la femelle ; 71 cm pour le mâle.

# Rottweiler

Originaire du sud de l'Allemagne, le robuste Rottweiler, ou Bouvier allemand, est aujourd'hui un chien de police et un chien de garde.

**Histoire.** Son nom lui vient d'une petite ville allemande, mais les ancêtres de cet animal musclé auraient franchi les Alpes avec les légions romaines qui lui faisaient transporter de la viande pendant des centaines de kilomètres, d'où la nécessité d'avoir des chiens de berger particulièrement doués. Au Moyen Age, le Rottweiler Metzgerhund (chien de boucher de Rottweil) conduisait le bétail au marché. La race commença à décliner au XIXe siècle avec l'apparition du chemin de fer, et elle fut sauvée par quelques admirateurs vers 1900. Depuis, elle s'est beaucoup améliorée, et ce chien est devenu un animal vigoureux mais amical.

**Tempérament.** Agressif envers les intrus, mais affectueux pour sa famille.

**Particularités.** Ce chien qui doit être dressé a besoin de beaucoup d'exercice.

## PRINCIPALES CARACTÉRISTIQUES *Rottweiler*

**Taille.** 58,5 à 63,5 cm pour la femelle ; 63,5 à 68,5 cm pour le mâle.

# Saint-Bernard

Ce chien dressé pour des missions particulièrement dangereuses s'est bien adapté à la vie domestique.

**Histoire.** Les ancêtres du Saint-Bernard sont probablement venus d'Asie. Il tire son nom de l'hospice du Grand-Saint-Bernard, refuge de voyageurs sur le principal col qui relie la Suisse à l'Italie. La présence du grand chien à l'hospice est attestée dès le début du XVIII^e siècle. Les moines utilisaient ce chien pour guider les voyageurs ainsi que pour le sauvetage en montagne. Les légendes abondent, mais il est certain que ce chien a des qualités extraordinaires d'endurance, de ténacité et d'odorat. Il a sauvé bien des vies humaines, souvent en retrouvant des personnes enfouies sous une épaisse couche de neige.
Il semble que les premiers Saint-Bernard avaient une robe de longueur moyenne. Par la suite, divers croisements, notamment avec le Terre-Neuve, ont donné naissance aux deux variétés modernes, à poil long et à poil court.

**Tempérament.** Cet animal tranquille et intelligent est extrêmement affectueux.

**Particularités.** Ce géant a besoin de beaucoup d'espace et d'impressionnantes quantités de viande. Le manque d'exercice aggrave sa tendance aux affections de la hanche.

PRINCIPALES CARACTÉRISTIQUES *Saint-Bernard*

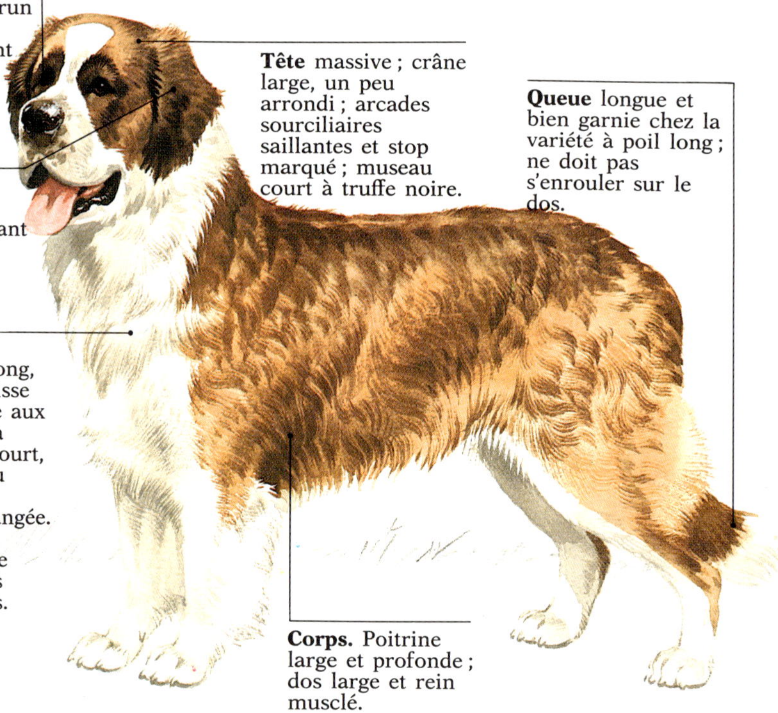

**Yeux** petits et brun foncé ; les deux paupières doivent être pendantes.

**Tête** massive ; crâne large, un peu arrondi ; arcades sourciliaires saillantes et stop marqué ; museau court à truffe noire.

**Queue** longue et bien garnie chez la variété à poil long ; ne doit pas s'enrouler sur le dos.

**Oreilles** modérément garnies, retombant à plat.

**Robe.** Dans la variété à poil long, la robe est épaisse et lisse, frangée aux cuisses. Dans la variété à poil court, la robe colle au corps et n'est presque pas frangée. Orange, acajou bringé ou rouge bringé avec des taches blanches.

**Corps.** Poitrine large et profonde ; dos large et rein musclé.

**Taille.** Les sujets de grande taille et bien proportionnés ont la préférence.

# Samoyède

Ce chien de la famille des Spitz tient son nom de ses premiers maîtres, des nomades de Sibérie.

**Histoire.** A l'origine, le Samoyède était un chien de traîneau qui gardait aussi les troupeaux de rennes. Sa superbe robe fit l'admiration des marchands de fourrure, qui rapportèrent des spécimens de la race en Europe et aux États-Unis. Au XIXe siècle, le Samoyède était devenu un animal de compagnie, mais il participa aussi à plusieurs expéditions polaires. De nos jours, le Samoyède fait encore des courses de traîneau, mais ses caractéristiques originales sont largement éclipsées par ses qualités de compagnon. Les robes sombres des premiers spécimens sont aujourd'hui exclues du standard de la race.

**Tempérament.** L'expression souriante du Samoyède reflète son attitude amicale à l'égard des personnes, des animaux et des intrus.

**Particularités.** Le poil tombe facilement, et il faut le brosser deux fois par semaine. Ce chien a besoin de prendre tous les jours de l'exercice.

## PRINCIPALES CARACTÉRISTIQUES *Samoyède*

**Taille.** 46-51 cm pour la femelle ; 51-56 pour le mâle.

# Shetland

Le Berger des Shetland est souvent pris à tort pour un Collie nain. C'est pourtant une race bien distincte, même s'il possède des ancêtres communs avec son cousin de plus grande taille.

**Histoire.** Malgré sa petitesse et son allure raffinée, le Shetland est un véritable chien de travail. Son épaisse robe protégeait autrefois ses ancêtres des rigueurs du climat des îles Shetland, où ils gardaient les moutons. Leur petite taille n'était pas un handicap, car les animaux de ces îles sont plus petits qu'ailleurs. Les éleveurs se sont beaucoup occupés de l'esthétique de la race depuis le début du siècle, mais le Shetland n'a rien oublié de son ancien goût pour le travail.

**Tèmpérament.** Méfiant envers les étrangers, le Shetland est un excellent chien de garde qui a parfois bien du mal à cesser d'aboyer. C'est aussi un compagnon loyal de la famille.

**Particularités.** Il faut brosser fréquemment sa longue fourrure qui recouvre un sous-poil doux et épais. Le Shetland n'a pas besoin de beaucoup d'espace, mais il est préférable de lui faire faire une longue promenade tous les jours.

## PRINCIPALES CARACTÉRISTIQUES *Shetland*

**Taille.** 35,5 cm pour la femelle ; 37 cm pour le mâle

# Siberian Husky

Cet animal courageux et d'une grande beauté appartient au groupe des Spitz.

**Histoire.** On appelle aujourd'hui « Husky » tous les chiens de traîneau, mais le Siberian est le seul véritable Husky. Comme pour le Samoyède *(voir p. 83)*, son nom est une variante de celui de ses pemiers maîtres, les Tchouktches, nomades de la Sibérie orientale. L'énergie de cet animal est stupéfiante.

**Tempérament.** Malgré son allure de loup, le Husky est remarquablement calme et doux, à tel point qu'il fait un mauvais chien de garde. Il aboie rarement et préfère hurler.

**Particularités.** Son goût de la liberté l'emporte facilement sur ses attaches humaines, et la plupart des Huskies doivent toujours être tenus en laisse.

***Alaskan Malamute***
*Ce chien de traîneau extrêmement fort peut généralement tirer de plus lourdes charges que le Siberian Husky. C'était le compagnon d'aventure des premiers explorateurs de l'Arctique.*

## PRINCIPALES CARACTÉRISTIQUES *Siberian Husky*

**Taille.** 51-56 cm pour la femelle ; 53-60 cm pour le mâle.

# Welsh Corgi Cardigan

La variété cardigan serait la plus ancienne des deux variétés de Corgis, nom dérivé d'un mot celte qui veut dire « chien ».

**Histoire.** Bien que les documents historiques n'en fassent aucune mention, les Corgis auraient gardé les troupeaux pendant des siècles au pays de Galles. Ils appartiennent à un groupe de chiens que l'on appelle les « talonneurs » parce qu'ils savent se faufiler habilement entre les bêtes et mordiller aux talons les retardataires. Leurs courtes pattes leur donnaient une grande agilité, ce qui leur permettait d'éviter les coups de corne. Même s'il est un peu éclipsé par le Pembroke, le Corgi a ses partisans.

**Tempérament.** Le Cardigan est un peu plus réservé que le Pembroke, mais il est très loyal envers son maître.

**Particularités.** Les Corgis s'adaptent bien à la ville, mais ils ont besoin de faire régulièrement de longues promenades. Ils perdent souvent beaucoup de poils et il faut les brosser fréquemment.

## PRINCIPALES CARACTÉRISTIQUES *Welsh Corgi Cardigan*

**Tête** semblable à celle d'un renard. Museau s'amincissant modérément en direction de la truffe noire, plutôt pointue.

**Oreilles** grandes et plantées très en arrière. Arrondies aux extrémités, elles sont portées droites.

**Taille.** 30,5 cm.

**Yeux** de taille moyenne, modérément écartés. De préférence de couleur sombre, ou assortis à la robe. Le bleu est admis avec les robes merle.

**Queue.** Attachée bas, elle tombe presque au sol, comme celle d'un renard.

**Robe.** Toutes les couleurs, sauf la robe entièrement blanche. Les taches blanches sont admises.

**Corps** long, avec une poitrine large et profonde. Taille nettement marquée.

# Welsh Corgi Pembroke

Ces Corgis pleins d'entrain et de vie sont de charmants compagnons.
**Histoire.** Comme pour le Cardigan, nous savons peu de choses du passé du Pembroke. Pour certains, il serait arrivé au pays de Galles avec des tisserands flamands au XIIe siècle. Les nombreuses ressemblances que présentent les deux Corgis évoquent cependant une origine commune, ce qui contredit cette théorie. De même que son cousin, le Pembroke travaillait comme chien de ferme dans les collines galloises, où son corps musclé et sa rapidité surprenante le préparaient certainement à cet emploi. Depuis le début du siècle, la race connaît une vogue immense, et c'est d'ailleurs le chien préféré de la reine Élisabeth.
**Tempérament.** Vif, intelligent et plein de personnalité, le Pembroke est un excellent chien de compagnie.
**Particularités.** Ce petit chien est sujet à l'embonpoint, et il doit prendre régulièrement de l'exercice. Un brossage fréquent est souhaitable.

PRINCIPALES CARACTÉRISTIQUES *Welsh Corgi Pembroke*

**Oreilles** tenues droites ; extrémités légèrement arrondies.

**Yeux** ronds et de taille moyenne, couleur noisette.

**Tête** semblable à celle d'un renard, avec un museau qui s'amenuise légèrement en direction de la truffe noire.

**Corps** plutôt long, avec une poitrine profonde ; dos droit.

**Taille.** 25,5-30,5 cm.

**Robe.** Poil épais de longueur moyenne. Couleurs : fauve, roux, sable, ou noir et feu, avec ou sans taches blanches.

**Queue** naturellement courte, ou écourtée à la naissance.

# Airedale-Terrier

Le « roi des terriers » servit de garde et d'agent de liaison au cours de la Première Guerre mondiale.

**Histoire.** Malgré sa grande taille, l'Airedale est l'archétype du terrier. Au milieu du XIXe siècle, des éleveurs du Yorkshire croisèrent le Black-and-Tan Terrier, aujourd'hui disparu, avec l'Otter-Hound pour obtenir l'Airedale-Terrier, assez gros pour chasser à la fois le blaireau et la loutre.

**Tempérament.** Chasseur agressif, l'Airedale est un bon chien de garde, mais aussi un compagnon affectueux.

**Particularités.** L'Airedale ne perd pas beaucoup de poils. Il a besoin tous les jours d'une promenade de plusieurs kilomètres.

***Welsh Terrier***
*Plus ancien et beaucoup plus petit que l'Airedale, le Terrier gallois est lui aussi issu du Black-and-Tan Terrier.*

## PRINCIPALES CARACTÉRISTIQUES *Airedale-Terrier*

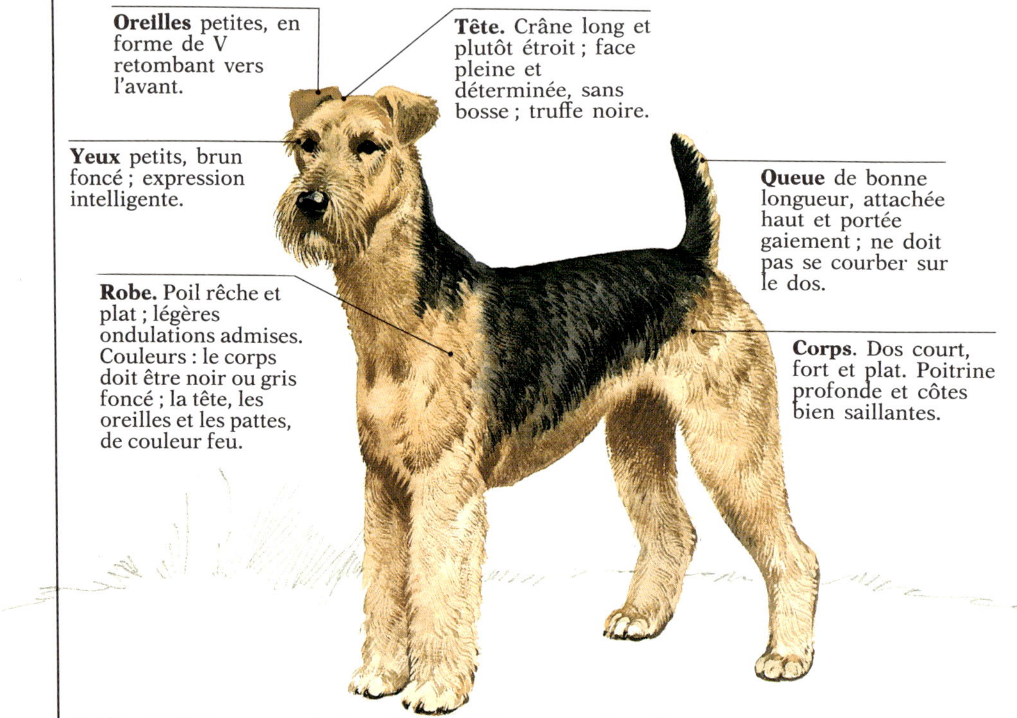


**Taille.** 56-58,5 cm pour la femelle ; 58,5-61 cm pour le mâle.

# Australian Terrier

L'Australian est l'un des très rares terriers qui sont apparus hors de Grande-Bretagne.

**Histoire.** Les premiers colons australiens emmenèrent avec eux des chiens de travail, notamment plusieurs types de terriers, qui donnèrent naissance à une variété autochtone. Au XIXe siècle, ce chien fut croisé avec divers terriers anglais, notamment le Skye *(voir p. 99)*, le Dandie-Dinmont *(voir p. 93)*, le Cairn *(voir p. 92)* et le Yorkshire *(voir p. 119)*. Le chien australien issu de ce « mélange » se révéla un excellent gardien. Ce petit hybride robuste n'hésite pas non plus à s'attaquer aux nombreux serpents venimeux d'Australie. La race demeure populaire dans son pays d'origine, mais elle ne s'est que lentement répandue à l'étranger.

**Tempérament.** Vif et charmant, c'est un excellent animal familier et un bon chien de garde.

**Particularités.** Malgré sa grande énergie, l'Australian Terrier est peu exigeant et s'adapte bien à la vie en appartement.

PRINCIPALES CARACTÉRISTIQUES *Australian Terrier*

**Taille.** 25,5 cm.

# Border-Terrier

Ce petit terrier rustique chassait sur les collines pluvieuses de la frontière *(border)* de l'Écosse.

**Histoire.** Les chasseurs écossais demandaient beaucoup de leurs terriers. Le terrain était accidenté et rocailleux, les pluies incessantes, les distances très longues. Après avoir suivi un renard pendant des kilomètres, le chien devait encore avoir le courage et la force de se défendre au fond du terrier. Rien d'étonnant que le Border-Terrier, aujourd'hui un animal familier, n'ait rien perdu de sa robustesse.

**Tempérament.** Loyal et amical, ce chien doit cependant être dressé à obéir assez tôt.

**Particularités.** Très actif, le Border-Terrier doit faire de longues promenades pour dépenser son énergie.

***Bedlington-Terrier***
*Originaire du sud de l'Écosse, comme le Border-Terrier avec lequel il ne présente guère de ressemblance, le Bedlington était l'animal favori des mineurs et des ouvriers des aciéries du Northumberland au siècle dernier. Bien que sa toison soigneusement tondue fasse penser à celle d'un mouton, c'est un véritable terrier.*

## PRINCIPALES CARACTÉRISTIQUES *Border-Terrier*

**Taille.** 30 cm pour la femelle ; 33 cm pour le mâle.

# Bull-Terrier

Ce petit chien bâti en force a une tête en œuf très caractéristique.

**Histoire.** Ce chien est issu des chiens de combat du XIXe siècle. Vers 1860, James Hinks, éleveur de Birmingham, perfectionna l'ancien Staffordshire-Bull-Terrier en lui associant les qualités de l'English White Terrier, et peut-être du Dalmatien et du Pointer. Il en résulta un chien blanc et musclé, d'aspect plutôt insolite, qui avait la force et la ténacité de ses ancêtres. Plus tard, sa bonne tolérance aux climats tropicaux le fit apprécier des fonctionnaires britanniques en poste en Afrique et en Inde. Les Bull-Terriers entièrement blancs sont souvent sourds, et c'est pourquoi les éleveurs ont ajouté d'autres couleurs à sa robe au cours des années 20.

**Tempérament.** Ce chien est très déterminé et il s'attache à ses maîtres, mais il multiplie les démonstrations d'agressivité envers les autres chiens. Les femelles sont plus paisibles.

**Particularités.** Ce chien a besoin d'une main ferme et de longues promenades.

***Bull-Terrier nain***
*Par la sélection, les éleveurs ont créé un Bull-Terrier nain qui est la copie conforme du Bull-Terrier.*

## PRINCIPALES CARACTÉRISTIQUES *Bull-Terrier*

**Taille.** Standard : pas de limite, mais les sujets de bonne taille sont appréciés. Nain : pas plus de 35,5 cm.

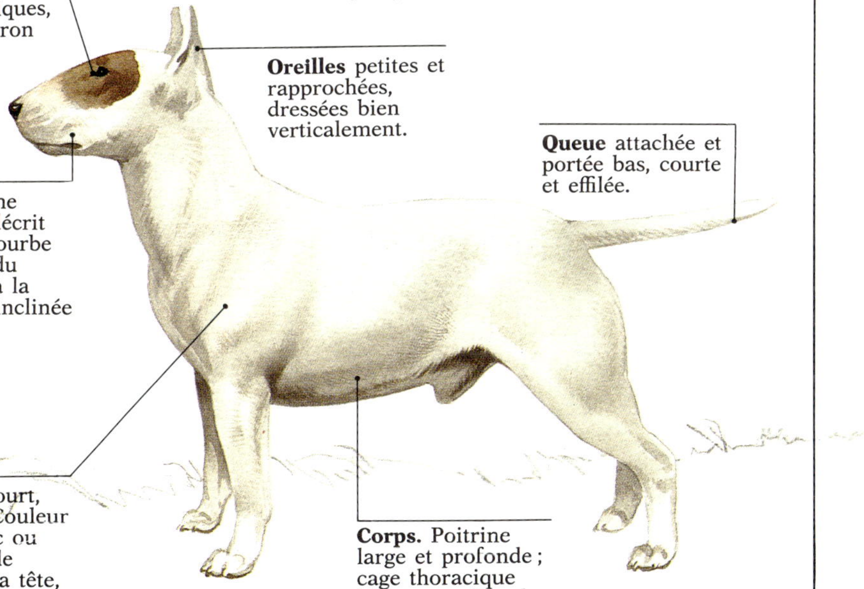

# Cairn-Terrier

Ce petit terrier ébouriffé et malicieux fut pendant des siècles le compagnon des chasseurs des Hautes-Terres d'Écosse.

**Histoire.** Né dans l'île de Skye, le Cairn-Terrier fut d'abord confondu avec un autre chien originaire de l'île *(voir p. 99)*. Mais, tandis que la fourrure luxuriante du Skye-Terrier le fit apprécier comme animal de compagnie, le Cairn-Terrier a conservé son allure un peu hirsute. Son nom lui vient des monticules de pierre qui marquaient les anciens sites funéraires des Celtes et qui servaient souvent de refuges aux renards pourchassés par ce petit chien. La race n'a été officiellement reconnue qu'au début du siècle, mais elle l'emporte aujourd'hui en popularité sur les Skye-Terriers.

**Tempérament.** Vif, intelligent, loyal, intrépide et volubile, ce n'est pas un chien pour ceux qui cherchent un compagnon paisible et serein.

**Particularités.** Quelques brossages et un peu d'exercice suffisent à le rendre heureux.

## PRINCIPALES CARACTÉRISTIQUES *Cairn-Terrier*

**Taille.** 23 cm pour la femelle ; 24 cm pour le mâle.

# Dandie Dinmont-Terrier

C'est la seule race qui ait pris le nom d'un personnage de fiction : Dandie Dinmont, un éleveur de petits terriers dans un roman de Walter Scott.

**Histoire.** Les ancêtres de ce chien au corps long furent probablement des terriers à poil dur dont le Dandie Dinmont se différencia au début du XVIII^e siècle. Autrefois chasseur de renard, de blaireau et de loutre, c'est aujourd'hui un animal familier qui fait fureur aux expositions canines.

**Tempérament.** L'expression pensive de ses yeux sombres est bien caractéristique de son caractère, calme et paisible.

**Particularités.** Sa longue fourrure demande des soins assez fréquents. La houppe du crâne, très appréciée aux expositions, nécessite un bon toilettage.

***Sealyham-Terrier***
*Ce petit terrier courageux aurait du sang de Dandie Dinmont. Il est né dans la seconde moitié du XIX^e siècle au pays de Galles, où il chassait le blaireau, la loutre et le renard.*

PRINCIPALES CARACTÉRISTIQUES *Dandie Dinmont-Terrier*

**Taille.** De 20,5 cm à 28 cm.

**Membres.** Les membres antérieurs sont courts et musclés, les postérieurs plus longs.

# Fox-Terrier à poil dur

Une race particulièrement élégante.
**Histoire.** Le Fox-Terrier descendrait de chiens que l'on utilisait pour la chasse au renard au début du XIXe siècle. Certains furent croisés avec le Wire-Haired Terrier et donnèrent naissance au Fox-Terrier à poil dur, tandis que d'autres, croisés avec l'Old English White Terrier, donnèrent naissance à la variété à poil lisse. Les deux types se mélangèrent, ce qui explique le blanc de la robe du Fox à poil dur.
**Tempérament.** Les Fox-Terriers ont du mal à réprimer leurs instincts de chasseur. Tenus d'une main ferme, ils sont des compagnons très affectueux.
**Particularités.** Ce chien a besoin de beaucoup d'exercice et de longues promenades. Il faut aussi s'occuper régulièrement de sa robe élégante.

***Fox-Terrier à poil lisse***
*Cette variété est beaucoup moins populaire qu'autrefois. Pourtant, elle s'était établie aux expositions canines bien longtemps avant son cousin à poil dur, et elle conserve encore de nombreux admirateurs.*

PRINCIPALES CARACTÉRISTIQUES *Fox-Terrier à poil dur*

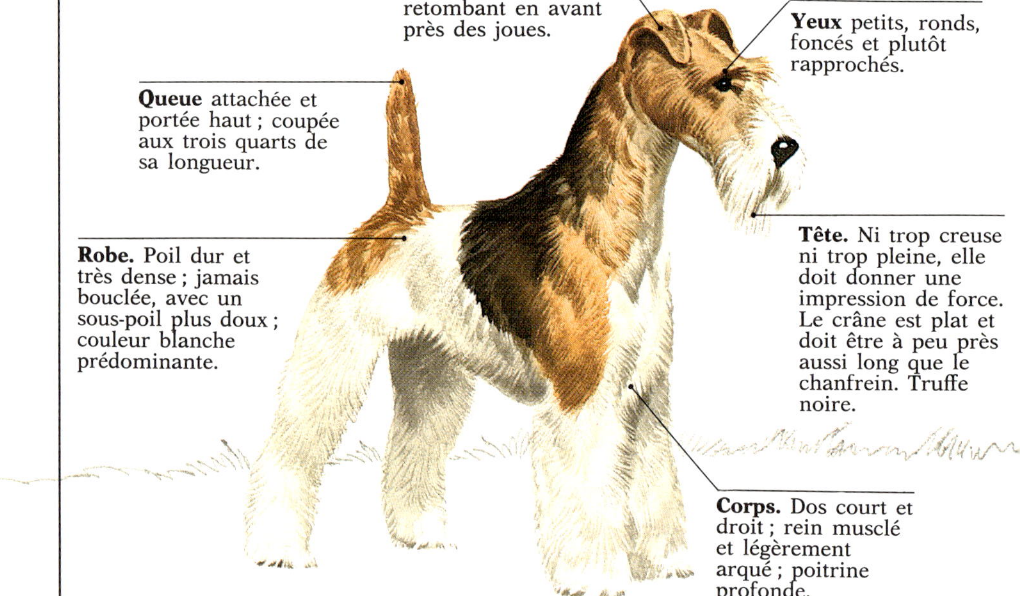

**Oreilles** petites, en forme de V, retombant en avant près des joues.

**Yeux** petits, ronds, foncés et plutôt rapprochés.

**Queue** attachée et portée haut ; coupée aux trois quarts de sa longueur.

**Robe.** Poil dur et très dense ; jamais bouclée, avec un sous-poil plus doux ; couleur blanche prédominante.

**Tête.** Ni trop creuse ni trop pleine, elle doit donner une impression de force. Le crâne est plat et doit être à peu près aussi long que le chanfrein. Truffe noire.

**Corps.** Dos court et droit ; rein musclé et légèrement arqué ; poitrine profonde.

**Taille.** 37 cm pour la femelle ; 39 cm pour le mâle.

# Jack Russell-Terrier

Paradoxalement, ce petit terrier extrêmement populaire n'est jamais vu aux expositions canines, car la race n'est pas officiellement reconnue.
**Histoire.** C'est un pasteur qui créa au XIXe siècle les premiers Jack Russell, à partir de Fox-Terriers à poil dur. Le révérend John Russell ne voulait que deux choses de ces terriers : rapidité et ténacité face au renard dans son terrier. Depuis cette époque, les éleveurs ont surtout mis l'accent sur le tempérament de l'animal, si bien que son apparence extérieure est extrêmement variable. A la différence des autres races, les principales caractéristiques de ce chien ne reposent pas sur un standard établi. Pourtant, il est facile de reconnaître un Jack Russell : son expression éveillée, son allure gambadante, son aboiement inimitable et son enthousiasme sans pareil pour la course aux lapins font de lui un animal bien caractéristique.
**Tempérament.** Énergique, nerveux et intelligent, il poursuit tout ce qui bouge – et même de beaucoup plus gros chiens. Loyal et amusant, c'est un excellent gardien.
**Particularités.** Comme de nombreux petits chiens, le Jack Russell prend de l'embonpoint s'il ne fait pas suffisamment d'exercice.

## PRINCIPALES CARACTÉRISTIQUES *Jack Russell-Terrier*

**Tête.** Crâne plat, plutôt large. Léger stop. La truffe et les lèvres sont noires.

**Oreilles** petites, en forme de V, retombant en avant.

**Queue** attachée et portée haut.

**Yeux** brun foncé, en forme d'amande.

**Robe.** Il existe deux variétés, l'une à poil court et lisse, l'autre à poil plus rude et beaucoup plus long. Généralement, la couleur dominante est le blanc avec des taches noires, fauves, ou un mélange des deux. On voit également des spécimens entièrement fauves.

**Corps.** Dos fort et plat, légèrement arqué au rein. Poitrine plutôt étroite.

**Taille.** Pas plus de 35,5 cm.

# Terrier Norfolk

Cousin du Terrier Norwich, il s'en distingue en particulier par ses oreilles tombantes.

**Histoire.** Quand la race Terrier Norwich *(voir p. 97)* fut reconnue vers les années 30, le standard autorisait les oreilles dressées et les oreilles tombantes. Ces deux variétés étaient toutes deux issues d'anciens terriers, et elles se croisèrent longtemps. Mais les éleveurs anglais commencèrent à différencier les deux types. Pour eux, les oreilles n'étaient que « la pointe de l'iceberg » et bien d'autres différences distinguaient le Norfolk du Norwich. La controverse a duré jusque vers les années 60, lorsque le type à oreilles tombantes reçut le nom de Terrier Norfolk.

**Tempérament.** Vif et éveillé, il a toute la détermination des terriers. Son ouïe en fait un très bon gardien.

**Particularités.** Plein d'énergie, ce chien a besoin de fréquentes promenades. Sa robe ne demande qu'un minimum de soins.

## PRINCIPALES CARACTÉRISTIQUES *Terrier Norfolk*

**Taille.** 25,5 cm.

# Terrier Norwich

Ce petit terrier chassait autrefois les renards et les blaireaux.
**Histoire.** On ne sait pas grand-chose des origines de ces terriers qui furent manifestement élevés pour la chasse, en partie à cause des différents noms qu'on leur donna autrefois, notamment Jones Terriers et Cantab Terriers. Ce dernier nom, contraction de Cambridge, rappelle que le Norwich était très populaire auprès des étudiants de Cambridge à la fin du XIXe siècle. Enjoué, grand pourchasseur de souris, il était assez petit pour ne pas tenir trop de place dans une chambre d'étudiant. Les premiers spécimens ont fait leur apparition aux États-Unis au début du siècle, où ils retrouvèrent leur vocation initiale, la chasse au renard.
**Tempérament.** Éveillé, ce chien s'intéresse à tout ce qui l'entoure. C'est un excellent gardien.
**Particularités.** Le Norwich est propre et sa robe a besoin de peu de soins, mais il faut le promener fréquemment.

## PRINCIPALES CARACTÉRISTIQUES *Terrier Norwich*

**Taille.** 25,5 cm.

# Scottish Terrier

Ce petit chien, fier comme un paon, force le respect malgré sa taille réduite.

**Histoire.** Élevé pour la chasse au renard et au blaireau, c'est un chien râblé, fougueux et brave. Vers 1870, plusieurs races prétendaient au titre de Terrier écossais, et ce n'est qu'à la fin du XIXe siècle que le standard de la race fut finalement adopté. Les robes noires sont les plus prisées, mais il existe plusieurs autres couleurs, notamment des robes bringées. Au début du siècle, c'était le terrier favori en Grande-Bretagne, place qu'il a conservée pendant de nombreuses années.

**Tempérament.** D'une loyauté exclusive pour son maître, il est plutôt méprisant pour les étrangers. Son air digne et sa forte personnalité en font un chien plein de caractère.

**Particularités.** Il est préférable de le dresser assez tôt pour que son instinct de protection de ses familiers ne devienne pas excessif. Il doit aussi prendre beaucoup d'exercice, car il est sujet à l'obésité.

## PRINCIPALES CARACTÉRISTIQUES *Scottish Terrier*

**Taille.** 25 cm pour la femelle ; 28 cm pour le mâle.

**Yeux** enfoncés sous des sourcils broussailleux ; en forme d'amande, de couleur brun foncé.

**Queue** attachée haut et portée droite.

**Oreilles** fines et pointues, tenues droites.

**Tête** plutôt longue et étroite, avec un léger stop et une grosse truffe. La longueur du museau est accentuée par la barbe.

**Corps** musclé, avec un dos court et plat ; poitrine bien descendue.

**Robe.** Poil dense et dur sous-poil serré et doux. Couleurs : noir, bleu ou bringé.

# Skye-Terrier

Un chien plein d'originalité et de personnalité.

**Histoire.** La légende veut que ces petits chiens échappèrent au naufrage de l'Invincible Armada en 1588 et gagnèrent le rivage à la nage, près de Skye. Ce n'est qu'un conte, car le premier ouvrage sur les chiens publié en Angleterre, antérieur de 20 ans au désastre de l'Armada, décrit une race qui est presque certainement l'ancêtre du Skye. Comme les autres terriers d'Écosse auxquels il est apparenté, le Skye-Terrier chassait autrefois le renard et la loutre. Après une très grande vogue à la fin du XIXe siècle, la race est aujourd'hui moins prisée.

**Tempérament.** Possessif, le Skye est très loyal envers son maître et se méfie des étrangers. Privé d'affection, il devient maussade.

**Particularités.** Son poil abondant demande des soins fréquents. Il a besoin de promenades régulières.

## PRINCIPALES CARACTÉRISTIQUES *Skye-Terrier*

**Taille.** 23 cm pour la femelle ; 25 cm pour le mâle.

**Oreilles** droites ou tombantes. Les oreilles droites sont plus écartées à la pointe qu'à la base. Les oreilles tombantes sont un peu plus larges et pendent à plat.

**Robe.** Poil dur, long et plat. Sous-poil court et doux. Nombreuses couleurs admises, dont fauve et gris. Les oreilles sont noires.

**Tête** longue, avec des mâchoires puissantes et une truffe noire.

**Queue** dressée, prolongeant la ligne du dos. Pendante, elle décrit un arc à l'extrémité.

**Corps** long et bas, avec un dos plat.

**Yeux** noisette, rapprochés.

# Staffordshire Bull-Terrier

Malgré son passé un peu trouble, ce chien courageux et amical se fait aujourd'hui de nombreux amis.
**Histoire.** Au début du XIXe siècle, les combats de chiens et de taureaux devinrent illégaux et furent remplacés par des combats de chiens. Pour avoir des animaux robustes et tenaces, on croisa des Bulldogs avec des terriers, ce qui donna des animaux fort laids, mais très combattifs en plus d'être d'excellents ratiers. Avec le temps, les combats de chiens furent eux aussi interdits, mais l'heureux caractère du Staffordshire Bull-Terrier et ses bonnes dispositions à l'égard des êtres humains le sauvèrent de l'extinction.
**Tempérament.** Doux avec les enfants et très loyal envers son maître.
**Particularités.** A besoin d'un dressage ferme et de beaucoup d'exercice.

***American Staffordshire-Terrier***
*Des Staffordshire Bull-Terriers importés aux États-Unis au XIXe siècle donnèrent naissance à une variété plus agressive et de plus grande taille, mais très douce avec l'homme.*

## PRINCIPALES CARACTÉRISTIQUES *Staffordshire Bull-Terrier*

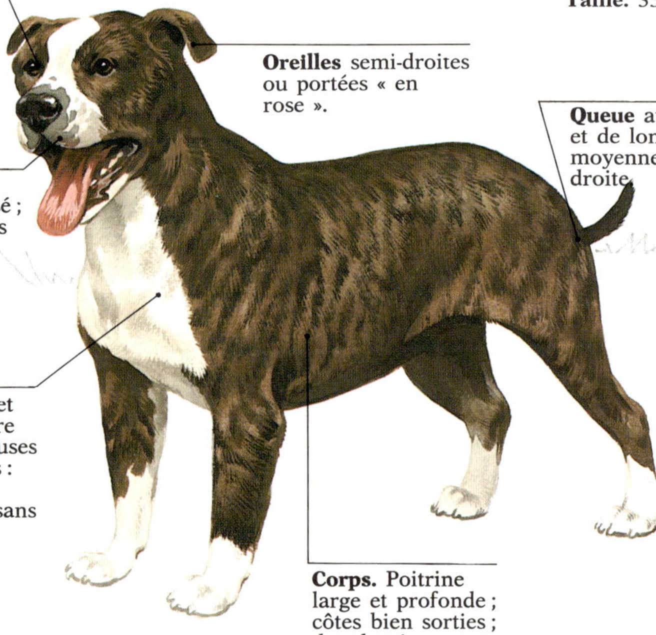

**Yeux** ronds, de taille moyenne, brun foncé.

**Taille.** 35,5-40,5 cm.

**Oreilles** semi-droites ou portées « en rose ».

**Queue** attachée bas et de longueur moyenne, portée droite.

**Tête** courte et large ; stop accusé ; muscles des joues très prononcés ; truffe noire.

**Robe.** Poil lisse et court, collé contre la peau. Nombreuses couleurs admises : roux, fauve et bringé, avec ou sans taches blanches.

**Corps.** Poitrine large et profonde ; côtes bien sorties ; dos de niveau.

# West-Highland White Terrier

L'aspect charmant de ce terrier masque un caractère volontaire et opiniâtre.

**Histoire.** Les ressemblances que présentent de nombreux terriers écossais font penser qu'ils sont issus d'une même souche. Au milieu du XIX$^{e}$ siècle, les éleveurs des Hautes-Terres d'Écosse sélectionnèrent des chiens blancs pour obtenir un terrier blanc. A l'époque, les chiens étaient rarement sélectionnés pour leur seule apparence extérieure et le West-Highland White Terrier se fit bientôt une réputation d'animal volontaire et infatigable pour la chasse au renard en terrain rocailleux. Aujourd'hui, ce petit chien à l'allure effrontée est un animal de compagnie très apprécié.

**Tempérament.** Sûr de lui et affectueux, il est plein de gaieté. Son ouïe fine et son grand courage en font un excellent chien de garde.

**Particularités.** Ce terrier a besoin qu'on s'occupe de lui. Il faut lc brosser régulièrement, car il a tendance à perdre son poil.

## PRINCIPALES CARACTÉRISTIQUES *West-Highland White Terrier*

**Taille.** Environ 28 cm.

# Boston-Terrier

Malgré son nom, le Boston-Terrier n'a jamais pourchassé d'animaux jusque dans leurs terriers. Mais c'est un excellent chien de maison.

**Histoire.** Les premiers Boston-Terriers furent le résultat du croisement d'un Bulldog *(voir p. 103)* et d'un White English Terrier par des éleveurs du Massachusetts, au milieu du XIXe siècle. Par la suite, un apport de sang de Bouledogue français donna à la race son aspect compact et musclé, ainsi que ses taches bien caractéristiques. Le caractère affectueux et les besoins modestes de ce bel animal lui ont valu une très grande popularité en Amérique du Nord. Mais sa reproduction n'est pas facile, car les chiots ont une grosse tête et il faut souvent les faire naître par césarienne.

**Tempérament.** Vif, très affectueux et intelligent, ce petit chien est un admirable compagnon.

**Particularités.** Le Boston-Terrier n'a pas besoin de trop longues promenades, même s'il est bon de lui faire prendre régulièrement de l'exercice. Sa robe demande très peu de soins.

## PRINCIPALES CARACTÉRISTIQUES *Boston-Terrier*

**Poids.** Trois catégories de poids : moins de 6,8 kilos ; de 6,8 à 9,1 kilos ; de 9,1 à 11,4 kilos.

**Yeux** gros, ronds et bien écartés, de couleur brun foncé.

**Oreilles** fines, droites et placées aussi près du crâne que possible.

**Queue** attachée et portée bas ; courte, droite ou en crochet.

**Tête.** Crâne, mâchoires et museau carrés. Le museau est large et court, avec une truffe noire.

**Corps** compact et bien musclé, avec un dos et un rein court. Poitrine profonde et large.

**Robe** courte et lisse. Couleurs : de préférence bringée avec des taches blanches ; le noir et blanc est admis.

# Bulldog

Malgré son aspect rébarbatif, le chien national de la Grande-Bretagne est un compagnon aimable et affectueux.
**Histoire.** Durant des siècles, tous les villages d'Angleterre organisaient des combats entre chiens et taureaux. Une race issue du Mastiff se révéla particulièrement bien adaptée à ce « sport » : courte sur pattes, féroce et armée de puissantes mâchoires. Ces combats furent interdits en 1835, et les éleveurs ont depuis adouci le caractère de ce chien, tout en exagérant les particularités de sa constitution râblée et de sa gueule torturée. Cet étrange chien a de très nombreux admirateurs.
**Tempérament.** Étonnamment gentil et doux avec les enfants. Mais ses réactions face aux autres animaux sont imprévisibles. Le Bulldog est un bon chien de garde.
**Particularités.** La robe demande très peu de soins. Le Bulldog n'a besoin que d'un exercice modéré, mais il souffre beaucoup de la chaleur.

***Bouledogue français***
*Ses origines sont incertaines, mais il semble issu des plus petites variétés du Bulldog.*

## PRINCIPALES CARACTÉRISTIQUES *Bulldog*

**Poids.** 22,7 kilos pour la femelle ; 25 kilos pour le mâle.

**Queue** courte et large à la base, attachée et portée bas.

**Corps** trapu, poitrine large et profonde, dos court et arqué. Membres postérieurs étroits.

**Oreilles** petites, fines et portées « en rose » ; attachées haut et bien écartées.

**Yeux** placés bas et bien écartés, ronds, brun très foncé.

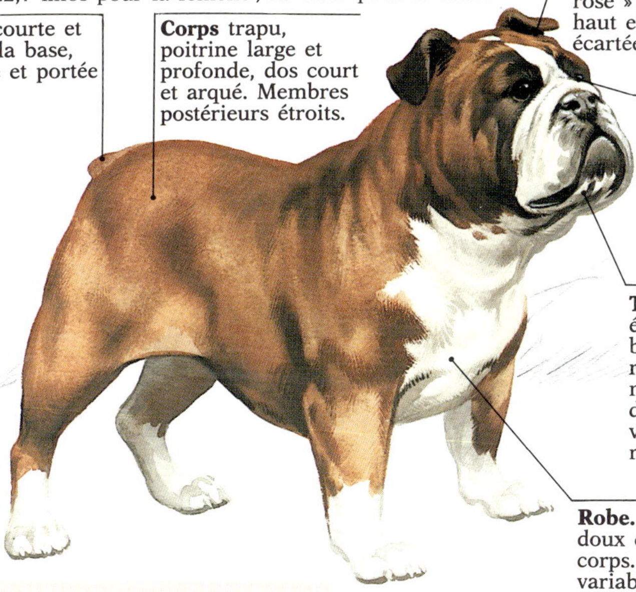

**Tête** très grosse, écrasée et ridée. Les babines tombantes recouvrent la mâchoire inférieure, dont l'avant relevé vers le haut dépasse nettement.

**Robe.** Poil court, doux et collé au corps. Couleurs variables, dont fauve et bringé, avec ou sans masque ou museau noirs.

**Membres.** Membres antérieurs bien écartés et plus courts que les postérieurs.

# Chow-Chow

Cette race est exceptionnelle en ce qu'elle possède deux caractéristiques qui lui sont propres : la première est la couleur noire du palais et de la langue, et la seconde, la démarche guindée et un peu gauche que lui donnent ses membres postérieurs parfaitement droits.

**Histoire.** Le Chow-Chow est un Spitz qui fut importé de Chine en Angleterre au XVIIIe siècle. Certains pensent qu'il s'agit d'une race chinoise que l'on élevait pour sa fourrure et sa viande. Mais la race est probablement originaire de Mongolie, où l'on utilisait des chiens massifs à gueule noire il y a 3 000 ans. Le Chow-Chow est resté un chasseur féroce pendant la majeure partie de son histoire.

**Tempérament.** Un peu hautain et réservé, il est cependant affectueux pour son maître. Il a perdu la férocité de ses ancêtres, mais il n'apprécie guère les colliers et les laisses. Le dressage le laisse plutôt indifférent. On ne peut lui faire confiance qu'avec des enfants qu'il connaît bien.

**Particularités.** Son alimentation diffère de celle des autres chiens, et il ne lui faut pas trop de viande fraîche. Sa fourrure épaisse demande un brossage quotidien rapide et, comme tous les gros chiens, il a besoin d'exercice.

## PRINCIPALES CARACTÉRISTIQUES *Chow-Chow*

**Tête.** Crâne plat et large, avec un museau carré. Truffe noire, ou plus pâle chez les chiens à robe claire.

**Oreilles** petites, épaisses et droites, placées bien à l'avant, au-dessus des yeux.

**Yeux** petits, en forme d'amande et foncés de préférence, mais les couleurs pâles sont admises chez les chiens à robe claire.

**Queue** portée rabattue sur le dos, comme chez les autres Spitz.

**Robe.** Poil abondant, écarté du corps, recouvrant un sous-poil doux. Les chiens de concours doivent être de couleur unie : crème, fauve, bleu-gris, rouge ou noir.

**Corps** compact, râblé et bien proportionné, avec une poitrine profonde et large.

**Taille.** 46-51 cm.

**Langue noire.** La langue bleu-noir est l'un des traits qui lui sont propres.
**Membres postérieurs.** Musclés, les postérieurs sont parfaitement droits.

# Dalmatien

Ce chien très élégant est un compagnon idéal.

**Histoire.** On sait aujourd'hui que la race n'est pas originaire de Dalmatie, en Yougoslavie. Il s'agit d'une race européenne très ancienne, dont on ignore cependant les origines exactes. Le Pointer *(voir p. 50)* figure certainement au nombre de ses ancêtres. Au XIX^e siècle, le Dalmatien accompagnait les élégantes voitures de l'époque, trottant allègrement à côté des chevaux ou des roues.

**Tempérament.** Intelligent, enjoué, vif, ce chien est doux avec les enfants et facile à dresser.

**Particularités.** Ce n'est pas un chien pour les promeneurs du dimanche. A l'époque de la voiture à cheval, il faisait sans peine 50 km par jour, et il lui faut donc beaucoup d'exercice. Il dépérit s'il reste seul trop longtemps.

***Chiots de Dalmatien***
*A la naissance, les chiots sont totalement blancs. Les taches n'apparaissent que plus tard.*

## PRINCIPALES CARACTÉRISTIQUES *Dalmatien*

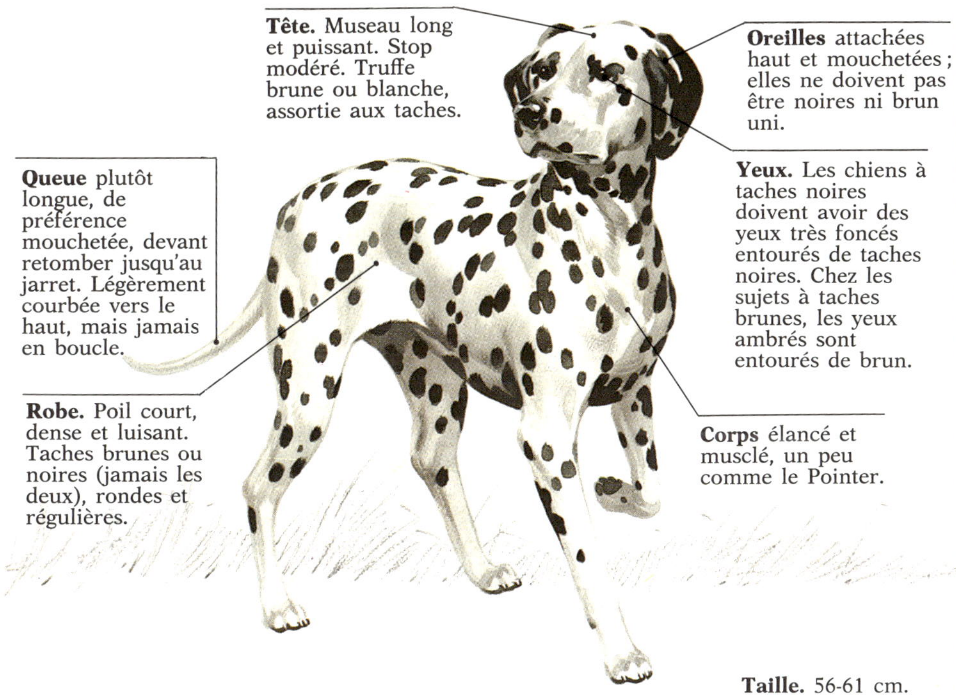


**Taille.** 56-61 cm.

# Lhassa Apso

Le plus populaire des petits chiens originaires du Tibet, dont il a pris le nom de la capitale, Lhassa.

**Histoire.** Les moines bouddhistes du Tibet élevaient ce chien dont l'épaisse fourrure le protégeait des froids rigoureux de l'Himalaya. On pense que la deuxième partie de son nom vient de *rapso* (« chèvre » en tibétain), car sa robe rêche ressemble au poil de chèvre. Le Lhassa Apso était le chien de garde des monastères, et l'on croyait qu'il portait bonheur à ses maîtres. Personne ne pouvait l'acheter : l'animal était toujours offert en cadeau.

Les premiers Apsos qui arrivèrent en Angleterre venaient du Bouthan. Ils furent suivis par d'autres spécimens originaires de la région de Lhassa. Les deux types se mêlèrent, et le chien commença à faire son apparition aux expositions canines de Grande-Bretagne au début du siècle. Aujourd'hui, c'est un animal familier très populaire dans le monde entier.

**Tempérament.** Affectueux et sensible, il sait fort bien ce qu'il veut.

**Particularités.** Demande beaucoup d'affection. Brosser sa longue robe tous les jours.

PRINCIPALES CARACTÉRISTIQUES *Lhassa Apso*

**Yeux** brun foncé, placés en avant de la tête.

**Oreilles** pendantes et lourdement frangées ; extrémités foncées de préférence.

**Queue** abondamment frangée et portée au-dessus du dos.

**Tête** couverte d'une fourrure abondante. Crâne plutôt plat et étroit. Museau plus long et moins carré que chez le Shih Tzu. Truffe noire.

**Corps** plus long que haut ; dos plat et rein fort.

**Robe.** Poil long et rêche ; sous-poil dense. Parmi les couleurs admises : ardoise, sable, brun et blanc.

**Taille.** 25,5 cm.

# Caniches

Les Caniches – grands, moyens et nains – sont des chiens d'agrément très populaires dans de nombreux pays.
**Histoire.** Ces chiens ont une histoire très controversée. Ils descendraient de chiens de chasse allemands qui rapportaient le gibier d'eau. Au XIX^e^ siècle, leurs dons de charmeurs et leur docilité leur ouvrirent en France une carrière dans les cirques. Ils quittèrent ensuite le monde du spectacle pour devenir les plus populaires des chiens de compagnie. Leur longue robe a toujours été tondue, et il existe aujourd'hui plusieurs types de toilettage.
**Tempérament.** Généralement amicaux, intelligents et loyaux.
**Particularités.** Il faut les tondre régulièrement.

***Grand Caniche et Caniche nain***
*Le standard est le même pour tous les Caniches. Le Nain ne doit pas dépasser 28 cm ; le Grand doit mesurer au moins 38 cm.*

## PRINCIPALES CARACTÉRISTIQUES *Caniche moyen*

**Oreilles** longues, tombant le long des joues.

**Yeux** brun foncé et en forme d'amande.

**Queue** attachée haut et portée en biais.

**Tête** plus longue qu'étroite, avec un museau fin et un menton ferme.

**Corps.** Dos court ; rein ferme et musclé ; poitrine profonde.

**Robe.** Poil abondant et ferme, sans bourre. Les poils courts sont frisés. Les robes unies sont admises

**Taille.** 28-38 cm.

# Schnauzer nain

Ce petit chien effronté a conquis plus d'admirateurs que les deux autres variétés de Schnauzer.
**Histoire.** Les trois variétés de Schnauzer – géant, moyen et nain – sont originaires des régions d'élevage du sud de l'Allemagne. Sa présence y est attestée dès le début du XVIe siècle. Ses ancêtres seraient le Pinscher à poil ras et le Schafer Pudel. Les premiers ressemblaient sans doute au Schnauzer géant que nous connaissons. Bons ratiers, ils étaient aussi d'excellents chiens de garde. Les éleveurs les croisèrent avec l'Affenpinscher – une petite race à poil ras, un peu semblable à un singe – pour obtenir des chiens plus petits. Leurs efforts aboutirent au Schnauzer nain.
**Tempérament.** Énergique et bien disposé, il est très amical avec les enfants.
**Particularités.** Longues promenades. Brossage régulier de sa robe hirsute.

***Schnauzer géant***
*Ce chien très intelligent est issu du Schnauzer moyen. Autrefois, il conduisait les bestiaux sur les routes de Bavière.*

## PRINCIPALES CARACTÉRISTIQUES

*Schnauzer nain*

**Remarque.** Les oreilles sont souvent taillées en pointe.

**Oreilles** plantées haut, en forme de V, tombant en avant.

**Yeux** brun foncé et ovales ; sourcils broussailleux.

**Tête** robuste, s'amenuisant graduellement des oreilles vers la truffe noire. Museau puissant ; moustaches abondantes.

**Queue** portée haut et coupée.

**Robe.** Poil dur et raide, long sur les membres et la tête, court ailleurs. Couleurs : noir ou poivre et sel.

**Corps.** Dos en légère pente vers les membres postérieurs. Poitrine profonde avec sternum saillant.

**Taille.** 33 cm pour la femelle ; 35,5 cm pour le mâle

# Shih Tzu

Ce joli petit chien était autrefois chien de garde à la cour des empereurs de Chine.

**Histoire.** Le Shih Tzu doit son nom à un curieux animal de la mythologie chinoise – le chien-lion. Les bouddhistes chinois vénéraient le lion et ils entourèrent ce petit chien du même respect. Les ancêtres de la race, originaires du Tibet, étaient peut-être apparentés au Lhassa Apso *(voir p. 106)*. Ils arrivèrent en Chine il y a des siècles, présents offerts par les monastères tibétains aux empereurs chinois. Le Shih Tzu apparaît en Europe vers 1930 et est classé pendant quelque temps avec le Lhassa Apso. Depuis sa reconnaissance comme race distincte, il a de plus en plus d'admirateurs.

**Tempérament.** Plein de charme et de vitalité, excellent chien de compagnie.

**Particularités.** Il faut brosser tous les jours sa longue robe. Il n'a besoin que d'un exercice modéré.

## PRINCIPALES CARACTÉRISTIQUES *Shih Tzu*

# Bichon à poil frisé

Ce petit animal gracieux est beaucoup plus robuste et enjoué que la plupart des autres chiens de compagnie.

**Histoire.** Le Bichon à poil frisé serait originaire de France, mais on ignore ses origines exactes. Il descend probablement d'un ancien épagneul d'eau. Certains pensent que des marins méditerranéens le ramenèrent des Canaries au XIV^e^ siècle. Sa ressemblance avec le Bichon maltais *(voir p. 113)* évoque une ascendance commune. Pendant des siècles, le Bichon à poil frisé parada dans les salons des cours d'Europe. Mais il connut des jours moins heureux au XIX^e^ siècle et, comme le Caniche *(voir p. 107)*, on le vit souvent se produire dans les cirques. Vigoureux, enjoué, le Bichon moderne se souvient sans doute de ses jours difficiles d'amuseur public. Depuis le début du siècle, il connaît une grande popularité en Italie, en France et aux États-Unis.

**Tempérament.** Bon compagnon, amusant et affectueux, il se comporte parfaitement avec les enfants et les autres chiens.

**Particularités.** Comme son nom l'indique bien, il faut « bichonner » longuement sa robe au poil soyeux et bouclé pour qu'elle ait belle apparence. Ce petit chien n'a pas besoin de prendre beaucoup d'exercice.

PRINCIPALES CARACTÉRISTIQUES *Bichon à poil frisé*

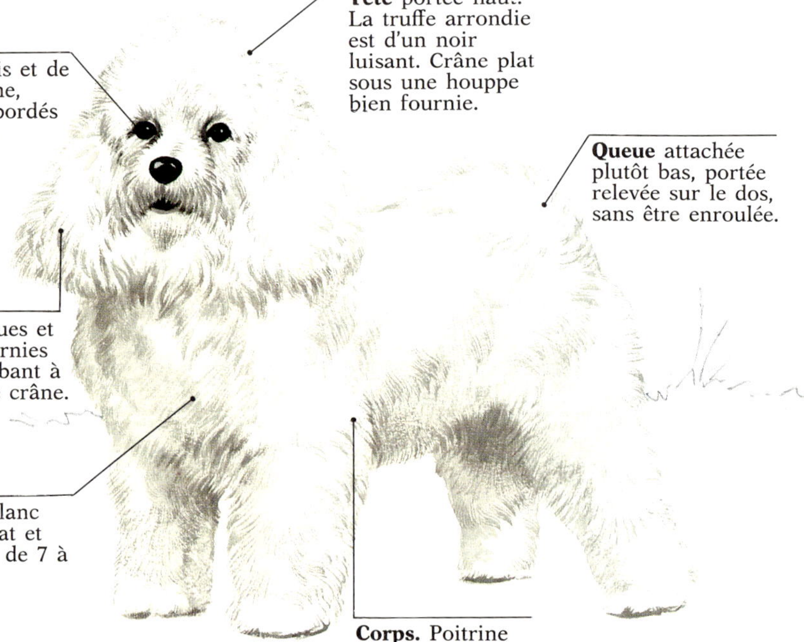

**Tête** portée haut. La truffe arrondie est d'un noir luisant. Crâne plat sous une houppe bien fournie.

**Yeux** arrondis et de taille moyenne, brun foncé, bordés de paupières foncées.

**Queue** attachée plutôt bas, portée relevée sur le dos, sans être enroulée.

**Oreilles** longues et fines, bien garnies de poils, tombant à plat contre le crâne.

**Robe.** Poil blanc bouclé, délicat et soyeux, long de 7 à 10 cm.

**Corps.** Poitrine profonde. Rein musclé et légèrement arqué.

**Taille.** 30 cm au maximum.

# Cavalier King Charles

Aujourd'hui bien fixé, ce joli chien est le résultat d'une sélection qui n'a commencé qu'au début du siècle. Il est sensiblement plus gros que son cousin, le King Charles Spaniel.

**Histoire.** Depuis le XVe siècle, tapisseries et tableaux représentent de petits épagneuls de compagnie aux pieds des nobles et des princes. En Angleterre, le petit épagneul qu'aimait tout particulièrement le roi Charles II s'est perpétué jusqu'à notre époque. Mais de nombreux amateurs jugeaient que la race, sans doute croisée au XIXe siècle avec des Carlins, s'était trop éloignée de ses origines. Vers les années 20, les éleveurs cherchèrent à retrouver le « modèle du Cavalier King Charles » et à obtenir un chien de plus grande taille, au crâne plat et au museau plus allongé. Le Cavalier King Charles connaît une très grande popularité, surtout en Grande-Bretagne.

**Tempérament.** De caractère égal, il adore la compagnie.

**Particularités.** Ce chien a besoin de beaucoup d'exercice. Il faut brosser tous les jours sa robe soyeuse.

## PRINCIPALES CARACTÉRISTIQUES *Cavalier King Charles*

**Poids.** 5,4-8,2 kilos.

***King Charles Spaniel***
*Le crâne bombé, le museau court et la petite taille de ce chien le différencient du Cavalier King Charles. D'un bon naturel, il est amical avec les enfants.*

# Chihuahua

Certains spécimens pèsent moins de 1 kilo, ce qui fait d'eux les plus petits chiens du monde.

**Histoire.** Malgré son nom, qui est celui d'une ville du Mexique, et sa longue association avec l'Amérique latine, on ignore quelles sont exactement les origines du Chihuahua.

D'anciennes statuettes d'argile représentant certainement ce chien ont été retrouvées au Mexique. Selon certains, les Aztèques engraissaient ces petits chiens pour les manger ; pour d'autres, ils avaient sans doute une signification religieuse ; une troisième théorie veut que des chiens semblables aient vécu à l'état sauvage dans les montagnes du Mexique.

Les premiers spécimens arrivés aux États-Unis vers la fin du XIXe siècle sont les ancêtres de presque tous les Chihuahuas actuels.

**Tempérament.** Bon compagnon, le Chihuahua a besoin d'attention ; il n'aime pas trop fréquenter les autres chiens.

**Particularités.** Le Chihuahua, avec son petit appétit, est souvent capricieux pour sa nourriture.

## PRINCIPALES CARACTÉRISTIQUES *Chihuahua à poil long*

***Chihuahua à poil court***
*Le Chihuahua à poil court fut longtemps beaucoup plus répandu que la variété à poil long, mais la tendance commence à s'inverser. A part sa robe, il est absolument identique à l'autre.*

# Bichon maltais

Assez semblable aux petits chiens orientaux, le Maltais est cependant une race typiquement méditerranéenne.
**Histoire.** Son lieu d'origine est controversé. On pense le plus souvent que la race se fixa d'abord sur l'île de Malte, mais d'autres croient que le chien s'est d'abord établi en Sicile. Quoi qu'il en soit, le Bichon maltais date de plusieurs siècles, comme en témoignent de nombreux portraits où ces chiens figurent aux côtés de leurs nobles maîtres. En France, il fut très prisé dès le XVe siècle, et on le voit représenté dans la célèbre tapisserie *la Dame à la licorne.* Un peu éclipsé au XIXe siècle par les petits chiens orientaux, le Bichon maltais est cependant répandu dans le monde entier.
**Tempérament.** Affectueux et vif, ce petit chien est un compagnon loyal. Le Bichon maltais est souvent méfiant envers les étrangers.
**Particularités.** Il faut brosser tous les jours et laver fréquemment sa longue robe. Exercice modéré. Le Maltais n'apprécie ni la pluie ni les grands froids.

## PRINCIPALES CARACTÉRISTIQUES *Bichon maltais*

**Taille.** 25,5 cm au maximum.

# Épagneul Papillon

Le Papillon doit son nom à ses grandes oreilles dressées, couvertes d'un long poil soyeux, qui lui donnent son allure caractéristique.

**Histoire.** Le Papillon est l'un de ces petits chiens de compagnie qui paraissent avoir toujours fréquenté les salons des grands de ce monde. Selon la légende, Marie-Antoinette aurait été l'une de ses ferventes admiratrices. Le chien est souvent représenté avec son maître dans les tableaux de Rubens et de Rembrandt, pour ne citer que ces deux peintres. Il existe aussi une variété à oreilles tombantes, dite « Phalène », beaucoup moins répandue. La Belgique et la France ont beaucoup contribué au développement de la race, mais les éleveurs américains et anglais produisent depuis des années des chiens légèrement plus petits.

**Tempérament.** Vif, intelligent et affectueux, le Papillon est un compagnon agréable.

**Particularités.** Malgré sa petite taille, il n'est pas trop frêle et il aime prendre de l'exercice au grand air. Il faut le brosser fréquemment.

## PRINCIPALES CARACTÉRISTIQUES *Épagneul Papillon*

# Pékinois

Autrefois réservé au palais des empereurs de Chine, le Pékinois est aujourd'hui le chien d'appartement par excellence.

**Histoire.** Les empereurs chinois tenaient leurs chiens en beaucoup plus haute estime que les souverains d'Europe. Le Pékinois était un animal sacré, et rien n'était épargné pour préserver la pureté de la race. Les eunuques se chargeaient d'élever les chiens selon un code rigoureux qu'ils observèrent pendant des siècles. Les premiers Pékinois arrivèrent en Europe en 1860, après le saccage du palais impérial par des soldats britanniques et français. La race y connut aussitôt un très grand succès.

**Tempérament.** Ce chien au caractère affirmé est un bon chien de garde.

**Particularités.** Demande beaucoup d'attention. Brosser tous les jours sa longue robe. Les Pékinois sont sujets aux affections respiratoires.

***Épagneul japonais***
*Originaire de Chine comme le Pékinois, il lui ressemble beaucoup et a sans doute avec lui des ancêtres communs. L'Épagneul japonais, ou Tchin, était autrefois le chien des empereurs du Japon.*

## PRINCIPALES CARACTÉRISTIQUES *Pékinois*

**Poids.** 5,5 kilos au maximum pour la femelle ; 5 kilos pour le mâle.

# Spitz nain

Souvent appelé Loulou de Poméranie, c'est le plus petit des Spitz.

**Histoire**. La Poméranie, en bordure de la Baltique, a donné naissance à un type de chien issu des Spitz des régions septentrionales, comme le Samoyède *(voir p. 83)*. Les premiers Poméraniens n'avaient rien de bien remarquable. Leur robe était surtout blanche et ils étaient beaucoup plus gros que la race actuelle. Ce n'est que lorsque les éleveurs parvinrent à produire un animal beaucoup plus petit que la race commença à avoir du succès hors d'Allemagne. Les robes sont maintenant de couleurs beaucoup plus variées ; la robe d'un orange profond est particulièrement appréciée. Depuis la fin du siècle dernier, le Spitz nain a connu une popularité croissante à cause de sa petite taille. Il est aujourd'hui répandu un peu partout dans le monde.

**Tempérament.** Très loyal, mais méfiant envers les étrangers, le Spitz est un excellent chien de garde. Il est cependant calme et bien élevé.

**Particularités.** Sa robe luxuriante demande un brossage régulier. Il n'a besoin que de peu d'exercice.

## PRINCIPALES CARACTÉRISTIQUES *Spitz nain*

**Poids.** 2-2,5 kilos pour la femelle ; 1,8-2 kilos pour le mâle.

***Chiots de Spitz nain***
*Ces boules de poils aux yeux brillants de malice deviendront des adultes coquets et élégants.*

# Carlin

Ce charmant petit chien à l'air faussement grognon possède un excellent caractère. Sa beauté, plutôt déconcertante, réside dans les profondes rides de son front et dans la texture lisse et ferme de sa robe.

**Histoire.** Certains pensent que les ancêtres du Carlin étaient une variante à poil court du Pékinois ; pour d'autres, ce petit chien musclé est une réduction du Mastiff. Les premiers Carlins furent amenés d'Orient en Europe par des marchands hollandais. La race était établie en France dès l'époque de Henri II. La solidité et la franche inélégance de ce chien plurent à l'époque victorienne, ce qui lui valut une grande popularité au cours de la seconde moitié du XIX^e siècle. Aujourd'hui un peu oubliée, la race connaît cependant un regain de popularité.

**Tempérament.** Très affectueux. Le Carlin se dresse facilement.

**Particularités.** Sa robe n'exige que peu de soins. Le Carlin a besoin de beaucoup d'attention, mais il n'exige pas de longues promenades.

## PRINCIPALES CARACTÉRISTIQUES *Carlin*

**Poids.** 6,4-8,2 kilos.

**Queue** en spirale, de préférence double, sur le côté.

**Oreilles** petites, minces et retombant en avant.

**Yeux** ronds et proéminents, brun foncé.

**Tête** massive, sillonnée de rides profondes, de préférence accentuées par des poils noirs. Museau écrasé avec une truffe noire.

**Robe** courte et douce. Couleurs : argent, fauve-abricot ou noir. Le masque et les oreilles doivent être noirs.

**Corps.** Il doit donner une impression de force ramassée. Poitrine large et dos court.

# Terrier de Soie

Ce petit terrier australien est plein d'entrain et d'énergie.

**Histoire.** La race a hérité des traits de ses deux principaux ancêtres, l'Australian Terrier et le Yorkshire *(voir pp. 89 et 119),* que l'on fit se croiser vers le milieu du XIXe siècle. La race se fixa par la suite, surtout grâce aux éleveurs de Sydney, en Australie. Comme pour le Terrier Norwich *(voir p. 97),* il en existait deux variétés à oreilles droites et à oreilles tombantes. Cette dernière fut cependant exclue du standard par la suite et, contrairement au Terrier Norfolk *(voir p. 96),* elle n'est pas reconnue comme race distincte. Très apprécié en Australie, le Terrier de Soie a fait une timide apparition aux États-Unis après la Seconde Guerre mondiale, et il est encore pratiquement inconnu en France.

**Tempérament.** Ce chien vif et au caractère affirmé demande beaucoup d'attention.

**Particularités.** Le Terrier de Soie ne reste presque jamais tranquille et il a besoin de prendre régulièrement de l'exercice. Il faut fréquemment brosser sa longue robe pour éviter la formation de bourre.

## PRINCIPALES CARACTÉRISTIQUES *Terrier de Soie*

**Taille.** Environ 23 cm.

# Yorkshire-Terrier

Ce terrier miniature possède un caractère aussi affirmé que ses cousins de plus grande taille.

**Histoire.** Le Yorkshire-Terrier est né vers le milieu du XIXe siècle dans les régions industrielles du nord de l'Angleterre. C'était le compagnon favori des ouvriers qui n'auraient pu loger chez eux un chien de plus grande taille. Ses ancêtres sont probablement l'ancien Black-and-Tan Terrier, le Bichon maltais *(voir p. 113)* et le Clydesdale-Terrier, aujourd'hui disparu. Peu à peu, le Yorkshire-Terrier prit les proportions réduites qu'on lui connaît aujourd'hui. Il fit sa première apparition à une exposition canine en Angleterre en 1860, et il occupe aujourd'hui une place de choix dans de nombreux pays.

**Tempérament.** Plutôt dominant, malgré sa petite taille ; c'est un très bon chien de garde.

**Particularités.** Il faut brosser fréquemment sa robe longue et soyeuse pour éviter la formation de nœuds.

## PRINCIPALES CARACTÉRISTIQUES *Yorkshire-Terrier*

**Poids.** 3,2 kilos au maximum.

# 4

# CHOISIR SON CHIEN

Il existe une infinie variété de chiens, tous plus différents les uns que les autres, tant par leurs formes extérieures que par leur tempérament. Le choix d'un chien doit être mûrement réfléchi. Voulez-vous un chiot ou un chien adulte, un mâle ou une femelle, un chien de grande taille ou un animal de salon, un chien de race ou un bâtard ? Peut-être cherchez-vous un chien de garde, un chien de chasse, ou bien même un chien d'exposition ? L'animal tiendra-t-il compagnie à une personne âgée ou sera-t-il compagnon de jeux de vos enfants ? Aurez-vous le temps de promener ce chien athlétique ? Aurez-vous le goût de brosser fréquemment la robe de cette charmante petite boule de poils ? Vous serez responsable de l'animal que vous prendrez comme compagnon. Mieux vaut donc choisir une race qui convienne à votre style de vie, en vous inspirant des indications données dans les chapitres « Les races » *(voir p. 42 à 119)*, « Vie quotidienne, éducation et dressage » *(voir p. 142 à 159)* et « La toilette » *(voir p. 172 à 183)*.

# Comment faire un bon choix

La longue association de l'homme et du chien est en fait le prolongement des liens sociaux que nous maintenons avec nos semblables. Les rapports humains reposent sur des « signes sociaux » – l'expression du visage, le regard et la voix, les attitudes du corps, le contact apaisant d'une main. Ces mêmes signes se retrouvent dans les rapports que l'homme entretient avec ses animaux familiers.

**Pourquoi un chien ?**

Le chien a besoin de l'homme et il se plaît en sa compagnie. Il se comporte souvent comme un enfant et dépend de son propriétaire sa vie durant. Mais il vous paie de retour. Les médecins savent bien que caresser un chien diminue le stress et fait baisser la tension. Votre chien fait partie de votre famille : tour à tour ami, protecteur, compagnon, réconfort, clown à l'occasion.

**Quelle sorte de chien ?**

Il est sage d'assortir votre style de vie et vos goûts au tempérament et aux besoins de votre chien. La personnalité de l'animal est un point fondamental *(voir p. 50 à 119 pour les tempéraments des différentes races).* Voulez-vous un garde, un berger, un chasseur ? Mais bien d'autres critères interviennent : l'âge, la taille, le sexe. Voulez-vous un chien de race ou un bâtard ?

**L'âge**

C'est naturellement l'une des questions qu'il faut régler en premier. Un chiot est une créature délicieuse, particulièrement si vous avez de jeunes enfants, mais un chien plus âgé constitue parfois un meilleur choix.

Si vous cherchez un bon compagnon et si vous voulez vous promener avec lui tout de suite, un jeune chien adulte vous conviendra peut-être mieux. Les

*L'amateur de chiens de race n'a que l'embarras du choix, comme le montre cette joyeuse troupe.*

personnes âgées trouvent parfois que les chiots sont trop bruyants, alors qu'elles sauront prodiguer toute leur affection à un chien adulte qui n'a plus de maître.

*Chiots*

Si vous choisissez un chiot, quelqu'un doit rester à la maison toute la journée ou y revenir fréquemment. Il vous faudra lui consacrer du temps, à la fois pour établir un bon rapport avec lui et pour qu'il puisse apprendre à être propre. Le jeune chiot que l'on éloigne de sa mère subit un choc ; s'il est souvent ou longtemps séparé de vous, il en souffrira.

*Adultes*

Si vous choisissez un chien plus âgé, assurez-vous qu'il a appris à être propre, ce qui n'est pas le cas de tous les chiens qui sont restés longtemps dans un chenil. Cherchez à savoir pourquoi ce chien a besoin d'un foyer : est-il nerveux, agressif ou sale ? Armez-vous de patience et, à nouveau, ne le laissez pas seul trop longtemps.

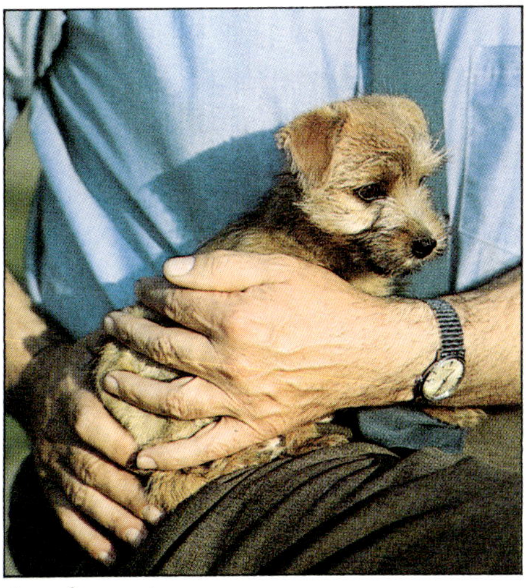

***Attachement***
*Votre chiot dépendra de vous pour sa nourriture, l'affection et la compagnie dont il a besoin. Il vous en paiera de retour.*

**La taille**

La taille est un critère important. Les gros chiens font peur aux intrus, mais ils peuvent peser très lourd sur votre portefeuille ! Une fois grands, ils ont besoin de prendre beaucoup d'exercice. De toute évidence, ils ne sont pas faits pour vivre en appartement, et il leur faut de grands espaces. Il n'est pas toujours sans danger de promener un chien tard la nuit en pleine ville, et vos bonnes résolutions pourraient bien s'estomper avec le temps.

Un gros chien maladroit dans ses embrassades peut renverser un petit enfant ou une personne âgée. Mais la plupart de ces géants sont doux comme des agneaux, particulièrement avec les enfants.

Les petits chiens de salon demandent beaucoup moins d'exercice : un jardin leur suffit, surtout s'ils sont deux. Mais attention aux enfants ! Ces chiens ont des os fins et fragiles, et un enfant risque de leur faire très mal sans le vouloir.

*Longévité*

Habituellement, les chiens de grande taille vieillissent plus vite que les autres. Un Dogue allemand, par exemple, est déjà relativement vieux à 8 ou 9 ans et peu d'entre eux dépasseront 12 ans. Quelques Labradors vivent 14 ans ou plus, alors que certains Terriers dépasseront l'âge de 20 ans ! Les races naines vivent ordinairement moins longtemps que les petits chiens « ordinaires ».

*Les excréments*

Inutile de se voiler la face, les excréments de chiens sont une plaie. Les gros chiens mangent beaucoup et produisent des excréments en quantité proportionnelle. Vous pouvez les brûler ou les enterrer dans votre jardin, mais ils disparaîtront moins facilement sur un trottoir. Pensez-y quand vous déciderez de la taille de votre chien.

## Mâle ou femelle ?

La décision n'est pas toujours facile à prendre, car les deux sexes ont leurs avantages et leurs inconvénients. On dit souvent que les femelles demandent plus d'attention que les mâles. Elles sont aussi plus faciles à dresser et forment avec leurs maîtres des liens durables. Leur principal inconvénient est qu'elles sont en chaleur tous les 6 mois. Pendant cette période, elles attirent les mâles, et certaines cherchent alors désespérément à s'échapper. Les pertes sont parfois gênantes, et certaines chiennes sont sujettes aux grossesses nerveuses *(voir pp. 189 et 261)*. La solution est de recourir à la stérilisation chirurgicale, une opération coûteuse. Mais si l'idée de voir naître chez vous de petits chiots vous séduit, choisissez une femelle.

Les partisans des mâles affirment qu'ils sont de tempérament plus stable que les femelles. Mais le mâle se mettra certainement en chasse s'il sent une femelle en chaleur dans le voisinage, ce qui ne va pas sans poser de problèmes pour les maîtres du chien et de la chienne. Plus dominants, ils sont parfois plus difficiles à dresser et auront peut-être davantage tendance à contester votre autorité. On dit qu'ils ont plus de caractère : c'est en partie vrai, et il est certain que le chien mâle aime se pavaner comme un paon !

Lorsqu'un mâle devient trop agressif ou trop vagabond, il faut parfois le faire castrer, opération dont les chances de succès sont variables. Cependant, il ne faut jamais castrer un chien pour de simples raisons de commodité.

## Bâtard ou chien de race ?

Le mot « bâtard » évoque malheureusement l'image d'un chien famélique qui fouille dans les poubelles. En fait, le mot désigne tout simplement un chien issu du croisement de deux chiens dont l'un au moins est de race. Si les origines du chien sont indéfinissables, ce n'est pas un « bâtard » à proprement parler, mais un « corniaud ». Bâtards et corniauds ont plus d'un point en leur faveur : ils sont beaucoup moins sujets aux maladies héréditaires que les chiens de race et ils semblent mieux résister aux affections bénignes. Mais ils ont besoin d'autant de soins et d'affection que le plus coûteux des chiens de race.

Bien entendu, il est moins facile dans leur cas de prévoir le tempérament et l'allure du chien adulte. Si possible, examinez la mère et sa portée pour vous faire une meilleure idée de ce que pourrait devenir votre chiot. Avec le tact qui s'impose, posez quelques questions sur le père. Même si cette union ne fut qu'une passade, les propriétaires de la femelle le connaîtront peut-être.

Certains éleveurs pratiquent volontairement des croisements entre chiens de race. Mais certaines chiennes au

***Un bâtard***
*Ce « sang mêlé » aux yeux vifs et pleins de gaieté est un excellent animal familier, même s'il n'est pas de race.*

long pedigree ont un caractère plus que volage et semblent vouloir s'accoupler à n'importe quel mâle, pourvu qu'il n'appartienne pas à leur race ! Les rejetons de ces unions, les véritables bâtards, échappent souvent aux maladies héréditaires tout en conservant un aspect et un tempérament relativement prévisibles. Mais ce n'est pas toujours le cas, et certains chiots bâtards héritent parfois des pires traits de leurs deux parents.

Les bâtards de Collie et de Labrador sont particulièrement courants. Ce sont généralement des chiens attachants et heureux, très énergiques lorsqu'ils sont jeunes.

Quant au chien de race, il n'est pas difficile à défendre. Il a, en effet, été très soigneusement sélectionné en fonction de certains critères. Une fois choisie la race qui vous plaît, il suffit de savoir quelle sera sa taille à l'âge adulte, son tempérament et ses besoins particuliers en ce qui concerne l'alimentation, l'exercice et le toilettage.

A côté des bâtards et des corniauds, il existe aussi des types assez bien définis mais qui n'ont pas reçu la sanction d'une homologation internationale. C'est le cas par exemple du Jack Russell-Terrier, du Heeler et du Lurcher.

***Compagnon de jeux***
*De nombreux chiens adorent jouer avec les enfants. Le Lurcher, très rapide à la course, sera un très agréable compagnon.*

## LE CHOIX ET L'ACHAT D'UN CHIEN DE RACE

Ce n'est pas simplement une question de goût personnel. Il faut aussi tenir compte des réalités pratiques. Ne vous contentez pas d'une photo pour vous décider. Étudiez les besoins particuliers de la race qui vous intéresse.
Quels soins demandera votre chien ? Les races à poil long nécessitent généralement un brossage fréquent, mais les races à poil court ont elles aussi leurs inconvénients. Par exemple, la mue du Labrador est souvent longue et, si le vôtre est noir et votre moquette beige clair... Ne sous-estimez pas les tares héréditaires de certaines races. Renseignez-vous pour prendre une décision rationnelle et pour poser les bonnes questions aux éleveurs. Demandez à votre vétérinaire quelles sont les particularités des souches locales. Un éleveur qui vous informe que tous ses chiens passent avec succès un examen radiographique ne vous dit pas la même chose que celui qui vous garantit que ses chiens ne sont pas sujets à la dysplasie de la hanche. Demandez qu'on vous présente les certificats de bonne santé, là ou ce système existe. Si l'éleveur se fait tirer l'oreille, demandez-lui s'il voit un inconvénient à ce que vous parliez à son vétérinaire, vous pourriez éviter ainsi quelques déconvenues.

Prenez toutes vos informations avant de voir les chiots ! Un regard et leurs yeux pétillants de malice vous auront convaincu, surtout si des enfants vous accompagnent. Prenez au préalable toutes les précautions possibles pour vous assurer que votre chiot ne souffre pas d'une anomalie congénitale.

# Un bon chiot

Vous avez trouvé un éleveur qui est prêt à vous vendre un chiot de la bonne race et du bon sexe. Il vous faut voir la portée pour choisir votre chiot. Bien souvent, les bons éleveurs voudront vous rencontrer eux aussi !

Généralement, on ne vous laissera pas voir des chiots de moins de 4 semaines, et encore moins les toucher pour ne pas perturber la mère. Regardez les chiots jouer. Voyez comment ils se comportent entre eux et avec vous. N'oubliez pas que celui-ci, profondément endormi dans son coin, courait peut-être à toutes jambes il y a quelques minutes à peine. Chacun d'eux a une personnalité. Préférez-vous ce chiot sage qui ne demande qu'à être caressé, ou ce turbulent luron qui sort de sa boîte pour voir ce qui se passe ?

Dans le cas des chiens de garde, évitez les chiots hardis, à moins d'être sûr de vous et d'avoir une longue expérience de ces races : ils pourraient bien contester votre autorité plus tard. Évitez aussi les chiots trop sensibles qui, devenus chiens de garde, pourraient être agressifs à cause de leur nervosité. Pour une race comme le Berger allemand ou le Doberman, vous donnerez la préférence aux rejetons d'une mère calme mais sûre d'elle-même.

**Les chiens d'exposition**

Il arrive qu'un chien d'exposition « sorte du rang ». Mais, le plus souvent, vous n'obtenez que ce que vous payez. Si vous voulez un véritable chien d'exposition, il vous faudra débourser beaucoup plus que pour un simple chien de compagnie. Vous devrez peut-être attendre que le chiot ait 6 mois pour l'avoir et, si l'éleveur est disposé à vous remettre un bon spécimen d'exposition à l'âge de 6 mois,

## OÙ TROUVER UN CHIOT ?

Vous voulez un chien, vous avez choisi une race, vous avez décidé du sexe et vous avez opté pour un chiot... Et maintenant ?

- Renseignez-vous sur la race et sur ses tares héréditaires éventuelles. Adressez-vous au club de la race afin de savoir s'il existe un programme pour l'élimination de ces tares. Demandez la liste des éleveurs qui y participent.
- Procurez-vous des revues spécialisées. Vous y trouverez des noms d'éleveurs et des informations sur les expositions canines.
- Consultez les agences qui mettent le public en rapport avec les éleveurs. Il existe également des annuaires spécialisés.
- Demandez à votre vétérinaire s'il peut vous faire des suggestions.
- Allez voir des expositions canines pour vous faire une meilleure idée de la race et pour parler aux éleveurs des problèmes éventuels.
- Évitez les animaleries et les marchands de chiots. Le plus souvent, ils vous proposent des chiots d'éleveurs plus ou moins amateurs qui ne gardent pas toujours les mères dans de bonnes conditions. Souvent, ces chiots ont souffert d'un trop long voyage.
- Et, surtout, ne vous décidez pas sur un coup de tête. Le chien que vous allez choisir sera votre compagnon et celui de votre famille pendant au moins 10 ans. Mieux vaut ne pas le choisir à la légère !

vous devrez payer aussi pour ce privilège.

Même les éleveurs expérimentés ont parfois du mal à savoir si un jeune chiot se distinguera plus tard du lot, lors des expositions canines. La plupart disent qu'on peut s'en faire une bonne idée vers l'âge de 3 semaines. Après quoi le chiot fait une poussée de croissance et présente plutôt mal jusque vers l'âge de 12 semaines. Un chien qui affichait toutes les qualités voulues est parfois gâté à 4 ou 5 mois pour l'exposition, parce que ses dents ont mal poussé et qu'il n'a plus la bonne mâchoire. (Pour l'âge auquel il est préférable de se procurer un chiot, voir p. 138.) La plupart des races s'adaptent mieux à un nouveau foyer vers 6 ou 7 semaines, mais si vous achetez un chien d'exposition à cet âge, vous faites un pari sur votre propre jugement ainsi que sur le jugement et l'honnêteté de l'éleveur. L'expérience de l'éleveur est capitale, et vous ne pouvez en fait vous fier vraiment qu'à un éleveur qui a déjà remporté des succès avec la race que vous avez choisie.

Si vous pensez élever des chiens pour l'exposition, achetez une femelle, mais attendez-vous à payer un prix plus élevé. Les mâles utilisés pour la reproduction sont relativement peu nombreux et ils doivent présenter des qualités exceptionnelles.

***Chiots de Jack Russell***
*Avant de vous décider, regardez quelque temps les chiots jouer ensemble. Leurs frasques vous éclaireront sur leur personnalité.*

### UN CHIOT EN PLEINE FORME

Comment savoir si un chiot est en bonne santé ?

- Les yeux sont vifs et brillants, sans écoulement ni cataracte.
- La peau et les oreilles sont propres et dégagent une odeur agréable.
- Les excréments sont bien formés.
- Les dents sont bien alignées et le chiot a le nombre voulu de dents pour son âge.
- Si c'est un mâle, il doit avoir deux testicules.
- Le corps est bien proportionné. A cet égard, il est utile d'avoir déjà vu des adultes pour savoir distinguer le chiot dégingandé du chien maigrichon.
- Un chiot en bonne santé est souvent plus lourd qu'il ne paraît, mais il ne doit pas être gras.

### LE JEUNE CHIEN ADULTE

Vous avez décidé qu'un jeune chien adulte correspond mieux à vos besoins. Où vous en procurer un ?

- Certains vétérinaires peuvent vous offrir, un chien perdu ou un chien dont le maître ne veut plus.
- A une association locale pour la protection des animaux.
- Les éleveurs disposent parfois de jeunes chiens qu'ils réservent pour les expositions canines, mais qui n'ont pas « tourné » comme ils l'auraient voulu.
- Les éleveurs peuvent aussi chercher à placer des chiennes qu'ils n'utilisent plus pour la reproduction.
- Les clubs de race ont généralement un service de « sauvetage » pour les chiens de la race dont ils s'occupent.

# 5

# LES SOINS DU CHIOT

Dès sa naissance, le chiot évolue et se développe, de jour en jour, de semaine en semaine. Que vous vous occupiez des petits que vous a donnés votre chienne ou que vous preniez soin d'un nouveau petit compagnon, cette période vous réserve des moments délicieux. C'est l'époque où il découvre le monde, où il se fait des amis, où il apprend à jouer, à aboyer, à explorer et à manger des aliments solides. Ce chapitre vous donnera des conseils pratiques sur les soins qu'il faut prodiguer aux chiots. L'arrivée du chiot chez vous est un moment particulièrement important. Assurez-vous que le petit animal ne risque rien dans votre maison ni dans votre jardin. L'éducation de base est traitée dans le chapitre « Vie quotidienne, éducation et dressage » *(voir p. 142 à 159)*, les problèmes de comportement au chapitre « Comprendre son chien » *(voir p. 210 à 225)*.

# Le chiot nouveau-né

Dans une portée normale, chaque chiot nouveau-né commence à téter peu de temps après la naissance. Pendant un ou deux jours, le premier lait de sa mère (« colostrum ») lui procure les anticorps dont il aura besoin pendant les six à dix premières semaines. La plupart des chiots tètent leur mère pendant quelques semaines, mais il faut s'assurer que toute la portée tète convenablement. Après, c'est à vous de décider du moment où le chiot commencera à manger des aliments solides *(voir p. 132)*. La mère s'occupe de nettoyer les chiots et elle fait disparaître les excréments, mais n'oubliez pas de changer régulièrement le papier journal de la boîte.

A la naissance, les chiots sont sourds et aveugles. Leurs yeux s'ouvrent vers dix à quatorze jours, mais n'accommodent convenablement que sept jours plus tard. L'ouïe commence à fonctionner lorsque les canaux de l'oreille s'ouvrent entre le treizième et le dix-septième jour.

*Coupe des ongles*

Il vous faudra peut-être tailler les ongles des chiots entre le quatorzième et le vingt et unième jour, pour qu'ils ne griffent pas le ventre de la mère. Servez-vous de ciseaux à ongles pour bébé.

**Sommeil et repos**

Tout comme les bébés, les chiots ont un incroyable besoin de sommeil. Un chiot bien nourri ne fait guère autre chose que dormir et téter pendant sa première semaine. Après, il devient plus actif et, vers trois semaines, il se met à explorer sa boîte sur ses pattes vacillantes. Jusque vers la douzième ou la quatorzième semaine, vous remarquerez que des périodes d'activité fébrile sont suivies de périodes de sommeil presque comateux.

**Bien au chaud**

La température est une chose qu'il vous faudra surveiller de très près. Dans l'utérus, les chiots se développent à 38,5 degrés. Même si la température de la mère baisse juste avant qu'elle mette bas, l'arrivée au monde des chiots tout mouillés constitue pour eux un choc. Ils se refroidissent facilement sans qu'il n'y paraisse rien. Quarante-huit heures plus tard, ils risquent de

***La boîte***
*La mère doit quitter la boîte régulièrement pour se nourrir et faire ses besoins, mais les chiots doivent y rester au moins les quatre premières semaines. Lorsqu'ils seront prêts à s'aventurer dehors, ils le feront d'eux-mêmes ! Il faudra alors faire un petit enclos autour de la boîte. S'il fait beau, vous pourrez les installer quelque temps dehors avec leur boîte et leur enclos.*

## COMMENT RÉCHAUFFER UN CHIOT

**Pour la pièce**
- Radiateur d'appoint.

**Pour la litière**
- Bouillotte bien enroulée dans une serviette.
- Coussin chauffant placé sous la litière.
- Lampe à infrarouge.

**Attention**
- Les chiots ne doivent pas être en contact avec les coussins chauffants.
- Les lampes à infrarouge ne doivent pas être trop rapprochées des chiots.

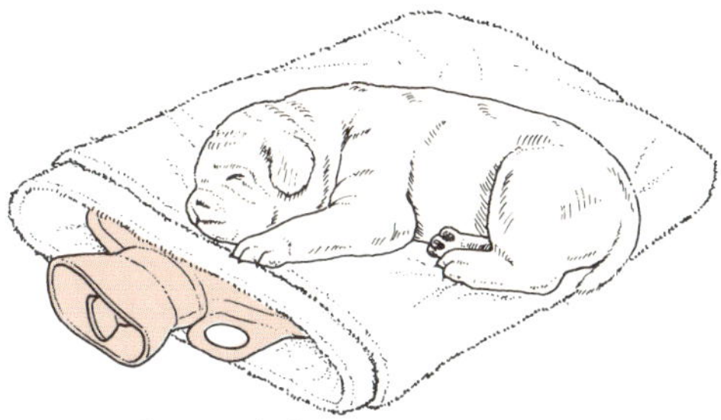

**Une douce chaleur**
*La bouillotte est un moyen économique de réchauffer le chiot nouveau-né. Changez l'eau et enroulez la bouillotte dans une serviette.*

contracter une affection à laquelle ils ne pourront résister.

Les chiots nouveau-nés ne peuvent pas frissonner suffisamment et, avant le dixième jour, ils ne peuvent hérisser leurs poils pour y emprisonner une couche d'air isolante. Leur régulation thermique est donc très médiocre et leur température monte ou descend avec celle de l'air qui les entoure. Leur thermorégulation s'améliore au bout de six ou sept jours, mais elle n'est pas vraiment efficace avant quatre semaines. Vous devez donc prévoir une source de chaleur pour les deux premières semaines au moins, même si les chiots restent dans la boîte de leur mère, et plus longtemps s'ils sont seuls.

Maintenez la pièce à une température d'environ 30-33 degrés. (Vous pouvez aussi maintenir la pièce à une température d'au moins 21 degrés et prévoir une source de chaleur supplémentaire pour la litière.) Vous laisserez ensuite la température de la pièce descendre de trois degrés tous les quinze jours jusqu'à ce qu'elle retrouve son niveau normal. Si vous avez choisi la méthode de la source de chaleur supplémentaire, soyez prudent : la thermorégulation du chiot étant très peu efficace, il peut aisément se brûler s'il reçoit directement de la chaleur sur une partie du corps sans qu'elle puisse se dissiper convenablement.

**Le chiot à problèmes**

Le chiot en bonne santé est sec, chaud et plein ; sa peau est normalement tendue. Dès que vous le prenez, il se met à gigoter. Un chiot affaibli est souvent moite et mou. Sa peau n'est pas suffisamment élastique et forme un « pic » si vous la pincez. Une portée de chiens heureux et en bonne santé se remarque à ce que les chiots murmurent doucement et poussent de petits cris lorsqu'ils ont faim ou lorsqu'ils tètent. Les chiots faibles ne trouvent pas leurs aises : ils rampent un peu partout et poussent de petits gémissements plaintifs, puis ils finissent par s'installer passivement dans un coin de la boîte. Assurez-vous que tous les chiots reçoivent du lait. Il arrive qu'un chiot manque plusieurs tétées et devienne trop faible pour se nourrir. Il faudra alors sans doute le retirer de la boîte et le nourrir au biberon *(voir p. 134).* Consultez votre vétérinaire.

# Alimentation et sevrage

Si tout va bien, les chiots doivent téter joyeusement leur mère jusqu'à l'âge de trois ou cinq semaines. C'est vers cette époque, alors que le lait de la mère est encore abondant, que vous pouvez commencer à compléter leur alimentation en leur apprenant à laper dans une soucoupe. Vous éviterez ainsi un ralentissement de leur croissance et vous faciliterez également la transition pour la mère, qui produira de moins en moins de lait.

**Le sevrage des chiots**

Pour commencer le sevrage, faites un mélange très liquide de céréales pour bébé et de lait de vache tiède. Mettez-en un peu dans la bouche de chaque chiot avec le doigt ou avec le manche d'une cuillère à café. Plus tard, laissez la bouillie dans la litière, dans des soucoupes que vous remplirez deux fois par jour. La première semaine, les chiots se vautreront dedans et il faudra les essuyer, car le lait ou les aliments qui resteraient sur la peau pourraient provoquer une dermatite ou la chute des poils. D'ordinaire, il faut éloigner la mère pendant les repas pour qu'elle ne gêne pas ses chiots. Lorsqu'ils auront appris à laper et à se nourrir dans leur soucoupe, vous pourrez les nourrir trois ou quatre fois par jour en ajoutant progressivement un peu de viande.

Le premier aliment solide traditionnel – du bœuf à ragoût de première qualité en purée – n'est pas idéal, car il est pauvre en calcium. Si vous voulez utiliser de la viande fraîche, vous devrez y ajouter du calcium sous forme de poudre d'os. Pour préparer la viande, posez-la à plat et grattez-la fermement avec une lame de couteau pour en faire une sorte de purée. Vers l'âge de trois semaines, vous pourrez donner au chiot du bœuf cru haché, avec de la poudre d'os.

Vous pouvez aussi utiliser des aliments spéciaux en petits pots. Même les conserves pour chiens adultes entièrement à base de viande sont mieux équilibrées que la viande fraîche, mais il faut quand même y ajouter un peu

***Le début du sevrage***
*Vers le milieu de la troisième semaine, commencez par présenter au chiot un peu de céréales pour bébé délayées dans du lait, deux fois par jour. Les chiots continueront probablement à téter leur mère pendant encore quelques semaines. N'oubliez pas de bien les nettoyer après chaque repas. Lorsque tous lapent bien leur bouillie de céréales, présentez-leur un peu de viande et des biscottes.*

de poudre d'os. Les chiots absorberont plus facilement la viande en conserve si vous la délayez à la fourchette dans dix volumes d'eau chaude.

Augmentez progressivement les rations. Les chiots doivent se nourrir plus fréquemment que les chiens adultes, pour la même raison que nos bébés : leur croissance est extrêmement rapide. Les besoins caloriques du chiot, toutes proportions gardées, sont quatre fois plus grands que ceux d'un chien adulte. Ne précipitez pas le sevrage si les chiots tètent allègrement et si la mère leur donne encore assez de lait. Mais si le sevrage n'est pas accompli vers la cinquième semaine, il faut alors le commencer très sérieusement et donner de la viande à la portée *(voir à gauche)*. En général, les chiots ne devraient pratiquement plus téter vers la sixième semaine.

REPAS (DE 7 À 12 SEMAINES)

| | |
|---|---|
| Lait et céréales | Le matin |
| Viande, biscottes | A midi |
| Viande, biscottes | L'après-midi |
| Lait et créréales | Le soir |

**Des habitudes d'adultes**
Vers la douzième semaine, le chiot cesse généralement de s'intéresser à un de ses repas. Supprimez alors un des repas à base de lait. Vous continuerez à lui donner à manger trois fois par jour jusque vers le sixième mois, puis deux fois par jour jusque vers le neuvième mois. Par la suite, tout dépendra des circonstances et aussi de votre chien. En général, il est préférable de donner deux repas par jour aux chiens de très petite taille.

**Un bon départ**
Ne laissez pas vos chiots devenir capricieux. Présentez-leur la nourriture et laissez-les se nourrir tranquillement. Mais ne vous contentez pas de poser une assiette en espérant que le chiot la trouvera tout seul. Attendez de vingt à trente minutes, puis ramassez l'assiette. Vous pourrez parfois couvrir les restes, les mettre au réfrigérateur et les présenter au repas suivant, peut-être avec un peu de sauce ou de bouillon. A nouveau, ramassez l'assiette au bout de vingt à trente minutes pour éviter que la nourriture ne sèche et perde son goût. Pour d'autres conseils sur l'alimentation, voir pp. 170-171.

## LE SEVRAGE DES CHIOTS NOURRIS AU BIBERON

La méthode est la même que pour les autres chiots, mais le sevrage commence vers l'âge de deux semaines et demie. Commencez par encourager les chiots à laper. Dès qu'ils savent le faire, présentez-leur de la viande. Les chiots élevés au biberon apprennent généralement à laper plusieurs jours avant les autres, ce qui vous facilitera la vie. Mais assurez-vous qu'ils se nourrissent suffisamment et que leur croissance se poursuit normalement.

***Chiot élevé au biberon***
*Ce chiot sait maintenant manger seul.*

# L'allaitement au biberon

En général, les chiots nouveau-nés n'ont pas besoin de vous pour se nourrir. La mère s'en occupe toute seule. Mais ce n'est pas toujours le cas, et vous devrez parfois prendre soin d'un chiot, ou même de toute une portée, dès la naissance. Il vous faudra les nourrir au biberon, stimuler leurs fonctions naturelles et, parfois, les réchauffer *(voir p. 130).* Les chiots qui ont besoin de ces soins sont orphelins, trop faibles, malades, prématurés, rejetés par la mère ou incapables de se nourrir par eux-mêmes. Un vétérinaire pourra parfois vous proposer une mère adoptive pour des chiots orphelins.

**Alimentation des chiots en bonne santé**
Si les chiots sont vigoureux, vous pouvez commencer immédiatement à leur donner un succédané de lait maternel (renseignez-vous auprès de votre vétérinaire). Délayez la poudre au mixeur pour éviter les grumeaux. Faites une nouvelle provision tous les jours et gardez-la au réfrigérateur. Servez-la à environ 38 degrés. (Pour le sevrage des chiots élevés au biberon, voir p. 133.) Vous pouvez aussi utiliser la formule suivante.

**ALLAITEMENT DU CHIOT**

| Ingrédient | Quantité |
|---|---|
| Lait entier | 800 ml |
| Crème de lait | 200 ml |
| Jaune d'œuf | 1 |
| Poudre d'os stérilisée | 6 g |
| Poudre d'acide citrique | 4 g |
| Vitamines pédiatriques | 2-3 gouttes |

## L'ALIMENTATION AU BIBERON

Munissez-vous d'un biberon avant que votre chienne ne mette bas, à tout hasard. Procurez-vous un biberon spécial, ou encore un biberon pour bébé prématuré. Évitez les compte-gouttes, qui font absorber de l'air. Les chiots nouveau-nés doivent être nourris toutes les deux heures au début, puis toutes les trois heures.

**1** Stérilisez le biberon. Délayez le mélange. Versez-le dans le biberon et portez-le à environ 38 degrés en le plongeant dans de l'eau bouillante.

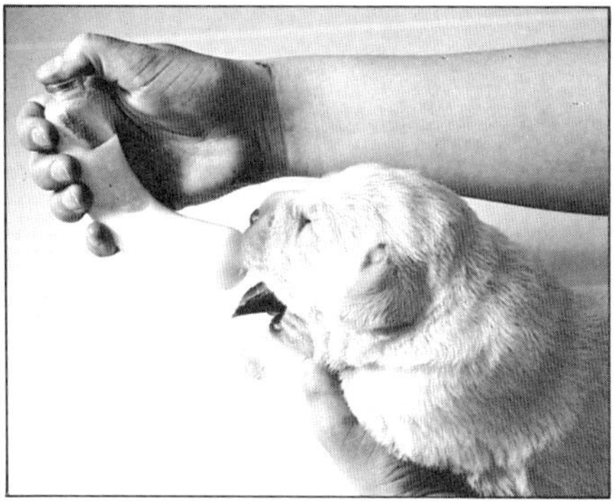

**2** Tenez le chiot en lui soutenant la cage thoracique et introduisez la tétine dans sa bouche. Laissez ses pattes bouger librement quand il tète.

**Alimentation du chiot affaibli**
Les succédanés de lait maternel sont parfois trop riches pour les chiots affaiblis. Donnez-leur du lait de vache dilué dans un tiers d'eau, en y ajoutant 10 grammes de sucre pour un demi-litre. Pour compenser l'absence des vitamines du colostrum (premier lait de la mère), ajoutez deux gouttes de mélange vitaminé pédiatrique pour un demi-litre.

Portez le mélange à 38 degrés environ et nourrissez le chiot au moins toutes les deux heures (toutes les demi-heures si le chiot est très faible).

Le chiot qui ne s'alimente pas dépérit rapidement et meurt. Essayez de lui faire ingurgiter un peu de lait. Si vous n'y parvenez pas au bout de deux heures, consultez le vétérinaire, qui saura l'alimenter.

**Fonctions urinaires et intestinales**
Chaque fois que vous alimentez les chiots, vous devez reproduire les gestes normaux de la mère qui lécherait ses petits et s'occuperait de nettoyer leur urine et leurs excréments. Essuyez le museau de chaque chiot et le lait qui a pu tomber sur la fourrure. Il faut aussi stimuler les fonctions intestinales et urinaires du nouveau-né et du jeune chiot.

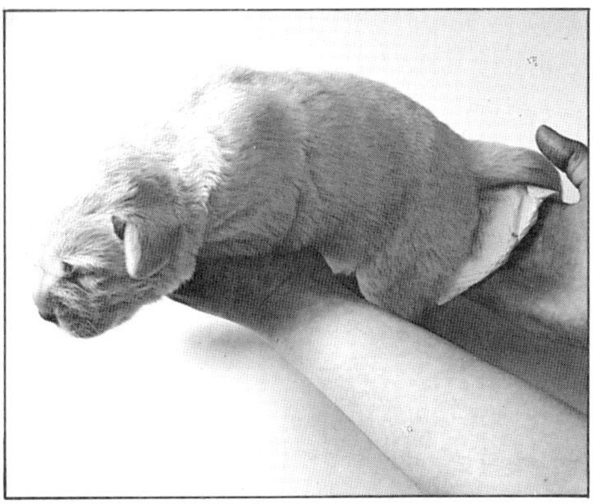

***Stimuler les fonctions naturelles***
*Après la tétée, massez doucement l'abdomen et la région de l'anus avec un chiffon humide. Appliquez de la vaseline autour de l'anus.*

*Constipation*
L'allaitement artificiel constipe parfois les chiots. Pour y remédier, servez-vous d'un thermomètre pour introduire un peu de vaseline dans l'anus. Vous pouvez aussi ajouter une goutte d'huile de tournesol ou de paraffine dans le lait jusqu'à ce que les fonctions du chiot redeviennent normales. S'il n'y a pas de réaction au bout de 24 heures, consultez le vétérinaire.

**LES CHIOTS ET LA MÈRE**

Vous vous demanderez peut-être s'il faut rendre à leur mère, entre les biberons, les chiots que vous élevez. La réponse n'est pas simple. Tout dépend de vos rapports avec la chienne et de ce que vous savez de ses réactions. Si elle est très tendue, la moindre intervention risque de l'inciter à rejeter totalement ses chiots. Si vous les touchez, elle peut se mettre à les lécher et à les mordiller frénétiquement, au point même de les tuer et de les manger. Si vous pensez qu'elle ne peut accepter un chiot affaibli, après un essai sous surveillance discrète, il est préférable de tenir le petit à l'écart. Par contre, certaines femelles nerveuses semblent apprécier qu'on s'occupe de leur portée. N'abusez jamais de cette confiance et souvenez-vous qu'il faut éviter de trop manipuler les jeunes chiots. Lorsque vous devez le faire, commencez par vous laver les mains sans savon (pour éviter les odeurs), puis caressez la mère avec les deux mains pour masquer votre propre odeur et ne pas la laisser sur les chiots. Dans les cas de chiots prématurés, il est préférable de les laisser avec la mère et de ne les sortir que pour les biberons. La présence des chiots stimule parfois la production de lait.

# Soins vétérinaires

Votre vétérinaire s'occupera de vacciner votre chiot. Il vous dira aussi tout ce que vous devez savoir sur les parasites, la dentition et les autres aspects de la santé de votre chiot.

**Parasites**

Presque tous les chiots ont des vers ronds « ascaris » que la mère leur transmet avant la naissance, et peut-être aussi par son lait. Il faut donc leur administrer régulièrement des vermifuges. Les vers sont alors normalement évacués dans les excréments. Les éleveurs administrent un premier vermifuge vers trois semaines, puis toutes les deux ou trois semaines. Votre vétérinaire vous indiquera ce qu'il faut faire. Il est préférable de continuer à administrer des vermifuges jusque vers la seizième semaine, puis à l'âge de six mois, et une fois encore à douze mois. (Pour les vers du chien adulte, voir pp. 250-251.)

**Vaccins**

Il faut protéger votre chiot contre plusieurs maladies dangereuses, parfois mortelles :

- La maladie de Carré.
- L'hépatite virale.
- La leptospirose (deux formes : digestive et rénale).
- Le parvovirus.
- La rage (dans certains départements).

Les premiers vaccins contre toutes ces maladies sont généralement donnés au chiot vers la huitième ou dixième semaine, parfois dès la sixième lorsque le risque est élevé. Le vaccin contre le parvovirus est parfois administré séparément. Pour plus de renseignements sur ces maladies, consultez le chapitre « La santé du chien » ; pour la rage, reportez-vous à la page 152.

Le tableau ci-contre propose un calendrier de vaccinations pour votre chiot, mais votre vétérinaire l'adaptera peut-être en fonction des conditions locales.

*Immunisation passive*

Certains chiots vendus par des éleveurs ont reçu un vaccin contre la rougeole qui les protège temporairement contre la maladie de Carré. Les sociétés de protection des animaux donnent parfois des injections d'antisérum qui procurent une immunité passive. Si vous élevez un chiot au biberon, votre vétérinaire décidera peut-être de lui donner une telle injection, car il est privé de l'immunité passive que procure le colostrum du lait de sa mère. *Ces injections ne remplacent en aucun cas un programme complet de vaccination.*

**Dentition**

Comme les bébés, les chiots n'ont pas de dents à la naissance. Les dents de lait, petites et aiguës, apparaissent entre trois et cinq semaines. Au cours du quatrième mois, les dents définitives poussent contre les racines des dents de lait et provoquent une légère inflammation de la gencive. Certains chiots deviennent nerveux, perdent l'appétit, salivent, et même vomissent. La plupart se mettent à mordiller des objets durs, ce qui facilite la chute des dents de lait et soulage la douleur.

*Anomalie*

Il arrive que les dents adultes ne parviennent pas à repousser les dents de lait, particulièrement chez les races naines. Si une dent de lait reste solidement en place alors que la dent adulte est à moitié sortie, consultez votre vétérinaire, qui décidera peut-être d'extraire la dent de lait.

## CAUDECTOMIE ET ABLATION DES ERGOTS

**Caudectomie.** L'amputation de la queue est un sujet controversé. Vous devrez prendre vous-même une décision si votre chiot appartient à une race dont le standard stipule que la queue doit être coupée. Le meilleur moment pour écourter la queue est entre le troisième et le cinquième jour. Plus tôt, les chiots risquent de subir un choc, et le sang du moignon déclenche parfois un réflexe meurtrier chez la mère. Les chiots plus âgés souffrent davantage et saignent plus. L'opération consiste à couper la queue à l'endroit voulu avec des ciseaux chirurgicaux, à arrêter l'hémorragie puis à recoudre la peau sur le moignon. Cette suture est cruciale chez certaines races pour éviter les cicatrices inesthétiques. L'opération est souvent pratiquée sans anesthésie, et les chiots peuvent souffrir.

**Ergots.** L'ablation des ergots se pratique entre le troisième et le cinquième jour. Plusieurs raisons la justifie. L'ergot n'étant pas en contact avec le sol, il ne s'use pas comme les autres ongles. Chez certains chiens, il décrit alors un arc et s'incarne. Chez les chiens de travail, les ergots risquent de s'accrocher dans les broussailles. Chez certaines races, les ergots sont simplement enlevés pour donner un aspect lisse aux membres. Le standard peut aussi prescrire l'extraction d'une paire d'ergots seulement.

## CALENDRIER DES SOINS VÉTÉRINAIRES DE VOTRE CHIOT

| | VACCINS | | DENTITION | VERMIFUGES |
|---|---|---|---|---|
| **Semaines** | **Sauf rage** | **Rage** | | |
| **1** | | | | |
| **2** | | | | Premier vermifuge |
| **3** | | | Canines temporaires. Incisives temporaires. Trois premières prémolaires temporaires | |
| **4** | | | | Deuxième vermifuge |
| **5** | Premier (risques élevés) | | | |
| **6** | | Deux injections espacées de deux à quatre semaines, dans les départements infestés | | |
| **7** | | | | |
| **8** | Premier (cas normaux) | | | Puis toutes les deux à trois semaines jusqu'à 16 semaines |
| **9** | | | | |
| **10** | | | | |
| **11** | | | | |
| **12** | Deuxième | | | |
| **Mois** | | | | |
| **4** | Troisième (parvovirus seulement) | | **4 mois.** Prémolaire permanente (carnassière). Quatrième prémolaire temporaire. Incisives (pinces et mitoyennes) permanentes. **5-6 mois.** Incisives (coins) permanentes. Canines permanentes. Trois premières prémolaires et premières molaires permanentes. **6-8 mois.** Deuxièmes molaires permanentes sur la mâchoire inférieure. | |
| **5** | | | | |
| **6** | | | | Vermifuge |
| **7** | | | | |
| **8** | | | | |
| **9** | | | | |
| **10** | | | | |
| **11** | | | | |
| **12** | | | | Vermifuge |

# Le chiot au foyer

A quel moment faut-il installer un chiot dans sa nouvelle maison ? Le problème est particulièrement épineux et risque fort d'opposer l'éleveur attentif et le nouveau maître, avide d'acquérir son petit chien. Il arrive aussi qu'un éleveur retarde la vente parce que tel chiot pourrait faire merveille aux expositions canines et se vendre beaucoup plus cher plus tard.

La sixième ou la septième semaine est le meilleur moment pour que le chiot fasse connaissance avec sa nouvelle famille. A partir de cet âge, plus ses contacts humains seront nombreux, meilleur sera son caractère. Les huitième et neuvième semaines correspondraient à la « période de frayeur » que l'on voit chez les bébés de huit mois, et il est généralement préférable d'éviter tout changement dans la vie du chiot à cet âge. Dans le cas des petites

## LA SÉCURITÉ DU CHIOT À LA MAISON ET AU JARDIN

Les maisons peuvent présenter des dangers pour les chiens, et particulièrement les jeunes chiots. Assurez-vous qu'aucun cordon électrique ne traîne à terre. Installez une barrière pour que votre animal ne risque pas de tomber dans l'escalier. Et même si cette visite d'inspection vous paraît un peu farfelue, faites le tour de chaque pièce à quatre pattes pour voir exactement ce que pourrait bien attraper un chiot curieux et turbulent ! Examinez le jardin pour être sûr que le chiot ne puisse en sortir. La grille est souvent un point faible : recouvrez-la de grillage. Vous devez aussi avoir la certitude qu'aucun chien ne pourra entrer de l'extérieur avant que votre chiot n'ait reçu tous ses vaccins. Si possible, faites un enclos dans le jardin où vous pourrez laisser

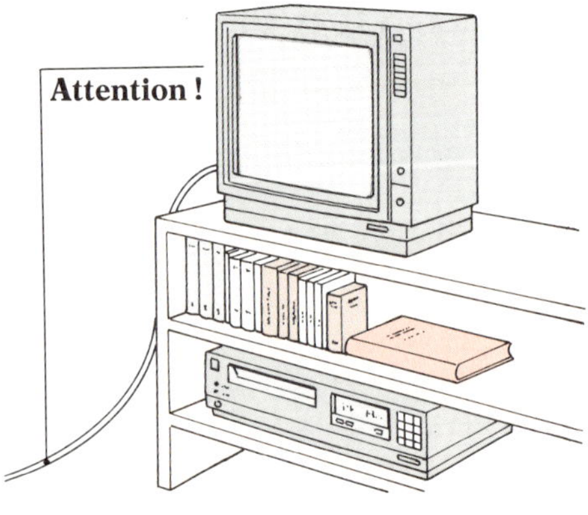


**Visite de la maison**
- Cordon électrique.
- Escaliers.
- Objets en saillie qui pourraient se prendre dans le collier du chiot.
- Tour des pièces à quatre pattes.

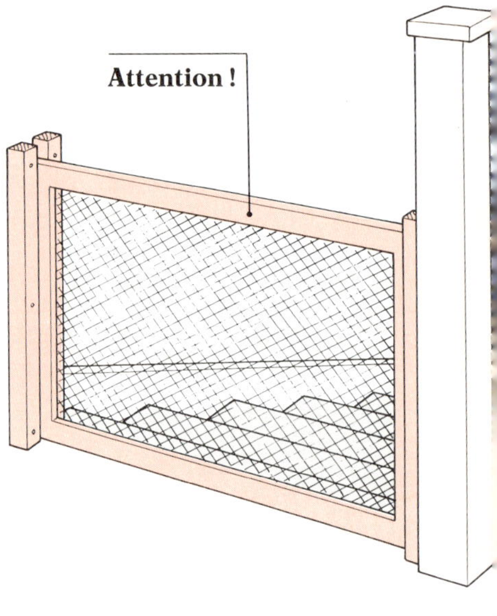

races, plus inquiètes, il est souvent préférable d'attendre dix semaines, surtout s'il y a de très jeunes enfants à la maison. Mais il n'existe pas de règles impératives et, si l'éleveur estime que le nouveau maître est raisonnable et le chiot bien adapté, le transfert peut parfaitement se faire durant la sixième ou la septième semaine.

Mais vous devez vous préparer à l'arrivée de votre nouveau compagnon. Vous devrez vous procurer son trousseau et vous assurer que le chiot ne courra aucun danger chez vous.

le chiot en toute sécurité. Il pourra d'ailleurs l'utiliser pour faire ses besoins. Visitez ensuite le garage et la remise pour mettre à l'écart les outils qui pourraient tomber sur le chiot, ainsi que les produits toxiques, par exemple les herbicides ou les raticides. Enfin, entourez d'une petite clôture les autres endroits dangereux, par exemple la piscine ou le bassin de poissons rouges.

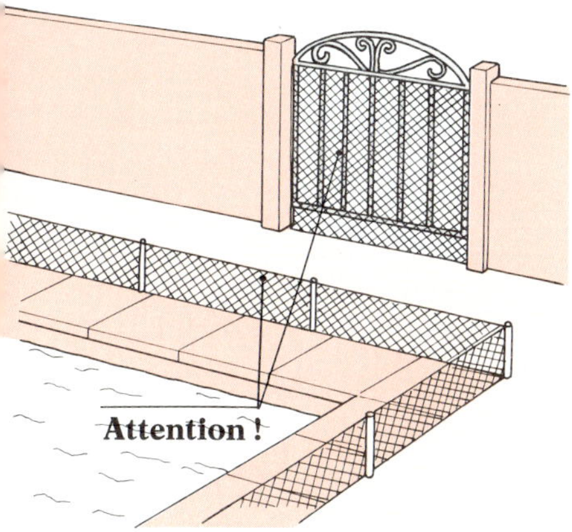


**Visite du jardin**
- Enclos fermé, sans oublier la grille.
- Garage et remise.
- Produits toxiques.
- Piscine et fortes dénivellations.

**Un coin pour dormir**
Le chiot se sentira plus en sécurité dans sa nouvelle maison s'il a sa propre couche. Sa mère, ses frères et ses sœurs vont certainement lui manquer, et il faut donc lui laisser son « territoire ». Au début, il peut très bien coucher dans une boîte de carton dont vous aurez échancré l'avant. Une couverture pliée sur un journal lui suffira amplement. Lorsque sa denture sera complète et qu'il aura moins besoin de se faire les dents, vous pourrez lui installer une litière plus « sophistiquée » *(voir p. 146).*

**Écuelles**
Votre chiot a besoin de deux écuelles, une pour la nourriture et l'autre pour l'eau. Souvenez-vous qu'il doit pouvoir boire à tout moment. Choisissez donc un endroit un peu à l'écart, sur une surface qui ne risque rien. Posez les écuelles sur un journal qui absorbera les éclaboussures. Quand le chiot aura cessé de se faire les dents, vous pourrez poser les écuelles sur un petit tapis.

**TROUSSEAU ET ÉQUIPEMENT**
- Litière *(voir « Vie quotidienne, éducation et dressage », p. 146).*
- Écuelles *(voir « L'alimentation », p. 171).*
- Provision de nourriture *(voir p. 133).*
- Collier, laisse et médaille d'identité *(voir « Vie quotidienne, éducation et dressage », p. 145).*
- Matériel de toilette *(voir « La toilette », p. 178).*
- Jouets *(voir « Vie quotidienne, éducation et dressage », p. 178).*
- Parc pliant.
- Panier de voyage *(voir « Vie quotidienne, éducation et dressage »,* p. 149).
- Trousse d'urgence *(voir p. 278).*

# La première journée

Essayez d'aller chercher votre chiot le matin. Ainsi, il aura toute la journée pour s'habituer à vous et à sa nouvelle maison avant d'être laissé seul pour sa première nuit.

Cette première journée est très importante, non seulement pour vous et votre famille, mais aussi pour l'animal. Le moment est tout trouvé pour demander des conseils à l'éleveur et aussi pour rendre une première visite au vétérinaire.

Le mieux est que deux personnes aillent chercher le chiot. Si vous êtes seul, vous aurez besoin d'un panier de voyage *(voir p. 149)*. Mais le chiot sera moins perturbé si quelqu'un peut le tenir sur ses genoux, bien emmitouflé dans une couverture. Munissez-vous de papier journal et d'un rouleau de papier absorbant, car la plupart des chiots sont malades en voiture, même pendant un court trajet.

### QUESTIONS À L'ÉLEVEUR

Si vous ne l'avez pas encore fait, c'est le moment de poser les questions suivantes à l'éleveur :

**Pedigree.** Si le chiot est de race, l'éleveur vous donnera son pedigree.

**Vaccins.** Voyez quels vaccins le chiot a déjà reçus et demandez qu'on vous remette les certificats. L'éleveur vous dira aussi quand il a administré le dernier vermifuge.

**Alimentation.** Demandez ce que mangeait exactement le chiot. Vous pouvez décider de modifier son régime, mais ne le faites que graduellement. Maintenez le même régime, pendant les premiers jours au moins. Certains éleveurs vous remettront un carnet où sont inscrits tous les aliments que votre chiot a mangés. La plupart des éleveurs utilisent des aliments courants. Sinon, ils vous donneront une ration d'une semaine de la nourriture à laquelle le chiot est habitué.

**La visite chez le vétérinaire**

Il serait bon qu'un vétérinaire examine votre chiot, particulièrement pour voir s'il souffre d'anomalies congénitales. Emportez avec vous tous les documents pour que le vétérinaire puisse contrôler le régime alimentaire et prévoir les vaccins qui seront nécessaires. Si votre chien n'a pas reçu tous ses vaccins, restez avec lui dans la voiture jusqu'au moment du rendez-vous. Ne le posez pas à terre, ni près de la salle d'opération : il pourrait y avoir des chiens malades dans la salle d'attente qui risqueraient de lui transmettre une maladie. Si le vétérinaire constate une anomalie grave, vous déciderez peut-être de ramener le chiot à l'éleveur. La séparation sera beaucoup moins pénible pour vous, pour votre famille et pour l'animal que si vous attendez plusieurs jours ou même plusieurs semaines.

**L'arrivée à la maison**

A votre arrivée, ne laissez pas les enfants entourer le chiot de trop d'attentions et lui faire fête. Le changement l'aura déjà désorienté et rendu nerveux.

*La propreté*

Dès votre arrivée, donnez au chiot la possibilité de se soulager. Son éducation à la propreté doit commencer dès les premières minutes. Sortez le chiot dans le jardin, sans le perdre des yeux. S'il pleut ou s'il neige, posez des journaux près de la porte d'entrée. La plupart des chiots doivent pouvoir faire leurs besoins au moins toutes les deux heures et après chaque repas. Vous vous en féliciterez plus tard. Certains maîtres apprennent à leur chiot à se servir d'une boîte, mais les chiens qui enterrent leurs excréments le font avec une très grande vigueur, ce qui ne va pas sans inconvénients. Par la suite, cette pratique les incitera peut-être à se servir des parterres plutôt que des pelouses *(voir aussi p. 153).*

*Le premier repas*

Votre chiot en sera sans doute encore à la phase des quatre repas par jour. Pour son premier repas, donnez-lui à peu près un tiers de moins que sa ration normale. Il est sans doute nerveux et a probablement été malade en voiture. Restez à bonne distance pendant qu'il mange : vous pourriez le gêner s'il est nerveux.

*Les autres animaux*

Si vous avez d'autres animaux chez vous, faites les présentations avec prudence, sans vous éloigner. Un animal plus âgé (et les chiens plus que les chiennes) n'apprécie pas toujours l'arrivée de nouveaux animaux. Surveillez les choses de près, au moins pendant la première semaine. Un chien adulte, même parfaitement bien intentionné, peut faire mal à un chiot en jouant trop brutalement avec lui. Les questions de dominance prendront plus d'importance par la suite. Le problème ne se pose pas avec deux femelles, qui vivront généralement en harmonie : la plus âgée des deux prendra la première place. Mais, avec deux mâles, le chiot devenu plus grand et plus fort contestera périodiquement la supériorité de son aîné, et les deux animaux pourront se battre.

*Chats*

Les chats sont généralement très réservés avec les chiots et n'apprécient pas leur intrusion. Il arrive qu'ils passent la majeure partie de la journée dehors pendant quelques semaines jusqu'à ce qu'ils acceptent enfin la présence du nouveau venu. Il n'est peut-être pas inutile au début de couper les griffes du chat, avant tout pour qu'elles n'égratignent pas les yeux d'un chiot trop effronté.

*La première nuit*

Juste avant de le coucher, donnez au chiot la possibilité de se soulager. Presque certainement, cette première nuit sera un peu troublée. Plein de vague à l'âme, le petit chiot se mettra sans doute à pleurer lorsqu'il vous verra disparaître. Deux solutions vous sont offertes. Vous pouvez ignorer les gémissements du chiot jusqu'à ce qu'il se calme, mais ne le punissez à aucun prix : vous ne feriez qu'accroître sa détresse. Après une nuit enfin paisible, félicitez-le. L'autre solution consiste à mettre un petit parc dans la chambre d'un membre de la famille et à laisser le chiot y dormir pendant quelques semaines. Mais vous pourriez avoir du mal à tenir ensuite votre chien loin des chambres.

***Les présentations***
*Les chiens adultes sont doux avec les chiots. Surveillez-les cependant au début.*

# 6

# VIE QUOTIDIENNE EDUCATION ET DRESSAGE

En accueillant un chien chez vous, vous acceptez de nouvelles responsabilités. Aussi bien pour vous que pour votre famille, il est important de partir du bon pied. Un animal sociable et obéissant qui fera plus tard votre orgueil sera la récompense des soins et de l'éducation que vous saurez lui donner. Le bon maître choisit avec soin l'équipement de son chien : son collier, sa laisse et sa litière, une niche peut-être, un panier de voyage, des jouets. L'exercice, sous la forme de promenades ou de jeux, est également indispensable au bon équilibre de votre compagnon. Pour les jeunes chiots, divers conseils vous sont donnés dans le chapitre « Les soins du chiot » *(voir p. 128 à 141).*

# Comment se comporter avec un chien

En présence d'un chien amical que vous connaissez déjà, inspirez-vous des principes suivants :
- Soyez toujours doux, mais ferme.
- Parlez d'une voix rassurante.
- Ne prenez jamais le chien par surprise.
- Ne le taquinez pas et n'abusez pas de son caractère amical.

Le bon maître sait s'attacher la confiance de son chien, le maintenir immobile, le prendre dans ses bras ou le porter sans crainte ni agressivité. Le degré de contact physique que tolère un chien dépend de son tempérament, mais aussi de son éducation. Loin de s'y refuser, la plupart des chiens l'acceptent avec enthousiasme. Votre chien doit aussi apprendre à accepter que vous l'immobilisiez. Commencez par de très courtes séances, quand l'animal est encore un chiot, pour qu'il n'interprète pas votre geste comme une menace. Vous aurez besoin de l'immobiliser chez le vétérinaire.

## LE CHIEN HOSTILE

Un chien que vous ne connaissez pas, notamment dans un endroit clos, peut montrer de l'hostilité *(voir p. 219)*, se mettre à gronder ou montrer les dents. Dans ce cas :
- Parlez d'une voie ferme et calme.
- Ne faites aucun mouvement brusque. Restez immobile si le chien donne des signes d'agressivité.
- Si tout va bien, donnez-lui à flairer votre poing fermé.
- Ne vous accroupissez pas à côté du chien, sauf s'il n'y a plus de danger. Penchez-vous plutôt en avant.
- En cas de doute, gardez vos distances. Ne menacez pas l'animal et laissez-lui une porte de sortie.
- Cherchez un objet dont vous pourriez vous servir en cas de besoin, mais ne le montrez pas au chien.
- Lorsque vous sortez, invitez le chien à vous suivre ; ne donnez pas l'impression de battre en retraite.

## COMMENT PORTER UN CHIEN

Si vous devez porter un chien, commencez par lui parler pour qu'il ne soit pas surpris. Si vous êtes seul et si vous ne le connaissez pas, mettez-lui une muselière *(voir p. 279)*.

Pour prendre un petit chien, placez une main sous sa poitrine et servez-vous de l'autre pour soutenir sa croupe. Si le chien est plus gros, placez une main ou un bras sous sa poitrine, devant ses membres antérieurs, et l'autre sous ses membres postérieurs. Il est souvent utile qu'une deuxième personne tienne gentiment la tête du chien en lui parlant. Vous éviterez ainsi qu'il prenne peur et qu'il vous morde au visage.

***La bonne manière de soulever un chien***
*Quelle que soit la taille du chien, soutenez bien l'avant et l'arrière.*

# Colliers et laisses

On trouve dans le commerce une infinie variété de colliers et de laisses. Le choix est une question de préférence, mais certains points méritent qu'on s'y arrête.

**Le choix d'une laisse**
La laisse est généralement en chanvre, en cuir, en nylon, ou encore en métal. Pour un gros chien, choisissez une laisse solide, soit en cuir, soit du type chaînette avec poignet de cuir. On utilisera aussi la chaînette dans le cas d'un chien qui mordille sa laisse. Il existe aussi des laisses de 4,5 à 6 mètres qui s'enroulent sur une bobine. Peu encombrantes, elles permettent à votre chien d'explorer les alentours.

**Le choix d'un collier**
La plupart des colliers de chiens sont en cuir, mais il en existe aussi en métal et en nylon. Un collier de cuir de 12 millimètres de large convient à la plupart des chiens ; les très grands chiens auront besoin d'un collier de 2,5 à 4 centimètres de largeur.

Dans certains pays, un chien doit obligatoirement porter une médaille qui permettra de retrouver son maître en cas de besoin.

*Premier collier du chiot*
Même si le chiot ne doit pas sortir dans la rue tant qu'il n'a pas reçu tous ses vaccins, il est bon de l'habituer à porter le collier et la laisse.

**SÉCURITÉ**
Lorsque vous mettez à un chiot son premier collier :

- Ne le serrez pas trop ; vous devez pouvoir y glisser vos doigts.
- Ne mettez pas de collier étrangleur à un jeune chiot.
- Ne laissez aucun objet saillant : le chiot pourrait y accrocher son collier et s'étrangler.

## LE COLLIER ÉTRANGLEUR

Le collier étrangleur en métal s'utilise pour le dressage, et il n'est pas fait pour être porté tout le temps. Ce collier vous permet de mieux maîtriser le chien à la promenade ou au dressage. Le chien doit toujours se trouver à votre gauche. Assurez-vous que le collier étrangleur est bien posé, de manière que le poids de la chaîne desserre la boucle lorsque le chien ne tire plus.

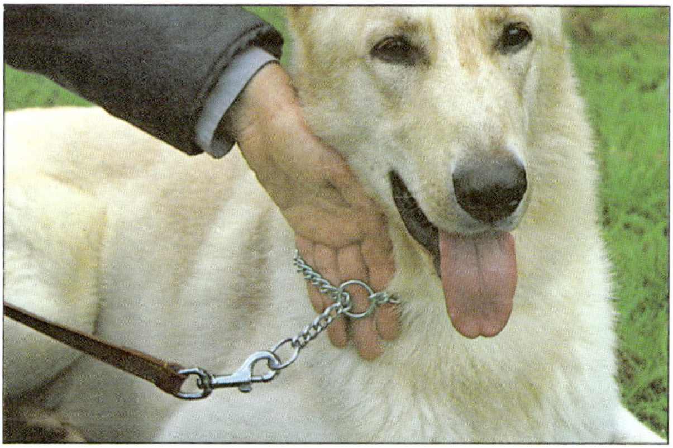

*La chaînette fait le tour du cou, passe dans l'anneau sur le devant du cou, et s'accroche au mousqueton de la laisse.*

# Corbeilles et niches

La corbeille, ou la niche, est un élément important de la vie quotidienne de votre chien, car c'est son propre territoire, son refuge et son « point de référence ». Tout chien a besoin de son coin à lui pour dormir. Pour certains d'entre eux, une niche, et même peut-être un chenil, présente des avantages.

**La corbeille**

Pour un jeune chiot qui fait ses dents, une simple boîte de carton suffira. Plus tard, vous lui achèterez une vraie corbeille.

Il en existe de nombreux modèles dans le commerce, mais les maîtres de très gros chiens auront peut-être du mal à en trouver une. Choisissez un modèle qui ne laissera qu'un peu d'espace autour du chien quand il aura atteint sa taille adulte.

**La litière**

Tout ce qui est doux et chaud fera l'affaire : vieilles serviettes de toilette ou couvertures, par exemple. Lavez-les régulièrement. Vous pouvez aussi placer un petit pouf garni de billes au fond de la corbeille.

**Nettoyage de la litière**

Les chiens dorment sans problème sur des litières qui dégagent pour nous une odeur épouvantable. Le pire est naturellement qu'ils l'emportent ensuite avec eux. Vous devriez donc laver la litière chaque fois que vous baignez le chien, et même plus souvent. Brossez la corbeille avec un désinfectant non toxique dilué dans de l'eau chaude. Choisissez un endroit un peu à l'écart, à l'abri des courants d'air, pour installer la corbeille de votre chien. Il ne

## LA CORBEILLE DU CHIEN

**Corbeilles d'osier.** Ce sont les plus courantes. Leurs craquements familiers rassurent le chien. Mais elles sont difficiles à nettoyer, et votre chien peut les déchiqueter et en avaler des morceaux.
**Corbeilles de plastique.** Elles sont très résistantes et conviennent aux chiens qui semblent avoir besoin de mordiller leurs couches pour se rassurer. Certaines petites espèces apprécient la corbeille « en igloo ».
**Poufs.** Les coussins remplis de billes sont

serait pas à son aise dans un endroit trop passant. Les animaux recherchent la chaleur quand il fait froid. Placez donc la corbeille près d'un radiateur.

### La niche

De nombreux maîtres, particulièrement ceux qui possèdent des chiens de travail, préfèrent que leurs chiens passent la nuit dehors dans une niche, attachés au bout d'une longue chaîne ou enfermés dans un enclos. Un chien peut parfaitement passer une nuit dans une niche bien abritée, ou quelques heures de la journée quand vous n'avez pas le temps de vous occuper de lui. Vous pouvez acheter une niche ou encore la fabriquer vous-même. Naturellement, ses dimensions dépendront de la taille de votre chien. Il faut qu'elle soit assez grande pour que le chien ait sa litière tout au fond, bien à l'écart de l'entrée.

La plupart des niches sont en bois, mais rien n'empêche d'utiliser des briques ou des parpaings. Le toit, habituellement en bois, est recouvert de feutre goudronné. Il doit être amovible pour faciliter le nettoyage.

### Le chenil

Un chenil de bonne dimension dans votre cour ou votre jardin vous permettra de laisser votre chien dehors en toute tranquillité. Les dimensions dépendent de la taille de votre chien et du temps qu'il y passera. Mais il est préférable de ne pas voir trop petit.

Un châssis de bois grillagé convient très bien. Dans le cas des très grands chiens, il faut parfois prévoir un mur d'environ 60 centimètres de haut surmonté d'un grillage. Si possible, posez la niche sur une plate-forme à quelques centimètres du sol, en ménageant une pente douce vers un drain. Vous pourrez ainsi nettoyer le chenil au jet d'eau.

déals pour les chiens
ui aiment se faire
n « nid ». Prenez
n pouf à enveloppe
movible et lavable, et
embourrage
ninflammable.

Pouf

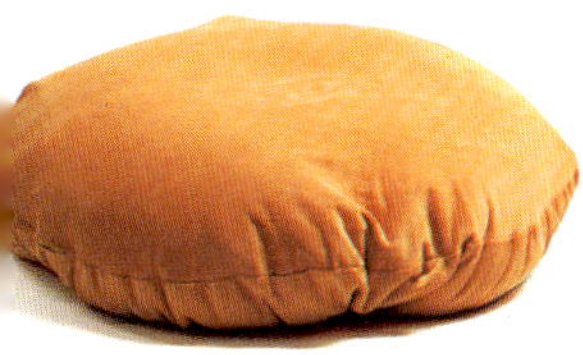

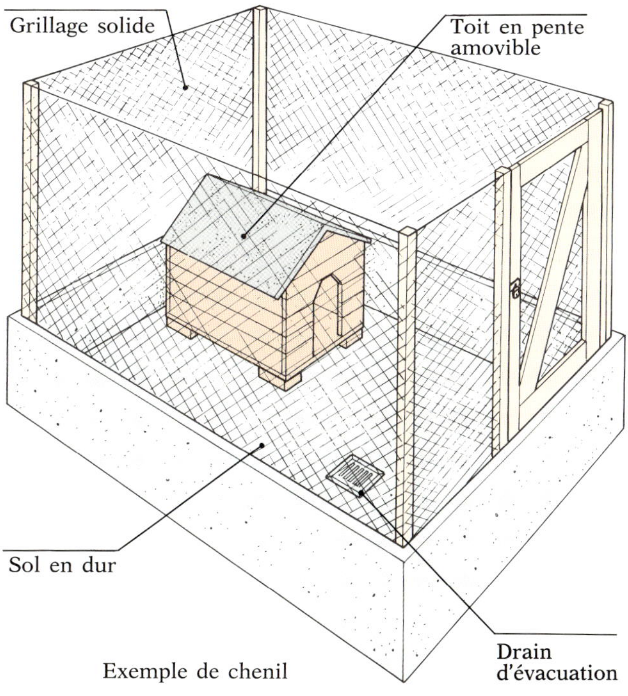


Exemple de chenil

# Le jeu et l'exercice

Tous les chiens doivent prendre de l'exercice pour rester en forme et éviter l'embonpoint. En règle générale, votre chien prendra autant d'exercice que vous le voudrez bien. Cependant, si vous aimez les promenades en montagne ou les longues courses à pied, votre chien aura besoin d'être progressivement entraîné.

**Surentraînement**

Les gros chiens, et plus particulièrement les races géantes, ne doivent jamais faire d'exercice avant l'âge de douze mois. Leurs os et leurs muscles se développent encore et un excès d'exercice risquerait de causer des problèmes à long terme. Mais il n'est pas toujours facile de trouver le juste milieu. Essayez de savoir quand votre chien en a assez. Ne promenez jamais un chiot ou un jeune chien jusqu'à l'épuisement. Modérez son enthousiasme.

Si votre chien semble incapable de tolérer un exercice modéré sans se fatiguer ou s'il revient à la maison en boitant sans raisons apparentes, consultez le vétérinaire. Il pourrait s'agir d'un problème respiratoire, musculaire ou osseux *(voir pp. 266-267).*

**Les jouets**

Le jeu est essentiel au développement du chiot. Comme vous ne serez pas toujours là pour l'amuser, il doit apprendre à jouer tout seul. Des jouets bien choisis lui ôteront l'envie de mordiller vos pantoufles ou vos coussins. Il existe de nombreux jouets pour animaux. Les chiots raffolent des os en peau de buffle qui les aident à se faire les dents.

*Sécurité*

Les jouets qui conviennent à votre chien diffèrent selon les races. Tous les chiens aiment les balles, mais ne leur en donnez pas de trop petites. Une balle de tennis ne présente guère de danger ; une balle plus petite pourrait se coincer dans la gorge du chien. Les ballons de football sont naturellement les plus sûrs. Les os de nylon conviennent à la plupart des chiots et adultes des grandes races. Quant aux jouets qui font du bruit, ils procurent un immense plaisir. Les jouets que vous choisissez vont recevoir plus d'un coup de dents et plus d'un coup de patte. Prenez donc quelques précautions :

- Les jouets ne doivent pas être toxiques.
- Ils ne doivent comporter aucune pièce qui puisse être avalée.
- Ils ne doivent pas présenter d'arêtes vives.
- Le jouet doit être impossible à avaler tout entier.

***L'importance du jeu***
*Le chien adore jouer avec les enfants.*

# Les voyages

Il arrivera nécessairement que votre chien doive voyager, ne serait-ce que pour aller passer une visite chez le vétérinaire. La plupart des chiens ne demandent qu'à sortir, et ils seront très heureux à l'arrière de la voiture, derrière un filet, ou sur les genoux d'un passager. Mais certains petits chiens se sentent plus à l'aise dans un panier de voyage.

## Panier et cage de voyage

Les paniers de voyage sont surtout utilisés pour transporter les petits chiens. Les cages sont plutôt réservées aux chiens de grande taille qui voyagent. Les boîtes de carton ne sont pas très durables, mais elles sont utiles pour emmener un chiot se faire vacciner chez le vétérinaire. N'achetez pas une cage en fibre de verre ou en osier pour un chiot qui deviendra trop grand pour l'utiliser lorsqu'il aura atteint sa taille adulte.

***En route !***
*Ce panier convient à un petit chien.*

*Transport d'une portée*
Il est parfois souhaitable de transporter la boîte de la portée, par exemple si votre chienne doit subir une césarienne, ou s'il faut couper la queue à toute une portée. La mère est les chiots se sentiront beaucoup mieux dans leur boîte en voiture, et vous pourrez y laisser ceux qui n'ont pas à voir le vétérinaire. Mais assurez-vous que votre boîte est bien à l'épreuve des courants d'air : la thermorégulation des chiots est plutôt médiocre *(voir p. 139).* Rembourrez bien la boîte et mettez-y une bouillotte.

## En voiture

Certains chiens supportent bien la voiture, certains sont malades au bout de 500 mètres et d'autres se mettent à sauter, à aboyer et à hurler dès qu'ils posent le pied dans une voiture. Essayez d'habituer votre chien à la voiture dès son plus jeune âge. S'il n'apprécie pas l'expérience, allongez progressivement les trajets. Laissez le chiot explorer la voiture à l'arrêt. Emmenez-le faire des courses et laissez-le dans la voiture avec quelqu'un. Munissez-vous de papier absorbant et assurez-vous que le chiot a l'estomac vide. Lorsqu'il est vacciné, faites-lui faire de petits parcours en voiture, puis une promenade, pour qu'il associe la voiture à quelque chose d'agréable.
*Sédatifs*
La plupart des sédatifs perturbent la thermorégulation du chien et, s'il reste dans une voiture exposée au soleil, il risque d'avoir un coup de chaleur ; pourtant, les chiens qui sont constamment malades en voiture pourront prendre des comprimés pour les longs voyages. Renseignez-vous auprès de votre vétérinaire.

**Grillages et filets**

Dans la plupart des cas, il est préférable que le chien voyage en voiture derrière un grillage ou un filet ; il aura ainsi son propre espace où il pourra s'installer à son aise et, s'il est turbulent, il ne risquera pas de vous gêner.

Il existe différents types de grillages, depuis les modèles légers (pour les petits chiens et les chiens de grande taille qui ont de bonnes manières) jusqu'aux modèles plus robustes fixés à la carrosserie. Vous pouvez également vous procurer une cage qui se monte à l'arrière du véhicule. Cette « cage mobile » est particulièrement utile pour les chiens d'exposition qui ne risqueront pas d'ébouriffer leur poil en chemin.

*Grillage de fenêtre*

Un autre accessoire utile est le grillage réglable qui se monte à l'intérieur d'une fenêtre ouverte. La glace peut ainsi rester baissée sans que le chien puisse sauter dehors. Même avec cet accessoire, n'oubliez pas qu'il est dangereux de laisser un chien dans une voiture lorsqu'il fait très chaud.

**Seul dans une voiture ?**

Ne laissez jamais longtemps un chien seul dans une voiture, à plus forte raison s'il fait chaud. Par temps lourd, il n'y a pratiquement pas de courant d'air, même si la glace reste ouverte, et l'intérieur de la voiture se réchauffe comme une serre. Les chiens ont facilement des coups de chaleur *(voir p. 281)* et ils peuvent même en mourir.

POUR LES LONGS VOYAGES

- Avant d'entreprendre un long voyage, donnez à votre chien la possibilité d'uriner et de déféquer.
- Donnez-lui à boire et un peu à manger avant le départ – à peu près le tiers de sa ration normale.
- Arrêtez-vous périodiquement en cours de route pour que le chien se dégourdisse les pattes, se soulage et puisse boire.
- Si le voyage dure longtemps, donnez un peu à manger à votre chien au bout de quatre à cinq heures. Un léger repas tranquillise de nombreux chiens.

*Un robuste grillage permettra à votre chien et à vous de voyager confortablement.*

### En avion

Le transport aérien des chiens est relativement peu coûteux. Et, grâce à la vitesse de l'avion, le chien n'a tout au plus que quelques mauvaises heures à passer.

Tous les chiens doivent voyager dans une cage ou dans une boîte conforme au règlement de l'Association internationale du transport aérien (IATA). Par ailleurs, certaines compagnies aériennes ont leurs propres règles. C'est ainsi que British Airways n'accepte pas le transport des races de chiens à museau écrasé. La réglementation diffère d'un pays à l'autre. Renseignez-vous avant votre départ.

Donnez à votre chien à boire et à manger, en quantité modérée, environ deux heures avant le départ.

### RECOMMANDATIONS DE L'IATA

- Pour voyager, les chiens à museau écrasé (Boxers, Bulldogs, Pékinois et Carlins) ne doivent souffrir d'aucune affection des voies respiratoires.
- Les voyages en avion ne sont pas recommandés dans le cas des femelles en chaleur.
- Les femelles qui allaitent et les chiots non sevrés ne peuvent être acceptés à bord d'un avion.
- Il est déconseillé de faire voyager en avion un chiot sevré de moins de huit semaines.
- Les chiots et les chatons peuvent voyager ensemble.
- Un objet familier placé dans la cage ou la boîte a un effet apaisant.
- Le nom du chien doit être marqué à l'extérieur de la cage ou de la boîte.

## CAGES DE TRANSPORT

**Fibre de verre, métal ou plastique**

- Les cages doivent comporter un châssis robuste, solidement assemblé.
- La totalité d'une des extrémités doit être ouverte et pourvue de barreaux, de grillage ou de métal ajouré solide.
- L'accès à la cage doit se faire par une porte articulée ou coulissante.
- L'aération doit essentiellement se faire par des fentes ou orifices ménagés régulièrement sur le côté opposé de la cage, ainsi que sur le tiers supérieur des parois latérales.
- La cage doit être assez grande pour que le chien puisse tenir debout, se retourner et se coucher.
- Le museau et les pattes du chien ne doivent pas pouvoir passer par les orifices de ventilation.

**Les cages de grillage et de bois** doivent être conformes aux règles ci-dessus. Cependant, une cage essentiellement grillagée ne convient pas.

**Cages d'osier.** Elles ne conviennent qu'aux chiots et aux petits chiens.

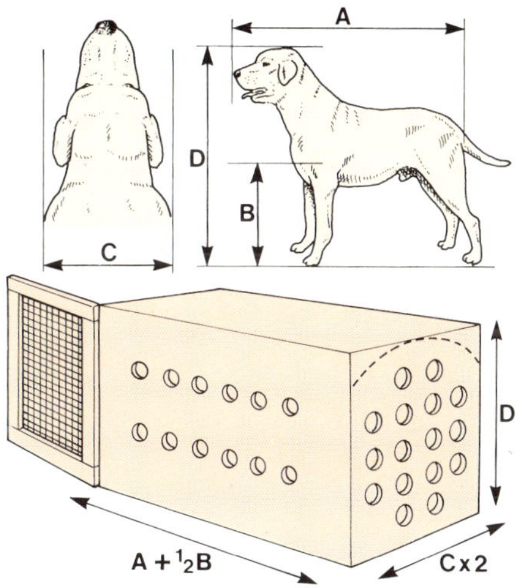


***Règles de l'IATA***
***A*** *= longueur du chien, du museau à la base de la queue.*
***B*** *= hauteur du sol à l'épaule.*
***C*** *= largeur des épaules ;* ***C*** *×* ***2*** *= largeur de la cage.*
***D*** *= hauteur de la cage (dessus plat ou bombé)/hauteur du chien debout.*

**Les voyages à l'étranger**

Le transport d'un chien à l'étranger ne s'improvise pas. Vous devrez vous informer de la législation sanitaire à la fois de votre pays de destination et de votre pays d'origine. Certains pays interdisent purement et simplement l'entrée des chiens étrangers sur leur territoire. D'autres imposent des formalités plus ou moins rigoureuses, voire, dans certains cas, une quarantaine de six mois. Le plus souvent, le propriétaire du chien doit produire un certificat de bonne santé délivré par un vétérinaire, ainsi qu'un certificat de vaccination contre la rage qui doit dater de moins d'un an et de plus d'un mois. Ce certificat sera d'ailleurs exigé à votre retour en France.

La plupart de ces dispositions ont pour but d'éviter la propagation de la rage, qui est inconnue dans certains pays.

## LA RAGE

La rage, maladie qui peut être mortelle, est transmise par un virus qui est présent dans la salive des animaux contaminés. Elle est endémique dans certains pays, et les pays où elle est absente imposent une quarantaine rigoureuse. Quiconque introduit un chien dans un pays possédant une réglementation antirabique viole la loi et met aussi en danger des vies humaines.

**Quarantaine**

Ces pays imposent une quarantaine rigoureuse :

- Grande-Bretagne.
- Australie.
- Nouvelle-Zélande.
- Hawaii.

**Précautions**

Dans les pays qui n'ont pas de législation antirabique, prenez les précautions suivantes :

- Évitez tout contact avec les animaux errants.
- Tenez vos animaux à l'écart des animaux sauvages.
- Faites vacciner votre chien régulièrement.

**En cas d'urgence**

Si vous êtes mordu par un chien suspect :

- Nettoyez immédiatement la blessure avec du savon ou un désinfectant. Si c'est impossible, nettoyez-la avec de l'eau pure ou de l'alcool.
- Consultez immédiatement un médecin. Un traitement rapide pourrait vous sauver la vie.
- Si vous pouvez le maîtriser sans danger, faites examiner l'animal. Sinon, informez la police.

**Réglementation**

Dans les pays qui imposent la quarantaine, le chien doit rester isolé dans un chenil spécial pendant une période qui varie de un mois à six mois selon les pays, même s'il a été vacciné contre la rage.

- Un mois : Canada.
- Quatre mois : Finlande, Norvège, Suède.
- Six mois : Afrique du Sud, Eire (Ulster), Grande-Bretagne, Hongkong.

**Période d'incubation**

La période d'incubation du virus de la rage est longue (généralement de 10 à 120 jours, elle atteint parfois 6 mois). La quarantaine est donc indispensable pour protéger les êtres humains et les animaux.

**Vaccination**

Actuellement, la vaccination antirabique n'est pas obligatoire en France pour les chiens, sauf pour ceux qui se rendent à l'étranger ou qui en viennent. Par ailleurs, les chiens provenant d'un département infesté et appelés à participer à une exposition canine doivent être vaccinés. La vaccination se fait en deux injections, à 15 jours d'intervalle. Pour être efficace, elle doit dater d'au moins un mois et être suivie d'un rappel annuel.

# L'apprentissage de la propreté

Dès son plus jeune âge, vous devrez apprendre à votre chiot à être propre. Les « accidents » seront probablement nombreux, car le jeune chiot a besoin de se soulager fréquemment. Ne le punissez jamais s'il commet une « erreur » : il risquerait de se mettre à uriner par pure nervosité dès que vous approchez, montrant ainsi sa soumission *(voir p. 224)*.

Pour parvenir à vos fins, vous devrez apprendre à prévoir l'appel de la nature, le plus souvent après une activité, au réveil ou après un repas. Certains chiens, d'ailleurs, « préviennent » en flairant d'abord le sol.

**Promenade**

Cette méthode est la plus simple si vous êtes chez vous la plupart du temps.

Sortez le chiot quand il se réveille, après chaque repas, quand il s'est dépensé, s'il n'a pas uriné depuis quelque temps ou s'il manifeste le besoin de faire un petit tour.

Plutôt que de le porter, laissez-le vous suivre. Il apprendra ainsi à reconnaître son chemin et à se mettre près de la porte lorsqu'il aura besoin de sortir. Tant que le chiot ne parvient pas à se contenir toute la nuit, mettez un journal près de la porte.

## LE « PETIT COIN »

Si vous habitez un appartement ou si vous êtes absent la majeure partie de la journée, le « petit coin » est alors une bonne idée. L'objectif est d'apprendre au chiot à faire ses besoins à l'intérieur, sur un journal que vous pourrez ensuite mettre dehors. Quand la fréquence des besoins de votre chiot baisse au point que vous pouvez être sûr d'être là quand il veut sortir, le journal devient inutile. Mais il arrive que certains chiots n'aiment pas le contact du papier sous leurs pattes. Dans ce cas, la promenade est probablement préférable.

**1** Recouvrez de journaux le sol d'une pièce facile à nettoyer. Dès que le chiot manifeste une préférence pour un coin particulier, enlevez les journaux du reste de la pièce. Plus tard, vous les déplacerez progressivement pour les mettre finalement près de la porte.

**2** Un jour où il fait beau, mettez le journal dehors. Le lendemain, supprimez le tout. Le chiot apprendra ainsi à se soulager dehors. Félicitez-le s'il y parvient mais soyez attentif aux signes avant-coureurs, par exemple s'il cherche son journal.

# Les principes du dressage

Le dressage du chien revêt de multiples formes. Dans la plupart des cas, il suffit simplement de lui apprendre à se tenir dans un parc ou dans la rue. Mais le dressage peut aller beaucoup plus loin, par exemple dans le cas des chiens de concours ou de police.

**Un système de dressage**

Comment devez-vous dresser votre chien et que devez-vous lui apprendre à faire ? Commencez par lui enseigner à venir quand vous l'appelez, à marcher à côté de vous, à s'arrêter et à s'asseoir, à vous attendre et à se coucher. Lorsqu'il aura maîtrisé ces leçons, vous devrez pouvoir sortir sans inquiétude. Par exemple, vous pourrez le laisser devant un magasin en sachant qu'il vous attendra.

Au début, servez-vous d'un collier et d'une laisse pour vous faciliter la tâche. La laisse vous permet de maîtriser le chien tant qu'il n'obéit pas parfaitement à vos ordres.

*Comment donner les ordres ?*

La manière dont vous donnerez vos ordres est importante. Vous pouvez commander votre chien au geste, mais il doit naturellement pouvoir vous voir. Les ordres sonores sont plus souvent utilisés, car l'oreille du chien peut reconnaître à grande distance des signaux sonores variés. Une méthode courante de dressage consiste à donner des ordres verbaux, confirmés par des gestes de la main et du bras.

Pour commencer, vous pouvez confirmer les ordres verbaux en les répétant et en les accompagnant de gestes appropriés. Par exemple, quand vous donnez à votre chien l'ordre « VIENS », tournez-lui le dos au même moment. Vous stimulez ainsi son instinct de chien de meute : le « chef de meute » s'apprête à partir et, comme il veut rester avec son groupe, il vous suit.

**Dressage professionnel**

Les « classes » de dressage sont souvent amusantes et présentent un avantage certain pour les chiens plus âgés que l'on veut dresser ou qui ont besoin d'un « cours de recyclage ». Mais il y a parfois des problèmes. Certains constatent que leur chien se comporte parfaitement en classe avec le dresseur, mais qu'il se refuse à obéir une fois sorti. Avec d'autres, c'est exactement le contraire. Cette réaction dépend souvent des rapports de l'animal avec les autres chiens et les êtres humains. S'il a peur du dresseur et des autres chiens, il cherchera à rester avec vous et à vous plaire. S'il s'entend avec les autres chiens, il manquera peut-être d'attention pendant les cours parce qu'il voudra jouer. Dans ce cas, mieux vaut sans doute le dresser vous-même.

**La récompense**

Un animal que l'on dresse reçoit une récompense ou une punition. La punition n'est guère utile pour le dressage des chiens, notamment au niveau de l'éducation de base. Mieux vaut utiliser le renforcement positif, c'est-à-dire féliciter votre chien quand il obéit. S'il n'a pas obéi, contentez-vous de rester neutre. Par instinct, le chien veut être accepté dans la meute (la famille) et il veut vous plaire, à vous, le chef.

Si vous frappez un chien, vous lui apprenez simplement à garder ses distances, alors que le dressage nécessite de bons rapports entre vous et votre animal.

**La punition occasionnelle**

Il arrivera cependant que vous deviez punir votre chien – le plus souvent pour l'empêcher de faire quelque chose ou pour regagner son attention. Mais pensez-y à deux fois et assurez-vous que votre chien comprendra bien pourquoi vous le punissez. Il serait en effet parfaitement inutile de le gronder pour quelque chose qu'il a fait il y a quelque temps déjà. Le châtiment doit être immédiat, sinon il ne sert strictement à rien.

*Comment punir un chien*

Ne battez jamais un chien plusieurs fois. Une punition raisonnable consiste à le saisir par la peau du cou (des deux mains si le chien est de grande taille) et à le soulever en l'air. C'est ainsi qu'une mère punirait un chiot indiscipliné. Secouez-le un bon coup en le réprimandant sévèrement. Une tape sur la croupe suffira souvent.

## QUELQUES CONSEILS

- Attaquez-vous à une seule étape du dressage à la fois, dans l'ordre indiqué dans ce chapitre.
- Accompagnez punitions et récompenses de signaux verbaux, par exemple « MÉCHANT » et « BON CHIEN ». Plus tard, ils suffiront à punir et à récompenser l'animal.
- Ne vous impatientez pas avec un jeune chien.
- Les friandises n'ont leur place dans le dressage qu'exceptionnellement.
- Donnez toujours vos ordres de la même manière, d'une voix plaisante.
- Gardez votre chien en laisse près des voitures ou des animaux de ferme.

# Les premiers ordres

C'est à l'âge de douze à quatorze semaines, après qu'il a reçu tous ses vaccins, que votre chien peut commencer à apprendre la marche au pied. Il faut en général trois mois pour dresser parfaitement un jeune chien, et davantage pour un chien plus âgé. La première étape sera la marche au pied en laisse, exercice fort peu apprécié des chiots mais essentiel pour vos relations

## LA MARCHE AU PIED

**1** Soyez très calme et rassurez votre chien. Tenez sa laisse fermement. Raccourcissez-la et obligez votre animal à adopter une position correcte, son épaule droite à côté de votre jambe gauche. Ne le laissez pas jouer avec sa laisse.

**2** Commencez à marcher en ligne droite. En partant, dites « AU PIED » d'une voix ferme. Rassurez le chien par des paroles plaisantes. Il ne faut pas qu'il ait l'impression de vivre une situation anormale. Contrôlez bien son pas. Il ne doit pas aller de l'avant ni rester en arrière.

**3** Maintenant, vous allez lui apprendre à tourner. Au début, ne tournez qu'à droite. Le fait de tourner à gauche peut l'effrayer car vous le heurterez de vos jambes. Ne lui apprenez à tourner à gauche que lorsqu'il aura bien assimilé la marche en ligne droite, à la laisse.

futures. En effet, les promenades que vous effectuerez ensemble seront bien plus agréables quand cette bonne habitude sera prise. Les séances de dressage ne doivent pas excéder dix minutes pour les jeunes chiens et vingt minutes pour les individus plus âgés. Effectuez des séances de cinq minutes plusieurs fois par jour au début, puis augmentez progressivement leur durée jusqu'à dix minutes. La manière de parler à votre chien est essentielle : il vous faudra à la fois être rassurant, patient et ferme. Assurez-vous que personne d'autre que vous ne donne d'ordre à votre chien, car cela risque de le perturber et de retarder son apprentissage.

## APPRENDRE À MARCHER DANS LA RUE

Après quelques séances de marche en laisse, emmenez votre chien dans la rue. Certains passants voudront le caresser, et bientôt il s'attendra à ce que chacun lui fasse fête. Dans la mesure du possible, ne vous arrêtez pas. Si vous rencontrez d'autres chiens, continuez votre chemin mais ne les évitez pas, car votre chiot penserait qu'ils constituent une menace. Ne lui faites pas faire trop tôt l'expérience du bruit, de la circulation et de la foule. Il pourrait le ressentir comme une punition.

**Dans la rue :**

- Ne vous arrêtez pas pour parler aux passants.
- Ne le laissez pas renifler ou lécher les lampadaires.
- Ne l'emmenez pas dans la circulation et la foule trop tôt.

## APPRENDRE À S'ASSEOIR

Une fois que votre chien sait bien marcher au pied, continuez le dressage en lui apprenant à s'asseoir. Choisissez un endroit tranquille pour vous arrêter. Posez alors votre main sur son dos, juste audessus du bassin, et appuyez doucement mais fermement pour le faire asseoir. Ce faisant, dites « ASSIS ».

Rappelez-vous que le seul fait de crier des ordres à un chien, même avec insistance, ne le fera pas forcément comprendre. Il faut donc joindre le geste à la parole.

# Les commandements de base

Lorsque votre chien sait obéir à l'ordre « ASSIS » sans sollicitation de la main ou de la laisse, le moment est venu de passer à l'ordre « PAS BOUGER », qui marque une étape importante dans le dressage du chien. En restant là où il est tandis que vous vous éloignez, le chien vous montre qu'il vous fait totalement confiance. Quand vous lui aurez appris à vous attendre, vous passerez à l'étape suivante : « ATTENDS ! ICI ! ».

## PAS BOUGER !

**1** Faites marcher votre chien au pied, puis faites-le s'asseoir. Tenez la laisse verticalement en la tendant, donnez l'ordre « PAS BOUGER » et faites le tour du chien. Si l'animal bouge, donnez un petit coup sec sur la laisse. Redonnez l'ordre en faisant le tour du chien. Quand il commence à comprendre, relâchez la tension de la laisse et faites un plus grand cercle.

**2** Essayez maintenant l'ordre « ASSIS-PAS BOUGER » sans la laisse, en vous écartant progressivement du chien. Pour confirmer l'ordre, tendez la main en direction du chien, paume dressée. Ce mouvement réduit psychologiquement la distance qui vous sépare. Écartez-vous progressivement, jusqu'à ce que le chien ne vous voie plus. A votre retour, félicitez-le de son obéissance, puis continuez la promenade.

## ATTENDS ! ICI !

N'essayez pas trop vite de donner ces ordres sans laisse, car ils sont un peu plus difficiles. Votre chien tentera peut-être sa chance et refusera de venir ou ira s'asseoir à l'écart. Si c'est le cas, inutile de le punir. Reprenez la laisse quelque temps. Souvenez-vous qu'il ne faut jamais punir un chien qui oublie d'obéir à un ordre de rappel : il ne doit jamais avoir peur de revenir vers vous. Félicitez-le toujours lorsqu'il revient.

Pour cet exercice, vous aurez besoin d'une longue laisse.

**1** Le chien connaît déjà le commandement « PAS BOUGER », si bien qu'il apprendra vite l'ordre « ATTENDS ». Donnez-lui l'ordre « ATTENDS », puis tournez-lui le dos et éloignez-vous.

**2** Retournez-vous et appelez-le par son nom en lui donnant l'ordre « ICI ». Vous devrez peut-être tirer un peu sur la laisse pour lui faire comprendre ce que vous voulez.

## COUCHÉ !

La position « COUCHÉ » suit tout naturellement la position « ASSIS ». Servez-vous de la laisse comme pour le commandement « PAS BOUGER ». Commencez par donner l'ordre « ASSIS ». Puis montrez au chien la position « COUCHÉ » en lui tirant les membres antérieurs tout en donnant l'ordre « COUCHÉ » plusieurs fois. Rassurez l'animal de la voix. Félicitez-le s'il garde cette position.

*Au début, montrez au chien ce que signifie l'ordre « COUCHÉ ».*

# 7

# L'ALIMENTATION

Votre chien a besoin d'une bonne alimentation pour se développer et rester en forme. Un chien enjoué, des yeux vifs, un poil lustré sont les signes d'un régime bien équilibré. Vous apprendrez vite à reconnaître vos erreurs ! Les principes de l'alimentation sont les mêmes que pour tous les autres animaux. Les besoins alimentaires du chien présentent quelques différences avec ceux des chats et des êtres humains, par exemple, mais qui ne portent en fait que sur des points de détail. Que vous utilisiez des aliments vendus dans le commerce ou que vous fassiez vous-même la pâtée de votre chien, il faut absolument observer certaines règles, d'ailleurs fort simples. Le sevrage et l'alimentation des jeunes chiots sont traités au chapitre « Les soins du chiot » *(voir p. 128 à 141).*

# Les besoins alimentaires

La nourriture que vous donnez à votre chien sert naturellement à entretenir son métabolisme, mais elle lui fournit aussi ce dont il a besoin pour se développer, pour travailler et, dans le cas d'une chienne, pour nourrir ses petits.

### La croissance

Pour favoriser la croissance de votre chien, vous serez peut-être tenté de lui donner de fortes rations. Mais cette pratique n'est pas sans danger, particulièrement pour les chiens de très grande taille. On sait en effet qu'un chien qui grandit et prend du poids très rapidement risque plus tard de souffrir de dysplasie de la hanche. Les éleveurs de races géantes qui « poussent » leurs chiens en leur fournissant une nourriture trop abondante et des suppléments nutritifs excessifs contribuent peut-être à abréger la vie de ces chiens.

Il n'est pas très sage de donner à votre chien autant de nourriture qu'il peut en manger. En pratique, il semble qu'on obtienne les mêmes résultats en lui donnant environ 80 pour cent de ce qu'il engloutirait si on le laissait faire. Plus, c'est l'obésité ; moins, c'est peut-être un ralentissement de la croissance.

### Les « matières premières »

Comme les aliments qu'il mange, le chien est constitué d'un certain nombre de « matières premières », dont les proportions relatives nous aident à mieux comprendre ce dont le chien a besoin pour grandir et rester en bonne santé. De la même manière, les aliments se composent de différents éléments nutritifs : ☐ Protides. ☐ Lipides (graisses). ☐ Glucides (hydrates de carbone). ☐ Vitamines. ☐ Minéraux. ☐ Fibres alimentaires.

**LES MATIÈRES PREMIÈRES**

| | |
|---|---|
| Protéines | 16 % |
| Graisses | 23 % |
| Hydrates de carbone | 1,7 % |
| Minéraux | 3,5 % |
| Eau | 56 % |

### Les besoins nutritionnels du chien

Un organisme américain, le National Research Council (NRC), a dressé un tableau très détaillé des besoins nutritionnels du chien, à l'intention des fabricants d'aliments préparés *(voir le tableau p. 164)*. Chez le chiot, ces besoins sont deux fois plus élevés que chez le chien adulte.

### Les protides

Tous les tissus animaux contiennent une proportion relativement élevée de protéines. Votre chien a donc besoin d'un apport régulier de protides pour rester en bonne santé et se développer. Les protéines se composent d'environ vingt-cinq acides aminés. Dix d'entre eux doivent obligatoirement figurer dans le régime alimentaire du chien, car son corps est incapable de les synthétiser. L'aptitude du chien à digérer les protides est variable. La plupart des abats et des viandes fraîches sont digestibles à 90 ou 95 pour cent, mais les chiens ne digèrent que de 60 à 80 pour cent des protides d'origine végétale. Une trop grande quantité de ceux-ci risque de provoquer une diarrhée.

### Les lipides

Les graisses, ou lipides, sont présentes dans les aliments sous forme de molécules appelées triglycérides, essentiellement formées de trois acides gras. Certains de ces acides gras sont indispensables. Leur absence se manifeste par plusieurs symptômes : irritation de la peau, poil rêche et sec, infections fréquentes des oreilles. Le chien est parfois abattu et nerveux.

Les graisses sont aussi une source importante d'énergie. Un chien qui satisfait la majeure partie de ses besoins énergétiques avec des lipides peut manger moins de protides, ce qui fait moins travailler son foie et ses reins. Chez le chien adulte, les graisses sont pratiquement digestibles à cent pour cent, et les chiots s'en accommodent fort bien eux aussi.

**Les glucides**

Cette catégorie comprend les sucres, l'amidon et la cellulose. Les chiens adultes ne digèrent pas le lactose, les sucres présents naturellement dans le lait (un excès de lait provoque une diarrhée), mais ils s'accommodent parfaitement bien du sucre ordinaire (saccharose).

Certains glucides ont un pouvoir calorique très élevé. C'est le cas de ceux contenus dans les pommes de terre, le riz et les carottes bouillies ; celui des glucides contenus dans la nourriture sèche pour chien et le pain entier est moins important. Le pouvoir calorique est nul dans le cas des conserves pure viande, de la viande fraîche et du poisson, alors que la nourriture en boîte viande-céréales et les aliments complètement secs ont des niveaux de 30 à 50 et de 40 à 50 pour cent respectivement.

**Les vitamines**

On connaît de nombreuses avitaminoses chez les chiens, mais ces maladies sont aujourd'hui rares, car l'apport vitaminique des aliments est soigneusement équilibré *(voir p. 168).*

**Le calcium et le phosphore**

Les chiens ont besoin de minéraux, certains en grandes quantités, d'autres en quantités infinitésimales. Le calcium et le phosphore, étroitement apparentés, sont les minéraux les plus importants dans l'alimentation du chien. Si l'équilibre est bon, l'animal a moins besoin de vitamine D.

Le calcium et le phosphore sont indispensables à la formation et au développement des os (à la naissance, les chiots ne possèdent qu'une quantité relativement faible de ces éléments). Il faut donc leur en donner suffisamment, mais pas trop. Chez les races de grande taille, un déséquilibre de ces éléments peut provoquer une malformation des os et des maladies comme le rachitisme *(voir p. 249).*

## LE RÔLE DES FIBRES ALIMENTAIRES

En général, environ 5 pour cent de la ration totale du chien (poids à sec) devrait se composer de fibres alimentaires, qui lui sont utiles à plusieurs égards :

- Elles accélèrent le transit intestinal, ce qui atténue les problèmes de diarrhée et de flatulence.
- Elles paraissent faciliter la digestion, même si le transit est plus rapide.
- Elles atténuent le stress métabolique associé aux maladies du foie en absorbant les produits toxiques de la digestion.
- Elles contribuent à donner aux chiens obèses un régime hypocalorique lorsqu'elles représentent de 10 à 15 pour cent de l'alimentation.
- Chez les chiens diabétiques, elles régularisent et facilitent l'absorption du glucose après les repas.

## BESOINS NUTRITIONNELS QUOTIDIENS DU CHIEN

| Éléments | Provenance | Principales fonctions |
|---|---|---|
| Protides, 4,8 g *(voir p. 162)*. Lipides, 1,1 g *(voir p. 162)*. Acide linoléique, 0,22 g *(voir lipides, p. 162)*. | | |
| **Minéraux** | | |
| Calcium, 242 mg | Os, lait, fromage, pain. | Formation des os et des dents, fonctions nerveuses et musculaires. |
| Phosphore, 198 mg | Os, lait, fromage, viande. | Formation des os et des dents, nombreuses fonctions métaboliques. |
| Potassium, 132 mg | Viande, lait. | Métabolisme de l'eau, fonctions nerveuses. |
| Chlorure de sodium, 242 mg | Sel, céréales. | Métabolisme de l'eau. |
| Magnésium, 8,8 mg | Céréales, légumes verts, os. | Formation des os et des dents, contribue à la synthèse des protéines. |
| Fer, 1,32 mg | Œufs, viande, pain, céréales, légumes verts. | Élément de l'hémoglobine, nécessaire à l'oxygénation et au métabolisme basal. |
| Cuivre, 0,16 mg | Viande, os. | Élément de l'hémoglobine, nécessaire pour l'assimilation du fer. |
| Manganèse, 0,11 mg | Nombreux aliments. | Associé à plusieurs enzymes et au métabolisme des lipides. |
| Zinc, 1,1 mg | Nombreux aliments, dont la viande et les céréales. | Élément des enzymes de digestion, favorisant probablement la régénération des tissus. |
| Iode, 0,034 mg | Poissons, produits laitiers, sel, légumes. | Élément des hormones thyroïdiennes. |
| Sélénium, 2,42 µg | Céréales, poissons, viande. | Associé à la vitamine E. |
| **Vitamines** | | |
| A, 110 UI | Huile de foie de morue, lait, beurre, fromage. | Associée à la croissance des os. |
| D, 11 UI | Huile de foie de morue, œufs, produits laitiers, margarine, viande. | Favorise la croissance des os et facilite l'assimilation du calcium. |
| E, 1, 11 UI | Légumes verts, céréales. | Favorise le métabolisme cellulaire. |
| Thiamine, 22 µg | Viande de porc, abats, céréales entières, pois, haricots. | Coenzymes intervenant dans le métabolisme des glucides. |
| Riboflavine 48 µg | La plupart des aliments. | Participe au métabolisme basal. |
| Acide pantoténique, 220 µg | La plupart des aliments. | Rôle central dans le métabolisme basal. |
| Niacine, 250 µg | Foie, viande, céréales entières, légumes. | Élément d'enzyme intervenant dans divers aspects du métabolisme. |
| Pyridoxine, 22 µg | Viande, légumes, céréales entières. | Métabolisme des acides aminés. |
| Acide folique, 4 µg | Pois, haricots, légumes verts, blé. | Métabolisme des acides aminés, sang. |
| Biotine, 2,2 µg | Viande, pois, haricots, légumes. | Métabolisme des acides aminés. |
| B12, 0,5 µg | Viande rouge, œufs, lait. | Assimilation du carbone. |
| Choline, 26 µg | Jaune d'œuf, foie, céréales, légumes. | Participe au métabolisme des lipides. |

UI = unité internationale, µg = microgramme, mg = milligramme.
*Les montants représentent les besoins quotidiens d'un chien pour un kilo de son poids.*

# Aliments préparés

Les étagères des supermarchés regorgent d'une infinité d'aliments pour chiens, en boîtes ou en sachets. Ces aliments préparés sont bien équilibrés et généralement de très haute qualité. Les plus grands fabricants ont leur propres laboratoires qui leur permettent de tester leurs produits sur des chiens de tout genre.

Il existe trois grands types d'aliments préparés : les aliments secs, les aliments semi-humides et les aliments humides (conserves).

**Aliments secs**

Malgré leur nom, ils contiennent environ 10 pour cent d'eau. Même si la composition nutritionnelle est semblable, les différentes marques n'utilisent pas les mêmes matières premières, si bien que certains produits sont plus agréables au goût ou plus digestes que d'autres.

Ces aliments ont l'avantage d'être bon marché, ce qui n'est pas négligeable si votre chien est de grande taille. Vous pouvez les garder plusieurs semaines, mais pas trop longtemps cependant, car les vitamines se dégraderaient. Les aliments secs contiennent beaucoup de fibres et conviennent aux chiens qui n'ont pas la digestion facile. Ils produisent des excréments plus volumineux, mais moins odorants. Une mise en garde : au début, il est facile de donner à votre chien une ration trop abondante, ce qui le ferait grossir.

**Aliments semi-humides**

Ils sont plus mous que les précédents et contiennent environ 25 pour cent d'eau. Généralement, ils ressemblent à de la viande hachée ou en cubes, ce qui les fait préférer par de nombreux propriétaires de chiens. Emballés en sachets d'une ration, ils se conservent sans réfrigération.

Ces aliments sont plutôt chers, mais les chiens habitués à la viande fraîche s'y habituent relativement bien. Certains petits chiens, pourtant capricieux, les adorent. Leur forte teneur en sucre n'est un problème que dans le cas de chiens diabétiques.

Fritons de porc

Croquants à la viande

Snacks à la viande

Aliments semi-humides

Conserves pure viande

Aliments complets en conserve

Biscuits

**Conserves**
Ce sont probablement les plus connus de tous les aliments pour chien. Il en existe deux types. Certaines contiennent des céréales, qui font d'elles un aliment complet ; d'autres ne contiennent que de la viande, et il faudra leur ajouter des biscuits pour que le régime soit mieux équilibré.

Les conserves pure viande coûtent plus cher, car votre chien doit manger davantage pour satisfaire son appétit. Et pourtant, cet aliment à lui seul n'est pas équilibré. La formule n'est pas identique d'une marque à l'autre ; la quantité de biscuits qu'il faut ajouter sera donc différente. Si votre chien refuse les biscuits, essayez des aliments complets. Ils pèsent plus lourd et sont plus encombrants puisqu'ils contiennent davantage d'eau que les autres.

Il existe des conserves pour tous les goûts de chiens. Mais vous constaterez probablement que certaines ne conviennent pas au vôtre et lui donnent la diarrhée.

On peut aussi se procurer des conserves spéciales, par exemple des bouillies pour chiots, des aliments plus fins pour les chiens capricieux et les gourmets, et même des régimes spéciaux pour les chiens ayant des problèmes de santé.

*Biscuits*
Les chiens qui refusent de manger des biscuits avec leur repas en prennent souvent volontiers un peu plus tard. Rien ne vous empêche de donner à votre animal uniquement de la viande au repas, puis quelques biscuits pour chien pendant la journée.

**ANALYSE DES ALIMENTS PRÉPARÉS POUR CHIENS**

| Aliments | Teneur en : Protides | Glucides | Lipides | Eau | Pouvoir calorique (kcal par gramme) |
|---|---|---|---|---|---|
| Secs (complets) | 22 | 51 | 7 | 15 | 3,4 |
| Semi-humides | 19 | 38 | 10 | 26 | 3 |
| Conserves (complètes) | 8,2 | 12 | 4,8 | 72,5 | 1 |
| Conserves (pure viande) | 9,3 | 1,5 | 4,7 | 81,9 | 1,3 |
| Biscuits | 10 | 69,9 | 6,1 | 8,4 | 3,5 en moyenne |

*La composition varie naturellement d'une marque à l'autre. La plupart des fabricants la communiquent sur demande.*

## Le pouvoir calorique

Les chiens ont besoin d'énergie pour grandir, travailler, allaiter leurs petits. Cette énergie leur vient de la digestion des protides, des glucides et des lipides. Le tableau de la page précédente donne la composition de chaque type d'aliment préparé en protides, glucides, lipides et eau, ainsi que son pouvoir calorique.

Quels sont les éléments qui procurent le plus d'énergie ? Dans les aliments secs, l'essentiel du pouvoir calorique provient des glucides (50 pour cent), le reste étant partagé entre les protides et les lipides. Dans les produits semi-humides, la majeure partie de l'énergie provient des protides (43 pour cent). Dans les conserves complètes, les trois principaux éléments s'équilibrent à peu près, alors que dans les conserves pure viande, les lipides fournissent 52 pour cent du pouvoir calorique, les protides 41 pour cent et les glucides 7 pour cent seulement.

Du fait que l'apport calorique des lipides est plus important dans les conserves pure viande, ces produits complètent utilement le régime sec d'un chien qui prend beaucoup d'exercice.

## Les rations

La ration du chien doit correspondre à ses besoins. Les chiens ont tous un métabolisme différent, même à l'intérieur d'une race identique. Comme les êtres humains, ils engraissent s'ils absorbent plus de calories qu'ils n'en « brûlent ». On peut cependant se faire une idée approximative de ce que devrait être la ration d'un chien en fonction de son poids.

D'après le tableau ci-dessous, voyez de combien de kilocalories votre chien a besoin pour son poids. Puis consultez le tableau de la page de gauche pour savoir quel est le pouvoir calorique des différents types d'aliments préparés. Par exemple, un Beagle de 15 kilos a besoin d'environ 1 010 kilocalories tous les jours. Si vous le nourrissez avec des aliments semi-humides qui fournissent 3 kilocalories par gramme, vous devrez lui en donner 337 grammes tous les jours, moins si vous y ajoutez des biscuits (ici encore, consultez le tableau).

Ces chiffres sont majorés dans les circonstances suivantes :

- Chiots × 2 à 2,5
- Gestation (6-9 semaines) × 1,5
- Lactation × 3 à 4

### LES BESOINS CALORIQUES DU CHIEN

| Poids du chien (kg) | | Besoins caloriques (kcal par jour) | Exemples de races |
|---|---|---|---|
| **Petit** | 2 | 230 | Papillon, Chihuahua |
| | 5 | 450 | King Charles Spaniel, Caniche nain |
| | 10 | 750 | Teckel (standard), Corgis, petits terriers |
| **Moyen** | 15 | 1 010 | Beagle, Staffordshire Bull-Terrier |
| | 20 | 1 250 | Airedale-Terrier, Basset-Hound |
| | 25 | 1 470 | Bulldog, Collies, Samoyède |
| **Grand** | 30 | 1 675 | Boxer, Labrador, Setter irlandais |
| | 35 | 1 875 | Berger allemand, Bobtail |
| | 40 | 2 070 | Barzoï, Greyhound |

# Suppléments vitaminés et minéraux

Les suppléments diététiques sont inutiles avec la plupart des aliments préparés, sauf dans des circonstances particulières commes les périodes de convalescence, de gestation, de lactation et de croissance. Par contre, il faut compléter les aliments frais par des suppléments de vitamines et de minéraux *(voir p. 163)*. Le régime de la page suivante possède les suppléments nécessaires, mais si vous voulez donner à votre chien d'autres aliments frais (mou, cœur, foie, restes de table, pain et légumes), vous devriez lui donner le supplément suivant. Pour un kilo d'aliments frais, ajoutez :

- 2 ou 3 cuillères à café de poudre d'os.
- De 2 000 à 3 000 UI de vitamine A.
- De 200 à 300 UI de vitamine D.

## QUELQUES SUPPLÉMENTS DIÉTÉTIQUES UTILES

*Suppléments vitaminés/minéraux*
Il en existe un si grand nombre qu'il est préférable de choisir une marque connue. Ne dépassez jamais la dose indiquée. Pour la plupart des chiens, il suffira de donner de temps en temps le supplément pendant un mois, puis une fois par semaine.

*Poudre d'os*
L'os en poudre contient du calcium (30 pour cent) et du phosphore (15 pour cent), et il corrige la déficience en calcium de la viande fraîche. Il est administré comme indiqué ci-dessus.

*Œufs*
Excellente source de protéines faciles à digérer. Le blanc d'œuf cru contient de l'avidine, qui contrecarre l'action de la biotine (une vitamine B), plus une autre substance qui perturbe la digestion. Si vous donnez des œufs régulièrement à votre chien, vous devrez les faire cuire un peu.

*Lait*
Bonne source de protéines et de calcium, mais de nombreux chiens adultes sont privés de l'enzyme qui permet de digérer le lactose, ce qui peut leur donner des diarrhées.

*Huiles végétales*
Certaines huiles végétales sont riches en acide linoléique (un acide essentiel). Si le chien en manque, sa robe devient terne. La plupart des aliments préparés en contiennent. Vous trouverez des huiles spéciales dans le commerce, mais vous pouvez aussi vous servir d'huile de maïs. Mais, comme tous les corps gras, une huile donnée en quantité excessive peut contribuer à l'obésité. La dose est d'une demi-cuillère à café d'huile de maïs par jour pour un chien de 10 kilos, et de deux cuillères à café pour un chien de 50 kilos.

*Huile de foie de morue*
Bonne source de vitamines, il ne faut certainement pas en abuser. Une cuillère a café de 5 grammes par jour suffit à un Dogue allemand de 50 kilos – si ses aliments ne contiennent pas déjà les vitamines nécessaires.

*Levures*
Les levures sont riches en vitamines B et en certains minéraux. Elles sont utiles pour les chiens âgés.

*Préparations végétales*
Il en existe de nombreuses variétés, notamment des comprimés à base d'algues, qui contiennent de l'iode.

# La pâtée « maison »

Vous pouvez faire vous-même une pâtée bien équilibrée. La recette donnée ci-dessous, à base de viande et de riz, s'adapte facilement aux différentes circonstances. Le foie, la poudre d'os, l'huile de maïs et le sel procurent à l'animal des vitamines et des minéraux essentiels.

N'achetez pas de viande hachée pour les chiens adultes : elle risque de contenir beaucoup trop de graisse. De préférence, hachez des morceaux de viande mi-maigre.

## Autres aliments

Si vous préparez vous-même la nourriture de votre chien, souvenez-vous que l'équilibre diététique est indispensable, mais non la variété.

*Légumes*
Les chiens sont essentiellement carnivores, mais une certaine quantité de légumes ne leur nuit pas le moins du monde. Par contre, il serait cruel et contre nature d'imposer à votre chien un régime végétarien qui serait probablement déficient.

*Restes de table*
Les restes de vos repas, s'ils ne sont pas gras, varient le menu de votre animal : restes de viande, de ragoût et de légumes avec un peu de sauce. Évitez les carcasses et les petits os.

*Os*
Les chiens mangent naturellement des os, mais ceux-ci risquent de les constiper gravement. Pourtant, un vieil os procure des heures de bonheur et il contribue aussi à nettoyer les dents et à fortifier la mâchoire. Les petits os (poulet, côtelettes, lapin ou mouton) sont dangereux ; il faut absolument leur préférer les gros os de veau, qui ne risquent pas de se casser en arêtes pointues.

### POUR FAIRE VOUS-MÊME LA PÂTÉE

- **Recette de base.** Pour l'entretien de l'adulte normal.
- **Régime carné.** Pour l'entretien normal des chiens qui ont besoin d'une alimentation plus riche.
- **Régime hypocalorique.** Pour les obèses.
- **Régime gériatrique.** Pour les chiens âgés.

| Ingrédients | Régime de base | Régime carné | Régime hypocalorique | Régime gériatrique |
|---|---|---|---|---|
| Riz, non cuit | 135 g | 70 g | 70 g | 100 g |
| Viande, mi-maigre | 110 g | 150 g | 75 g (maigre) | 110 g |
| Son de blé | | | 40 g | 40 g |

*Quantités pour 10 kilos de poids.*

| Tous les régimes | Grammes | Cuillères à café | Apport |
|---|---|---|---|
| Foie cru | 30 | 6 | Vitamines et minéraux |
| Poudre d'os (à la vapeur) | 5 | 1 | Calcium |
| Huile de maïs | 5 | 6 | Acide linoléique, vitamine E |
| Sel iodé | 3 | ½ | Iode |

**Méthode.** Hachez la viande et faites-la cuire dans un peu d'eau. Faites bouillir le riz et mélangez-le à la viande cuite. Laissez refroidir. Ajoutez les autres ingrédients. La pâtée peut se manger froide ou réchauffée.

# Le repas

La plupart des chiens de plus de douze mois ne font qu'un repas par jour, généralement le soir. Certaines petites races ne mangent que très peu, en une seule fois, et il leur faut donc deux repas. Un chien qui a trop mangé risque de vomir ou d'avoir la diarrhée. Les chiens s'adaptent complaisamment au rythme de la famille, et ils seront souvent heureux de manger à peu près en même temps que vous. Vous éviterez aussi qu'ils ne viennent quémander autour de la table.

Malheureusement, après un repas en soirée, certains chiens ne peuvent passer la nuit sans faire leurs besoins. La solution consiste habituellement à changer de régime : soit avancer un peu l'heure du repas, soit donner une motié de la ration pendant la journée et l'autre moitié le soir. Pour l'alimentation des chiots et des jeunes chiens, voir page 132.

### NOURRIR PLUSIEURS CHIENS

Si vous avez plusieurs chiens, il faut donner à chacun une écuelle et les nourrir à peu près tous de la même manière. Empêchez vos chiens de partager la nourriture. En effet :

- Un chien pourrait devenir obèse en prenant « la part du lion ».
- Les chiens timides sont tenus à l'écart.
- Un chien particulier peut avoir besoin d'un supplément diététique.
- Une bagarre peut éclater, même si vos chiens sont habitués à manger ensemble.
- Il vous sera difficile de savoir si un chien a perdu son appétit, car les autres auront mangé sa part.

**Où faire manger votre chien ?**
Un chien a ses habitudes, et il aime manger toujours au même endroit, ce qui l'incite à ne pas trop s'attarder sur son repas. Le choix du lieu est une question de préférence. La plupart des chiens mangent proprement, mais il n'est pas mauvais de choisir un endroit facile à nettoyer. Vous pourrez poser les écuelles sur un tapis de plastique facile à essuyer. Certains chiens aiment sortir des morceaux de viande de leur écuelle et s'asseoir à terre pour les mâcher, comme un lion devant sa proie. Si c'est le cas, posez à terre du papier journal pour ne pas avoir à nettoyer le sol après chaque repas. Ne laissez pas trop longtemps à l'air la nourriture que le chien n'a pas mangée.

**L'eau**
Tous les animaux ont besoin d'eau. Le corps de la plupart des chiens est composé d'eau pour environ les deux tiers ; la proportion baisse à 50 pour cent pour les chiens plus gras, et elle peut atteindre 75 pour cent pour les chiens plus maigres.

Tous les chiens perdent de l'eau par la transpiration, le halètement, ainsi que par le fonctionnement des voies digestives, des poumons et des reins. Vous devez donc toujours mettre de l'eau fraîche à la disposition de votre chien.

*Quelle quantité ?*
Pour conserver un bon équilibre, un chien en bonne santé doit absorber environ 40 millilitres d'eau par jour par kilo de poids, y compris l'eau contenue dans les aliments.
Un chien boit davantage quand il fait

| Poids du chien | Quantité d'eau par jour |
|---|---|
| 10 kg | 400 ml |
| 20 kg | 800 ml |
| 30 kg | 1 200 ml |
| 40 kg | 1 600 ml |

chaud, car il perd alors une plus grande quantité d'eau en haletant. Les chiens qui ont de la diarrhée ou qui souffrent des reins doivent aussi boire davantage. Les quantités indiquées ne sont qu'approximatives, et vous devrez apprendre à connaître les besoins normaux de votre chien.

La soif est le symptôme d'un certain nombre de maladies. Si vous constatez que votre chien a excessivement soif, consultez votre vétérinaire.

**Le « grignotage » entre les repas**

N'habituez pas votre chien à grignoter entre les repas ; vous ne feriez que l'encourager à quémander perpétuellement de la nourriture. Une fois le principe bien établi, le chien n'y revient généralement plus.

De préférence, réservez les friandises pour le dressage et les récompenses. Associées à vos compliments, elles seront beaucoup plus efficaces qu'une punition même méritée, mais n'oubliez pas qu'en quantité excessive elles peuvent entraîner l'obésité Le geste doit être plutôt symbolique : c'est le plaisir de recevoir quelque chose de son maître qui importe le plus.

*Quelques friandises*

- Aliments semi-humides pour chiens – ne conviennent qu'en très petite quantité.
- « Croquants » spéciaux pour chiens.
- Chocolat spécial pour chiens, mais à nouveau avec modération.
- Raisins secs – toujours avec modération.
- Biscuits écrasés – tout à fait recommandés.

**Mise en garde**

Ne donnez pas de suppléments minéraux et vitaminés en guise de friandises. Le bon équilibre de votre chien pourrait en souffrir.

## LES ÉCUELLES

Les écuelles de plastique sont les moins chères, mais le chien les gratte et les mâche, ce qui les rend difficiles à nettoyer. Les écuelles d'acier inoxydable se nettoient très facilement, mais elles se renversent car elles sont généralement légères. L'écuelle traditionnelle de grès est stable et facile à nettoyer, mais elle s'ébrèche à la longue. Les races à longues oreilles pendantes laissent parfois traîner leurs oreilles dans leur écuelle, ce qui peut causer une dermatite. Pour ces races, il existe des écuelles profondes et étroites qui empêchent les oreilles d'entrer en contact avec la nourriture.

Placez à quelques centimètres au-dessus du sol les écuelles des chiens qui ont tendance à s'étrangler en mangeant, soit à cause d'une anomalie du voile du palais, soit par simple gloutonnerie. Leur tête reste ainsi plus droite, et les aliments prennent la bonne direction.

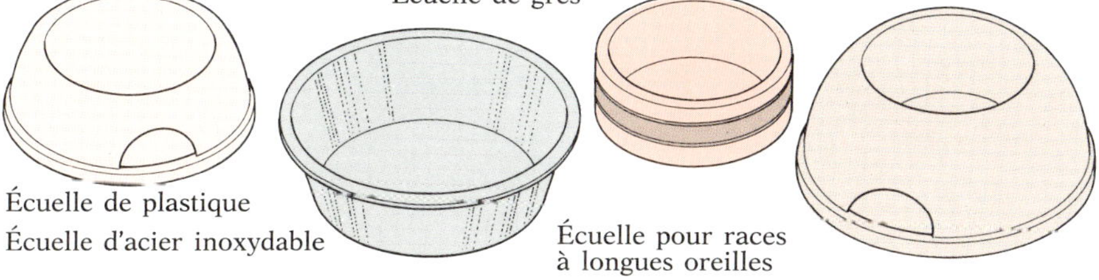

Écuelle de grès

Écuelle de plastique

Écuelle d'acier inoxydable

Écuelle pour races à longues oreilles

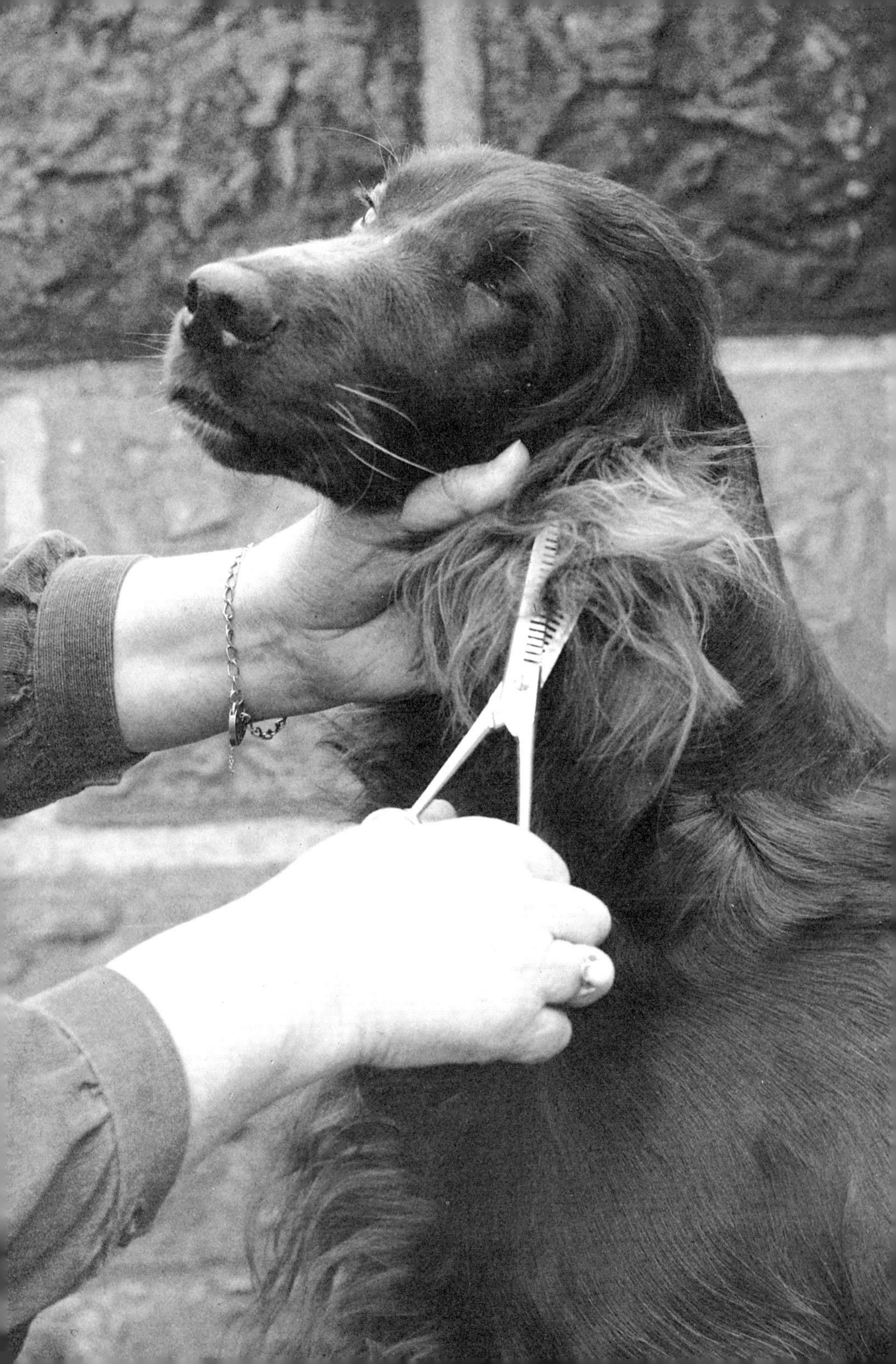

# 8

# LA TOILETTE

Lorsque vous devenez le maître d'un chien, vous acceptez naturellement de vous occuper de lui. Bien des gens choisissent une race plutôt qu'une autre sur la foi d'une belle photo ou d'un splendide animal qui fait une apparition fugace à la télévision. Si vous ne savez rien des soins que demande la robe de votre nouveau compagnon, un petit désastre vous attend. L'animal que vous avez vu avait sans doute subi de longues heures de toilettage juste avant la prise de vues. La toilette n'est pas réservée aux chiens d'exposition. Quelle que soit la robe de votre animal, il faut l'entretenir régulièrement pour qu'elle continue d'avoir une belle apparence. La plupart des chiens aiment ces séances de soins de beauté, qui renforcent d'ailleurs la confiance qu'ils vous portent. Profitez-en pour examiner votre chien : peut-être faut-il lui couper les ongles, ou tout simplement lui donner un bain ! Différents symptômes de maladies sont décrits au chapitre « La santé du chien » *(voir p. 226 à 275).*

# La toilette quotidienne

Ne vous bercez pas d'illusions : si vous voulez devenir le propriétaire d'une race à poil long, par exemple d'un Lhassa Apso, d'un Bobtail ou d'un Lévrier afghan, sachez que vous devrez consacrer un temps considérable à la toilette de votre animal, peut-être même une heure par jour. Si c'est trop, choisissez une autre race. Et si vous comptez présenter un chien à la robe plutôt « difficile » à une exposition, il y a de fortes chances que vous ayez besoin en plus de vous adresser à un toiletteur professionnel. En revanche, les services de ce spécialiste ne sont certainement pas indispensables pour la plupart des animaux de compagnie.

On croit souvent que les chiens dont le poil est tondu ou épilé n'ont besoin que d'une visite occasionnelle chez le toiletteur. Ce n'est absolument pas le cas, et le maître responsable doit s'occuper régulièrement lui aussi de la toilette de son chien.

### La robe du chien

Il en existe cinq types principaux. La robe peut être à poil long, à poil soyeux, à poil frisé, à poil ras ou à poil dur. Nous y ajouterons une sixième catégorie, celle des « cas particuliers ». Chaque type de robe présente ses particularités *(voir le tableau pp. 176-177)*, mais les principes de la pousse du poil et les facteurs qui donnent une belle robe sont identiques. Les robes qui demandent le plus d'entretien sont les robes à poil frisé, à poil dur et à poil long.

La toilette du chien consiste en partie à enlever les poils morts, ainsi qu'à nettoyer la peau et les poils vivants. Tout chien possède plusieurs types de poils qui poussent en groupe dans un même follicule. Chaque follicule comporte un poil primaire, ou poil de garde, qui constitue la robe, et plusieurs poils secondaires qui forment le sous-poil. Il faudrait y ajouter d'autres poils spéciaux – les « poils tactiles » –, par exemple les cils, les poils du pavillon de l'oreille et les moustaches du museau *(voir p. 32)*.

***Sens de la pousse du poil***
*Le poil pousse dans un certain sens en formant des lignes qui vont de la tête au dos, puis descendent le long du corps et des membres.*

### La mue

Le chien renouvelle périodiquement les poils de sa robe. Cette mue se produit généralement au printemps et à l'automne, et dure de quatre à six semaines. La nouvelle robe pousse en trois ou quatre mois. Le groupe des caniches (poil frisé) ne mue jamais.

Pendant la mue, brossez votre chien tous les jours. Si les pellicules sont trop nombreuses, donnez-lui un bain.

En pleine nature, la mue est déclenchée par les variations de température et par les changements de saison. Chez le chien domestique à poil ras, elle est souvent presque permanente. On en ignore la raison, mais elle pourrait tenir au chauffage central, à l'éclairage artificiel ou à l'alimentation *(voir « Chute des poils », p. 269)*.

## COMMENT FAIRE LA TOILETTE QUOTIDIENNE

La méthode illustrée convient à tous les types de chiens. Même si vous n'avez pas à faire toutes les étapes à chaque séance, il est bon d'en connaître la succession logique qui vous permettra d'obtenir les meilleurs résultats. Les différents types de robes sont décrits page suivante. Pour l'emploi du matériel, voir p. 178 à 181.

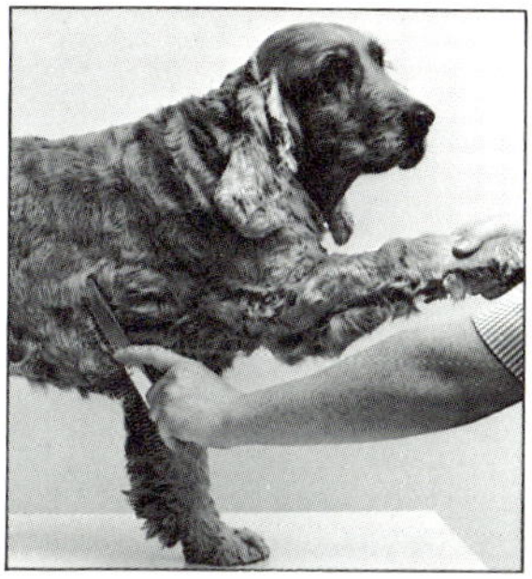

**1** Avec un peigne à grosses dents, démêlez le poil.

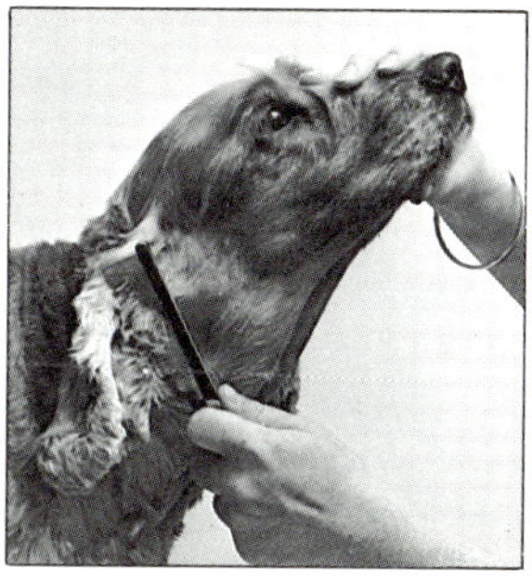

**2** Prenez un peigne fin pour le menton, la queue et les oreilles.

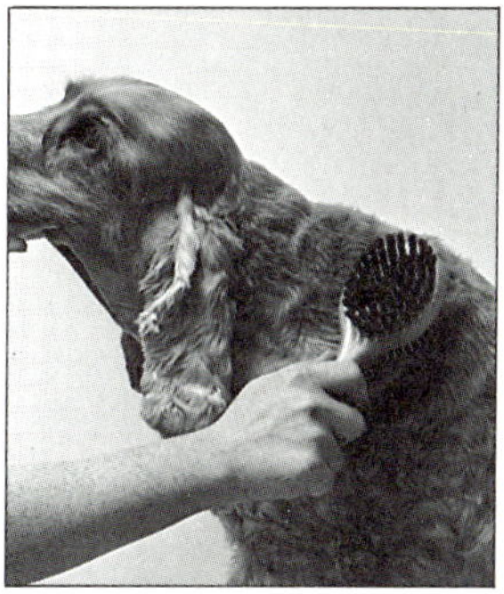

**3** Brossez la robe dans le sens de la pousse du poil.

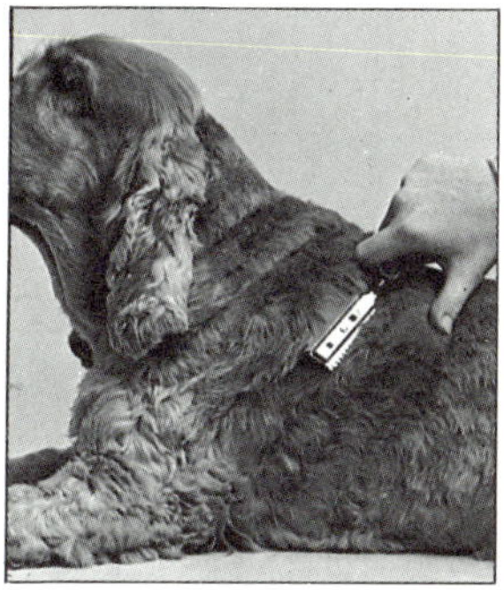

**4** Épilez soigneusement la robe avec un peigne-couteau.

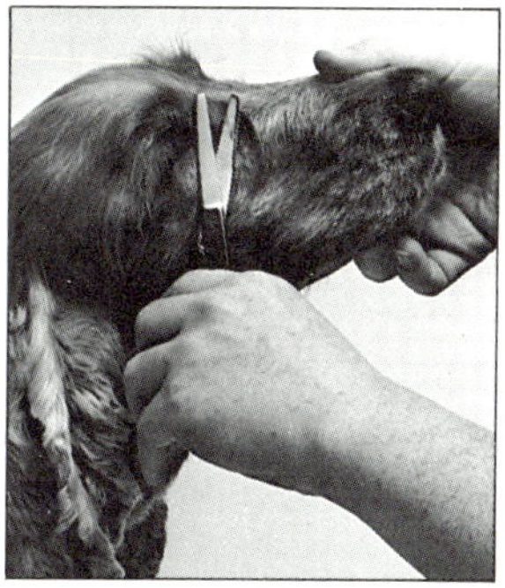

**5** Égalisez les poils des yeux et de la zone génito-anale.

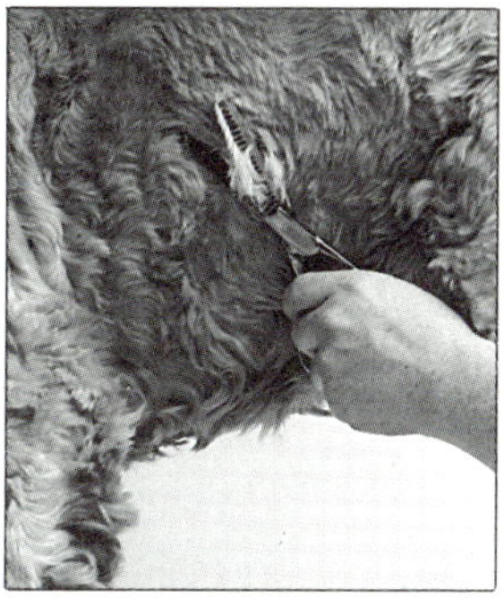

**6** Au besoin, éclaircissez la robe avec des ciseaux à désépaissir.

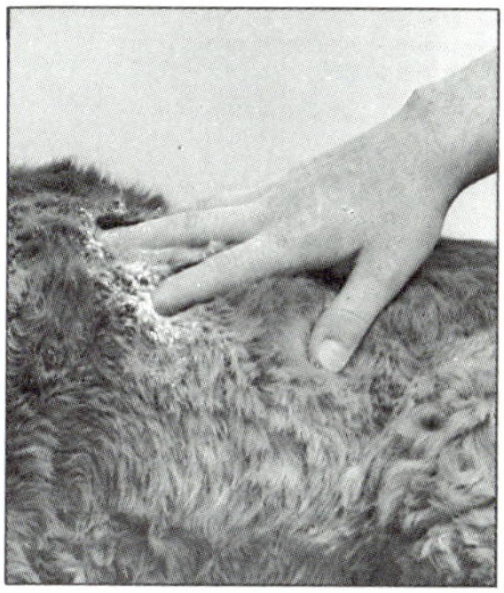

**7** Donnez au chien un bain ou un shampooing à sec.

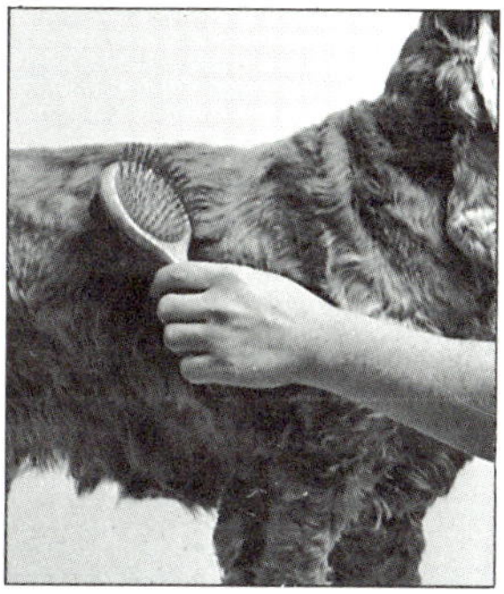

**8** Donnez un dernier coup de brosse et peut-être un lustrage.

## LA TOILETTE DES DIFFÉRENTS TYPES DE ROBES

| TYPE | | RÈGLES DE BASE |
|---|---|---|
| **Poil long avec sous-poil**<br>*Berger allemand, Collie, Terre-Neuve, Bobtail, famille des Spitz.* | 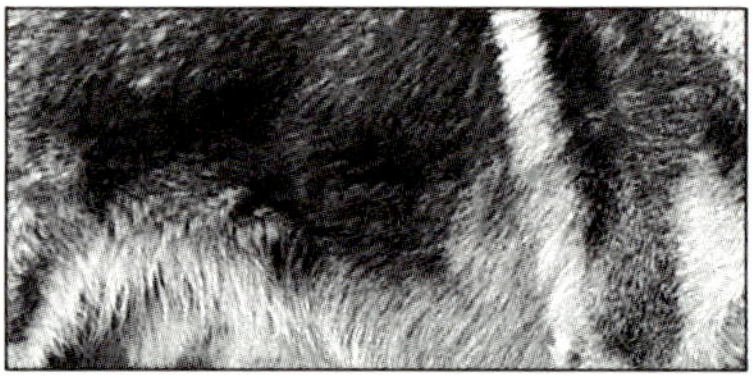 | Bain deux fois par an, au printemps et à l'automne. Brossez et peignez vers l'avant, sur la tête et les épaules, avant de peigner en arrière ; brossez les flancs dans le sens de la fourrure. Peignez le sous-poil pendant la mue. |
| **Poil soyeux**<br>*Lévrier afghan, Yorkshire-Terrier, Bichon maltais, Lhassa-Apso, setters, épagneuls et Pékinois.* |  | Négligées, ces robes deviennent rapidement un véritable fouillis. Il faut toujours les brosser fréquemment pour éviter la bourre. Des bains relativement fréquents s'imposent. |
| **Poil frisé**<br>*Bedlington-Terrier, caniches, Kerry Blue-Terrier.* | 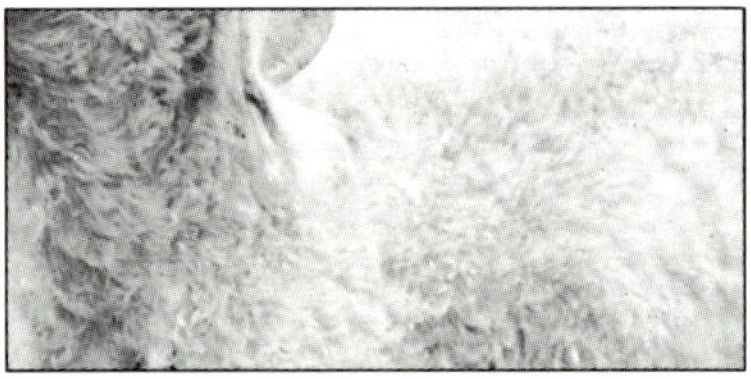 | Ces chiens ne muent pas et leur poil pousse perpétuellement. Il faut les tondre et les baigner toutes les 6 ou 8 semaines. Brossez la robe tous les 3 jours en commençant par les poils longs et duveteux. |
| **Poil ras**<br>*Poil fin et court : Whippet, Boxer et Teckel à poil ras. Poil plus long et plus dense : Labrador et Corgi.* | 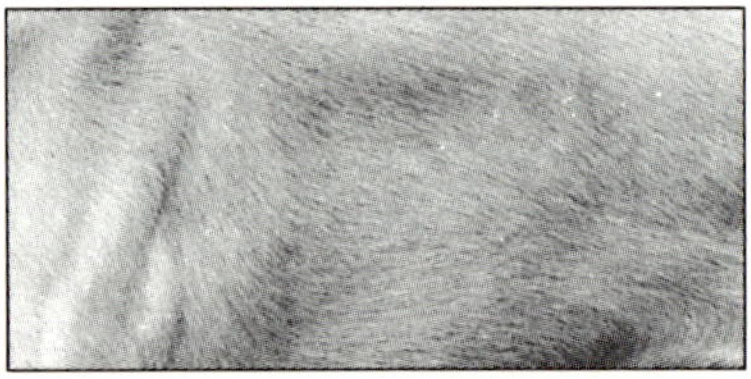 | Ces robes sont plus faciles d'entretien que les autres. Pour les plus longues, servez-vous d'un peigne et d'une brosse à poil dur. Un gant à lustrer suffit pour les robes courtes. |
| **Poil dur**<br>*La plupart des terriers : West-Highland White, Sealyham, Cairn, Norwich, Airedale. Teckel à poil dur et Schnauzers.* | 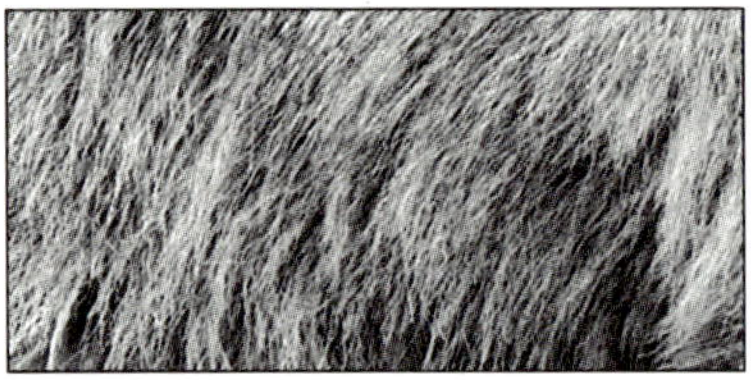 | Brosser régulièrement la robe pour éviter la bourre. Épilez le poil tous les 3 ou 4 mois, après un bain. On peut aussi le tondre mécaniquement toutes les 6 ou 8 semaines. Autour des yeux et des oreilles, égalisez les poils aux ciseaux. |
| **Cas particuliers**<br>*Robes qui « sortent de l'ordinaire ».* | 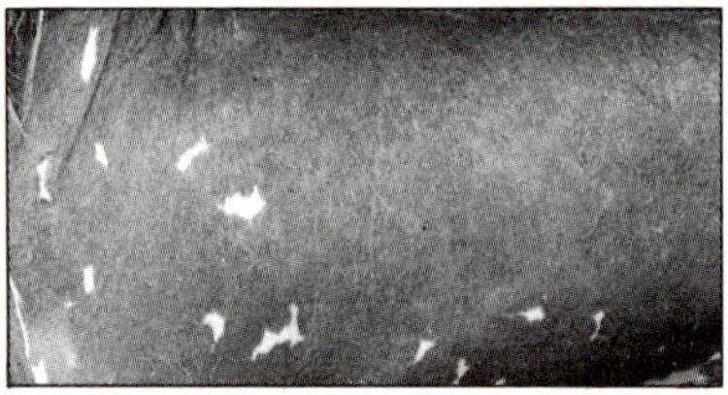 | Toutes les robes ont besoin de soins. Certaines races, comme le Xoloizcuintle (ou chien nu du Mexique), n'ont presque pas de poils, mais il faut quand même les peigner et les brosser. |

| PARTICULARITÉS | SOINS SPÉCIAUX |
|---|---|
| Servez-vous d'un peigne fin sous le menton et la queue, ainsi que derrière les oreilles.<br>Si le chien a besoin d'un bain supplémentaire entre les deux « grands bains », servez-vous d'un shampooing à sec. | **Bobtail**<br>De nombreux propriétaires de Bobtails tondent le poil à environ 2,5 cm. Le chien est ainsi plus à l'aise qu'avec une robe hirsute. Même bien soigné, il arrive que le Bobtail souffre par temps chaud ou dans une maison équipée du chauffage central. Sa robe demande jusqu'à une heure de soins par jour. |
| Pour les Afghans, les setters et les épagneuls, épilez le poil mort tous les trois mois, puis donnez un bain. Pour les épagneuls, retouchez aussi la robe (*trimming*). Même fréquence pour le trimming des Yorkshire-Terriers et des Bichons maltais. Pour certaines expositions (surtout des Afghans et des Yorkshire-Terriers), le poil est huilé et mis en papillotte. | **Épagneuls**<br>Soignez particulièrement les pieds et les oreilles. Le poil qui pousse entre les doigts a tendance à feutrer. Des poils trop abondants sur les oreilles et sur le canal auditif peuvent entraîner une maladie. A la campagne, soignez avec encore plus d'attention la robe des épagneuls. |
| La plupart des poils que perdent ces chiens sont des poils secondaires. Une robe mal entretenue a donc tendance à « feutrer ». Ces mêmes poils poussent aussi dans le canal auditif du chien où ils risquent de rester. Examinez fréquemment les oreilles pour voir si elles sont bouchées par de la cire et des poils morts *(voir p. 252)*. | **Chiots**<br>Le poil est tondu pour la première fois vers la 14e ou la 15e semaine. Le bruit des ciseaux effraie parfois le jeune chiot, surtout s'il n'est pas tondu chez lui. Habituez-le au bruit en rapprochant progressivement un rasoir électrique, puis en le tenant contre la peau du chiot. |
| La fréquence du bain dépend de l'état de votre animal. Mais vous pourrez brosser le plus gros de la poussière et de la boue une fois sèche. Évitez les bains trop fréquents, qui font disparaître les huiles naturelles du poil. | |
| **Chiots**<br>Égalisez le poil, vers 4 mois, autour de la tête et sur la queue. | |
| Certaines races, comme le Puli de Hongrie et le Komondor, ont une robe dense et cordée. Pour qu'il conserve son aspect, le poil doit être huilé et torsadé à mesure qu'il pousse. | Les éleveurs et votre vétérinaire pourront vous fournir des indications complètes pour les soins à donner aux robes « excentriques ». |

# Le matériel

Il vous faudra au moins acquérir une brosse et un peigne pour faire la toilette de votre chien. Il existe aussi des cardeurs et des gants à lustrer pour certains types de robe. A cela, vous pourrez ajouter un peigne-couteau et des ciseaux à désépaissir.

Rangez votre matériel à l'abri de l'humidité, pour empêcher les ciseaux et les couteaux de rouiller. Dès que la séance est terminée, essuyez vos instruments pour enlever les poils et la graisse.

Les chiens manifestent souvent l'impérieux désir de mettre la patte sur leur nécessaire de toilette pour le démolir. Raison de plus pour le mettre en sûreté.

## L'EMPLOI DU PEIGNE

Il existe des peignes en métal et en plastique. Le prix et votre préférence dicteront votre choix. Pour que le peigne ne griffe pas la peau et n'arrache pas le poil, il doit avoir des dents rondes, arrondies également au bout. Tous les chiens ont besoin d'un peigne à grosses dents, écartées d'environ 2 mm. Les chiens à poil fin et ceux dont la robe s'emmêle et feutre ont également besoin d'un peigne fin.

**1** Enfoncez bien profondément le peigne à grosses dents dans la fourrure pour démêler les nœuds et, en particulier, enlever la bourre qui a pu se former.

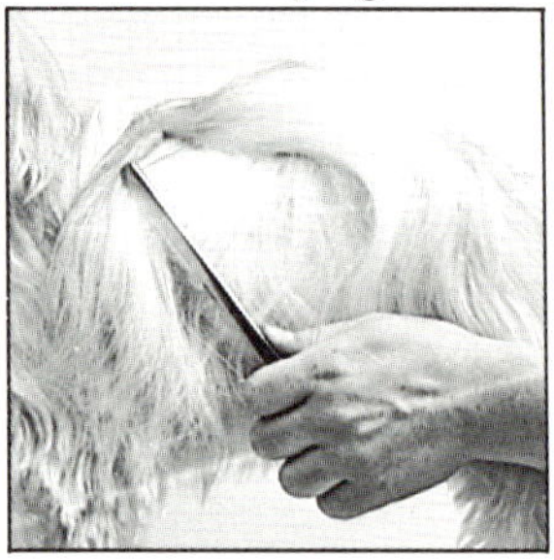

**2** Avec le peigne fin, démêlez le sous-poil et enlevez tous les poils morts qui ne tiennent plus. Ne tirez pas trop fort pour ne pas faire mal au chien.

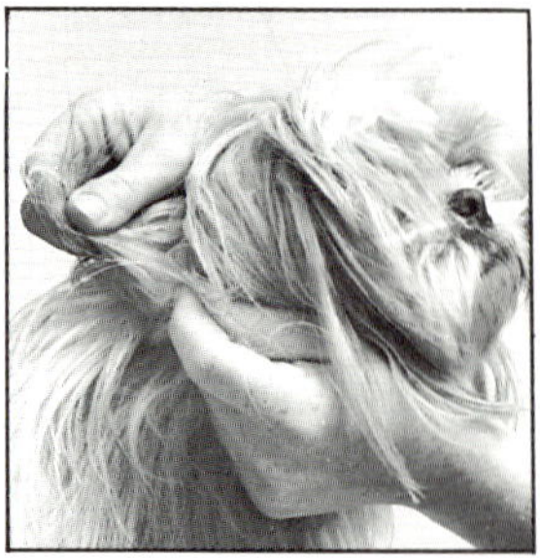

**3** Si vous rencontrez une résistance, retirez le peigne et attaquez le nœud petit à petit avec le peigne à grosses dents, ou encore avec les doigts.

## L'EMPLOI DE LA BROSSE

Vous vous servirez de la brosse pour l'entretien courant de la robe et pour la « finition » après le peignage, particulièrement dans le cas des races à robe longue. Il faut que les poils de la brosse soient suffisamment longs pour atteindre la peau du chien, sous le poil, pour empêcher la bourre de se former. Les brosses à poils courts et serrés conviennent aux races à poil court. Pour brosser un chien à poil ras, suivez le sens de la pousse du poil, en commençant par la tête, puis en descendant vers la queue. Si votre chien a le poil long, il vous faudra une brosse à poils plus longs et plus espacés, montés sur caoutchouc.

Les toiletteurs professionnels se méfient des brosses à poils synthétiques, qui font trop d'électricité statique et qui ont tendance à casser le poil. Procurez-vous une brosse de soies naturelles, si possible.

**Brossage d'une robe à poil long**
Brossez doucement la robe à rebrousse-poil des chiens à poil long et des races dont le poil doit s'écarter du corps. Enfoncez la brosse dans la fourrure et imprimez-lui un léger mouvement de torsion à rebrousse-poil. Ne brossez jamais toute la robe à rebrousse-poil : vous risqueriez de casser les poils.

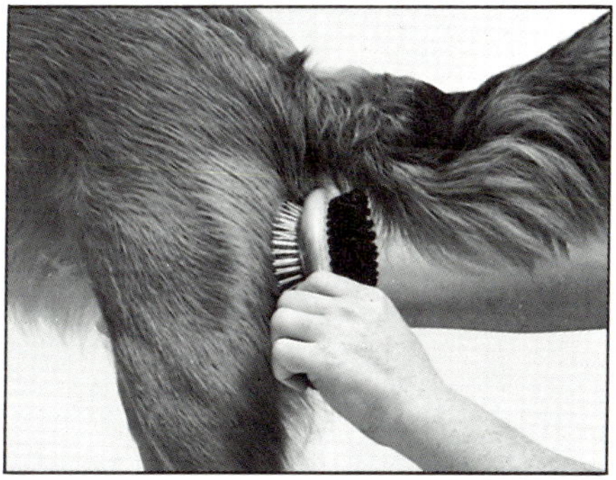

**Brossage d'une robe à poil mi-long**
Pour les robes à poil mi-long, faites attention aux membres postérieurs. Les poils de garde de ces robes sont assez longs pour retenir les poils morts. En bougeant et en se léchant, le chien ramène parfois ces poils vers ses membres postérieurs, où ils forment une bourre.

**Le cardeur**
C'est une sorte de brosse métallique qui se compose d'une planchette rectangulaire munie de courtes pointes métalliques et d'un manche. Il sert à enlever le sous-poil mort des races à poil court. Maniez-le comme une brosse sur une robe à poil long : enfoncez-le doucement jusqu'à la peau, puis retirez-le en lui imprimant un léger mouvement de torsion.

**Le gant à lustrer**
Cet outil est utile pour lustrer le poil et enlever le sous-poil mort, en particulier chez les espèces à poil court. Le gant est muni de petites dents, métalliques ou en caoutchouc, et il s'enfile sur la main comme un gant de toilette ordinaire. Le gant à lustrer n'est pas très efficace sur les robes à poil plus long, par exemple celle d'un Labrador.

# Ciseaux, couteaux et pinces

Divers autres instruments sont utilisés pour la toilette du chien. Les couteaux, peignes-couteaux et ciseaux à désépaissir sont utiles, que votre chien ait besoin d'être tondu ou que vous vouliez simplement lui faire une petite retouche. Il existe aussi des pinces à ongles spéciales. Il vaut sans doute mieux laisser les pinces électriques aux professionnels.

**Ciseaux à désépaissir**
Leurs lames sont munies de dents. Ils servent à éclaircir la robe sans trop modifier son aspect extérieur. On les utilise habituellement sur le sous-poil, en écartant au peigne les poils du dessus. Vous préservez ainsi la couleur extérieure de la fourrure chez les chiens dont le sous-poil est de couleur différente.

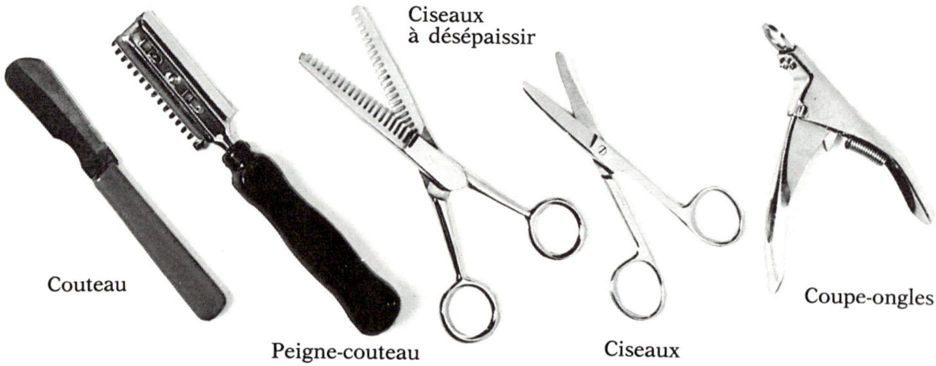


## L'EMPLOI DU COUTEAU

La lame dentelée des couteaux et des ciseaux-couteaux sert à enlever les poils morts. Le ciseau-couteau est muni d'une garde amovible sur un côté, et il se compose d'une lame de rasoir montée sur un peigne. Le couteau ordinaire est une simple lame de métal montée au bout d'un manche.

Le plus souvent, ces instruments s'utilisent en pinçant le poil mort entre le pouce et l'index, comme on plume une poule.

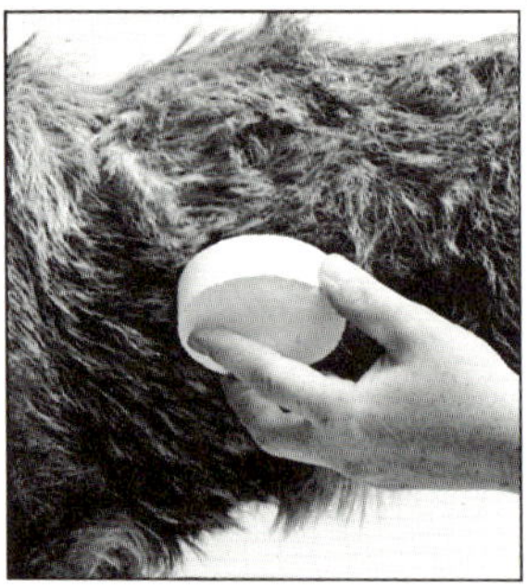

**1** Brossez bien la robe pour séparer tous les poils. Si elle est soyeuse, saupoudrez-la de craie en poudre pour vous donner une meilleure prise.

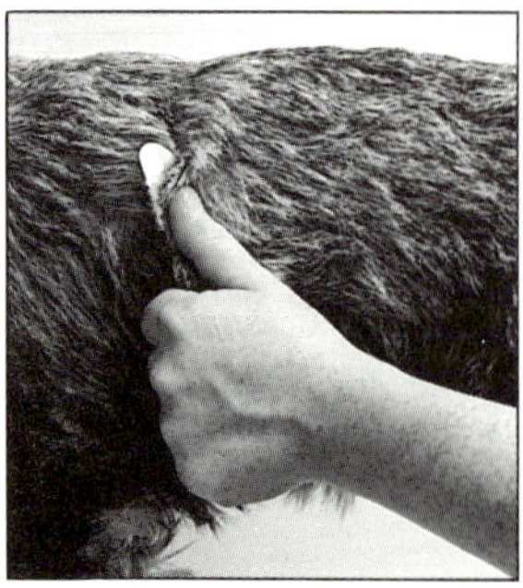

**2** Pincez les poils entre le couteau et le pouce et retirez le couteau en le faisant pivoter pour détacher les poils morts et tailler les poils vivants.

**Ciseaux**

On peut se servir de ciseaux de coiffeur sur un chien, mais à condition que les pointes soient arrondies. Des ciseaux de 12,5 centimètres de long sont préférables. Utilisez-les pour tailler le poil des régions sensibles : les yeux, les oreilles, les babines, les pieds, les zones anale et génitale. Ne coupez jamais les moustaches d'un chien. Les ciseaux s'utilisent aussi avec le peigne pour démêler les nœuds *(voir ci-contre).*

*Chiens d'exposition*

Pour les chiens d'exposition, les ciseaux ordinaires et les ciseaux à désépaissir s'utilisent de la même manière, mais plus légèrement puisque le toilettage a déjà fait l'essentiel. Vous vous en servirez pour apporter quelques légères retouches à la robe, ou pour « rafraîchir » sa coupe à la dernière minute, par exemple au-dessus des épaules ou sur les pattes, juste avant de présenter l'animal. Mais n'ayez pas la main trop lourde.

**L'EMPLOI DES CISEAUX**

L'emploi des ciseaux pour tailler les poils qui entourent les yeux permet d'éviter les problèmes dont souffrent certains épagneuls et terriers, notamment lorsque les poils irritent l'œil et provoquent une sécrétion gluante. Servez-vous des ciseaux pour éclaircir la frange des Bichons maltais et des Bobtails qui ne sont pas destinés aux expositions. Les poils tactiles des oreilles et du museau sont trop sensibles pour qu'on les épile, mais vous pouvez les tailler aux ciseaux, à condition de ne pas toucher aux moustaches. Chez les races à poil long, coupez les poils qui poussent entre les coussinets des pieds pour qu'ils ne feutrent pas.

Il est parfois souhaitable de couper les poils qui entourent le pénis ou la vulve. De même, il est conseillé de tailler les poils de la région anale pour qu'ils ne s'emmêlent pas. Avec un peigne, relevez les poils, puis coupez-les au-dessus du peigne.

## COMMENT TAILLER LES ONGLES

La coupe des ongles du chien complète généralement la toilette. Procurez-vous de préférence une pince à guillotine, qui coupe l'ongle au lieu de l'écraser, ce qui risque de faire mal au chien.

Demandez qu'on vous fasse une démonstration. La racine de l'ongle varie d'un chien à l'autre ; si vous l'entamez, vous ferez mal à votre chien, qui se mettra à saigner abondamment. Sur les ongles blancs ou transparents, la majeure partie de la racine est bien visible, mais elle se prolonge vers l'avant et vous devrez en tenir compte. Chez les chiens à ongles noirs, la racine est plus longue. Mieux vaut être prudent et procéder par tâtonnements.

Posez le chien sur une surface facile à nettoyer. Munissez-vous d'un crayon hémostatique au cas où l'animal se mettrait à saigner. Vous pourriez avoir besoin aussi d'un petit pansement *(voir « Les urgences », p. 282).*

Examinez les ergots du côté intérieur des membres, s'ils n'ont pas été enlevés. Ils ne s'usent pas et, s'ils sont couverts de poils, vous pouvez les oublier.

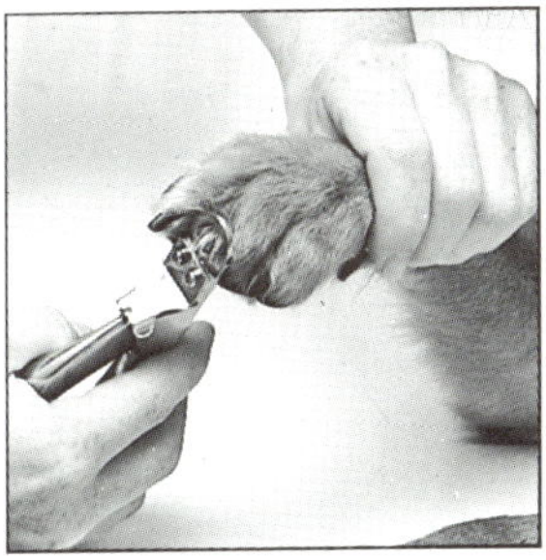

***La coupe des ongles***
*Une opération quelque peu délicate.*

# Le bain

« Quand dois-je donner un bain à mon chien ? » Il n'y a pas de réponse toute faite à cette question. Un chien sale ou qui sent mauvais a besoin d'un bain, encore qu'il soit souvent possible d'enlever à la brosse un peu de boue ou de poussière. De nombreux chiens ont besoin de bains plus fréquents en été ; d'autres doivent prendre un bain tous les mois, mais rarement plus. Chez certains chiens, particulièrement le Scottish Terrier, des pellicules s'accumulent sur leur robe, qui paraît sale. Il faut alors leur donner un bain toutes les deux ou quatre semaines. Au besoin, consultez votre vétérinaire.

Brossez toujours votre chien avant de lui donner un bain, faute de quoi son poil pourrait s'emmêler encore davantage. Vous pouvez vous servir d'un savon doux de toilette, mais il est préférable d'employer un shampooing spécial, ou encore un shampooing pour bébé. L'eau doit être chaude, mais sans excès.

Rien ne vous empêche d'utiliser votre baignoire. La baignoire de bébé est idéale pour un petit chien : vous pouvez la mettre dehors ou la placer à une hauteur commode. Pour les gros chiens, vous pouvez utiliser un petit bassin pour enfants, mais attention aux ongles qui pourraient le percer ! Posez au fond du bassin un tapis de caoutchouc pour voiture qui empêchera aussi le chien de glisser. Car si votre chien glisse, il risque fort de s'ébrouer dans toute la pièce !

**Shampooing à sec**

Excellent pour les nettoyages rapides, il ne résoud pas le problème du chien vraiment très sale. Le shampooing à sec est une poudre qui dégraisse une fourrure trop huileuse et odorante. Le produit avive les couleurs de la robe, et le talc du shampooing fait ressortir les taches blanches. Saupoudrez la robe du produit, puis brossez.

## COMMENT DONNER LE BAIN

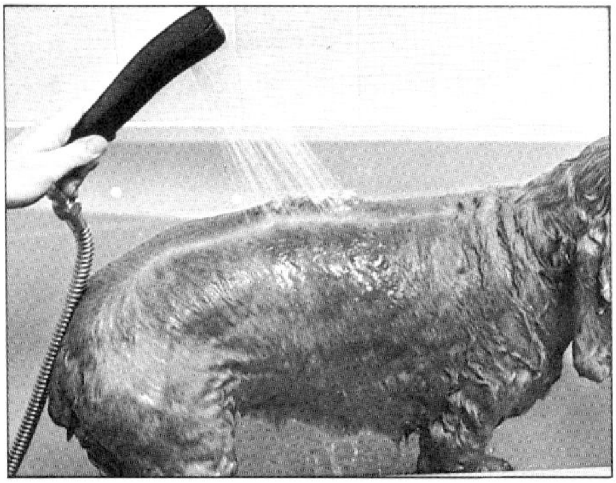

**1** Avec un aide qui maintiendra le chien, donnez le shampooing. Retirez le collier et mettez le chien dans la baignoire. Avec un pot, la pomme de la douche ou un jet d'eau pas trop puissant, mouillez le dos du chien et faites pénétrer l'eau dans le poil, sur le dos et sur les côtés.

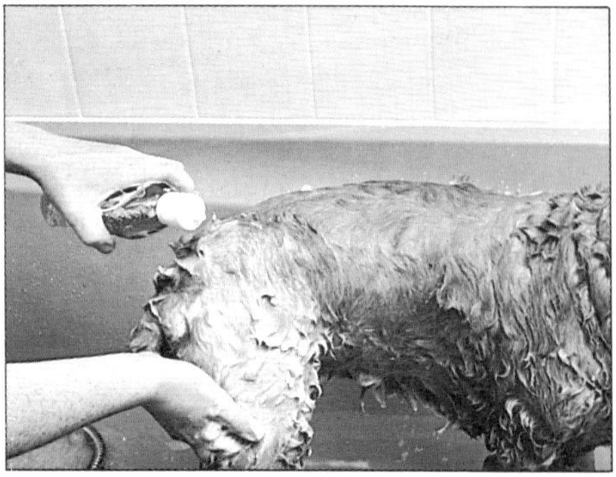

**2** Mettez un peu de shampooing sur le dos et faites-le mousser en l'étendant jusqu'à l'arrière et le long des jambes. Lavez d'abord la tête, en faisant attention de ne pas mettre de shampooing dans les yeux. C'est quand sa tête sera mouillée qu'il voudra sans doute s'ébrouer !

## LE DÉMÊLAGE DES POILS

Il suffit le plus souvent d'un peigne à grosses dents pour démêler les petits nœuds. Une fois le nœud défait, peignez-le avec le peigne à grosses dents, puis avec le peigne fin. Si un gros nœud refuse de céder, glissez simplement un peigne au-dessous et coupez-le aux ciseaux. Le résultat n'est pas toujours esthétique, et vous préférerez peut-être essayer de défaire le nœud avec un couteau ou des ciseaux, par petits bouts. Vous pouvez toujours vous adresser à un professionnel.

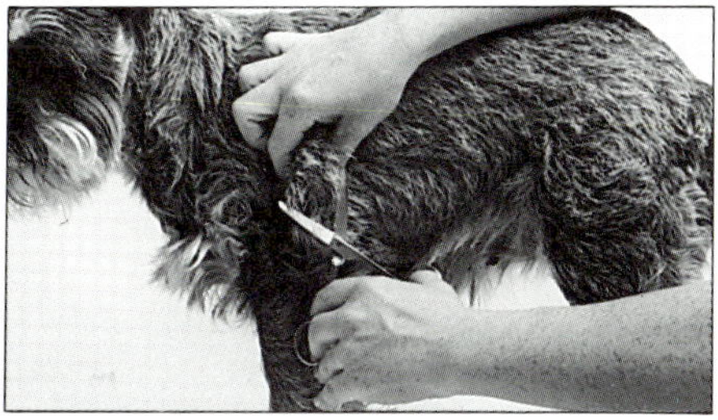

***Le démêlage des poils***
*Soulevez doucement le nœud avant de le couper.*

**Particularités des robes à poil long**
Il ne suffit pas de se servir d'un cardeur, d'un gant à lustrer et d'une brosse à poils courts pour bien s'occuper d'une robe à poil long. L'extérieur de la robe paraît peut-être lisse, mais le sous-poil finira par s'emmêler en une bourre épaisse si vos instruments ne l'atteignent pas.

De l'extérieur, le chien paraît impeccable, même s'il n'est pas à son aise. En fin de compte, la robe finit par s'emmêler avec le sous-poil.

Lorsque c'est le cas, il n'y a plus qu'une solution : tondre la robe, une opération longue qui ne plaît pas du tout à l'animal. Coûteuse, il faut parfois la faire sous anesthésie chez le vétérinaire. Ainsi la tonte d'un Afghan est particulièrement tragique. Il faudra 18 mois au chien pour qu'il retrouve sa fourrure. Peut-être devra-t-on aussi le traiter si sa peau a souffert de l'opération. Moralité : ne négligez jamais la fourrure d'un chien à poil long.

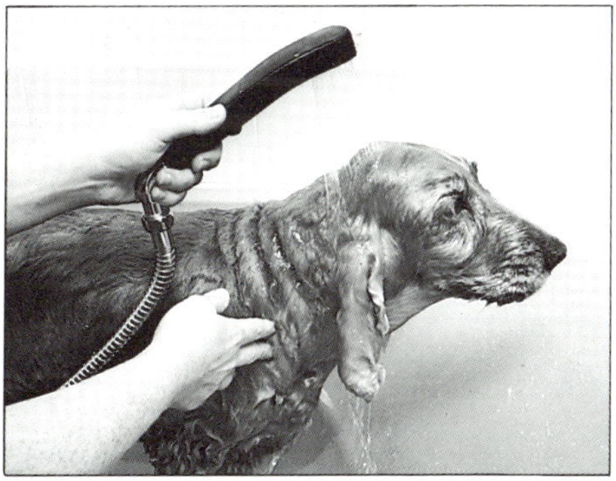

**3** Rincez bien le chien, de la tête vers le dos, puis faites sortir du poil le plus gros de l'eau. En été, une bonne course en plein air suivie d'un brossage suffit à faire sécher le poil. Pour les chiens à poil long, la serviette de toilette est parfois nécessaire.

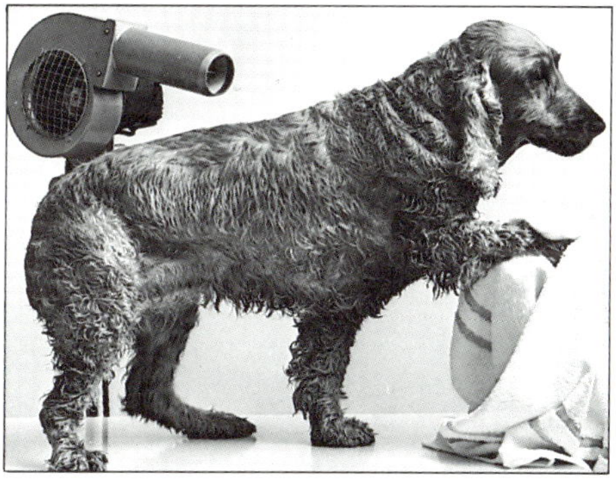

**4** En hiver, essuyez le chien avec une serviette et laissez-le se sécher dans un endroit chaud. Si vous vous servez d'un séchoir électrique, prenez des précautions : le bruit peut faire peur à l'animal. N'approchez pas le séchoir trop près de la robe.

CRUFTS DOG SHOW
1984
BEST OF BREED

9

# LA REPRODUCTION

Depuis les grands principes de la génétique jusqu'à la mise bas, ce chapitre vous dit tout ce que vous devez savoir pour que votre chienne vous donne une belle portée de chiots débordants de vitalité. Et même si vous ne pensez pas avoir des chiots, il est bon de connaître les particularités du cycle génital de votre chienne pour mieux comprendre son comportement et les modifications qui interviennent dans son corps. L'accouplement, la gestation et la mise bas demandent une attention particulière. Quant à empêcher une chienne d'avoir des petits, c'est parfois une occupation de tous les instants. Dans la nature, les chiens s'accouplent à la première « chaleur » et, si on les laisse faire, les chiens domestiques font le plus souvent la même chose. Pour les nouveau-nés, vous pourrez consulter le chapitre « Les soins du chiot » *(voir pp. 130-131)*. Quant aux maladies et problèmes de l'appareil génital, ils sont traités au chapitre « La santé du chien » *(voir p. 226 à 275)*.

# Principes de génétique

L'élément de base de tout être vivant est la cellule, que ce soit la plus petite des bactéries unicellulaires ou l'homme lui-même. Le chien n'échappe pas à la règle, et les cellules de chaque individu lui sont propres.

En dehors des cellules sexuelles, toutes les cellules d'un animal renferment le même codage génétique, car elles proviennent toutes du même œuf fertilisé. Ce codage permet aux cellules de se développer différemment, mais de façon coordonnée dans l'organisme. Chaque cellule comprend un « cytoplasme » – ensemble complexe de structures chimiques. En son centre se trouve le noyau, qui contient le « codage génétique » du chien.

**Gènes et chromosomes**

Les informations nécessaires à l'édification de cet organisme extrêmement complexe se trouvent dans des structures du noyau que l'on appelle « chromosomes », un peu semblables à des colliers de perles de différentes couleurs, les perles correspondant aux gènes. Ces derniers agissent seuls ou de concert pour régler tous les aspects de la structure et du fonctionnement du corps, que ce soit la couleur des poils ou des yeux, la croissance des os ou la fonction de coagulation du sang. Malheureusement, les gènes sont aussi responsables de nombreuses maladies et malformations.

## LA MÉCANIQUE DES TRAITS DOMINANTS

La transmission de la couleur noire de la robe chez le Cocker-Spaniel est un bon exemple du mécanisme des gènes dominants et récessifs. Le gène responsable de la couleur de la robe a deux allèles : N (noir, dominant) et b (brun, récessif). Un chien sera NN (noir), Nb (noir, car N est dominant) et bb (brun). Il y a donc trois génotypes (NN, Nb et bb) et deux phénotypes, noir et brun. Différentes combinaisons de parents produiront des portées différentes :

**NN avec NN :** tous les chiots seront noirs (NN).

**NN avec Nb :** chiots noirs (deux NN et deux Nb).

**NN avec bb :** tous les chi seront noirs (Nb).

**Nb avec Nb :** trois noirs (un NN, deux Nb), un brun (bb).

**Nb avec bb :** deux noirs (Nb) deux bruns (bb).

**bb avec bb :** tous les chio seront bruns (bb).

Le chien possède 78 chromosomes groupés en 39 paires qui constituent son « codage génétique ». Ces chromosomes se divisent pour produire des copies conformes des originaux.

*Chromosomes sexuels*

Bien que tous les chromosomes soient groupés en paires, la paire de chromosomes sexuels n'est pas nécessairement identique. La femelle possède une paire de chromosomes X identiques (XX), le mâle un chromosome X et un chromosome Y (XY). Lorsque les cellules des ovules de la femelle et des spermatozoïdes du mâle se rencontrent, elles se combinent pour former un ensemble complet de 78 chromosomes. C'est l'apport du mâle qui gouverne le sexe du rejeton, selon que le spermatozoïde qui arrive le premier à l'œuf contient un chromosome X ou Y.

**Gènes complémentaires.** Les gènes complémentaires modifient le système génétique. La présence du noir dans la robe du Cocker-Spaniel dépend d'un autre gène : E lorsqu'il est dominant ; e lorsqu'il est récessif. Ce gène est transmis de la même manière que N et b. Si le chien hérite de deux allèles récessifs e, la pigmentation noire se limite aux yeux et à la truffe. Les effets complémentaires de E et de e sur deux allèles N hérités des parents permettent toute une gamme de variantes :

- **NN + EE, NN + Ee, Nb + EE ou Nb + Ee :** entièrement noir.
- **NN + ee ou Nb + ee :** roux, avec la truffe et les yeux noirs.
- **bb + EE ou bb + Ee :** brun, marron ou chocolat, avec la truffe brune.
- **bb + ee :** roux pâle, jaune ou crème, avec la truffe rose.

CHROMOSOMES SEXUELS

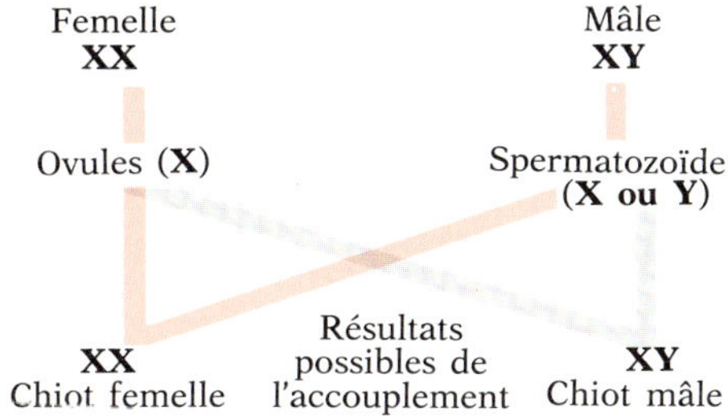


**Transmission des traits**

Au moment de la conception, la nouvelle cellule qui se forme reçoit une copie de l'un des chromosomes de chacune des paires des deux parents. Il y a donc deux gènes pour chaque trait, généralement appelés « allèles ». Chaque parent en donne un et ils ne sont donc pas nécessairement identiques. Par exemple, les allèles associés à un certain trait, comme la couleur de la robe, peuvent être différents. Un allèle qui gouverne l'apparence d'un chien lorsqu'il est seul est dit « dominant ». S'il faut deux allèles identiques pour que le trait se manifeste, l'allèle est dit « récessif » *(voir exemples p. 186).*

Le codage génétique propre à un animal donné s'appelle son « génotype » ; l'aspect que prendra finalement le chien – le résultat des effets du génotype – est appelé « phénotype ».

**MUTATION**

Sous l'effet de radiations, les « perles » génétiques se modifient, ce qui permet la création de nouveaux gènes ou de nouvelles combinaisons de gènes. C'est ce qu'on appelle une mutation. Les mutations spontanées ont donné naissance à de nouveaux types d'animaux, de nouvelles races ou de nouvelles variétés. Pendant des millions d'années, la sélection naturelle a maintenu les mutations les plus heureuses qui sont à l'origine de l'évolution des espèces.

# L'appareil génital

Chez les chiens, le mâle se distingue aisément de la femelle par la présence du pénis entouré de son fourreau (prépuce). Les deux testicules sont également visibles dans le scrotum, qui est situé sous l'anus, entre les cuisses. Les organes sexuels de la femelle se trouvent à l'intérieur du corps.

**Le mâle**

Les testicules renferment des tubes lobés où sont produits les spermatozoïdes, qui se déposent ensuite dans un sac, l'« épididyme ». La production des spermatozoïdes commence à la puberté et se poursuit pendant toute la vie, mais à un rythme réduit si le chien est âgé ou malade.

L'urine de la vessie et le sperme des testicules et des glandes qui leur sont associées s'écoulent par l'« urètre », qui va de la vessie à l'extrémité du pénis.

**Développement sexuel du chien**

Les testicules commencent à se développer à l'intérieur du fœtus, où ils sont attachés au scrotum par un ligament. Après la naissance, à mesure que le chiot se développe, le ligament se contracte, ce qui fait descendre les testicules dans le scrotum par le canal inguinal. Ils doivent être complètement descendus vers la deuxième semaine, mais la graisse du scrotum masque généralement les testicules jusque vers le quatrième mois. Il est important que les deux testicules soient descendus. Lorsque ce n'est pas le cas, le chien est cryptorchide *(voir « La santé du chien », p. 260)*.

**La femelle**

La vulve est visible de l'extérieur, sous l'anus. A l'intérieur de l'abdomen se trouvent deux ovaires, qui mesurent environ 1,5 centimètre de long. Les ovaires sont suspendus un peu au-dessous des reins et ils sont entourés d'un sac graisseux, la « bourse ovarique », où les œufs des ovaires se déposent avant de passer dans l'utérus par les trompes de Fallope. L'utérus se compose de deux grandes « cornes » distinctes réunies en un point.

L'utérus est séparé du vagin par le col de l'utérus, qui reste fermé, sauf pendant l'œstrus et la mise bas. Le vagin s'ouvre enfin sur le vestibule, dont les lèvres forment la vulve et où débouche l'urètre venant de la vessie.

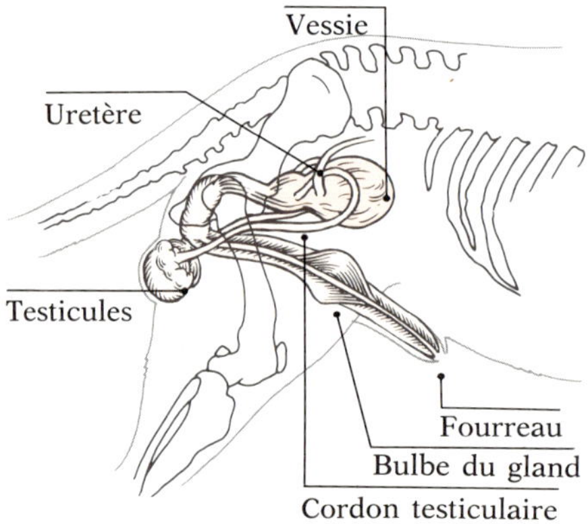

*Appareil génital mâle*

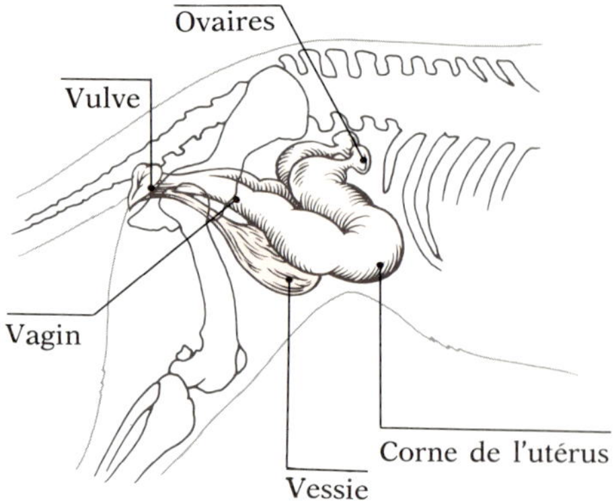

*Appareil génital femelle*

## LE CYCLE GÉNITAL DE LA CHIENNE

La chienne a ses premières « chaleurs » entre le 6e et le 12e mois. Chez les races naines et les terriers, le phénomène se produit entre le 6e et le 9e mois. Il faut parfois attendre deux ans chez certaines races géantes.

Le cycle, qui comporte quatre phases, dure 6 ou 7 mois.

**1. Pro-œstrus.** C'est la première phase visible. On constate généralement un certain gonflement de la vulve et des écoulements muqueux puis sanglants. La plupart des chiennes lèchent très vite les écoulements vulvaires. Vous remarquerez peut-être que l'animal se lèche. Certaines chiennes ont des écoulements très abondants, mais pas de gonflement ; d'autres n'ont pas d'écoulement, mais une forte tuméfaction vulvaire. D'autres chiennes, particulièrement chez les races géantes, ne présentent pratiquement aucun signe externe. Pendant cette période, les chiennes attirent les mâles et se mettent à « flirter », mais elles refuseront le plus souvent l'accouplement.

**2. Œstrus.** Normalement, le saignement s'est arrêté. La vulve est moins tuméfiée, mais encore gonflée. On constate parfois un écoulement transparent couleur paille. La femelle recherche alors les mâles et les accepte généralement. L'ovulation se produirait le deuxième jour de l'œstrus, meilleur moment pour l'accouplement.

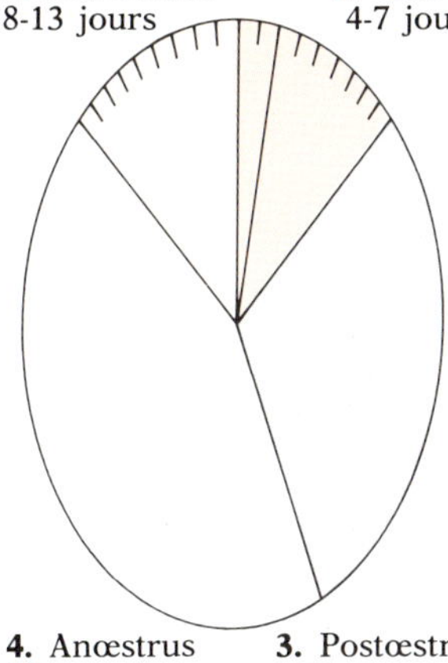


**3. Postœstrus.** Cette phase est une période d'intense activité, tandis que l'utérus de la femelle se prépare à une période de repos.

*Grossesse nerveuse*

A ce stade, les hormones du corps provoquent parfois une grossesse nerveuse *(voir p. 261)*. La femelle qui n'est pas fécondée croit qu'elle attend des petits. Elle fait un nid, et on constate même une montée de lait. Consultez votre vétérinaire.

**4. Anœstrus.** C'est la période de repos. L'appareil reproducteur de la femelle est inactif.

### STÉRILISATION ET CASTRATION

La stérilisation d'une femelle consiste à enlever les ovaires et l'utérus. Pratiquée couramment, elle n'en demande pas moins une grande habileté. Les vétérinaires n'aiment pas la pratiquer sur les femelles obèses, car l'opération est longue et peut entraîner des complications. Suivez les conseils de votre vétérinaire s'il recommande un régime amaigrissant avant la stérilisation.

La castration d'un mâle consiste à enlever les deux testicules. On la pratique parfois sur les chiens fugueurs, mais l'opération peut modifier leur caractère. La castration règle parfois les problèmes d'agressivité excessive, mais assurez-vous qu'elle est bien nécessaire avant de prendre votre décision.

# Une décision importante

Rien de plus délicieux qu'une portée de petits chiots, bien sûr. Mais pensez-y à deux fois. L'élevage d'une portée vous prendra du temps, et il n'est pas sans conséquences financières si vous tenez compte des dépenses de nourriture et des honoraires du vétérinaire.

Beaucoup trop de chiots voient le jour, et leurs maîtres font souvent preuve d'irresponsabilité. Assurez-vous que vous pourrez vendre les vôtres au « prix courant » avant de conduire votre femelle à la saillie.

Faire se reproduire un chien de mauvaise souche ne sert à rien du tout. Vous courez le risque de devoir sacrifier sa progéniture si elle souffre de maladies congénitales. Certains prétendent que ces chiens maintiennent une certaine variété dans la race et élargissent le « stock génétique ». En fait, on ne fait ainsi que mettre au monde des chiots dont personne ne veut.

**Le moment opportun**

La gestation et la mise bas provoquent de profonds changements du métabolisme chez la chienne, dont l'organisme doit être pleinement arrivé à maturité. Les os d'une jeune chienne cessent de grandir entre le dixième et le douzième mois. Chez les races de grande taille, le corps s'étoffe ensuite et se muscle. Il est préférable de laisser la chienne avoir une « chaleur » avant de l'accoupler : les chances seront meilleures qu'elle donne naissance à des chiots en bonne santé. En liberté, les chiennes s'accouplent naturellement à la première « chaleur ». Elles sont généralement fécondées et donnent naissance à de petites portées qui ne vivent pas, car la mère n'était pas dans les conditions voulues pour élever ses chiots.

**Les « accidents »**

Les chiens s'accouplent facilement, et les mésalliances ne sont pas rares. Il existe une « pilule » pour chienne, ou encore des piqûres qui interrompent leurs cycles. Si vous n'avez pas l'intention d'accoupler votre femelle, la plupart des vétérinaires recommandent la stérilisation plutôt qu'une médication prolongée.

Si vous savez que votre chienne s'est accouplée et que ne voulez pas des chiots, on peut lui donner une piqûre dans les 24 ou 48 heures qui suivent. Mais cette solution a des effets secondaires dont votre vétérinaire vous informera. Toutefois, si vous voulez l'accoupler un jour, il est sans doute préférable de lui laisser avoir cette portée, même si les chiots ne seront pas de pure race.

### AVANT L'ACCOUPLEMENT

Avant de faire saillir votre femelle :

- Consultez l'éleveur de votre chienne, un autre éleveur et votre vétérinaire. Vous entendrez probablement parler d'un mâle qui pourrait convenir à votre chienne.
- Documentez-vous sur la race de votre chienne. Décidez si elle est assez proche du standard de la race. Il existe aussi un certain nombre de tests pour déceler les plus graves maladies congénitales.
- Si votre chienne a un pedigree, assurez-vous que son partenaire est lui aussi immatriculé auprès des autorités compétentes ; sinon, vous ne pourrez pas faire reconnaître les chiots.
- Faites donner des rappels à votre chienne avant les chaleurs et administrez-lui un vermifuge dans la semaine qui précède la saillie.

# La saillie

Certains éleveurs disent que la période favorable est le dixième jour qui suit le début des écoulements vaginaux (proœstrus), d'autres le douzième. Une bonne solution consiste à procéder à deux saillies : soit le dixième et le douzième, soit le onzième et le treizième jour.

Si votre chienne donne peu de signes extérieurs, le vétérinaire peut faire des prélèvements vaginaux pour savoir où elle en est dans son cycle et quel est le moment le plus favorable. Mais ces tests sont coûteux, et l'on y a recours le plus souvent qu'après quelques tentatives infructueuses.

**L'étalon**

La plupart des étalons sont « initiés » vers le dixième mois, de préférence par une chienne « expérimentée ». Mieux vaut ne pas accoupler un chien sans expérience, même un chien d'exposition, avec une chienne qui fait ses premières armes. Les deux animaux risqueraient de sortir un peu perturbés par cette première expérience.

## L'ACCOUPLEMENT

Le jour fixé pour la saillie, emmenez votre chienne chez le chien, plutôt que l'inverse. La plupart des femelles sont agressives sur leur propre territoire, et c'est le chien qui doit s'affirmer dans ce genre de situation.

Dans toute la mesure du possible, laissez les chiens faire connaissance et s'ébattre un peu avant la saillie proprement dite. Une femelle refuse parfois de s'accoupler si elle n'a pas l'habitude d'être en compagnie d'autres chiens. Les races un peu plus agressives sont parfois difficiles.

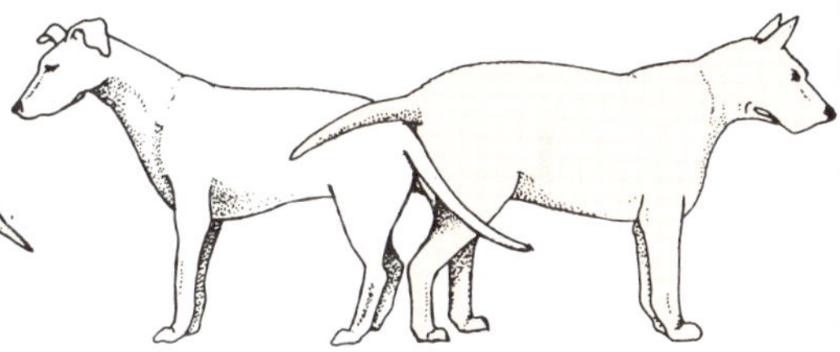

**Première étape.** Lorsque la femelle est prête, elle tient sa queue de côté. Le mâle la monte et la première phase de l'éjaculation commence. Une partie du pénis du chien (le « bulbe du gland ») gonfle, ce qui empêche la séparation des deux animaux.
**Deuxième étape : le « verrouillage ».** Au bout d'environ une minute, le mâle descend de la femelle et se met dos à dos avec elle sans s'en séparer. Cette phase dure une vingtaine de minutes et se termine naturellement. Elle est parfaitement normale, même si elle n'est pas indispensable et s'il arrive qu'elle ne se produise pas.

Les deux maîtres doivent reter auprès des chiens. Il arrive en effet que la femelle devienne méchante ou qu'elle se retire trop tôt, au risque de blesser le mâle *(voir p. 260)*. Pour cette même raison, il ne faut jamais séparer vous-même les chiens.

# La gestation

Les signes de la gestation sont très discrets chez la femelle pendant au moins quatre semaines. En fait, chez certaines femelles, ils sont absolument invisibles jusqu'au moment même de la naissance des chiots !

En moyenne, la gestation dure 60 jours, bien que des variations de 7 jours d'un côté ou de l'autre soient possibles, mais plus l'écart est grand, plus le taux de survie est faible.

Un vétérinaire peut généralement confirmer la gestation entre le 24e et le 32e jour. Les sacs remplis de liquide amniotique qui entourent les chiots forment de petites boules dures dans l'utérus, sensibles au toucher. Mais la palpation ne sert souvent à rien avec les chiennes de grande taille, obèses ou nerveuses. Si les fœtus sont peu nombreux, le diagnostic est encore plus difficile. Au bout de 49 jours, une radio permet de déterminer le nombre de chiots.

**Soins de la chienne en gestation**
Si c'est une « première » pour vous et pour la chienne, consultez le vétérinaire trois ou quatre semaines après l'accouplement. A ce stade, il pourra examiner la femelle, peut-être confirmer la gestation et vous donner des conseils utiles.

*Alimentation*
Lorsque la chienne en est à sa cinquième ou sixième semaine de gestation, elle a besoin de manger davantage – un tiers ou moitié plus. Donnez-lui des rations modérées mais fréquentes, car les fœtus qui se développent occupent une bonne partie de l'abdomen. Pour encourager la lactation, la femelle a besoin de protéines de bonne qualité. Donnez-lui un peu de lait, mais aussi du fromage, des œufs et de la viande, sans oublier les suppléments vitaminiques et minéraux *(voir p. 168)*.

## LA BOÎTE DE LA PORTÉE

Il est utile de préparer une boîte bien conçue. Vous pouvez la fabriquer vous-même, ou encore vous servir d'une boîte de carton dont vous aurez échancré l'avant suffisamment bas pour que la chienne entre et sorte, mais pas les chiots.

Présentez la boîte à la chienne trois semaines avant la mise bas. Essayez de l'inciter à la choisir d'elle-même. Si vous la mettez tout à coup dans un lieu étrange, au dernier moment, elle aura déjà décidé où elle veut mettre bas ses chiots, et ce ne sera pas votre boîte si elle ne la connaît pas.

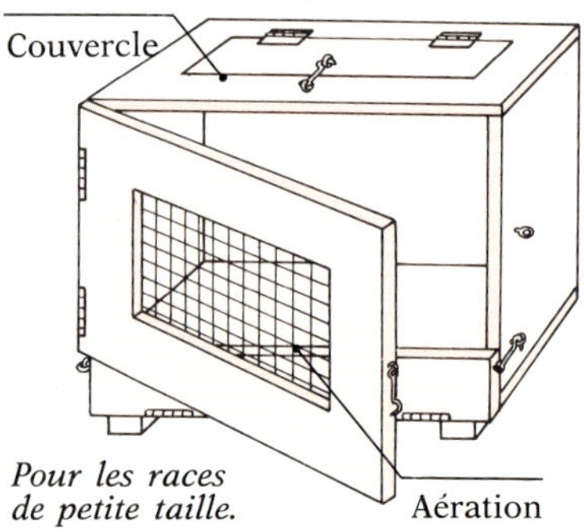


*Pour les races de petite taille.*

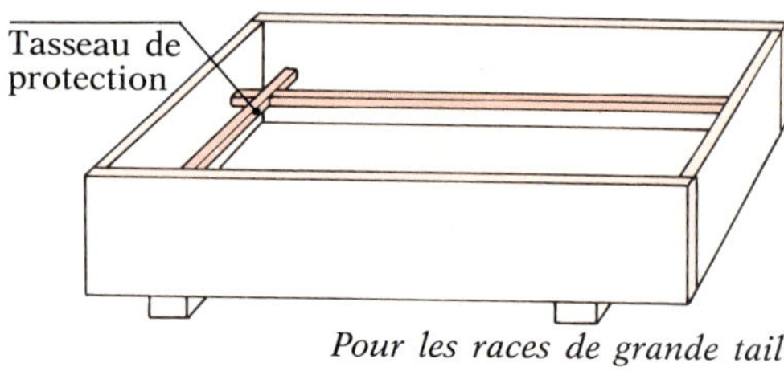


*Pour les races de grande taille.*

### LES SIGNES PRÉCURSEURS

Voici les signes qui annoncent une mise bas :
- La température de la femelle sera légèrement inférieure à la normale (38 degrés) pendant les dernières semaines de la gestation. Elle tombe à environ 36 degrés la veille de la mise bas.
- L'augmentation de volume des mamelles est très variable. Chez certaines femelles, elles se remplissent de lait un mois avant la mise bas ; chez d'autres, un jour ou deux plus tard. Vous devrez alors nourrir les chiots au biberon.
- La plupart des chiennes refusent de manger 24 heures avant la mise bas, mais elles grignoteront peut-être un peu.
- On constate souvent un écoulement soudain de mucus vert quelques heures avant la mise bas.

*Pertes vertes*
Chez certaines femelles, on constate un léger écoulement de mucus vert, qui se forme dans le placenta. Cet écoulement ne présente aucun danger et diminue souvent au cours des deux dernières semaines.
*Exercice*
Les chiennes en gestation ont besoin de prendre de l'exercice, mais évitez les jeux trop brutaux, surtout après la cinquième semaine. Plus tard, continuez à faire de courtes promenades régulières, mais laissez votre chienne prendre son rythme sans trop la fatiguer.

**Les préparatifs**
Les chiots nouveau-nés trouveront plus facilement les mamelles si vous coupez les poils qui les entourent chez les chiennes à poil long. De même, pour qu'une chienne à poil long ne se salisse pas trop pendant la mise bas, coupez prudemment les poils qui entourent la vulve avec des ciseaux. Si la chienne est en retard d'un jour, consultez le vétérinaire. S'il y a eu plusieurs saillies, faites votre calcul à partir de la dernière.

**Les naissances difficiles**
Il est important que le vétérinaire intervienne assez tôt si une naissance s'annonce difficile. Mieux vaut prévoir les difficultés avant qu'elles surviennent.

Lorsqu'il faut pratiquer une césarienne, il est bien préférable de le faire le jour plutôt que la nuit. Pendant la journée, le vétérinaire aura son personnel pour l'aider à réanimer les chiots, ce qui ne sera pas nécessairement le cas en pleine nuit. De plus, si vous le consultez de nuit, il est probable qu'il aura travaillé la veille et qu'il travaillera le lendemain. Pour lui, le plus logique est naturellement de travailler dans les meilleures conditions possibles, lorsqu'il dispose de tout son personnel. Pour le vétérinaire, une naissance difficile exige l'assistance d'au moins deux personnes, parfois plus. En pleine nuit, le vétérinaire de garde sera sans doute tout seul. Cependant, quelle que soit l'heure, n'hésitez pas à appeler le vétérinaire si les choses se compliquent.

### AYEZ SOUS LA MAIN :

- Le numéro de téléphone de votre vétérinaire.
- Des serviettes de papier et une bonne provision de papier journal.
- Des serviettes propres.
- Un désinfectant sans danger, pour vos mains.
- Du fil de coton fin et des ciseaux.
- Une litière de rechange.
- Un carnet et un crayon pour noter le déroulement des événements.

# La naissance

La femelle se débrouillera probablement toute seule, mais soyez prêt cependant à l'aider. Notez l'heure des différentes étapes : □ Évacuation des eaux. □ Travail. □ Arrivée de chaque chiot et de son placenta.

**Première étape : dilatation**
Chez certaines chiennes, cette étape passe inaperçue. Chez d'autres, elle peut durer de trois à vingt-quatre heures.

De courtes contractions présentent le premier fœtus devant le col de l'utérus où pénètrent les membranes fœtales, ce qui le fait s'ouvrir. La chienne, nerveuse et inquiète, s'occupe sans relâche de préparer son nid. Elle halète, et son pouls s'accélère.

**Deuxième étape : expulsion du fœtus**
La durée de la deuxième phase dépend du nombre des chiots. Elle dépasse rarement six heures et ne devrait pas durer plus de douze heures. Lorsque le premier chiot pénètre dans le col de l'utérus, les contractions deviennent plus fortes, plus longues et plus fréquentes. La chienne raidit souvent ses membres postérieurs lorsque les contractions sont particulièrement fortes et il lui arrive alors de vider sa vessie.

Elle finit par expulser le « sac amniotique », mais il arrive que le premier chiot soit expulsé au travers de la membrane avant que celle-ci ne sorte à l'extérieur. Vous verrez alors un petit jet de liquide. La femelle déchire la membrane si elle est visible et tire parfois dessus avec ses dents. Cette membrane lubrifie le passage qu'emprunteront les chiots.

A ce stade, la chienne est normalement couchée. Elle se retourne fréquemment pour se nettoyer, et chacun de ses

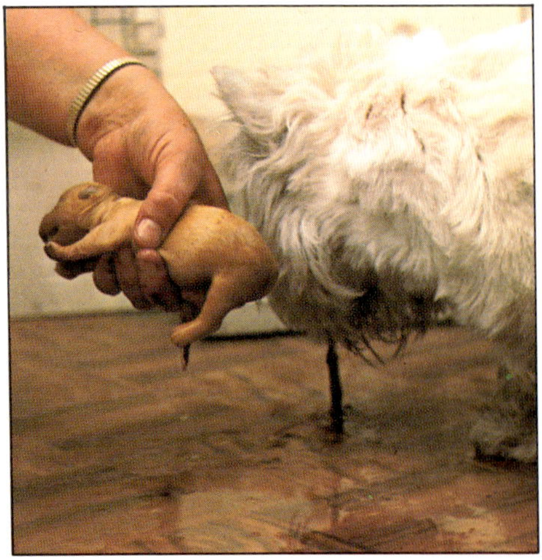

***Les étapes de la mise bas***
*Une femelle West-Highland White Terrier (à gauche) dans sa boîte avant la mise bas. La chienne nettoie son premier chiot et sectionne généralement le cordon ombilical (ci-dessus). La mère nettoie le dernier-né (à droite), tandis que les autres chiots sommeillent ou tètent.*

mouvements s'accompagne d'une puissante contraction.

Ne vous précipitez pas pour l'aider, mais observez-la à distance. Certaines femelles nerveuses ont besoin de la présence de leur maître à leurs côtés, à condition qu'il n'intervienne pas, mais elles ne sont qu'une minorité. Les autres sont plutôt gênées par la présence de leur maître.

Ne vous affolez pas si le chiot se présente par le siège – c'est ce qui arrive dans 40 pour cent des cas. Lorsque la tête ou l'arrière du chiot est visible, la chienne se repose parfois avant de l'expulser.

*Le premier chiot*

Une chienne qui en est à sa première portée expulse généralement son premier chiot dans les trois ou quatre heures qui suivent le début du travail. Elle se met à le lécher vigoureusement pour le débarrasser des membranes, qu'elle absorbe le plus souvent. Elle sectionne aussi le cordon ombilical. Le chiot, stimulé par ces activités et l'air qui lui chatouille les narines, cherche bientôt une mamelle et se met immédiatement à téter, ce qui favorise la montée de lait. Le placenta du chiot peut sortir avec lui ou suivre un quart d'heure plus tard (s'il y a plusieurs chiots, l'un d'eux peut apporter avec lui le placenta des chiots qui l'ont précédé).

*Le reste de la portée*

Le deuxième chiot se présente ensuite, parfois deux heures plus tard. Dans quelques cas, l'attente peut être plus longue, mais vous devez consulter votre vétérinaire si elle dépasse deux heures. Les périodes de repos qui séparent l'arrivée des chiots deviennent habituellement de plus en plus courtes. Si la portée est très nombreuse – de douze à quatorze chiots –, la femelle fera peut-être une « pause » de quelques heures à mi-chemin. Si la chienne a déjà eu des portées, les choses vont généralement plus vite.

**Étape 3 : expulsion des membranes**
Cette phase est complexe s'il y a plusieurs chiots. Généralement, le placenta suit l'arrivée de chaque chiot dans les quinze minutes. Mais il arrive qu'il soit expulsé avec le chiot suivant. Habituellement, la chienne essaie d'absorber ces membranes, ce qui ne lui fera aucun mal. Tout au plus vomira-t-elle ou aura-t-elle une diarrhée verte. Si vous pouvez prendre une partie des membranes sans l'inquiéter, faites-le, mais ce n'est pas indispensable. Assurez-vous surtout qu'il y a autant de placentas expulsés que de chiots.

**Renseignements pour votre vétérinaire**
Notez les renseignements suivants :

- Race et âge de la femelle.
- Date de la saillie (ou des saillies).
- Nombre de jours depuis la saillie.
- La chienne a-t-elle mangé normalement ?
- Quand a-t-elle mangé la dernière fois ?
- Avez-vous constaté des écoulements vaginaux ?
- A-t-elle été malade récemment ? A-t-elle vomi ? Souffre-t-elle ?
- A-t-elle déjà mis bas ? Avec ou sans complications ?
- Sa mère a-t-elle eu des difficultés à mettre bas, à votre connaissance ?

## CE QUE VOUS POUVEZ FAIRE

Si la chienne semble ne pas s'occuper d'un chiot, écartez les membranes de son museau et frottez-le avec une serviette pour le stimuler. Mais ne le faites que si c'est absolument nécessaire et veillez à ne pas essuyer tous les liquides qui recouvrent le chiot : c'est la chienne qui doit le faire, sinon elle risque de le rejeter. N'enlevez jamais un chiot à sa mère. Contentez-vous de faire le strict nécessaire et remettez-le à côté de la chienne. Laissez-la lécher le petit, puis frottez-lui doucement le museau sur les mamelles pour l'encourager à téter.

Si le chiot est visible depuis plusieurs minutes et ne sort toujours pas, aidez-le en tirant très doucement vers le bas. Appelez le vétérinaire si vos efforts ne donnent rien.

**Le cordon ombilical**
Si vous enlevez les membranes, il vous faudra peut-être aussi couper le cordon ombilical. Assurez-vous que vos mains sont propres et stériles. Avec un fil de coton fin, ligaturez le cordon à environ 1,5-2,5 cm du chiot. Coupez les extrémités du cordon, puis sectionnez celui-ci 0,5 à 1 cm plus loin. Ne tirez jamais sur le cordon.

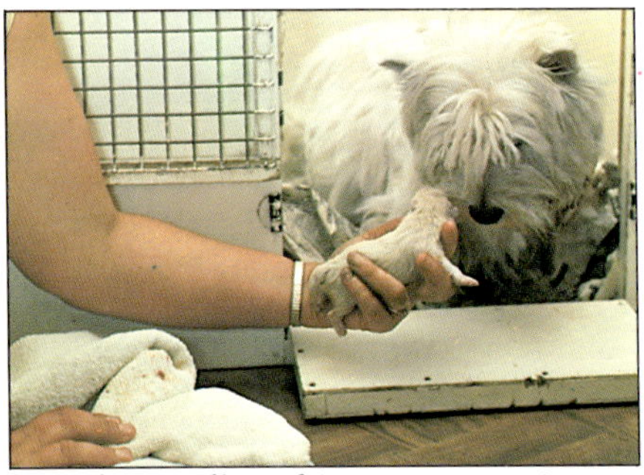

***Stimulation d'un chiot nouveau-né***
*Frottez-le avec une serviette puis rendez-le à la mère.*

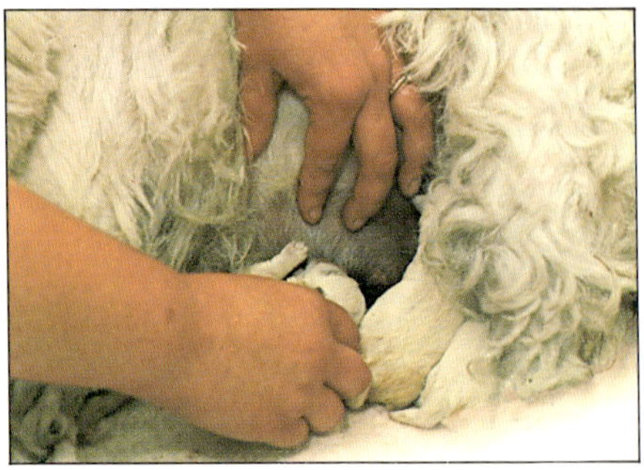

***La première tétée***
*Certains chiots ont besoin qu'on les encourage à téter.*

**La césarienne**
Votre vétérinaire décidera s'il convient de pratiquer une césarienne. Toutes les anesthésies générales présentent un certain risque, mais cette opération n'a rien d'inquiétant.

Il vous faudra transporter la chienne chez le vétérinaire. Souvent, vous pourrez l'attendre et ramener la chienne et les chiots chez vous une heure et demie ou deux heures et demie après le début de l'opération. De nuit, le vétérinaire vous demandera peut-être de l'aider à réanimer les chiots. La césarienne consiste à pratiquer une incision au milieu du ventre ou sur le flanc, à retirer les chiots de l'utérus et à suturer l'incision. Lorsque la chienne sera revenue chez vous, examinez plusieurs fois par jour l'incision et signalez les problèmes éventuels au vétérinaire.

**Les soins de la mère**
La plupart des femelles ont de légers écoulements sanglants ou verts au moins vingt-quatre heures après la mise bas. Si la portée était nombreuse, les pertes peuvent même durer une semaine. Nettoyez-les avec un antiseptique. Si elles durent trop longtemps, n'hésitez pas à consulter le vétérinaire. La chienne peut vomir ou avoir la diarrhée si elle a absorbé les placentas. Elle devrait s'en remettre facilement.

*Alimentation*
La chienne qui alimente de nombreux chiots a besoin de manger trois fois plus que d'habitude. Vous devrez donc lui présenter de la nourriture presque continuellement, notamment des protéines de bonne qualité ainsi que des suppléments vitaminés et minéraux.

*Glandes mammaires*
Examinez régulièrement les glandes mammaires pour vous assurer qu'il n'y a pas d'inflammation (mastite). Profitez du moment où la chienne abandonne ses chiots pour faire ses besoins. Signalez les symptômes éventuels à votre vétérinaire. Un gonflement anormal se produit parfois de quatorze à quarante-huit heures après la mise bas. Baignez les mamelles dans de l'eau assez chaude et faites sortir l'excès de lait en pinçant et en relâchant le mamelon. Le problème se règle habituellement de lui-même, dès que les chiots tètent davantage.

## ÉCLAMPSIE

Pendant le premier mois, il faudrait que quelqu'un reste à proximité de la chienne pour s'assurer que tout va bien, particulièrement avec les races naines, et notamment les Yorkshire-Terriers. Ces chiens souffrent souvent d'éclampsie, une maladie qui provient d'une carence en calcium.
**Symptômes.** Ils se manifestent après la mise bas ou durant le premier mois d'allaitement, en particulier chez les femelles qui allaitent de nombreux chiots. La chienne devient nerveuse, tourne en rond, halète et gémit. Puis elle se raidit et ses muscles sont agités de spasmes. Si elle n'est pas soignée, elle peut tomber dans le coma et mourir.
**Traitement.** L'éclampsie est une maladie grave. En cas de doute, appelez votre vétérinaire, qui donnera peut-être à la chienne une injection de calcium. Nourrissez les chiots au biberon pendant au moins 24 heures.
**Prévention.** Il n'est pas toujours possible de prévenir cette maladie qui résulte d'une trop grande dépense de calcium pendant la gestation, puis pendant l'allaitement. Une bonne précaution consiste à donner à la chienne des suppléments vitaminés et des minéraux, notamment du calcium.

# 10

# LES EXPOSITIONS

Pour présenter un chien à une exposition canine, il ne suffit pas de lui mettre un collier et une laisse, puis de le faire trotter deux ou trois fois devant les juges. Loin d'être une initiation, la première présentation de votre chien sera le résultat de mois de dressage et de préparation. A part l'ivresse du succès qui vient couronner un chien remarquable, vous apprécierez aussi la camaraderie qui se forme entre les propriétaires de chiens, ainsi que le climat de compétition amical d'une exposition canine. Pour savoir comment devrait se présenter votre chien, consultez le chapitre « Les races » *(voir p. 42 à 119).* Le toilettage est abordé au chapitre « La toilette » *(voir p. 172 à 183).* Quant aux bases du dressage, elles font l'objet du chapitre « Vie quotidienne, éducation et dressage » *(voir p. 142 à 159).* Le chapitre « Choisir son chien » *(voir p. 126)* vous donne quelques indications sur l'acquisition d'un chiot que vous destinez aux concours.

# Le monde des expositions canines

C'est en Angleterre que furent organisées les premières expositions canines, dans les années 1830 et 1840. Au début, elles n'avaient rien d'officiel et ne visaient qu'à distraire les amateurs de chiens, privés des combats de chiens et de taureaux, désormais interdits par la loi. L'idée prit bientôt racine, et la première exposition organisée se tint à Newcastle-upon-Tyne, en 1859.

Avec l'avènement du chemin de fer, qui permettait aux éleveurs de voyager, les expositions connurent une popularité grandissante. Mais la définition des races n'était pas la même d'une région à l'autre, et aucun organisme national, et à plus forte raison international, ne patronnait ces manifestations qui donnaient lieu, bien souvent, à de multiples fraudes. Pour remédier à cet état de fait, on créa en Grande-Bretagne le Kennel Club, en 1873. Quelques années plus tard, en 1882, la Société centrale canine (SCC) était fondée en France.

### La SCC

La Société centrale canine a été fondée en France en 1882 pour l'amélioration des races de chiens. Trois ans plus tard, elle établit le *Livre des origines françaises* (LOF), registre généalogique des différentes races. Tous les chiens de race doivent y être inscrits pour participer aux expositions canines patronnées par la SCC. Par ailleurs, les clubs de races, sous le patronage de la SCC, s'occupent de définir le standard de chaque race, c'est-à-dire les caractéristiques que doit présenter un chien appartenant à une race donnée. Les principales fonctions de la SCC sont donc de :

- Promouvoir l'amélioration de l'espèce canine.
- Classer les races.
- Répertorier les chiens de race.
- Patronner les expositions et concours.
- Délivrer des certificats et pedigrees.
- Délivrer des prix et récompenses.

*Une « Exposition internationale canine » organisée en Angleterre en 1865.*

**Conseils pour les débutants**

Quiconque envisage d'élever des chiens pour les présenter à des expositions doit savoir à quoi s'attendre : beaucoup de travail et peu ou pas de compensations financières, sauf dans de rares exceptions. L'exposition est plus une passion qu'un bon investissement.

Naturellement, seuls les chiens de race peuvent participer à une exposition officielle. Il existe certes des concours plus « décontractés » pour les bâtards et les corniauds. Mais seuls les animaux homologués par la SCC peuvent participer aux expositions qu'elle patronne. La compétition est très vive, et il semble parfois que ce soient les mêmes animaux qui remportent tous les prix.

La race de votre chien a naturellement une grande importance, car il est beaucoup plus difficile de remporter un prix dans le cas d'une race dont les concurrents sont très nombreux.

***L'exposition Cruft, en Angleterre***
*Organisée en février, c'est la plus célèbre exposition canine du monde.*

*Le toilettage*

Une présentation impeccable joue certainement un très grand rôle dans le succès d'un chien aux expositions canines. Le vainqueur d'une exposition officielle sera toujours un chien « tiré à quatre épingles ». Dans le cas des races à poil long, par exemple les Lévriers afghans, les Bobtails et les Yorkshire-Terriers, ce résultat sera en fait le fruit de six à douze mois d'efforts incessants.

Le chapitre « La toilette » vous donne quelques indications générales pour la toilette et les soins particuliers à donner aux différentes robes. Le club de race de votre chien sera en mesure de vous donner des indications beaucoup plus détaillées. En plus de la robe, assurez-vous que les pieds de votre chien sont propres, et les ongles coupés au besoin *(voir p. 181)*, sans oublier les yeux, le nez et les dents.

Il existe des règles qui précisent dans quelle mesure vous pouvez « modifier » l'aspect de votre chien par le toilettage ou la chirurgie esthétique. L'inobservation de ces règles entraîne la disqualification *(voir p. 208)*.

*L'importance des vaccins*

De nombreux propriétaires négligent les vaccins de leur chien. Que l'animal participe ou non à une exposition, les vaccins sont extrêmement importants, à plus forte raison lorsqu'un chien se trouve en présence d'autres animaux venus de régions très diverses. Et il arrive que des chiens porteurs d'une maladie participent à une exposition. Le parvovirus, par exemple, s'est d'abord répandu à l'occasion d'expositions canines.

Le grand public est admis aux expositions, et il ne ménage pas son enthousiasme. N'oubliez pas que la caresse d'un étranger, parfaitement bien intentionné au demeurant, peut transmettre une maladie.

# L'organisation des expositions canines

Les manifestations qui regroupent les éleveurs de chiens entrent dans plusieurs catégories. Il existe d'une part des « concours de conformité au standard » nationaux et internationaux, d'autre part des concours spéciaux de dressage, de travail et d'aptitude (tests de vérification de caractère) pour les chiens de garde, de défense ou d'utilité.

**Les championnats**

L'exposition Cruft, organisée pour la première fois en 1886 par Charles Cruft, fabricant de biscuits pour chien, est encore aujourd'hui la plus célèbre dans le monde. Aux États-Unis, le Westminster Dog Show, inauguré en 1877 à New York, réunit aussi de nombreux éleveurs. En France, la principale manifestation est l'Exposition de championnat internationale, organisée par la Société centrale canine, qui se tient tous les ans au mois de juin. Tous ces championnats sont réservés aux chiens de race.

L'organisation des championnats est assez complexe. Les chiens sont d'abord classés en races, puis subdivisés en plusieurs groupes d'âge et en considération du travail, par exemple la classe jeune, la classe ouverte et la classe champion. Mâles et femelles sont jugés séparément dans chaque classe. A l'issue du concours, le chien peut être qualifié d'excellent, de très bon, de bon ou d'assez bon.

Le chien « excellent » s'approche de très près du standard de la race, dont il présente pratiquement toutes les qualités en un ensemble harmonieux.

Le chien « très bon » est parfaitement typé et bien proportionné, mais il présente quelques défauts imperceptibles qui échapperaient certainement à l'œil de l'amateur.

Le chien « bon » possède toutes les caractéristiques de la race, mais présente quelques défauts non rédhibitoires.

Enfin, le chien « assez bon » est suffisamment typé mais ne présente pas de qualités exceptionnelles.

Seuls les chiens inscrits à un livre des origines reconnu par la Fédération cynologique internationale peuvent prétendre à une récompense lors de ces expositions.

*Présentation de Bassets-Hounds à une exposition canine.*

### Expositions régionales

A côté de l'Exposition de championnat internationale, il existe naturellement des expositions locales, nationales ou internationales qui sont organisées par les sociétés régionales canines, sous le contrôle de la SCC, qui envoie les calendriers de ses manifestations à tous les propriétaires de chiens qui en font la demande. Pour y participer, il suffit de réclamer une feuille d'engagement à la société organisatrice au moins dix semaines à l'avance.

### Épreuves de travail

A côté des « concours de conformité au standard », il existe des « épreuves de travail » au cours desquelles les chiens seront jugés en fonction des aptitudes propres aux différentes races.

Les épreuves les plus simples portent sur les connaissances de base que doit posséder un chien dans une race donnée. Ainsi, on pourra présenter à un brevet de défense les chiens de garde et de défense. Il y aura des épreuves d'initiation au Field Track *(voir ci-dessous)* pour les chiens de chasse. D'autres concours permettront de juger de la vitesse et des réflexes des lévriers. Et ainsi de suite pour chaque race.

Les clubs spécialisés s'occupent de préparer les chiens et leurs maîtres à ces épreuves de travail, qui exigent de très longues heures de préparation.

### Field Track

Ces concours sont réservés aux chiens de chasse de races qui doivent faire la démonstration de toutes leurs qualités au cours d'épreuves complexes, sur la terre ferme et à l'eau.

### Concours de chiens de troupeau

Des épreuves de travail, que les chiens de berger doivent accomplir dans un certain délai et avec un minimum d'erreurs, récompensent les plus doués.

***A la bonne franquette***
*Une course endiablée, qui n'a rien d'officiel.*

*Commandé au sifflet, un chien de berger dirige un groupe de moutons lors d'un concours.*

# Comment participer à une exposition

Si vous comptez faire participer votre chien à une exposition organisée par la Société centrale canine, vous devez le faire inscrire dans les classes voulues suffisamment à l'avance. La société organisatrice vous enverra un carton portant le numéro attribué à votre chien. Elle vous précisera également l'heure à laquelle vous devrez vous présenter.

**A votre arrivée**

Procurez-vous à votre arrivée le catalogue qui donne tous les détails des différentes classes, puis rendez-vous à la place qui vous a été attribuée. Les chiens sont répartis par race et par sexe. Installez votre chien dans sa cage et mettez-le à l'aise sur sa couverture. Donnez-lui un peu d'eau, mais ne le faites pas manger tant qu'il n'a pas terminé ses épreuves, si vous ne voulez pas qu'il ait l'air endormi.

**Déroulement du concours**

Les organisateurs vous auront confirmé l'inscription de votre chien pour telle ou telle classe. Consultez votre catalogue et suivez les instructions du commissaire de « ring », qui vous indiquera l'heure de passage de la classe dans laquelle est inscrit votre chien. Seule l'heure de la première

***En pleine action***
*Le juge examine un concurrent dans la classe des Setters irlandais* (en haut à gauche). *Il compare mentalement le chien au standard de la race et procède à un examen auquel le chien doit se prêter de bonne grâce.*

*Cette présentation amicale accueille toutes les races* (en bas à gauche). *Elle n'a rien d'officiel, mais les propriétaires des chiens ont ainsi l'occasion d'apprendre à bien présenter leur animal.*

*Un Lévrier afghan à fière allure* (à droite). *Son maître a pris le pas de course pour faire ressortir toutes les qualités de ce bel animal.*

classe de chaque section est précisée, mais toutes les classes sont numérotées et se suivent dans l'ordre. Le numéro de la classe jugée à un moment donné est indiqué sur la table des juges, ce qui vous permettra de savoir où vous en êtes. Ne faites pas attendre votre chien à côté du ring pendant que les autrcs classes défilent, car il va s'ennuyer ferme. Comme une grande vedette, vous le sortirez de sa « loge » juste avant sa présentation, puis vous l'y ramènerez immédiatement – sous les ovations de la foule, espérons-le – pour qu'il prenne un repos bien mérité.

Les organisateurs prévoient généralement un petit terrain de mise en train où vous pourrez répéter.

**LE MATÉRIEL**

- Instruments de toilette : peigne, brosse, ciseaux et shampooing sec.
- La litière du chien et une couverture.
- Une écuelle et une bouteille d'eau, mais les organisateurs mettent toujours de l'eau à votre disposition.
- Une écuclle et de la nourriture, pour les longues journées.
- Friandises qui vous permettront de retenir l'attention du chien sur le ring. On les garde généralement dans la poche, dans un sac de plastique qui fait un bruit familier.
- Cadenas : pour enfermer votre chien dans sa cage.
- Laisse : en nylon ou en cuir fin.

# Comment présenter votre chien

Votre chien doit donner une impression d'assurance et savoir ce qu'on attend de lui. Sa « présence » et ses allures sont des éléments cruciaux d'appréciation – presque aussi importants que son anatomie. Mais cette « présence » dépend beaucoup de la personne qui l'accompagne. Si vous n'êtes pas suffisamment sûr de vous, rien ne vous empêche de recourir aux services d'une personne plus expérimentée qui présentera votre chien aux juges.

Sur le ring, le chien est toujours accompagné, et le rôle de son présentateur est crucial. Les chiens saisissent vite vos humeurs : un maître sombre et inquiet transmettra bientôt son état d'esprit à son chien, et il y a fort à parier qu'ils feront tous deux un couple plutôt triste.

Le présentateur doit s'habiller de vêtements corrects mais pratiques. Quel que soit le chien que vous possédez, n'oubliez pas, quand vous choisirez vos chaussures, qu'il vous faudra courir avec lui.

**Le trot**

L'allure de votre chien lorsqu'il se déplace est extrêmement importante. Les juges attendent de lui qu'il adopte les allures qu'ils lui demanderont : pas, trot ou galop. C'est au présentateur de laisser suffisamment de champ à son chien pour qu'il se déplace librement, sans le gêner. Le présentateur fera évoluer le chien dans le ring selon les indications données par le juge. Mais il devra d'abord étudier le terrain. Généralement, les chiens hésitent à s'avancer sur un terrain souillé par un autre chien, même s'il a été nettoyé. A l'extérieur, le présentateur s'assurera que le terrain est bien plat, sans creux ni bosses qui risqueraient de troubler l'allure de l'animal.

*Technique du trot*

Pour juger de la vitesse qui vous permettra le mieux de mettre en valeur l'allure de votre chien, entraînez-vous, dans votre club ou chez vous, sous les yeux d'un conseiller expérimenté.

*Bobtail au petit trot : son maître ne le quitte pas un instant des yeux.*

Trouvez la bonne vitesse et la bonne longueur de laisse. Un maître qui connaît bien son affaire donne l'impression qu'il n'y a rien de plus simple au monde : le chien semble avancer en toute liberté. Une laisse très courte aide certains chiens à mieux contrôler leurs épaules ; chez d'autres, elle ne fait qu'entraver leur course.

Vous et votre chien devez former un couple harmonieux, mais prenez bien garde de ne pas imiter la démarche de votre chien quand vous courrez à ses côtés. Sans le vouloir, il pourrait commencer à vous imiter et à raidir son pas. Selon la taille de votre chien, vous adopterez une démarche rapide ou le pas de course. Il vous faudra du souffle si vous êtes le maître d'un gros chien, par exemple un Berger allemand ou un Barzoï. Peut-être suivrez-vous d'autres chiens. Ménagez-vous suffisamment d'espace pour ne pas avoir à raccourcir vos pas.

*Technique du « trot ramassé »*

Le juge veut voir votre chien trotter de côté, mais aussi de face et de dos. Pour ces mouvements, on préfère souvent un trot plus lent et plus « ramassé ». Il est très important que le chien se déplace en ligne droite. Si vous « travaillez » trop à la laisse, votre chien risque de perdre sa coordination et de se mettre à avancer en crabe. Exercez-vous à tourner dans le sens des aiguilles d'une montre et dans le sens contraire, des deux côtés du chien. Un mauvais jeu des pieds de l'accompagnateur est une source fréquente de problèmes.

## SUR LE RING

Apprenez devant un miroir à présenter votre chien à l'arrêt. Ne le soulevez pas par le ventre : chez de nombreux chiens, ce mouvement fait hérisser le poil du dos. N'écartez pas trop les membres postérieurs pour éviter que les membres antérieurs ne fléchissent et que le dos ne se creuse. Quand vous présentez votre chien à l'arrêt, choisissez un endroit plat pour qu'il trouve un bon équilibre.

Un maître expérimenté présente son chien simplement. La meilleure technique consiste à placer une main sous la poitrine pour soulever l'avant, puis à la remonter le long du cou pour présenter correctement la tête. De l'autre main, on règle la position des membres postérieurs et de la queue. Si le dos de l'animal est légèrement creusé, on l'incite à contracter ses muscles abdominaux en le touchant doucement sous la dernière côte.

*La présentation à l'arrêt : la maîtresse de ce Whippet tient la laisse haut pour soulever la tête du chien.*

# Les juges

Les juges d'exposition n'ont pas la tâche facile, et ils essaient certainement de s'en acquitter de leur mieux. Naturellement, les juges ont tous leur interprétation du standard, et ils ne classeront pas de la même manière les chiens qui leur sont présentés.

Le juge prend sa décision en se fondant sur tous les facteurs du standard *(voir l'illustration ci-dessous)*. La tâche est plutôt difficile, et vous vous en rendrez compte si vous faites le tour des boxes pour essayer de juger vous-même une trentaine de chiens, d'une ou de plusieurs races.

## INTERDICTIONS

Le règlement des expositions officielles prohibe certaines pratiques. En cas d'infraction, le juge est obligé de disqualifier l'animal. En voici quelques exemples :

- Excès de talc sur la robe.
- Utilisation d'une laque ou d'un fixatif.
- Altération artificielle de la denture.
- Teinture ou décoloration de la robe.

## LES CRITÈRES DU JUGE

L'illustration indique les différents points dont le juge tient compte. Mais il prend aussi en considération :

- L'allure générale et la « présence ».
- Les mouvements et le tempérament.

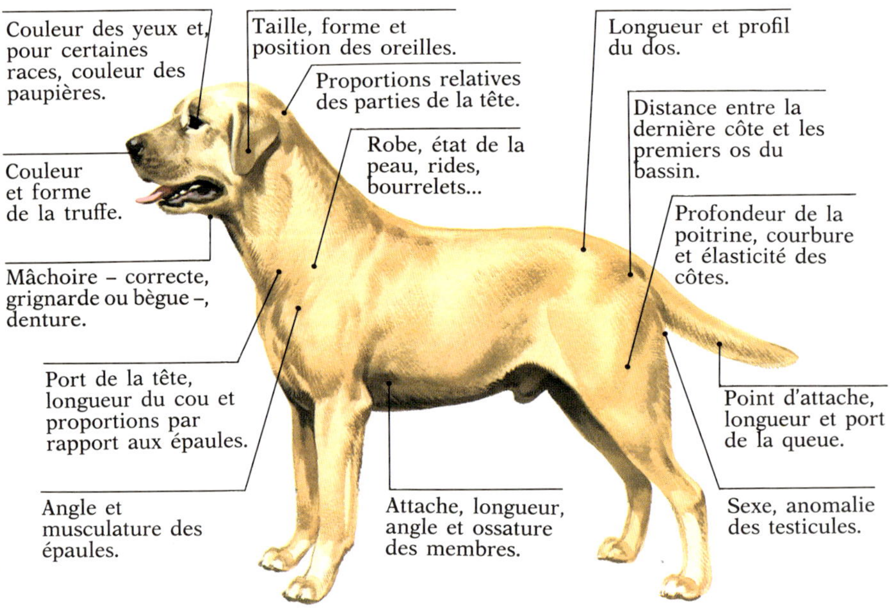

# Pratiques illégales

L'aspect extérieur du chien est la clé de son succès à une exposition canine. Tout naturellement, les concurrents font ce qu'ils peuvent pour présenter leurs animaux sous leur meilleur jour, et il existe de nombreux « trucs du métier » que vous apprendrez avec le temps. Par exemple, pour que l'animal se présente mieux à l'arrêt, un maître expérimenté profitera d'une légère bosse sur le sol pour y placer les membres antérieurs de l'animal, de façon à soulever un peu son avant.

**La fraude**

Au fil des ans, les expositions canines ont donné lieu à d'innombrables fraudes. Certains pays, comme le Royaume-Uni, interdisent même les opérations de chirurgie esthétique pour les chiens de race. C'est ainsi qu'il y est désormais interdit de modifier le port des oreilles par sectionnement du cartilage, de redresser le port de la queue par sectionnement des tendons et d'implanter des testicules de plastique chez un animal cryptorchide. Certains éleveurs tentent de manipuler le port des oreilles, particulièrement chez les chiots. Pour qu'elles se dressent bien droites, ils cirent l'intérieur du pavillon, utilisent des supports de cuir ou posent des bandages élastiques à la base des oreilles.

La couleur de la robe tente aussi les fraudeurs. Par exemple, un éleveur peut enlever des touffes de poils de la mauvaise couleur ou teindre une partie de la robe. Sur les chiens blancs, l'emploi de craie et de poudre n'est pas admise non plus.

*Chirurgie thérapeutique*

Ces opérations ne sont pas autorisées, même celles qui visent à remédier à une anomalie des yeux, comme l'entropion et l'ectropion *(voir p. 256)*. Comme nombre de ces maladies sont héréditaires, les chiens qui en sont affligés ne seront pas confirmés et ne seront pas autorisés à se reproduire.

## LE LUSTRAGE DE LA ROBE

Les robes à poil long demandent une préparation poussée, mais voici un bon conseil pour préparer une robe à poil court. Les résultats sont particulièrement bons avec les robes de couleur foncée et uniforme.

La peau de chamois fait tomber les poils détachés. Vous lustrez ensuite le poil avec un chiffon doux, en vous servant d'un aérosol spécial.

**1** Frottez la robe avec une peau de chamois humide, puis avec un chiffon de soie.

**2** Pour lui donner du brillant, enduisez le poil d'un aérosol spécial avant l'exposition.

# 11

# COMPRENDRE SON CHIEN

Un maître et son chien entretiennent des rapports privilégiés. Mentalement, les chiens ne sont pas aussi complexes que les êtres humains, mais tout chien a pourtant sa personnalité, sa manière de voir les choses. En apprenant à mieux le connaître, vous saurez vous faire de lui un ami. Savez-vous par exemple quels sont les aspects du comportement d'un chien qui lui sont dictés par son instinct, quels sont ceux qui sont motivés par des sentiments, par exemple la peur, la solitude et l'agressivité ? Pourquoi est-ce qu'un chien remue la queue, aboie, mord, poursuit un chat ? Si les raisons du comportement d'un chien ne nous sont pas toujours évidentes, nous pouvons essayer de mieux les comprendre. Vous et votre chien avez tout à y gagner. Les tempéraments des différentes races sont décrits au chapitre « Les races » *(voir p. 42 à 119).*

# L'intelligence du chien

L'empathie qui existe entre êtres humains et chiens s'est développée au cours de milliers d'années de domestication. Dans une large mesure, la sélection artificielle a fait d'un animal de meute sauvage une créature qui paraît heureuse de vivre au sein d'une meute de bipèdes qui contrôle toute sa vie, depuis ce qu'il boit et ce qu'il mange jusqu'à ses promenades dans le monde extérieur. Il arrive parfois qu'un chien ressemble davantage à ses ancêtres sauvages, qu'il recherche la compagnie des autres chiens et qu'il conteste l'autorité de l'homme, sauf lorsqu'elle lui est imposée par la force. Mais, en règle générale, le respect dans lequel les chiens tiennent leurs maîtres repose sur une profonde confiance mutuelle.

Le maître d'un chien doit savoir interpréter les signes que son animal et les autres chiens lui donnent. En conséquence, il est indispensable que vous sachiez ce que le chien essaie de vous dire par ses attitudes ou son comportement. De nombreuses personnes ont d'ailleurs une excellente compréhension intuitive de leurs animaux familiers. Malheureusement, d'autres versent dans l'anthropomorphisme et attribuent à leurs chiens des émotions et des comportements humains trop complexes. En réalité, la motivation des chiens est beaucoup plus rudimentaire.

**Un chien est-il intelligent ?**

L'intelligence du chien est une notion difficile, qui est d'ailleurs fort controversée. Il est déjà passablement complexe de comparer des humains conditionnés par des cultures différentes. Avec des chiens, le problème est encore plus délicat, car les différentes races ont acquis des attitudes physiques et des instincts naturels différents. Un monde sépare le chien nain du chien géant, le chien de garde du chien de chasse, le chien de combat du chien de berger.

Le cerveau du chien est beaucoup plus petit que celui de l'homme *(voir p. 23)*. Si elle n'est pas complètement absente, son aptitude à « penser » est très réduite, même si certains chiens donnent parfois l'impression de « réfléchir » et de se comporter d'une manière presque « humaine ». L'exemple le plus célèbre est sans doute celui de Greyfriars Boby, un Skye-Terrier qui, à la mort de son maître, suivit le cercueil jusqu'au cimetière et s'opposa farouchement à ce qu'on l'en éloigne. Il resta quatorze ans dans ce cimetière, jusqu'à ce qu'il y meure. Pleurait-il la disparition d'un ami et d'un maître ?

Les dresseurs professionnels évaluent l'intelligence d'un chien à la rapidité avec laquelle il apprend de nouvelles tâches. Les propriétaires de chiens, quant à eux, se fondent souvent sur la réceptivité de leurs chiens, la facilité avec laquelle ils comprennent leur état d'esprit, et ce qu'ils veulent. Mais ces aptitudes correspondent-elles à une intelligence de même nature que celle de l'homme ? Les chiens peuvent certainement apprendre, comprendre des signaux et associer un signal à une tâche ou à un mouvement particulier. Cependant, ils n'obéissent pas aveuglément et ils sont parfaitement capables de décider qu'ils ne veulent *pas* faire quelque chose. Ils possèdent à un degré élevé une « intelligence animale », mais paraissent privés de l'aptitude qu'a l'homme de raisonner et d'associer des idées abstraites complexes.

## Les associations d'idées

Les chiens peuvent associer deux idées dans leurs cerveaux (comme le démontre l'exemple célèbre du chien de Pavlov, qui associait l'heure des repas au son d'une cloche). En revanche, les chiens n'associent pas les événements séparés dans le temps. Si votre chien s'enfuit au beau milieu d'une promenade, il ne servirait à rien de le punir à son retour, deux heures plus tard. Le chien associera la punition à son retour. Il ne comprendra pas que vous le punissiez parce qu'il n'est pas revenu deux heures plus tôt. Le secret, c'est de faire en sorte que votre chien *veuille* revenir *pour vous faire plaisir.* Si son retour est une expérience agréable et si vous l'accueillez avec des paroles aimables, le chien reviendra parce qu'il sait que vous l'attendez.

## Comprennent-ils les êtres humains ?

Les chiens perçoivent très bien les signaux subtils que donnent consciemment ou inconsciemment les êtres humains : plaisir, angoisse, colère, ou tout simplement l'intention de faire quelque chose. Naturellement, un chien ne comprend pas véritablement notre langue, mais il en saisit les inflections et le ton. Un signal donné au sifflet est tout aussi éloquent, si le chien a appris à le reconnaître.

Les dresseurs poussent parfois très loin cette aptitude qu'ont les chiens à reconnaître les signaux visuels et sonores, comme le prouvent ces extraordinaires animaux que l'on voit au cirque, au cinéma ou à la télévision. Ce n'est pas la crainte qui motive un chien ; c'est le désir de plaire qui lui fera apprendre des tours complexes.

***Multiples facettes du dressage***
*Un Berger allemand peut parfaitement apprendre à poster une lettre* (à gauche). *Pour ce chien de cirque* (ci-dessus), *les tours n'ont plus de secrets.*

# Les instincts

Les comportements instinctifs de nombreuses races nous sont bien connus. Sans dressage particulier, les retrievers adorent ramasser des objets et les porter dans leur gueule. Les pointers « montrent » naturellement les choses qui les intéressent avant de poursuivre leurs enquêtes. Les chiens de berger adorent mener tous les animaux, y compris les êtres humains. Quant au Spitz, au Doberman et au terrier, ce sont des chiens de garde par instinct.

**Les instincts territoriaux**

Protéger la maison et ses occupants contre les intrus, humains ou canins, est un instinct fondamental du chien. Le plus souvent, les oiseaux et les autres animaux ne comptent pas. Par contre, le chien considère les êtres humains et les autres chiens comme appartenant à sa propre espèce, et il se montrera donc méfiant envers les inconnus.

*L'instinct de meute*

Le maître est généralement considéré comme le chef de la meute, responsable de sa défense. Si un étranger, homme ou chien, est accepté sans agressivité par le chef de meute, il sera généralement accepté par le chien. Mais, en l'absence du chef de meute, le chien prend son rôle et se comporte tout à fait différemment, et même une petite femelle paisible peut voler à la défense du territoire.

*La « course au facteur »*

Le visiteur de passage (l'exemple classique est celui du facteur) renforce ce comportement protecteur. Comme le chien manifeste son hostilité, le facteur ne pense guère à s'attarder. Le chien n'y voit que de la poltronnerie et finit par conclure que les uniformes distinguent plus particulièrement les personnes que l'on peut chasser sans danger. Pour y remédier, présentez régulièrement des visiteurs

***Comportements caractéristiques des chiens***
*Le facteur* (à gauche) *a peur de cet énorme Dogue allemand. Ses hésitations ne font que renforcer le comportement territorial du chien qui monte la garde. De nombreux chiens adorent faire des trous dans la terre* (à droite) *avec leurs membres antérieurs. Ce Jack Russell cherche peut-être un vieil os enterré. Cet instinct remonte aux premiers temps du chien domestique, qui enterrait de la nourriture en prévision des mauvais jours.*

à votre chien et faites-lui comprendre à cette occasion, que vous, le « chef de meute », acceptez de toute évidence leur présence.

**Instinct prédateur**

Certains chiens conservent encore un vif instinct de chasseur ; vous les verrez parfois s'approcher doucement d'une proie, bondir dessus, et même tuer de petits animaux. Le plus souvent, ils se contentent d'une furieuse course qui s'interrompt à la dernière minute.

*La chasse aux chats*

Pour les chiens, les chats constituent plus un sport qu'un bon dîner. Les chats, petits, duveteux, rapides dans leurs mouvements et prompts à la fuite, excitent leur instinct prédateur. Généralement, la chasse tourne court et se termine par de copieuses insultes, sifflées et crachées à bonne hauteur.

Pour le chien, un chat n'est pas toujours un chat, et il vivra en parfaite intelligence avec le chat de sa famille, tolérant même ses impertinences. Il est tout naturel de voir un chien se précipiter dehors pour suivre furieusement le chat du voisin, puis rentrer et se pelotonner dans la corbeille du chat de la maison.

*La course aux moutons*

Les moutons sont d'excellentes proies : ils courent quand on les poursuit, et les chiens qui n'y sont pas habitués les prennent souvent en chasse. Certains se contentent de les regrouper, mais d'autres mordent et même tuent des animaux. Un fermier grognon risque fort d'essayer son fusil s'il voit un chien inquiéter ses moutons. Tenez le vôtre bien en laisse quand vous vous promenez près d'un troupeau de moutons.

**L'importance de l'odorat**

Le chien qui flaire tout ce qu'il ne connaît pas – y compris les autres chiens – obéit à un de ses instincts les plus profonds.

*Salutations olfactives*

L'odorat fait partie de toute rencontre entre deux chiens. Les deux animaux se reniflent truffe contre truffe, têtes hautes, queues dressées. Tout signe d'agressivité fera bientôt dégénérer les choses, mais, si tout va bien, les chiens poursuivront leur examen olfactif de tout le corps.

**Le marquage du territoire**

L'importance de l'odorat explique aussi pourquoi le chien mâle urine si souvent. Il se sert de son urine pour laisser son odeur et marquer ainsi le territoire qu'il considère être le sien ou celui qu'il revendique. De même, le chien se sert des sécrétions odorantes des glandes cébacées de son anus pour « marquer » ses excréments. Si le chien urine si fréquemment, c'est qu'il est en concurrence avec tous les chiens du voisinage et qu'il essaie de masquer leurs odeurs.

Une autre technique de marquage olfactif consiste à gratter vigoureusement le sol avec les membres postérieurs pour y laisser l'odeur émanant des glandes sudoripares des coussinets.

# Le langage du corps

Les chiens sont incapables de se servir de la parole pour exprimer sentiments, incertitudes, craintes, agressivité, plaisirs ou détresse. Mais tous les chiens disposent d'un « langage du corps » pour manifester ces émotions. Ce langage fait intervenir l'ensemble du corps, mais aussi des mimiques faciales variées. Aboiements, grognements et pleurnichements complètent cette panoplie expressive. Le propriétaire d'un chien doit savoir interpréter les différents signaux que lui donne son chien : □ Corps. □ Posture. □ Voix. □ Oreilles. □ Yeux. □ Babines. □ Langue. □ Queue. □ Poil.

***L'invitation au jeu***
*En alerte, langue pendante, ce chien est prêt à jouer à la balle. Les yeux brillants, il regarde son maître ou un autre chien.*

**La voix**
Le chien se sert de sa voix pour s'exprimer, élevant le ton de ses aboiements pour indiquer ses frustrations ou ses émotions. L'aboiement n'est pas nécessairement agressif. Le plus souvent, il veut dire « Allez, viens et jouons ! » ou « Content de te voir ! », plutôt que « Un mouvement de plus et je t'ouvre la gorge ! »

Le grognement est plus souvent agressif chez les chiens adultes que chez les chiots. Certains chiens grondent « pour jouer », mais leurs intentions sont évidentes. Un grand nombre parviennent à faire un grognement modulé qui varie de hauteur. Le ton d'un grognement agressif est constant ou monte à mesure que les attitudes agressives du corps s'accentuent.

**Le chien « normal »**
Le chien heureux et éveillé porte sa queue naturellement. Il tient la tête haute. La langue pend parfois et les mâchoires sont détendues.

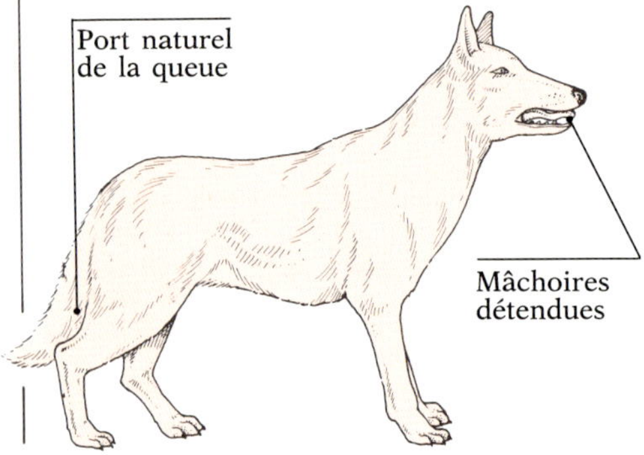


**Allons jouer !**
Le chien qui veut jouer se courbe souvent sur les pattes de devant, l'arrière-train dressé. Il jappe ou pousse des grondements aigus. Il peut lever une patte et se coucher de côté, la tête presque à terre, ou sauter d'avant en arrière, les mâchoires détendues.

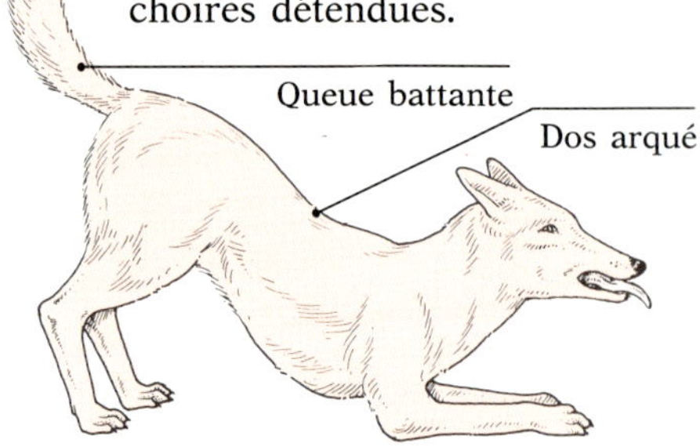

## LES MIMIQUES FACIALES

Comme nous, les chiens possèdent des muscles faciaux qui leur permettent des expressions diverses.

**Les babines** se retroussent pour montrer les dents. Le chien qui montre les dents n'est pas toujours agressif. S'il est très content, ses babines s'écartent pour laisser voir les incisives. Chez un chien agressif, les babines se retroussent davantage et laissent voir les canines.

**Les oreilles** sont extrêmement mobiles et peuvent pivoter vers la source d'un son. Même les chiens à oreilles tombantes, comme les épagneuls, peuvent mettre leurs oreilles en position d'éveil, encore qu'ils ne disposent pas de moyens d'expression aussi complets que les chiens à oreilles droites.

**Les yeux** ont naturellement leur expression. Les yeux d'un chien heureux s'éclairent. Certains soulèvent les paupières s'ils sont surpris ou perplexes – expression souvent exagérée par une inclinaison de la tête.

**Regard fixe.** L'agressivité craintive *(voir p. 219)* donne parfois au chien un regard un peu fou ; les yeux sont écarquillés et les pupilles dilatées. Dans l'agression dominante *(voir p. 220)*, les pupilles sont le plus souvent rétrécies ; le chien soutient le regard et suit tous vos mouvements. Pour un chien, un regard fixe est un défi. Généralement, si quelqu'un regarde fixement un chien, l'animal tourne la tête et prend une attitude soumise. Mais n'essayez jamais de fixer un chien si vous n'êtes pas sûr de pouvoir faire face à l'attaque qui risque de suivre cette épreuve de force si vous la perdez.

***Perplexité et agression***
*L'expression perplexe d'un Braque de Weimar (à gauche) et l'attitude hostile d'un Husky dont les dents donnent à réfléchir.*

**Soumission**
L'invitation au jeu peut se transformer en posture de soumission. Le chien se couche et soulève les pattes avant. Les dents sont cachées. Il n'y a aucune tension dans cette posture et le chien est sans doute silencieux. Il peut se mettre à lécher. Un chien soumis présente souvent le flanc.

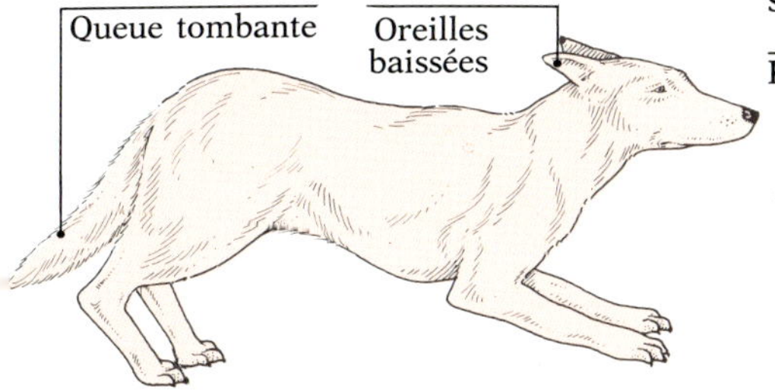


**Soumission totale**
Les oreilles sont rabattues. Il laisse tomber sa queue et l'enroule autour d'une patte, ou, s'il est nerveux, la colle contre son ventre. La tête est basse pour éviter le contact des yeux. Le chien se tourne sur le dos et lève une patte ; à moins qu'il n'ait peur, il dresse généralement un peu les oreilles pour montrer que sa soumission naît de la confiance.

## LES MOUVEMENTS DE LA QUEUE

La queue fait partie du système de communication du chien. Il la remue pour montrer qu'il est content ou pour vous inviter à faire une promenade ou à jouer. Abaissée, c'est un signe d'agressivité ; rabattue entre les jambes, elle indique la peur et la soumission. De nombreuses races doivent souffrir l'indignité d'une queue coupée. Mais même les chiens dont la queue est coupée essaient de remuer leurs moignons. Certains remuent tout l'arrière-train en signe de joie, mais il leur est parfois impossible de donner un signal clair de soumission pour mettre fin à une bagarre. En réalité, chez certaines races comme les Dobermans et les Rottweilers, l'amputation de la queue a sans doute eu pour premier but de forcer un comportement agressif en empêchant les expressions de soumission.

Il est difficile de justifier le principe de l'amputation de la queue, même si les standards de certaines races la prescrivent toujours. Peut-être l'amputation facilite-t-elle le travail des juges aux expositions canines, mais elle ne sert strictement à rien dans le cas d'un chien de travail. S'il est pourvu d'une abondante queue frangée, il suffit finalement de s'en occuper un peu pour qu'elle reste propre.

***La queue comme contrepoids***
*Un Berger allemand saute un obstacle.*

**L'agressivité craintive**
Le chien montre les dents et pousse un grognement sourd et constant, ou même aboie. Ses oreilles sont rabattues en arrière. Tout le corps est tendu, et les membres postérieurs sont bandés. Les poils du dos se dressent. La queue est rabattue et droite.

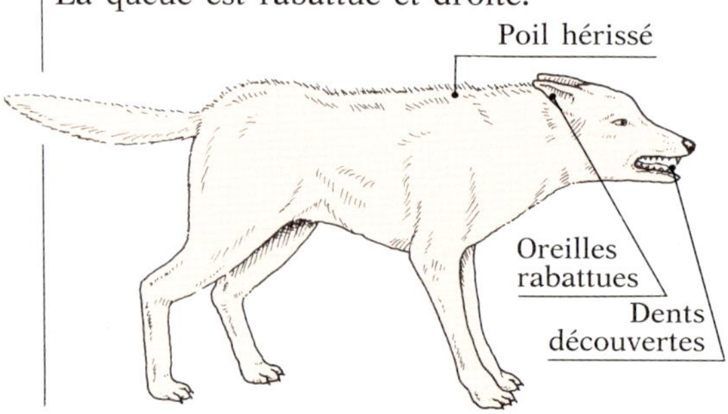


**Agressivité dominante**
Le chien s'avance vers vous, sûr de lui, la queue et les oreilles dressées. Il vous regarde dans les yeux et montre les dents, prêt à mordre.

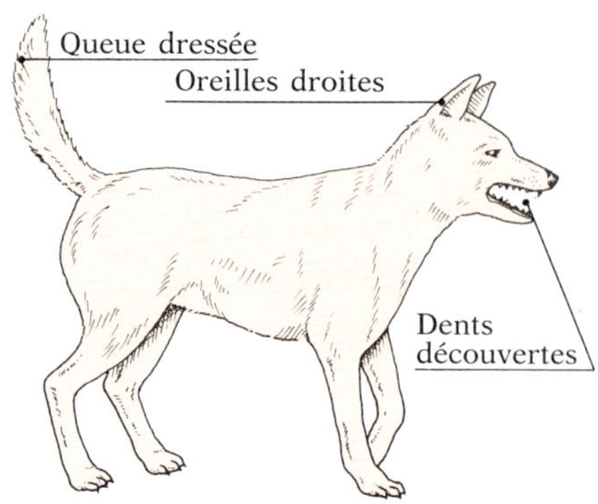

# L'agressivité

Il existe plusieurs formes d'agressivité chez le chien :

- L'agressivité craintive.
- L'agressivité dominante.
- L'agressivité protectrice.
- L'agressivité envers les autres chiens.

L'attitude d'un chien agressif ressemble un peu à celle de la soumission *(voir p. 217)*, mais le chien agressif donne l'impression d'être « acculé ». A mesure que son agressivité monte, il se couche plus bas et cache sa queue entre ses jambes.

**Que faire ?**

Il est très difficile de corriger les problèmes de comportement d'un chien. Dans les cas particulièrement délicats, les vétérinaires préfèrent généralement se faire conseiller par des confrères avisés ou par des spécialistes de la psychologie animale.

En général, la punition ne donne pas de bons résultats. Elle est même dangereuse dans le cas d'un gros chien agressif. Vous ne devriez donc jamais punir un chien qui donne des signes d'agressivité. Loin de l'aider, vous le feriez régresser dans son dressage. Dans la plupart des cas, les récompenses donneront de meilleurs résultats. L'intervention d'un dresseur professionnel n'est le plus souvent d'aucun secours. Malgré quelques succès, elle risque d'aggraver la situation.

Ne frappez jamais le chien et abstenez-vous formellement d'employer des appareils qui provoquent une douleur localisée, par exemple en donnant une décharge électrique. Les poussées d'agression n'en seraient que plus graves. Dans certains cas, on utilise avec succès des alarmes anti-cambrioleurs (qui font un bruit très violent), généralement sous la direction d'un spécialiste. Cette technique règle parfois le problème, mais il vaut mieux ne l'utiliser qu'en dernier ressort, car le bruit de l'appareil est presque aussi désagréable que le comportement du chien.

Une punition particulièrement efficace consiste à ignorer l'animal. Les chiens ont horreur qu'on ne s'occupe pas d'eux. Abstenez-vous d'offrir des friandises ou de proposer un jeu de ballon pour changer les idées d'un chien difficile : il comprendrait que vous le récompensez, ce qui ne ferait que renforcer son comportement.

**Agressivité craintive**

Le chien sur la défensive rabat les oreilles en arrière, se rapproche et s'éloigne de ce qu'il croit être la source d'une agression.

*Ce qu'il faut faire*

On appelle « désensibilisation » la technique utilisée pour traiter un chien dont l'agressivité est motivée par la peur. Il s'agit de mettre le chien en face de la personne ou de la chose dont il a peur, à bonne distance, puis à le récompenser s'il ne donne pas de signes d'agressivité. Peu à peu, on réduit la distance entre le chien et ce qui déclenche son agression.

***Agressivité craintive***
*Ce chien présente tous les signes de la peur.*

**Agressivité dominante**
Elle est plus fréquente entre deux chiens qu'entre un chien et une personne, mais, dans ce dernier cas, elle peut être grave. Aux yeux du chien, il existe un ordre hiérarchique bien défini à l'intérieur de la famille, et l'animal essaie de trouver sa place au sein de cette hiérarchie, comme il le faisait dans la meute autrefois.

Si le chien considère qu'il est le chef, il peut être agressif pour toute la famille. Le plus souvent, il se contente de considérer certains membres de la famille comme ses inférieurs, par exemple les enfants. Paradoxalement, les étrangers ne sont pas pour lui une menace, et il peut être parfaitement amical avec eux. Dans une situation de confrontation, le chien dominant devance vos mouvements et cherche à les entraver avec son corps.

*Ce qu'il faut faire*
Essayez de déceler les premiers signes d'agression dominante chez les chiots ou chez les jeunes chiens. Imposez votre domination en saisissant l'animal par le cou et en le maintenant à terre en position de soumission. Au début, vous pourrez le secouer un peu. Le problème est plus délicat chez un chien adulte, et la méthode recommandée pour un chiot risquerait d'être dangereuse ou même impossible. Pourtant, même les chiens adultes dépendent de vous pour se nourrir. Les membres de la famille qui sont les cibles des démonstrations d'agressivité doivent se charger de l'alimentation de l'animal et des autres aspects de sa vie quotidienne qui lui sont agréables.

*Conditionnement*
Une technique permet parfois de résoudre l'agressivité dominante : conditionnez le chien à adopter un comportement soumis dans les occasions où il ferait normalement preuve d'agressivité ; bref, inversez les rôles. Le chien qui exige d'être caressé fait preuve d'agressivité dominante. Repoussez-le quelques minutes, puis appelez-le pour le caresser. *Vous* dominez alors la situation.

***Les signes de l'agressivité dominante***
*Ce chien affiche tous les signes habituels de l'agression dominante* (voir p. 218), *et tout son corps est tendu. Mais tous les chiens ne se comportent pas de la même manière. Certains verront une tentative de domination dans un simple geste de leur maître et ils réagiront sans donner aucun avertissement. Le cas peut se présenter à l'occasion de la toilette, d'une caresse inattendue ou si vous prenez le chien sans qu'il s'y attende.*

**Agressivité protectrice**
Un chien peut faire porter son instinct de protection sur sa maison ou sur son maître. Le bruit d'une personne qui s'approche peut déclencher la réaction ; ou encore, le chien peut interpréter comme une menace un contact soudain entre son maître et d'autres personnes. Le plus souvent, il se met à aboyer et à gronder.
*Ce qu'il faut faire*
Dans ce cas, il est important de présenter le chien à la personne qu'il considère comme une menace. Le « chef de meute » (probablement le chef de famille) doit indiquer au chien que cette personne est totalement acceptée.

**Agressivité envers les autres chiens**
Les problèmes d'agressivité dominante ou craintive se posent généralement entre chiens du même sexe. Le chien habituellement soumis adoptera son comportement habituel avec les autres chiens en leur donnant avec son corps les signaux décrits à la page 217. Le chien dominant, même s'il se contient en présence de son maître, peut chercher rapidement d'autres chiens, et une bagarre risque de s'ensuivre si l'autre animal n'adopte pas immédiatement un comportement soumis.
*Ce qu'il faut faire*
Mettez en pratique les conseils donnés pour le traitement de l'agressivité dominante et craintive, mais, si le problème persiste, consultez un vétérinaire.

**Mauvaises habitudes**
La technique de désensibilisation permet aussi de régler d'autres problèmes, comme le comportement destructif du chien laissé seul.

Au début, laissez l'animal seul très peu de temps dans les circonstances qui déclenchent normalement son comportement destructif. Récompensez-le s'il réagit bien et contentez-vous de l'ignorer s'il se comporte mal. Augmentez progressivement vos absences, jusqu'à ce que le chien parvienne à les supporter sans problème.

### VOTRE VÉTÉRINAIRE
Avant de vous attaquer à un problème de comportement, parlez-en d'abord à votre vétérinaire. Dans de nombreux cas, les troubles de comportement ont des raisons médicales. Ce qui vous paraît être un signe d'agressivité peut n'être que la manifestation d'un trouble physiologique. Par exemple, le chien qui urine à la maison souffre peut-être de diabète *(voir p. 245)*. Le problème de votre chien a sans doute une solution médicale, et votre vétérinaire vous proposera alors un médicament :
- Hypnotiques et sédatifs.
- Sédatifs tranquillisants.
- Tranquillisants antipsychotiques.
- Antidépresseurs.
- Progestérone.

### LES CHIENS À PROBLÈMES
Avec le temps, de nombreux problèmes de comportement trouvent leurs solutions. Mais une agressivité absolument incontrôlable chez un chien présente de très graves dangers. Dans la plupart des cas, il faut donc malheureusement supprimer l'animal. Cette éventualité doit par exemple être envisagée dans certains cas de rage *(voir p. 152)*. Il existe aussi un très petit nombre de chiens psychotiques dont le comportement se refuse à toute explication. Par exemple, ils accueilleront le visiteur en affichant tous les signes du plus grand plaisir, mais leur seule intention sera d'attirer l'imprudent pour lui arracher un bon morceau de chair. L'attaque vient sans avertissement et il n'y a donc pas de parade. Heureusement, ces comportements sont rares.

# Comportements asociaux

La plupart des maîtres voient dans leur chien beaucoup plus qu'un simple animal, et les comportements asociaux que peut adopter leur compagnon sont souvent tolérés, en partie parce que le maître ne peut envisager une séparation, en partie parce qu'il s'en croit, au moins partiellement, responsable. Les principaux comportements asociaux sont les suivants :

- Agressivité *(voir p. 219 à 221).*
- Refus de la séparation.
- Phobie du bruit.
- Aboiements.
- Simulation de l'acte sexuel.
- Malpropreté.

**Les morsures**
Un chien agressif risque naturellement de mordre. Certains chiens sont dressés à l'attaque, mais généralement ils apprennent à saisir et à retenir le bras de leur victime sans le mordre vraiment.

Fort heureusement, la plupart des morsures de chien sont bénignes. Les statistiques montrent que ce sont les enfants qui en sont le plus fréquemment les victimes, quand le chien n'est pas chez lui. On peut sans doute en déduire que l'attaque s'explique au moins en partie par le fait que l'enfant interprète mal les signes avertisseurs ou même les provocations. La plupart des morsures sont sans doute déclenchées par une réaction territoriale, protectrice ou défensive, du chien.

*Ce qu'il faut faire*
Il est très important d'apprendre aux enfants à ne pas se précipiter vers un chien qu'ils ne connaissent pas et à ne pas lui tendre la main ouverte. Si le chien est amical, on peut alors lui présenter le poing fermé. Pour la manière de remédier aux différents types d'agressivité, voir p. 219 à 221.

Le dressage ne donne aucun résultat si le chien a peur ou s'il a mal. Lorsqu'un chien menace de mordre et qu'il a été blessé dans une bagarre ou à la suite d'un accident, il faut lui parler d'une voix calme et éviter tous les gestes brusques *(voir p. 278).*

**Refus de la séparation**
Elle se manifeste souvent chez les chiots à leur arrivée dans leur nouveau foyer *(voir p. 224).* Mais elle se manifeste aussi chez les chiens adultes mal dressés ou qui changent de propriétaires. Le chien souffre de ce changement dans sa vie et devient excessivement dépendant de son nouveau maître.

*Ce qu'il faut faire*
Apprenez à votre chien à prendre plus d'autonomie envers vous et votre famille. Quand vous parlez, évitez les adieux, mais réconfortez-le à votre retour. Essayez aussi de réduire les contacts entre vous et votre chien.

**Phobie du bruit**
Chez les chiens, les phobies se manifestent très tôt. La plupart sont liées d'une manière ou d'une autre à des bruits violents : coups de feu, pétards, tonnerre et ratés de moteur. Il arrive que le chien associe un bruit à quelque chose d'autre, et sa crainte du tonnerre peut alors l'amener à avoir peur de toutes les autres manifestations d'un orage, par exemple les éclairs, la pluie et le vent. Certains chiens ont peur des sonneries de téléphone, des aspirateurs et des séchoirs électriques. Le plus souvent, leurs réactions sont associées à un événement traumatisant ou à la peur de l'inconnu. Elles tendent à se muliplier à mesure que le chien devient plus âgé.

***Les aboiements intempestifs***
*Les chiens qui hurlent ou qui aboient trop souvent rendent leurs maîtres très impopulaires auprès de leurs voisins. La solution : un « NON » ferme, confirmé au besoin par une légère tape sur le derrière. Pour lui, la pire punition est d'être ignoré et laissé seul. Si votre chien aboie dehors, mettez-lui sa laisse et tenez-le au pied.*

*Ce qu'il faut faire*
Il est important de déceler les réactions de crainte chez le jeune chien et d'essayer de les apaiser avant qu'elles se transforment en phobie. La désensibilisation peut donner de bons résultats. Si votre chien prend peur un soir ou l'on tire un feu d'artifice, mettez-le la fois suivante dans une pièce sombre et calme, et demandez à votre vétérinaire un sédatif.

**Simulation de l'acte sexuel**
Ce comportement est particulièrement embarrassant. Le plus souvent, on le constate chez les jeunes chiens de petite taille, comme les caniches et les terriers. Habituellement, il a pour objet une personne, souvent des enfants, mais certains chiens choisissent aussi des objets, par exemple des coussins. Ce comportement anormal – car la plupart des chiens ont des impulsions sexuelles modérées – se manifeste généralement à la puberté.
*Ce qu'il faut faire*
Il faut repousser fermement le chien en accompagnant le mouvement d'un « NON » parfaitement clair. Si le chien persiste, repoussez-le et ignorez le quelque temps. Tenez-le à l'écart des chiennes en chaleur. N'allez pas chez le vétérinaire pour le faire castrer. Ce comportement cesse souvent lorsque le chien est un peu plus vieux, et votre vétérinaire pourra vous conseiller un traitement hormonal temporaire.

**Malpropreté**
Tous les chiens laissent des marques olfactives et cherchent à masquer les odeurs qui ne sont pas les leurs *(voir p. 215)*. Mais certains urinent partout pour masquer les odeurs, de parfum ou de tabac par exemple.

L'urine d'une chienne en chaleur contient des substances odorantes, particulièrement des phéromones, qui excitent le mâle en lui indiquant que la chienne est disponible. Malheureusement, nos parfums et nos lotions après-rasage contiennent parfois ces mêmes phéromones et peuvent inciter le chien à uriner un peu partout dans la maison.
*Ce qu'il faut faire*
La première chose est de supprimer la cause de cette réaction (l'odeur qui la déclenche). Ignorez le chien s'il continue à uriner ; récompensez-le s'il se comporte bien. Si vos efforts ne donnent pas de résultats, il faudra peut-être reprendre l'éducation de la propreté *(voir p. 153).*

# Le chiot difficile

La plupart des chiots sont turbulents ; ils adorent fouiner partout et mordiller tout ce qui leur tombe sous la dent. Ce comportement est normal, mais il prend parfois des proportions excessives. Le plus souvent, la solution n'est pas de réprimander ou de punir l'animal.

Dans les six premiers mois de la vie d'un chiot, les problèmes éventuels se manifestent le plus souvent dans quatre domaines :

- Propreté.
- Refus de la séparation.
- Comportement destructif.
- Agressivité.

**Le chiot craintif**

Certains chiots se mettent à uriner dès que vous vous approchez d'eux, même s'ils ont parfaitement appris à être propres *(voir pp. 150-151)*. Ce comportement naît d'un sentiment d'insécurité, si bien que vous ne feriez qu'aggraver les choses en punissant l'animal. Il faut comprendre qu'un minuscule chiot est intimidé par ce géant qui s'approche de lui, les bras tendus, en faisant des bruits incompréhensibles.

*Ce qu'il faut faire*

Approchez-vous tout doucement du chiot, en vous baissant le plus possible pour vous rapprocher de lui. Si le chiot a toujours peur et continue à uriner, offrez-lui une friandise et faites-vous tout petit. Dans un cas de ce genre, mieux vaut ignorer le problème. Ne montrez pas au chiot qu'il a mal fait. Habituez-le plutôt à ce qui déclenche sa réaction.

**Le chiot excitable**

Certains chiots ne parviennent pas à contrôler leur vessie quand ils sont excités, tout simplement parce que leurs mécanismes de contrôle sont encore insuffisants. A nouveau, une réprimande n'est pas la solution : le chiot pourrait se mettre à uriner par crainte ou tenter de faire une fugue.

*Ce qu'il faut faire*

Le problème disparaîtra de lui-même lorsque le chiot sera en pleine possession de ses mécanismes de contrôle. Essayez de le faire jouer dans un endroit où il peut uriner à son aise.

**Refus de la séparation**

Le problème se pose lorsque le chiot est séparé de sa mère ou de son premier maître. Il se manifeste la première fois lorsque vous venez le prendre chez l'éleveur pour l'amener chez vous *(voir pp. 140-141)*. La crise est souvent plus aiguë au coucher. Ces manifestations sont généralement les suivantes :

- Jappements et gémissements.
- Activité destructrice.
- Miction et défécation.

Ne croyez pas qu'il s'agisse simplement d'une « rage de dents » ou d'une mauvaise éducation. Le problème mérite toute votre attention. Si vous revenez voir un chiot qui pleure dans son lit, sa réaction sera celle d'une grande surexcitation. Trop de maîtres apprécient ces démonstrations d'affection et se mettent alors à dorloter le chiot, ce qui risque de renforcer son comportement ou de l'amener à uriner par nervosité.

*Ce qu'il faut faire*

La solution n'est pas d'enfermer le chiot, ce qui entraînerait fort probablement une diarrhée psychosomatique ou une crise d'hyperactivité lorsque le chiot sera libéré. La punition n'est pas efficace non plus : le chiot tentera de fuguer ou n'en sera que plus dépendant envers vous.

La meilleure méthode consiste à vous occuper patiemment du chiot et à faire attention au moment où il mange, joue et se repose. Organisez sa vie quotidienne pour que vous puissiez le laisser seul dans le coin où il couche, à un moment naturel pour le sommeil – après les repas et après une période d'activité. Quand vous le laisserez seul, il devra être prêt à s'endormir et il associera vite sa litière à la séparation du reste de la famille.

Essayez de restreindre son champ d'action pour qu'il s'intéresse surtout à une pièce (par exemple, la cuisine) dans laquelle se trouvera sa litière. Si la cuisine devient son « territoire » où il se sent à son aise, il aura moins de mal ensuite à « se mettre au lit » et à rester seul.

**Comportements destructifs**

Les chiots mordillent souvent « pour se faire les dents », mais cette habitude est parfois très désagréable.

*Ce qu'il faut faire*

Essayez d'intéresser le chiot à ses jouets, particulièrement ceux qui font du bruit quand on les mord *(voir p. 148)*. Les jouets que le chiot tiraille avec ses dents sont très amusants pour lui. Ils ne l'incitent nullement à devenir agressif, et les grondements que le chiot pousse ne sont que des grondements de plaisir *(voir p. 217)*.

**Agressivité**

La forme la plus courante d'agressivité chez les chiots est l'agressivité possessive qu'ils montrent au moment des repas. Ne la tolérez en aucun cas : elle pourrait donner lieu plus tard à une dangereuse agressivité dominante chez l'animal adulte.

*Ce qu'il faut faire*

C'est un des rares cas où la punition donne des résultats. Offrez de la nourriture à votre chiot ; retirez-la s'il se comporte mal mais récompensez-le s'il sait se tenir ; la réaction est généralement assez rapide et, une fois votre domination établie, elle ne sera sans doute plus contestée.

Il arrive cependant que chez certains chiots la punition ne fasse qu'aggraver l'agressivité. Consultez alors votre vétérinaire et voyez avec lui s'il est sage de conserver un animal qui pourrait devenir incontrôlable.

***Les mordillements du chiot***
*De nombreux chiots adorent mordiller les pieds ou les mains : ils ont des « rages de dents ». Si vous repoussez le chiot, il interprétera votre geste comme un jeu. Mais une punition ne vaut guère mieux : le chiot pourrait adopter un comportement agressif.*

# 12

# LA SANTÉ DU CHIEN

Tout le monde veut un chien en bonne santé, mais des problèmes – graves ou non – se poseront inéluctablement un jour ou l'autre. Vous devez connaître les différentes maladies dont peut souffrir votre chien et les symptômes qui les accompagnent pour en donner une description précise à votre vétérinaire. Les principaux symptômes de maladie sont donnés dans les tableaux de diagnostic *(voir p. 231 à 236)*. Servez-vous de ces tableaux pour vous faire une idée de ce qui ne va pas, de la gravité de la situation et de ce qu'il faut faire. Votre chien dépend entièrement de vous. N'oubliez pas de le faire vacciner pour le protéger contre les diverses maladies infectieuses. N'hésitez pas à vous adresser à votre vétérinaire en cas de doute. Vous trouverez d'autres indications utiles au chapitre « Les urgences » *(voir p. 276 à 283)*.

# Comment consulter ce chapitre

Dans ce chapitre, vous trouverez d'abord des indications qui vous permettront de savoir si votre chien est malade et comment diagnostiquer une anomalie. Viennent ensuite les descriptions des différentes maladies, classées selon les différents systèmes de l'organisme. La fin du chapitre vous donne des conseils sur la manière de conduire un chien malade chez le vétérinaire, sur les soins à donner à un chien malade ou âgé, et, enfin, sur ce qu'il faut faire pour que votre chien reste en bonne santé.

**Mon chien est-il malade ?**
Les chiens ne peuvent dire ce qu'ils ressentent ni décrire leurs symptômes. Le maître du chien ne peut donc s'appuyer que sur ce que lui-même peut voir – les manifestations extérieures de la maladie. C'est pourquoi ce chapitre insiste davantage sur ces « manifestations » que sur les « symptômes » proprement dits.

**Mon chien est-il en bonne santé ?**
Un chien en bonne santé se tient bien droit. Éveillé, il regarde autour de lui et s'intéresse à ce qui l'entoure. Il tient la tête droite et ses oreilles suivent les bruits. La truffe du chien en bonne santé est généralement humide, mais elle ne doit pas couler, pas plus que les yeux. La peau doit être bien rose et saine, la robe lustrée et d'une belle couleur. Un chien en bonne santé se déplace facilement, sans traîner la patte. Un peu de graisse recouvre ses côtes, mais vous devez pouvoir les sentir au toucher.

## DESCRIPTION DES MALADIES

**« Voir aussi ».** Ces cases vous renvoient à d'autres sections du livre.

**Aide-mémoire.** Pour vous aider à prendre une décision quand vous constatez une anomalie.

**Urgence.** Le nombre des croix vous indique le degré d'urgence de la situation.

**Problèmes de certaines races.** Indication des problèmes qui se posent plus fréquemment chez certaines races.

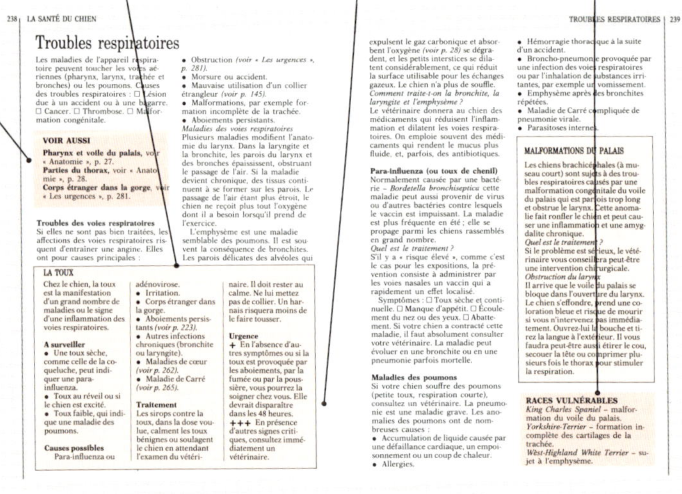

238 | LA SANTÉ DU CHIEN

Troubles respiratoires

Les maladies de l'appareil respiratoire peuvent toucher les voies aériennes (pharynx, larynx, trachée et bronches) ou les poumons. Causes des troubles respiratoires : ☐ Lésion due à un accident ou à une bagarre. ☐ Cancer. ☐ Thrombose. ☐ Malformation congénitale.

VOIR AUSSI
**Pharynx et voile du palais,** voir « Anatomie », p. 27.
**Parties du thorax,** voir « Anatomie », p. 28.
**Corps étranger dans la gorge**, voir « Les urgences », p. 281.

**Troubles des voies respiratoires**
Si elles ne sont pas bien traitées, les affections des voies respiratoires risquent d'entraîner une angine. Elles ont pour causes principales :
- Obstruction *(voir « Les urgences », p. 281).*
- Morsure ou accident.
- Mauvaise utilisation d'un collier étrangleur *(voir p. 145).*
- Malformations, par exemple formation incomplète de la trachée.
- Aboiements persistants.

*Maladies des voies respiratoires*
Plusieurs maladies modifient l'anatomie du larynx. Dans la laryngite et la bronchite, les parois du larynx et des bronches épaississent, obstruant le passage de l'air. Si la maladie devient chronique, des tissus continuent à se former sur les parois. Le passage de l'air étant plus étroit, le chien ne reçoit plus tout l'oxygène dont il a besoin lorsqu'il prend de l'exercice.
L'emphysème est une maladie semblable des poumons. Il est souvent la conséquence de bronchites. Les parois délicates des alvéoles qui expulsent le gaz carbonique et absorbent l'oxygène *(voir p. 28)* se dégradent, et les petits interstices se dilatent considérablement, ce qui réduit la surface utilisable pour les échanges gazeux. Le chien n'a plus de souffle.
*Comment traite-t-on la bronchite, la laryngite et l'emphysème ?*
Le vétérinaire donnera au chien des médicaments qui réduisent l'inflammation et dilatent les voies respiratoires. On emploie souvent des médicaments qui rendent le mucus plus fluide, et, parfois, des antibiotiques.

LA TOUX
Chez le chien, la toux est la manifestation d'un grand nombre de maladies ou le signe d'une inflammation des voies respiratoires.

**A surveiller**
- Une toux sèche, comme celle de la coqueluche, peut indiquer une para-influenza.
- Toux au réveil ou si le chien est excité.
- Toux faible, qui indique une maladie des poumons.

**Causes possibles**
Para-influenza ou adénovirose.
- Irritation.
- Corps étranger dans la gorge.
- Aboiements persistants *(voir p. 223).*
- Autres infections chroniques (bronchite ou laryngite).
- Maladies de cœur *(voir p. 262).*
- Maladie de Carré *(voir p. 265).*

**Traitement**
Les sirops contre la toux, dans la dose voulue, calment les toux bénignes ou soulagent le chien en attendant l'examen du vétérinaire. Il doit rester au calme. Ne lui mettez pas de collier. Un harnais risquera moins de le faire tousser.

**Urgence**
+ En l'absence d'autres symptômes ou si la toux est provoquée par les aboiements, par la fumée ou par la poussière, vous pourrez la soigner chez vous. Elle devrait disparaître dans les 48 heures.
+++ En présence d'autres signes critiques, consultez immédiatement un vétérinaire.

TROUBLES RESPIRATOIRES | 239

**Para-influenza (ou toux de chenil)**
Normalement causée par une bactérie – *Bordetella bronchiseptica* cette maladie peut aussi provenir de virus ou d'autres bactéries contre lesquels le vaccin est impuissant. La maladie est plus fréquente en été ; elle se propage parmi les chiens rassemblés en grand nombre.
*Quel est le traitement ?*
S'il y a « risque élevé », comme c'est le cas pour les expositions, la prévention consiste à administrer par les voies nasales un vaccin qui a rapidement un effet localisé.
Symptômes : ☐ Toux sèche et continuelle. ☐ Manque d'appétit. ☐ Écoulement du nez ou des yeux. ☐ Abattement. Si votre chien a contracté cette maladie, il faut absolument consulter votre vétérinaire. La maladie peut évoluer en une bronchite ou en une pneumonie parfois mortelle.

**Maladies des poumons**
Si votre chien souffre des poumons (petite toux, respiration courte), consultez un vétérinaire. La pneumonie est une maladie grave. Les anomalies des poumons ont de nombreuses causes :
- Accumulation de liquide causée par une défaillance cardiaque, un empoisonnement ou un coup de chaleur.
- Allergies.
- Hémorragie thoracique à la suite d'un accident.
- Broncho-pneumonie provoquée par une infection des voies respiratoires ou par l'inhalation de substances irritantes, par exemple un vomissement.
- Emphysème après des bronchites répétées.
- Maladie de Carré compliquée de pneumonie virale.
- Parasitoses internes.

MALFORMATIONS DU PALAIS
Les chiens brachicéphales (à museau court) sont sujets à des troubles respiratoires causés par une malformation congénitale du voile du palais qui est parfois trop long et obstrue le larynx. Cette anomalie fait ronfler le chien et peut causer une inflammation et une amygdalite chronique.
*Quel est le traitement ?*
Si le problème est sérieux, le vétérinaire vous conseillera peut-être une intervention chirurgicale.
*Obstruction du larynx*
Il arrive que le voile du palais se bloque dans l'ouverture du larynx. Le chien s'effondre, prend une coloration bleue et risque de mourir si vous n'intervenez pas immédiatement. Ouvrez-lui la bouche et tirez la langue à l'extérieur. Il vous faudra peut-être aussi étirer le cou, secouer la tête ou comprimer plusieurs fois le thorax pour stimuler la respiration.

**RACES VULNÉRABLES**
*King Charles Spaniel* – malformation du voile du palais.
*Yorkshire-Terrier* – formation incomplète des cartilages de la trachée.
*West-Highland White Terrier* – sujet à l'emphysème.

## MANIFESTATIONS DE LA MALADIE

Les premiers signes de la maladie se manifestent généralement dans le comportement du chien : il se renfrogne et n'est plus aussi actif que d'habitude. Souvent, il perd l'appétit ou, au contraire, se met à manger beaucoup.

**Situations critiques :** consultez immédiatement le vétérinaire si : ☐ État comateux. ☐ Vomissements fréquents pendant plus de 24 heures. ☐ Diarrhée depuis plus de 24 heures. ☐ Respiration difficile. ☐ Saignement d'un orifice. ☐ Vive douleur.

**Les principaux signes :** ☐ « Mauvaise mine ». ☐ Vomissements. ☐ Diarrhées. ☐ Respiration difficile. ☐ Saignements. ☐ Démangeaisons.

**Autres manifestations courantes :** à l'examen, vous constaterez peut-être d'autres signes de maladie.
**Respiration.** ☐ Toux *(voir p. 238).*
**Oreilles.** ☐ Oreilles douloureuses *(voir p. 253).* ☐ Pavillons enflés *(voir p. 252).* ☐ Écoulements *(voir p. 252).* ☐ Troubles de l'ouïe *(voir p. 253).*
**Yeux.** ☐ Écoulement *(voir p. 255).*
**Corps.** ☐ Claudication *(voir p. 266).*
**Peau.** ☐ L'animal se gratte *(voir p. 269).* ☐ Rougeurs *(voir p. 269).* ☐ Chute des poils *(voir p. 269).*
**Appareils digestif et urinaire.** ☐ Constipation *(voir p. 248).* ☐ Incontinence *(voir p. 259).*

**DIAGNOSTICS**

**Renseignements généraux.** Description plus complète des différentes maladies.

**Prévention.** Les différentes mesures de prévention que vous pouvez prendre.

Répondez aux questions en suivant les flèches, jusqu'à obtenir un diagnostic plausible.

242 | LA SANTÉ DU CHIEN

Affections de la bouche et des dents

Les problèmes les plus courants sont les dépôts de tartre et les anomalies de dentition. Les chiens ne souffrent pas beaucoup de la carie dentaire, qui n'affecte guère que les molaires chez les vieux chiens.

On note les problèmes suivants : ☐ Persistance des dents de lait. ☐ Dents cassées, usées ou branlantes. ☐ Dépôts de tartre. ☐ Mauvaise haleine. ☐ Mastication douloureuse. ☐ Salivation excessive. ☐ Gingivite.

Dans chacun de ces cas, il faut consulter votre vétérinaire. Les dents de lait qui refusent de tomber devront être extraites. Pour les dents cassées ou usées, il faudra poser une couronne ou pratiquer l'extraction. Le vétérinaire enlèvera aussi les dépôts de tartre, qui provoquent des gingivites *(voir ci-dessous)* et le déchaussement des dents.

**VOIR AUSSI**
**Dents,** voir « Anatomie », p. 23.
**La bouche du chien,** voir p. 30.
**La dentition des chiots,** voir « Les soins du chiot », pp. 136-137.
**Problèmes dentaires des vieux chiens,** voir ce chapitre, p. 274.

**Dentisterie canine**
L'opération consiste à enlever les dépôts de tartre et à extraire des dents. Certains vétérinaires font des obturations et posent des couronnes, mais avec l'aide d'un dentiste.

**Gingivite**
Les dépôts de tartre provoquent une inflammation des gencives. Les dents se déchaussent peu à peu, offrant de nouvelles voies d'accès aux bactéries.

**Abcès dentaires**
Ces abcès sont souvent très visibles. S'ils se forment à la racine d'une carnassière, on voit apparaître une grosse poche sous l'œil du chien. Consultez le vétérinaire sans tarder. On extrait habituellement la dent et on administre des antibiotiques.

**Gonflement de la langue**
Si les conduits salivaires qui se trouvent sous la langue viennent à s'obstruer, une grosse bosse – la « grenouillette » – se forme d'un côté de la bouche. Le vétérinaire devra drainer cette tumeur, et aussi extraire ce qui a causé l'obstruction : un calcul, ou tout simplement un épillet de graminée. Consultez le vétérinaire à la première occasion.

PRÉVENTION DE LA CARIE
Les aliments mous que nous donnons à nos chiens favorisent les dépôts de tartre, car le chien a moins besoin de mastiquer. Donnez à votre chien des os en peau de buffle, un gros os de veau, des biscuits durs ou des jouets appropriés.

Pour prévenir la carie, nous nous brossons les dents. Si vous commencez très tôt, rien ne vous empêche d'habituer votre chien à se faire brosser les dents. Brossez-lui les dents exactement comme vous le faites pour vous.

N'utilisez pas de dentifrice : les chiens en ont horreur. Si votre chien est de petite taille, posez-le sur une table. Demandez à un aide de lui tenir la tête. Au besoin, vous pouvez vous servir d'une muselière *(voir p. 279).*

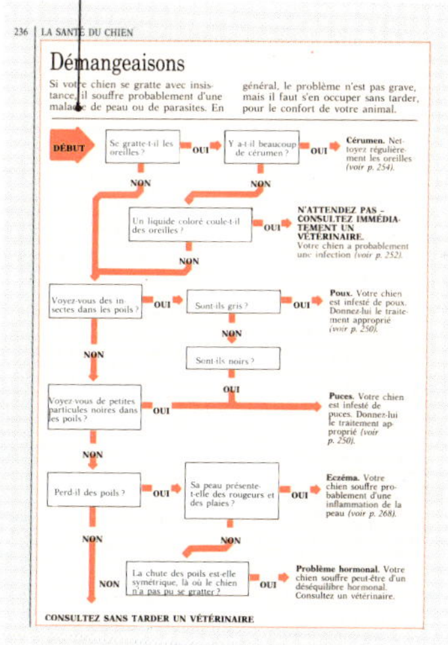
236 | LA SANTÉ DU CHIEN

Démangeaisons

Si votre chien se gratte avec insistance, il souffre probablement d'une maladie de peau ou de parasites. En général, le problème n'est pas grave, mais il faut s'en occuper sans tarder, pour le confort de votre animal.

## COMMENT PRENDRE LA TEMPÉRATURE

Ne vous contentez pas de toucher la truffe de votre chien pour savoir s'il a de la température ou s'il est en bonne santé. Si vous pensez que votre chien est malade, prenez sa température. Elle est normalement de 38 à 39 degrés, sauf lorsque le chien est très excité, ce qui peut faire monter très légèrement sa température. Servez-vous d'un thermomètre à gros bulbe, qui risque moins de se casser. Si votre chien fait de la température, appelez votre vétérinaire.

**1.** Secouez le thermomètre pour que le mercure tombe vers 36 degrés.
**2.** Faites tenir le chien par un aide.
**3.** Lubrifiez le thermomètre avec un peu de vaseline ou d'huile d'olive.
**4.** D'une main, soulevez légèrement la queue du chien et mettez-la de côté. Enfoncez le thermomètre d'environ 2,5 cm par le rectum et tenez-le de côté, sans bouger, pour que le bulbe touche la paroi rectale.
**5.** Attendez 30 secondes, retirez-le et relevez la température.
**6.** Secouez le thermomètre, nettoyez-le et désinfectez-le.

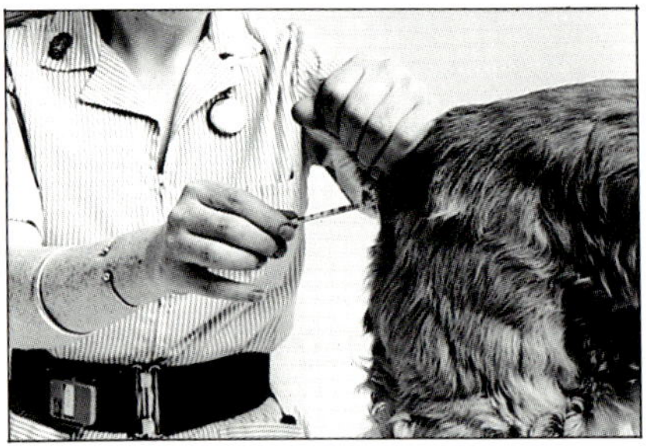

***L'emploi du thermomètre***
*Donnez l'angle voulu au thermomètre pour ne pas blesser le chien au rectum.*

## COMMENT PRENDRE LE POULS

Le pouls du chien vous permet de compter les battements de son cœur. Pour prendre le pouls, placez le gras d'un ou de deux doigts sur l'artère fémorale, au creux de la cuisse. Au centre et en haut de la cuisse, vous trouverez une petite dépression où le pouls est sensible : c'est là que l'artère fémorale croise le fémur. Chez certains chiens, il est plus facile de sentir le pouls dans la région du cœur – en bas, du côté gauche de la poitrine, juste en arrière du coude d'un chien qui se tient debout.

Avec une montre, comptez le nombre de battements pendant une période d'au moins 30 secondes ou une minute. Le pouls des petits chiens est de 90 à 120 battements à la minute. Il n'est que de 65 à 90 battements chez les gros chiens.

**Rythme respiratoire**

Au repos, votre chien doit normalement prendre de 10 à 30 respirations à la minute selon sa taille. La respiration est plus rapide chez les petits chiens que chez les gros.

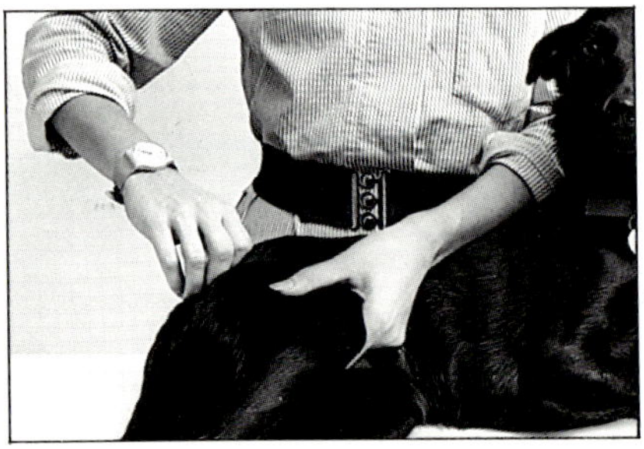

***Comment trouver le pouls***
*Apprenez à prendre le pouls de votre chien quand il est en bonne santé.*

# Mauvaise mine

Votre chien peut présenter tous les signes extérieurs de la bonne santé (*voir p. 228)* et pourtant n'être pas « dans son assiette ». Peut-être a-t-il perdu l'appétit ou présente-t-il l'un des signes ci-dessous.

---

**DÉBUT** → Le chien vomit-il ?

**OUI** → A-t-il de la diarrhée ?

- **OUI** → Voir le diagnostic « **Diarrhée** », **p. 233**
- **NON** → Voir le diagnostic « **Vomissements** », p. 232

**NON** ↓

Éternue-t-il ou tousse-t-il ? **OUI** → Voir le diagnostic « **Respiration anormale** », p. 234.

**NON** ↓

Est-ce qu'il saigne ? **OUI** → Voir le diagnostic « **Saignements** », p. 235.

**NON** ↓

Boit-il beaucoup plus que d'habitude ? **OUI** → **N'ATTENDEZ PAS – CONSULTEZ IMMÉDIATEMENT UN VÉTÉRINAIRE.** Votre chien souffre peut-être d'une grave maladie des reins *(voir p. 258)*, du diabète *(voir p. 245)* ou d'une pyométrie *(voir p. 261)*.

**NON** ↓

Perd-il du poids depuis quelque temps ? **OUI** → **N'ATTENDEZ PAS – CONSULTEZ IMMÉDIATEMENT UN VÉTÉRINAIRE.** Votre chien souffre peut-être d'une grave maladie, par exemple une maladie chronique du foie ou des reins *(voir pp. 243 et 258)*.

**NON** ↓

Présente-t-il d'autres signes aigus *(voir p. 229)* ? **OUI** → **N'ATTENDEZ PAS – CONSULTEZ IMMÉDIATEMENT UN VÉTÉRINAIRE.** Votre chien souffre peut-être d'une grave maladie.

**NON** ↓

Attendez 24 heures ; constatez-vous une amélioration ? **OUI** → **Infection mineure.** Votre chien souffre très probablement d'une affection bénigne, sans conséquence. Profitez de l'occasion pour lui faire donner tous ses rappels de vaccins.

**NON** ↓

**CONSULTEZ SANS TARDER UN VÉTÉRINAIRE**

# Vomissements

Chez les chiens, les vomissements ont des causes multiples, tantôt bénignes, tantôt très graves. En cas de doute, n'hésitez pas à téléphoner à votre vétérinaire ou à le consulter immédiatement.

---

**DÉBUT**

Le chien a-t-il été victime d'un accident ?

- **OUI** → **N'ATTENDEZ PAS – CONSULTEZ IMMÉDIATEMENT UN VÉTÉRINAIRE.** En attendant, donnez les premiers soins appropriés *(voir p. 276 à 283).*
- **NON** ↓

A-t-il de la diarrhée ?

- **OUI** → Voir le diagnostic « **Diarrhée** », p. 233.
- **NON** ↓

Est-il renfrogné et abattu ?

- **OUI** → **N'ATTENDEZ PAS – CONSULTEZ IMMÉDIATEMENT UN VÉTÉRINAIRE.** Le chien souffre peut-être d'une infection grave.
- **NON** ↓

Si c'est un jeune chien ou un chiot, a-t-il des vers ?

- **OUI** → **Vers.** Les chiens souffrent de parasitose *(voir p. 251).* Consultez votre vétérinaire à la première occasion. Le traitement consiste à lui administrer un vermifuge.
- **NON** ↓

Vomit-il très fréquemment ?

- **OUI** → **N'ATTENDEZ PAS – CONSULTEZ IMMÉDIATEMENT UN VÉTÉRINAIRE.**
- **NON** ↓

Attendez le lendemain pour lui donner un léger repas. Vomit-il encore au bout de 24 heures ?

- **NON** → Les chiens vomissent assez facilement, généralement pour l'une des raisons suivantes : ☐ Ration trop abondante. ☐ Absorption de corps étrangers, par exemple de vieux os pourris. ☐ Indigestion. ☐ Surexcitation. Si votre chien paraît normal et si les problèmes ne se posent pas à nouveau, inutile de vous inquiéter.
- **OUI** ↓

**CONSULTEZ SANS TARDER UN VÉTÉRINAIRE**

# Diarrhée

Le chien qui évacue fréquemment des excréments liquides ou semi-liquides est peut-être malade. Le plus souvent, il s'agira d'une infection bénigne, mais le problème peut être plus grave. En cas de doute, n'attendez pas, consultez immédiatement votre vétérinaire.

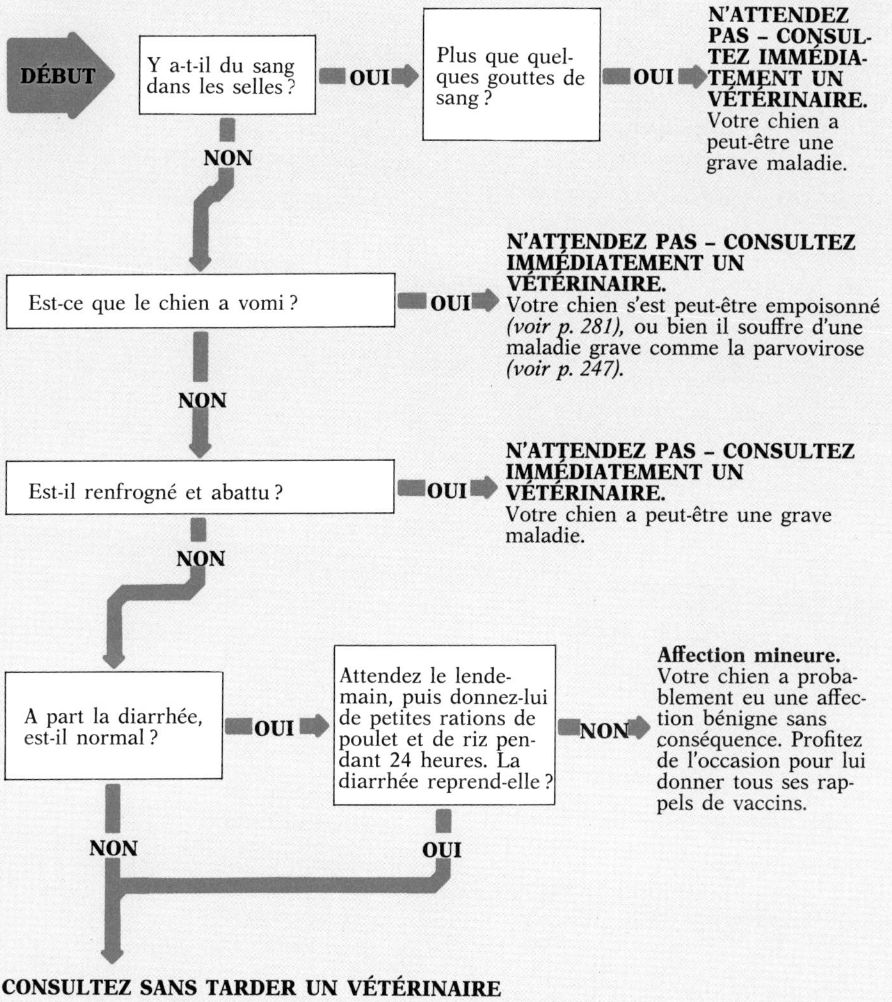

# Respiration anormale

Un chien prend de 10 à 30 respirations à la minute. Normalement, sa respiration est paisible et régulière. Si ce n'est pas cas, il est peut-être malade, sauf s'il a beaucoup couru ou s'il souffre de la chaleur.

---

**DÉBUT**

Le chien respire-t-il laborieusement, sans amélioration si on le dérange ?

**OUI** → **N'ATTENDEZ PAS – CONSULTEZ IMMÉDIATEMENT UN VÉTÉRINAIRE.** Votre chien s'est peut-être empoisonné *(voir p. 281)*, ou bien il souffre d'une maladie grave.

**NON** ↓

La respiration est-elle lente mais s'améliore si on dérange le chien ?

**OUI** → **Repos.** Au repos, les fonctions vitales des chiens ralentissent. Si votre chien respire normalement au repos, ne vous inquiétez pas.

**NON** ↓

Respire-t-il très fort après avoir pris de l'exercice, ou fait-il chaud ?

**OUI** → **Chaleur excessive.** Le chien halète pour se refroidir. S'il paraît dans son état normal, vous n'avez pas lieu de vous inquiéter.

**NON** ↓

Sa respiration est-elle laborieuse et présente-t-il d'autres signes « critiques » *(voir p. 229) ?*

**OUI** → **Souffle au cœur.** Consultez un vétérinaire. Votre chien a peut-être un souffle au cœur ou une maladie chronique des voies respiratoires.

**NON** ↓

Sa respiration est-elle laborieuse et présente-t-il d'autres signes « critiques » *(voir p. 229) ?*

**OUI** → **N'ATTENDEZ PAS – CONSULTEZ IMMÉDIATEMENT UN VÉTÉRINAIRE.** Votre chien a peut-être une maladie grave.

**NON** ↓

La respiration est-elle rapide et y a-t-il des écoulements du nez et/ou des yeux ?

**OUI** → **N'ATTENDEZ PAS – CONSULTEZ IMMÉDIATEMENT UN VÉTÉRINAIRE.** Votre chien a peut-être la maladie de Carré *(voir p. 265).*

**NON** ↓

La respiration est-elle rapide, mais normale ?

**OUI** → Respire-t-il normalement s'il est seul ?

**OUI** → **Surexcitation.** Votre chien a peut-être vu un membre du sexe opposé ! S'il vous paraît normal, ne vous inquiétez pas.

**NON** ↓

**CONSULTEZ SANS TARDER UN VÉTÉRINAIRE**

# Saignements

Si votre chien saigne, vous devez en découvrir la cause et faire immédiatement le nécessaire, car il a peut-être besoin de soins urgents. Consultez le chapitre « Les urgences » *(voir pp. 282-283).*

---

**DÉBUT**

Le chien saigne-t-il de la bouche ?

**OUI** → **N'ATTENDEZ PAS – CONSULTEZ IMMÉDIATEMENT UN VÉTÉRINAIRE.** Votre chien est peut-être gravement blessé à la bouche ; il doit être soigné d'urgence.

**NON** ↓

Saigne-t-il de l'anus ?

**OUI** → **N'ATTENDEZ PAS – CONSULTEZ IMMÉDIATEMENT UN VÉTÉRINAIRE.** Votre chien s'est peut-être simplement gratté. Mais il peut aussi avoir une maladie grave, par exemple la parvovirose *(voir p. 247).*

**NON** ↓

Votre chienne saigne-t-elle de la vulve, alors qu'elle n'est pas en chaleur ?

**OUI** → **N'ATTENDEZ PAS – CONSULTEZ IMMÉDIATEMENT UN VÉTÉRINAIRE.** Votre chienne fait peut-être une fausse couche ou souffre d'une grave infection utérine, comme le pyomètre *(voir p. 261).*

**NON** ↓

Saigne-t-il du pénis ?

**OUI** → **N'ATTENDEZ PAS – CONSULTEZ IMMÉDIATEMENT UN VÉTÉRINAIRE.** Votre chien peut avoir été blessé lors d'une bataille, mais il souffre peut-être d'une grave infection de la vessie ou d'un problème de prostate *(voir p. 261).*

**NON** ↓

Voyez-vous une plaie ?

**OUI** → La plaie a-t-elle plus de 5-10 mm de long ? Est-elle infectée ou voisine d'un organe vital ?

- **OUI** → **N'ATTENDEZ PAS – CONSULTEZ IMMÉDIATEMENT UN VÉTÉRINAIRE.** Votre chien a besoin des soins d'un vétérinaire.
- **NON** ↓ **Blessure bénigne.** Si la blessure est bénigne, vous pourrez la traiter vous-même *(voir p. 282).*

**NON** ↓

**CONSULTEZ SANS TARDER UN VÉTÉRINAIRE**

# Démangeaisons

Si votre chien se gratte avec insistance, il souffre probablement d'une maladie de peau ou de parasites. En général, le problème n'est pas grave, mais il faut s'en occuper sans tarder, pour le confort de votre animal.

---

**DÉBUT**

Se gratte-t-il les oreilles ?
- OUI → Y a-t-il beaucoup de cérumen ?
  - OUI → **Cérumen.** Nettoyez régulièrement les oreilles *(voir p. 254)*.
  - NON → Un liquide coloré coule-t-il des oreilles ?
    - OUI → **N'ATTENDEZ PAS – CONSULTEZ IMMÉDIATEMENT UN VÉTÉRINAIRE.** Votre chien a probablement une infection *(voir p. 252)*.
    - NON → Voyez-vous des insectes dans les poils ?
- NON → Voyez-vous des insectes dans les poils ?

Voyez-vous des insectes dans les poils ?
- OUI → Sont-ils gris ?
  - OUI → **Poux.** Votre chien est infesté de poux. Donnez-lui le traitement approprié *(voir p. 250)*.
  - NON → Sont-ils noirs ?
    - OUI → **Puces.**
- NON → Voyez-vous de petites particules noires dans les poils ?

Voyez-vous de petites particules noires dans les poils ?
- OUI → **Puces.** Votre chien est infesté de puces. Donnez-lui le traitement approprié *(voir p. 250)*.
- NON → Perd-il des poils ?

Perd-il des poils ?
- OUI → Sa peau présente-t-elle des rougeurs et des plaies ?
  - OUI → **Eczéma.** Votre chien souffre probablement d'une inflammation de la peau *(voir p. 268)*.
  - NON → La chute des poils est-elle symétrique, là où le chien n'a pas pu se gratter ?
    - OUI → **Problème hormonal.** Votre chien souffre peut-être d'un déséquilibre hormonal. Consultez un vétérinaire.
    - NON → **CONSULTEZ SANS TARDER UN VÉTÉRINAIRE**
- NON → **CONSULTEZ SANS TARDER UN VÉTÉRINAIRE**

# LES MALADIES

Les descriptions des maladies sont groupées selon les différents organes et fonctions du corps auxquels elles se rapportent. Pour certaines maladies, un aide-mémoire concis vous aidera à prendre une décision lorsque vous constaterez une anomalie chez votre chien. Des croix vous indiquent aussi l'urgence relative de la situation (une croix = « peut se soigner à la maison » ; trois croix = « n'attendez pas, consultez immédiatement un vétérinaire »). Enfin, des indications plus complètes vous sont données sur les maladies les plus courantes et sur leurs traitements. Le cas échéant, ces descriptions sont complétées par les mesures préventives que vous pourriez prendre, par exemple vaccins et régimes spéciaux.

Naturellement, ce guide ne saurait en aucun cas remplacer l'intervention d'un vétérinaire qualifié. Le diagnostic d'une maladie nécessite un examen approfondi du chien, et seul votre vétérinaire est qualifié pour le faire. En revanche, ce chapitre vous aidera à savoir quand vous devez consulter votre vétérinaire, et aussi à comprendre ce qui ne va pas chez votre chien une fois le diagnostic établi.

***L'examen du vétérinaire***
*Votre vétérinaire est seul qualifié pour procéder à un examen complet de votre chien et poser un diagnostic.*

## PRINCIPALES MALADIES INFECTIEUSES

Les maladies infectieuses dont sont victimes les chiens sont :

**Maladie de Carré.** Elle affecte surtout les jeunes chiens et, dans sa phase finale, s'attaque au système nerveux *(voir p. 265).*

**Hépatite infectieuse.** Parfois appelée « maladie de Rubarth », elle s'attaque au foie *(voir p. 244).*

**Parvovirose.** Maladie des intestins et de l'appareil digestif *(voir p. 247).*

**Leptospirose.** Attaque le foie ou les reins *(voir pp. 244 et 259).*

**Para-influenza, adénovirose.** Affections respiratoires.

A l'exception de la leptospirose, ces maladies graves sont provoquées par des virus et elles n'ont pas de traitement spécifique. Si votre chien contracte une de ces maladies, son corps devra la combattre par ses propres moyens, et le vétérinaire ne pourra que l'aider par un traitement symptomatique. Mais la vaccination « prévient » la maladie. Dans les rares cas où le chien ne pourra résister à la maladie, la vaccination en réduira généralement la gravité.

Tous les chiots doivent être vaccinés contre les quatre grandes maladies infectieuses. Par la suite, votre chien doit recevoir tous les ans des rappels. Restez en contact avec votre vétérinaire et suivez ses conseils.

# Troubles respiratoires

Les maladies de l'appareil respiratoire peuvent toucher les voies aériennes (pharynx, larynx, trachée et bronches) ou les poumons. Causes des troubles respiratoires : □ Lésion due à un accident ou à une bagarre. □ Cancer. □ Thrombose. □ Malformation congénitale.

**VOIR AUSSI**

**Pharynx et voile du palais,** voir « Anatomie », p. 27.
**Parties du thorax,** voir « Anatomie », p. 28.
**Corps étranger dans la gorge,** voir « Les urgences », p. 281.

**Troubles des voies respiratoires**
Si elles ne sont pas bien traitées, les affections des voies respiratoires risquent d'entraîner une angine. Elles ont pour causes principales :

- Obstruction *(voir « Les urgences », p. 281).*
- Morsure ou accident.
- Mauvaise utilisation d'un collier étrangleur *(voir p. 145).*
- Malformations, par exemple formation incomplète de la trachée.
- Aboiements persistants.

*Maladies des voies respiratoires*
Plusieurs maladies modifient l'anatomie du larynx. Dans la laryngite et la bronchite, les parois du larynx et des bronches épaississent, obstruant le passage de l'air. Si la maladie devient chronique, des tissus continuent à se former sur les parois. Le passage de l'air étant plus étroit, le chien ne reçoit plus tout l'oxygène dont il a besoin lorsqu'il prend de l'exercice.

L'emphysème est une maladie semblable des poumons. Il est souvent la conséquence de bronchites. Les parois délicates des alvéoles qui

## LA TOUX

Chez le chien, la toux est la manifestation d'un grand nombre de maladies ou le signe d'une inflammation des voies respiratoires.

**A surveiller**
- Une toux sèche, comme celle de la coqueluche, peut indiquer une para-influenza.
- Toux au réveil ou si le chien est excité.
- Toux faible, qui indique une maladie des poumons.

**Causes possibles**
- Para-influenza ou adénovirose.
- Irritation.
- Corps étranger dans la gorge.
- Aboiements persistants *(voir p. 223).*
- Autres infections chroniques (bronchite ou laryngite).
- Maladies de cœur *(voir p. 262).*
- Maladie de Carré *(voir p. 265).*

**Traitement**
Les sirops contre la toux, dans la dose voulue, calment les toux bénignes ou soulagent le chien en attendant l'examen du vétérinaire. Il doit rester au calme. Ne lui mettez pas de collier. Un harnais risquera moins de le faire tousser.

**Urgence**
+ En l'absence d'autres symptômes ou si la toux est provoquée par les aboiements, par la fumée ou par la poussière, vous pourrez la soigner chez vous. Elle devrait disparaître dans les 48 heures.
+++ En présence d'autres signes critiques, consultez immédiatement un vétérinaire.

expulsent le gaz carbonique et absorbent l'oxygène *(voir p. 28)* se dégradent, et les petits interstices se dilatent considérablement, ce qui réduit la surface utilisable pour les échanges gazeux. Le chien n'a plus de souffle.
*Comment traite-t-on la bronchite, la laryngite et l'emphysème ?*
Le vétérinaire donnera au chien des médicaments qui réduisent l'inflammation et dilatent les voies respiratoires. On emploie souvent des médicaments qui rendent le mucus plus fluide, et, parfois, des antibiotiques.

**Para-influenza (ou toux de chenil)**
Normalement causée par une bactérie – *Bordetella bronchiseptica* cette maladie peut aussi provenir de virus ou d'autres bactéries contre lesquels le vaccin est impuissant. La maladie est plus fréquente en été ; elle se propage parmi les chiens rassemblés en grand nombre.
*Quel est le traitement ?*
S'il y a « risque élevé », comme c'est le cas pour les expositions, la prévention consiste à administrer par les voies nasales un vaccin qui a rapidement un effet localisé.

Symptômes : ☐ Toux sèche et continuelle. ☐ Manque d'appétit. ☐ Écoulement du nez ou des yeux. ☐ Abattement. Si votre chien a contracté cette maladie, il faut absolument consulter votre vétérinaire. La maladie peut évoluer en une bronchite ou en une pneumonie parfois mortelle.

**Maladies des poumons**
Si votre chien souffre des poumons (petite toux, respiration courte), consultez un vétérinaire. La pneumonie est une maladie grave. Les anomalies des poumons ont de nombreuses causes :

- Accumulation de liquide causée par une défaillance cardiaque, un empoisonnement ou un coup de chaleur.
- Allergies.
- Hémorragie thoracique à la suite d'un accident.
- Broncho-pneumonie provoquée par une infection des voies respiratoires ou par l'inhalation de substances irritantes, par exemple un vomissement.
- Emphysème après des bronchites répétées.
- Maladie de Carré compliquée de pneumonie virale.
- Parasitoses internes.

**MALFORMATIONS DU PALAIS**

Les chiens brachicéphales (à museau court) sont sujets à des troubles respiratoires causés par une malformation congénitale du voile du palais qui est parfois trop long et obstrue le larynx. Cette anomalie fait ronfler le chien et peut causer une inflammation et une amygdalite chronique.
*Quel est le traitement ?*
Si le problème est sérieux, le vétérinaire vous conseillera peut-être une intervention chirurgicale.
*Obstruction du larynx*
Il arrive que le voile du palais se bloque dans l'ouverture du larynx. Le chien s'effondre, prend une coloration bleue et risque de mourir si vous n'intervenez pas immédiatement. Ouvrez-lui la bouche et tirez la langue à l'extérieur. Il vous faudra peut-être aussi étirer le cou, secouer la tête ou comprimer plusieurs fois le thorax pour stimuler la respiration.

**RACES VULNÉRABLES**
*King Charles Spaniel* – malformation du voile du palais.
*Yorkshire-Terrier* – formation incomplète des cartilages de la trachée.
*West-Highland White Terrier* – sujet à l'emphysème.

# Troubles de l'appareil digestif supérieur

L'appareil digestif comprend la bouche, l'œsophage, l'estomac, le foie, la rate et le pancréas, qui constituent l'appareil digestif supérieur. L'intestin grêle et le gros intestin, le rectum et l'anus appartiennent à l'appareil inférieur. Ces différents organes ont tous leurs problèmes particuliers.

**VOIR AUSSI**
**Structure de l'appareil digestif,** voir « Anatomie », p. 30.
**Troubles de l'appareil digestif inférieur,** voir ce chapitre, p. 246.
**Traitement des vomissements et de la diarrhée,** voir p. 247.

**Vomissements**
Les vomissements *(voir traitement p. 247)* indiquent presque toujours un trouble de l'appareil digestif.

Les vomissements fréquents accompagnent souvent une « toxémie » (empoisonnement par des bactéries qui se multiplient dans une autre région du corps). Autres causes :

- Pyomètre *(voir p. 261)* ou métrite.
- Défaillance du foie ou des reins *(voir pp. 243 et 258).*
- Occlusion de l'appareil digestif.

Mieux vaut consulter un vétérinaire si votre chien régurgite fréquemment les aliments. La régurgitation peut entraîner une lésion des voies nasales et des poumons. Habituellement, le vétérinaire fera une radio pour découvrir l'origine de l'anomalie, qui sera ensuite corrigée chirurgicalement.

**Troubles de l'estomac**
Les troubles gastriques sont soit aigus, soit chroniques. Signes principaux : □ Gémissements. □ Le chien se met en boule. □ L'abdomen est sensible au toucher.

*Troubles aigus*
Signes : □ Vomissements (souvent sans résultat). □ Le chien est abattu et n'a pas d'appétit. □ Il a soif, mais il rejette parfois l'eau. □ Il vomit peu après avoir mangé.

*Troubles chroniques*
Ils s'accompagnent généralement de vomissements intermittents.

*Quel est le traitement ?*
Si vous pensez que votre chien souffre de troubles de l'estomac, consultez votre vétérinaire. En attendant, donnez à votre chien des préparations à base de kaolin pour calmer les vomissements.

**Gastrite**
La gastrite aiguë est fréquente chez les chiens. C'est une réaction de défense qui les protège contre leurs plus mauvaises habitudes alimentaires. Les chiens sont attirés par les aliments, les os et les poissons qui dégagent une odeur puissante. Le plus souvent, ils expulsent ce qu'ils n'auraient pas dû manger en vomissant. Consultez votre vétérinaire si vous voyez votre chien manger quelque chose de nocif.

Le principal symptôme de la gastrite est le vomissement ; le chien peut aussi avoir la diarrhée. Parmi les causes possibles, on note :

- Empoisonnement *(voir « Les urgences », p. 281).*
- Parasitose : des ascaris (vers ronds) ont pu remonter de l'intestin à l'estomac. Si votre chien vomit des vers, donnez-lui un vermifuge.
- Chez les chiots, l'absorption d'une nourriture trop abondante peut déclencher un réflexe de vomissement.
- Plusieurs infections spécifiques provoquent une gastrite, une entérite et d'autres symptômes : c'est le cas

de la maladie de Carré *(voir p. 265)*, de l'hépatite *(voir p. 244)*, de la parvovirose *(voir p. 247)* et de la leptospirose *(voir pp. 244 et 259)*.

**Dilatation et torsion de l'estomac**
Il arrive que l'estomac se gonfle de gaz : c'est la dilatation de l'estomac, à laquelle toutes les races sont sujettes. Par contre, la torsion de l'estomac emprisonnant des gaz à l'intérieur affecte les gros chiens.

On ne connaît pas véritablement la cause de ces anomalies. Il est possible que des bactéries intestinales provoquent une fermentation.
*Quel est le traitement ?*
S'il n'est pas traité rapidement, le chien risque de mourir. Dans le cas d'une dilatation, le vétérinaire pourra souvent introduire un tube dans l'estomac du chien pour le « dégonfler » ; mais, dans la grande majorité des cas de torsions, une opération chirurgicale s'impose.

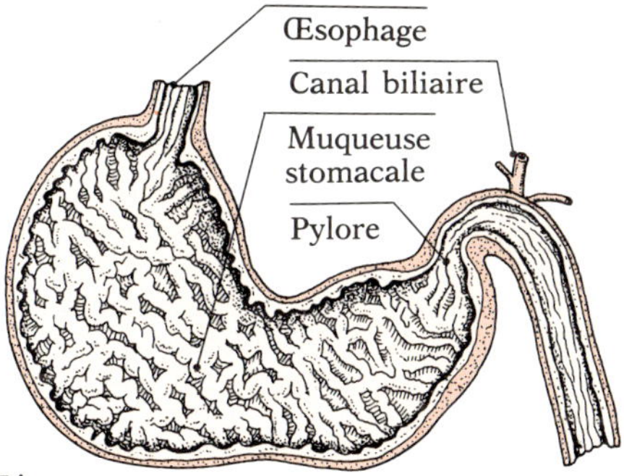

*L'estomac vu en coupe.*

**L'œsophage**
Chez les chiens, les problèmes d'œsophage les plus courants résultent de malformations de cet organe ou d'autres structures voisines.
*Striction œsophagienne vasculaire*
Du fait de certaines malformations congénitales, les vaisseaux sanguins du cœur forment parfois autour de l'œsophage une sorte de « ceinture » qui empêche le chien d'avaler des solides. La plupart des anomalies congénitales présentent les mêmes signes extérieurs : □ Régurgitation des aliments peu après le repas. □ Salivation excessive de l'animal qui ne peut avaler. □ Toux. □ Écoulement nasal provoqué par la remontée d'aliments dans le nez.
*Occlusion de l'œsophage*
Il arrive qu'un os se bloque dans l'œsophage, à l'endroit où il chevauche la base du cœur ou à l'endroit où il passe de la poitrine dans l'abdomen. Lorsqu'un corps étranger se bloque en un de ces endroits, il faut parfois pratiquer une opération chirurgicale très délicate pour l'extraire par la poitrine. Dans d'autres cas, le vétérinaire pratiquera des incisions dans le cou et l'estomac pour enlever le corps étranger.

**Troubles du pylore**
Le pylore (la sortie de l'estomac) est un autre endroit où les corps étrangers peuvent se bloquer. De plus, dans la « sténose du pylore », le sphincter, c'est-à-dire le clapet qui ferme l'estomac, est trop fermé pour laisser passer les solides. L'anomalie se manifeste surtout chez les chiots, mais elle peut devenir chronique chez un chien plus âgé. Le seul traitement est l'opération.

**RACES VULNÉRABLES**
*Setters et épagneuls* – troubles des muscles du pharynx, à l'entrée de l'œsophage.
*Scottish Terrier et West-Highland White Terrier* – sujets aux occlusions de l'œsophage (surtout avec les os).
*Boxer* – sujet à la torsion de l'estomac ; les jeunes chiens sont particulièrement sujets à la sténose du pylore.
*Berger allemand, Setter irlandais, Braque de Weimar* – prédisposés à la torsion de l'estomac.

# Affections de la bouche et des dents

Les problèmes les plus courants sont les dépôts de tartre et les anomalies de dentition. Les chiens ne souffrent pas beaucoup de la carie dentaire, qui n'affecte guère que les molaires chez les vieux chiens.

On note les problèmes suivants :
☐ Persistance des dents de lait.
☐ Dents cassées, usées ou branlantes. ☐ Dépôts de tartre. ☐ Mauvaise haleine. ☐ Mastication douloureuse. ☐ Salivation excessive.
☐ Gingivite.

Dans chacun de ces cas, il faut consulter votre vétérinaire. Les dents de lait qui refusent de tomber devront être extraites. Pour les dents cassées ou usées, il faudra poser une couronne ou pratiquer l'extraction. Le vétérinaire enlèvera aussi les dépôts de tartre, qui provoquent des gingivites *(voir ci-dessous)* et le déchaussement des dents.

**VOIR AUSSI**

**Dents,** voir « Anatomie », p. 23.
**La bouche du chien,** voir p. 30.
**La dentition des chiots,** voir « Les soins du chiot », pp. 136-137.
**Problèmes dentaires des vieux chiens,** voir ce chapitre, p. 274.

**Dentisterie canine**

L'opération consiste à enlever les dépôts de tartre et à extraire des dents. Certains vétérinaires font des obturations et posent des couronnes, mais avec l'aide d'un dentiste.

**Gingivite**

Les dépôts de tartre provoquent une inflammation des gencives. Les dents se déchaussent peu à peu, offrant de nouvelles voies d'accès aux bactéries.

**Abcès dentaires**

Ces abcès sont souvent très visibles. S'ils se forment à la racine d'une carnassière, on voit apparaître une grosse poche sous l'œil du chien. Consultez le vétérinaire sans tarder. On extrait habituellement la dent et on administre des antibiotiques.

**Gonflement de la langue**

Si les conduits salivaires qui se trouvent sous la langue viennent à s'obstruer, une grosse bosse – la « grenouillette » – se forme d'un côté de la bouche. Le vétérinaire devra drainer cette tumeur, et aussi extraire ce qui a causé l'obstruction : un calcul, ou tout simplement un épillet de graminée. Consultez le vétérinaire à la première occasion.

## PRÉVENTION DE LA CARIE

Les aliments mous que nous donnons à nos chiens favorisent les dépôts de tartre, car le chien a moins besoin de mastiquer. Donnez à votre chien des os en peau de buffle, un gros os de veau, des biscuits durs ou des jouets appropriés.

Pour prévenir la carie, nous nous brossons les dents. Si vous commencez très tôt, rien ne vous empêche d'habituer votre chien à se faire brosser les dents. Brossez-lui les dents exactement comme vous le faites pour vous.

N'utilisez pas de dentifrice : les chiens en ont horreur. Si votre chien est de petite taille, posez-le sur une table. Demandez à un aide de lui tenir la tête. Au besoin, vous pouvez vous servir d'une muselière *(voir p. 279)*.

# Troubles du foie et de la rate

Le foie joue plusieurs rôles, dont le principal est d'éliminer les substances toxiques présentes dans le corps. La rate est un important réservoir de globules rouges. Les maladies du foie sont des « hépatites », dont les formes sont aiguës ou chroniques. Différentes maladies peuvent s'attaquer au foie du chien, notamment la leptospirose et l'hépatite virale *(voir p. 244)*. Des anomalies touchant d'autres parties du corps ont parfois des effets sur le foie : tumeurs dans d'autres régions de l'abdomen, maladies de cœur et troubles hormonaux.

Les signes d'une maladie de foie sont souvent vagues et variables, en partie parce que le foie peut se régénérer comme il le fait souvent dans les affections chroniques. Pour que le foie cesse de fonctionner, il faut qu'il soit détruit à plus de 80 pour cent.

**VOIR AUSSI**

**Foie,** voir « Anatomie », p. 31.

### Maladie de foie aiguë

Les signes en sont très variables : ☐ Douleurs abdominales qui rendent le chien abattu. ☐ Manque d'appétit. ☐ Vomissements. ☐ Température élevée (presque toujours). ☐ Jaunisse (jaunissement des gencives et du blanc des yeux). ☐ Hémorragie des gencives. ☐ Excréments de couleur pâle et urine foncée.

*Quel est le traitement ?*

Si vous constatez ces symptômes, consultez votre vétérinaire, même en pleine nuit. Dans le cas d'une maladie de foie aiguë, les chances de rétablissement baissent d'heure en heure. Traitements possibles :

- Antibiotiques contre les infections.
- Stéroïdes pour reconstituer les tissus.
- Vitamines.
- Perfusions intraveineuses.
- Régime alimentaire rigoureux.

### Maladies chroniques du foie

Ces maladies, difficiles à diagnostiquer, peuvent résulter d'une maladie de foie aiguë et s'attaquer parfois au cerveau. Signes possibles :
☐ Perte de poids avec ou sans diminution de l'appétit. ☐ Périodes d'abattement. ☐ Vomissements. ☐ Diarrhée. ☐ Soif inhabituelle. ☐ Ventre gonflé. ☐ Excréments pâles. ☐ Hébétude. ☐ Accès de colère. ☐ Le chien appuie la tête contre le sol ou un mur.

*Quel est le traitement ?*

Le traitement consistera à imposer au chien un régime alimentaire rigoureux. Si son cerveau est indemne, on lui donnera beaucoup de glucides et peu de lipides, avec des protides faciles à digérer, par exemple des œufs, du fromage et de la viande. Si le cerveau est touché, un régime à faible teneur en protéines s'impose. Le chien aura sans doute besoin de stéroïdes, de cortisone et de suppléments vitaminés (complexe B et vitamine K).

### Tumeurs de la rate

Ces tumeurs relativement fréquentes sont souvent sans gravité. Si la tumeur se met à saigner spontanément dans l'abdomen, le chien risque de mourir dans la demi-heure. Les saignements mineurs n'entraînent qu'un léger état de faiblesse.

Parmi les symptômes de cette maladie : ☐ Gonflement de l'abdomen. ☐ Faiblesse générale. ☐ Gencives pâles. Si la tumeur est découverte à temps, il sera souvent possible de l'enlever.

**Hépatite virale**

L'hépatite virale, aussi appelée maladie de Rubarth, est une maladie très contagieuse. Elle s'attaque surtout aux jeunes chiens de moins d'un an, qui doivent donc être vaccinés entre la huitième et la dixième semaine *(voir p. 137).* L'incubation est de cinq à sept jours.

*Quels sont les symptômes ?*

Souvent, le chien perd l'appétit et a un peu de température pendant quelques jours. Dans les cas plus graves, il a très soif, refuse de manger et est très abattu. Il arrive qu'un chien meure de cette maladie sans aucun signe d'avertissement. Symptômes : ☐ Vomissements, avec présence de sang dans les dernières phases. ☐ Diarrhée, également avec présence de sang. ☐ Douleurs abdominales. ☐ Nervosité et excitabilité. ☐ Manque de coordination des membres postérieurs. ☐ Convulsions. ☐ Jaunisse (parfois). ☐ Gencives pâles avec léger saignement.

Le virus s'attaque aussi aux reins, où il reste actif pendant des mois. L'urine du chien rétabli présente donc des risques pour les chiens non vaccinés. Dans environ 20 pour cent des cas, la cornée du chien reste bleutée après l'infection.

Quel est le traitement ?

Traitement du vétérinaire : stéroïdes, antibiotiques, transfusions, perfusions intraveineuses et préparations à base de kaolin.

**PRÉVENTION DE L'HÉPATITE VIRALE**

La vaccination est le seul moyen de prévenir l'hépatite virale. Si le chien contracte la maladie, le traitement se limite à soulager les symptômes. Il existe deux types de vaccins. Le premier contient des virus vivants qui ont été modifiés de manière à ne pas provoquer la maladie. Ce vaccin protège l'animal toute sa vie. Mais on utilise plus souvent le vaccin préparé à partir d'un virus tué, car il présente moins d'effets secondaires, comme les lésions des reins ou la décoloration bleutée de la cornée.

**Leptospirose**

Il en existe deux formes chez le chien. Dans la première, une bactérie – *Leptospira icterohaemorrhagiae* – s'attaque au foie du chien (et aussi de l'homme). La deuxième forme s'attaque aux reins *(voir p. 259).* Dans les deux cas, le microbe se propage par l'urine. La période d'incubation est d'une semaine. Tout les chiots doivent être vaccinés.

Dans le cas d'une lésion aiguë du foie, il arrive souvent que le chien meure au bout de quelques jours. Symptômes : ☐ Abattement. ☐ Température élevée. ☐ Vomissements et soif. ☐ Diarrhée avec présence de sang. ☐ Jaunisse (coloration jaune des gencives et du blanc des yeux). ☐ Léger saignement des gencives.

*Quel est le traitement ?*

Consultez immédiatement votre vétérinaire. La bactérie réagit aux antibiotiques, et un traitement rapide a donc des chances de succès.

Autres thérapies possibles :

- Perfusions intraveineuses.
- Antivomitifs.
- Sédatifs intestinaux.
- Transfusions de sang.

Portez des gants de caoutchouc pour toucher un chien contaminé.

**RACES VULNÉRABLES**

*Berger allemand* – prédisposé aux tumeurs de la rate.
*Setter irlandais* – sujet à l'hépatite.

# Troubles du pancréas

Le pancréas a deux fonctions vitales : la fabrication de l'insuline, qui permet au corps d'assimiler le glucose (fonction « endocrine »), et celle des enzymes de digestion (fonction « exocrine »). La plus courante des anomalies de la fonction exocrine est l'insuffisance pancréatique exocrine ; le diabète est la principale maladie de la fonction endocrine.

**Insuffisance pancréatique exocrine**
Le pancréas n'est pas parfaitement formé et la section exocrine est absente ou insuffisamment développée. Il s'agit le plus souvent d'une maladie congénitale qui ne se manifeste qu'au bout de plusieurs années.

Les chiens qui en sont atteints ne peuvent digérer convenablement les aliments et se mettent parfois à manger leurs excréments (qui contiennent encore de la nourriture). Symptômes : □ L'animal ne prend pas de poids. □ Excréments abondants (les aliments non digérés retiennent de l'eau). □ Pâleur (causée par les graisses non digérées). □ Poil sec et rêche (par suite de l'absence d'huile naturelle).

*Quel est le traitement ?*
Le vétérinaire contrôlera le niveau des enzymes présentes dans les excréments. Il prescrira des enzymes en comprimés ou en poudre, à prendre régulièrement, et, parfois, des suppléments d'huiles très digestes. Enfin, des suppléments vitaminés s'imposent.

**Diabète sucré**
La forme de diabète la plus courante est le diabète sucré. Plus fréquent chez les femelles, il résulte d'une production insuffisante d'insuline dans le pancréas.

L'insuline agit sur les cellules du corps et les aide à assimiler le glucose du sang. Chez un chien diabétique, les organes du corps ne reçoivent pas suffisamment de glucose, sauf si le sang en contient un niveau très élevé. Lorsque c'est le cas (particulièrement après les repas), le glucose « déborde » du système de filtrage des reins, entraînant de l'eau avec lui. Symptômes : □ Forte soif. □ Faim. □ Fatigue. □ Perte de poids.

*Quel est le traitement ?*
Le vétérinaire procédera à des analyses de sang et d'urine. Si le cas est bénin, le traitement consistera peut-être en un régime alimentaire pauvre en glucides et en lipides, mais à forte teneur en fibres. Des médicaments stimulent aussi la production de l'insuline. La plupart des chiens diabétiques devront cependant recevoir des injections régulières d'insuline. Votre vétérinaire vous indiquera comment pratiquer les injections et comment faire périodiquement des analyses d'urine.

*Coma hypoglycémique*
L'état de votre chien restera stable si vous suivez les indications qui vous seront données. Par contre, si vous manquez un repas, l'insuline injectée n'a plus de glucose pour « travailler », ce qui peut entraîner le coma hypoglycémique (par manque de glucose), accompagné de convulsions *(voir « Les urgences », p. 280)*. Des exercices trop violents pourraient entraîner le même résultat. Ayez à portée de la main du miel ou du sucre pour ces urgences. Un diabète non traité risque d'entraîner la mort.

**RACES VULNÉRABLES**
*Berger allemand* – sujet aux insuffisances pancréatiques exocrines.
*Teckel, King Charles Spaniel, caniches, Scottish Terrier* – prédisposition au diabète.

# Troubles de l'appareil digestif inférieur

Chez le chien, l'appareil digestif inférieur se compose de l'intestin grêle et du gros intestin, du duodénum, du rectum et de l'anus. Manifestations anormales les plus courantes : □ Vomissements. □ Diarrhée. □ Évacuation difficile. Certains chiens ont du mal à maintenir l'équilibre de leur flore intestinale. La présence de parasites dans l'intestin grêle *(voir p. 250)* est également à l'origine de différents problèmes.

**VOIR AUSSI**
**L'appareil digestif,** voir « Anatomie », pp. 30-31.
**Troubles de l'appareil digestif supérieur,** voir ce chapitre, pp. 240-241.

**Problèmes aigus de l'intestin grêle**
Deux problèmes aigus sont très courants : obstruction de l'intestin grêle par un corps étranger et l'invagination de l'intestin, un état appelé l'« intussusception ». Dans les deux cas, une opération chirurgicale s'impose d'urgence.

*Corps étranger dans l'intestin grêle*
Un corps étranger peut passer dans l'estomac (où il reste parfois pendant des semaines, provoquant une gastrite chronique *[voir p. 240]* et des vomissements occasionnels). Symptômes : □ Violents vomissements. □ Abattement. □ Coliques. □ Constipation apparente.

*Intussusception*
Les symptômes sont identiques chez le jeune chien. L'intestin grêle se retourne sur lui-même, et le mouvement péristaltique *(voir p. 31)* qui fait progresser les aliments entraîne l'invagination d'une section des intestins dans la section suivante, causant son occlusion. Souvent, la section « emprisonnée » ne reçoit plus de sang et se nécrose. Il faut opérer.

**Problèmes chroniques de l'intestin grêle**
Certains problèmes chroniques de l'intestin grêle sont difficiles à diagnostiquer et à traiter. Il arrive qu'un bout de ficelle ou un morceau de chiffon provoque une occlusion partielle. Si ces corps étrangers se bloquent, ils peuvent provoquer une ulcération de l'intestin, et même une péritonite. Symptômes : □ Vomissements occasionnels. □ Diarrhée persistante. □ Perte de poids et d'appétit. □ Mauvais état de la robe. □ Coliques.

**Problèmes du gros intestin**
Le gros intestin (côlon) est sujet aux mêmes maladies et anomalies que l'intestin grêle : tumeurs, leucose, corps étrangers, parasitose et inflammations indéterminées. Symptômes : □ Évacuation difficile. □ Diarrhée fréquente, souvent avec présence de mucus et de sang.

L'accumulation d'aliments dans le gros intestin entraîne des problèmes. Elle peut résulter d'une constipation *(voir p. 248),* ou être associée à une maladie d'organes voisins qui rend la défécation douloureuse : anomalie des glandes anales *(voir p. 248),* maladie de la prostate *(voir p. 261),* fracture du bassin *(voir p. 267)* ou arthrite *(voir p. 266).*

Il arrive que le côlon s'affaiblisse et « ballonne » en retenant les excréments. C'est ce qu'on appelle le « mégacôlon ». Cette dilatation est soit congénitale, soit provoquée par une colite chronique, soit associée à une hernie périnéale (une section du côlon distend les muscles du périnée et fait saillie d'un côté ou de l'autre de l'anus).

*Quel est le traitement ?*
Le traitement de certaines colites est souvent de longue durée et se fait par voie médicamenteuse.

## VOMISSEMENTS ET DIARRHÉE

Le plus souvent, les vomissements sont associés à une gastrite, et les diarrhées à une entérite. Si votre chien vous semble malade ou s'il fait de la température (39,5 degrés ou plus), voyez le vétérinaire.

**Traitement des vomissements**

S'il n'y a pas d'autres symptômes *(voir p. 229),* ne donnez pas à manger à l'animal pendant 24 heures (12 heures pour les chiots). Donnez-lui de l'eau à boire, mais en petite quantité – de 50 à 100 ml pour les petits chiens, 200 ml pour les gros chiens. Si l'animal boit toute son eau, attendez une demi-heure pour lui redonner la même quantité.

Si le vomissement cesse, donnez-lui un léger repas facile à digérer, par exemple des œufs brouillés. Si les vomissements étaient fréquents, vous pourriez ajouter un peu de cognac au premier repas – une cuillère à café pour un gros chien, moins pour un animal de plus petite taille. S'il l'accepte sans vomir, donnez-lui du poulet, de la viande maigre ou du poisson blanc, cuit, délié dans un peu d'eau et mélangé avec du riz bouilli *(voir « La pâtée maison, régime carné », p. 169).* Préparez trois petits repas par jour plutôt qu'un seul. Le lendemain, revenez à une alimentation plus normale si tout va bien, mais toujours avec de petites rations. Pendant un jour ou deux, ne servez au chien que les deux tiers environ de ce qu'il mange normalement.

**Traitement de la diarrhée**

Procédez comme pour les vomissements, mais en sautant la phase des œufs brouillés pour passer directement aux petites rations de poulet, de poisson blanc ou de viande maigre. Maintenez ce régime tant que la diarrhée ne diminue pas, puis reprenez un régime normal. Si la diarrhée revient, recommencez en présentant un seul aliment à la fois (pour voir ce qui provoque l'anomalie).

**Médicaments**

Votre vétérinaire ne prescrira pas d'antibiotiques pour les cas simples de gastro-entérite. Les préparations à base d'hydroxyde d'aluminium sont d'excellents sédatifs gastriques pour les chiens qui vomissent.

**Parvovirose**

Cette maladie relativement récente n'a fait son apparition qu'en 1978, où on l'a vue apparaître simultanément en Europe, en Amérique et en Australie. Cette maladie virale ressemble à la panleucopénie du chat.

*Quels sont les symptômes ?*

Le plus souvent : □ Entérite aiguë, avec diarrhée hémorragique. □ Violents vomissements (même des liquides). □ Profond abattement. □ Température élevée. Si elle n'est pas traitée rapidement, la maladie est souvent mortelle. Même traitée, elle demeure très grave.

*Quel est le traitement ?*

La vaccination est la meilleure arme. Le chiot devrait être vacciné *(voir p. 136),* puis recevoir des rappels annuels.

Le traitement est symptomatique. La maladie est souvent très aiguë et nécessite des soins intensifs : perfusions intraveineuses, transfusions de sang, protection aux antibiotiques pour éviter les infections secondaires. Consultez votre vétérinaire.

**Constipation**
Les chiens qui rongent des os et les chiens âgés souffrent souvent de constipation. Le problème n'est généralement pas grave si vous le remarquez suffisamment tôt. Premiers symptômes : □ Évacuation difficile. □ Excréments très durs. □ Queue soulevée pendant la défécation. □ Protrusion de l'anus. Si votre chien ne parvient plus à évacuer ses excréments, consultez le vétérinaire.
*Quel est le traitement ?*
Si votre chien a du mal à évacuer ses excréments, donnez-lui de l'huile de paraffine (une cuillère à soupe deux fois par jour pour un chien de 10 à 15 kilos, jusqu'à deux cuillères à soupe deux fois par jour pour un chien de 30 kilos ou plus). S'il n'y a pas de résultat au bout de deux jours, ou si le problème se reproduit, consultez le vétérinaire. Votre chien souffre peut-être d'une tumeur du rectum ou d'une hypertrophie de la prostate. Dans le cas d'un vieux chien sujet à la constipation, donnez du son avec la nourriture : deux cuillères à café par jour pour un chien de 10 à 15 kilos, une poignée pour les chiens de 30 kilos et plus.

### PROLAPSUS DU RECTUM
Cet accident, qui nécessite l'intervention urgente du vétérinaire, est causé par une diarrhée très forte mal soignée, par la constipation ou par une tumeur du rectum. Le rectum apparaît à l'extérieur, comme un doigt de gant retourné : vous verrez sortir une boule rouge vif, de la taille d'une cerise ou d'une saucisse. Appelez immédiatement le vétérinaire, qui remettra en place le rectum. Si l'accident n'est pas trop grave, vous pourrez vous en occuper vous-même avant d'aller chez le vétérinaire. Mais si vous ne voyez pas l'orifice central, ne perdez pas de temps. Tout retard pourrait se solder par l'ablation d'une section du rectum.
*Ce qu'il faut faire*
**1.** Amenez immédiatement le chien chez le vétérinaire.
**2.** En cours de route, humidifiez la partie du rectum à nu avec du coton hydrophile imbibé d'eau tiède.
**3.** Si l'accident n'est pas grave, essayez d'y remédier vous-même.

### COMMENT PURGER LES GLANDES ANALES ?
Il arrive que les conduits des glandes anales d'un chien s'obstruent. Les glandes sont alors enflées et douloureuses. Vous constaterez peut-être que votre chien se lèche à cet endroit ou se frotte le derrière sur le sol. La première fois, adressez-vous toujours à un vétérinaire et demandez-lui de vous montrer comment procéder la prochaine fois.

Les glandes anales se trouvent de part et d'autre de l'anus, un peu en bas, et leur conduit débouche dans la « marge anale » qui entoure l'orifice. Vous devrez les pincer pour en vider le contenu. Chez certains chiens, il est difficile ou même impossible d'y parvenir sans leur faire mal. Dans ce cas, adressez-vous à un vétérinaire.

Si vous voulez essayer, demandez à un aide de tenir le chien. Attachez-lui le museau *(voir p. 279).* Soulevez la queue du chien. De l'autre main, posez un tampon de coton hydrophile sur son derrière. Avec le majeur et le pouce de part et d'autre de l'anus, pressez vers l'intérieur (en direction de l'anus) et vers l'extérieur pour expulser le contenu des glandes.

# Troubles de la nutrition

Plusieurs maladies importantes sont sans doute partiellement dues à une mauvaise alimentation, notamment la dysplasie de la hanche *(voir p. 267)*. On note d'autres conséquences d'une mauvaise alimentation :

- Sous-alimentation : le chien manque d'énergie, perd du poids et dépérit.
- Suralimentation : le chien prend du poids et devient obèse.
- Carence alimentaire : absence d'un élément spécifique dans l'alimentation.
- Effets toxiques : excès d'ingrédients particuliers (vitamines ou minéraux).

**VOIR AUSSI**

**Besoins alimentaires,** voir « L'alimentation », pp. 162-163.
**Besoins nutritionnels,** voir « L'alimentation », p. 134.
**Croissance des os,** voir p. 19.

**Maladies nutritionnelles des os**

*Rachitisme.* Cette maladie est causée par une carence en vitamine D. Le chien ne peut assimiler convenablement le calcium. Ses os s'affaiblissent et se tordent, tandis que les articulations grossissent anormalement. On constate cette maladie chez les chiens qui grandissent rapidement mais qui ne reçoivent pas de suppléments vitaminés.

*Ostéoporose.* L'anomalie est causée par un régime pauvre en calcium ou trop riche en phosphore (par exemple, régime entièrement carné). Les os paraissent normaux, mais ils se cassent facilement.

*Ostéodystrophie hypertrophiante.* Cette maladie étrange est surtout fréquente chez les races géantes. Les plaques épiphysaires des os longs enflent et deviennent douloureuses. On pense que cette maladie est causée par une carance en vitamine C, conjuguée à un excès de vitamine D. Un régime équilibré prévient normalement ces maladies, mais, en cas de doute, votre vétérinaire pourra administrer des vitamines.

**Obésité**

Normalement, le chien possède une mince couche de graisse sous la peau, d'autres couches de graisse entre les muscles de la paroi abdominale et quelques nappes graisseuses dans l'abdomen. Une couche de graisse de plus de 5 millimètres d'épaisseur au-dessus des côtes indique un début d'obésité.

Méfiez-vous de l'obésité :

- Elle peut entraîner une ostéoarthrite *(voir p. 266)*.
- Elle risque de compliquer les anesthésies et les opérations.

Cocker-Spaniels, Labradors, terriers, collies, caniches et teckels sont prédisposés à l'obésité.

**TRAITEMENT DE L'OBÉSITÉ**

La seule chose à faire est de donner moins à manger au chien. L'exercice est utile, mais il ne suffit pas. Vous trouverez une recette « amaigrissante » au chapitre « L'alimentation » *(voir p. 169)*.

Observez aussi les règles suivantes :

- Pas de biscuits.
- Pas de graisses.
- Conserves pure viande, au lieu de conserves complètes.
- Ajoutez du son et des légumes cuits pour le volume.
- Essayez un régime « amaigrissant » complet (sur ordonnance de votre vétérinaire).
- Donnez au chien des suppléments vitaminés complets.

# Parasitoses

Les parasites du chien entrent dans deux catégories : les ectoparasites, qui vivent à l'extérieur du corps (teigne, poux, puces et tiques), et les endoparasites, qui vivent à l'intérieur du corps (ascaris, ankylostomes, trichures et ténia). La plupart des ectoparasites s'éliminent avec des aérosols et des crèmes insecticides appropriés. Une toilette régulière protégera aussi votre chien.

**VOIR AUSSI**

**Les vers chez le chiot,** voir « Les soins du chiot », p. 136.
**Filaires,** voir p. 263.
**Gales,** voir p. 268.

**Vermifuges**

Il est indispensable d'administrer régulièrement des vermifuges à votre chien pour le débarrasser de ses parasites internes. Il existe des vermifuges liquides ou en comprimés. Pour les chiens adultes, administrez un vermifuge au moins une fois par an – tous les six mois s'ils sont en contact avec des enfants. Si le chien paraît infecté, donnez-lui immédiatement un vermifuge. Les femelles doivent toujours prendre un vermifuge avant la saillie *(voir p. 190).*

Il est bon aussi d'administrer tous les ans un ténifuge. Si vous découvrez des segments de ténia dans les excréments, soignez immédiatement votre chien.

**Teigne**

La teigne est causée par des champignons qui poussent sur la peau et dans les poils. Symptômes : □ Chute de poils. □ Inflammation de la peau, qui forme des plaques rugueuses.

*Quel est le traitement ?*

Consultez un vétérinaire, car ce parasite s'attaque aussi à l'homme. Traitements : shampooing iodés, tonte des plaques, crèmes, médicaments.

**Poux**

Il existe deux sortes de poux : les mordeurs, qui s'attaquent à la peau, et les suceurs, qui s'enfoncent dans la peau. Les poux sont gris et mesurent 2 millimètres de long. Ils pondent de petits œufs qui s'accrochent aux poils. Les poux du chien ne s'attaquent ni au chat ni à l'homme.

Traitez au moins trois fois le chien, à cinq ou sept jours d'intervalle, avec un insecticide liquide ou en aérosol pour tuer les poux adultes et toutes les larves.

**Puces**

Les puces du chien sont différentes de celles qui s'attaquent à l'homme et au chat. Elles peuvent aussi transporter d'autres parasites, mais leur principal inconvénient est qu'elles provoquent une irritation de la peau. Lorsqu'une puce pique, elle injecte de la salive pour empêcher le sang de se coaguler. La salive contient des substances chimiques qui provoquent souvent une réaction allergique chez le chien. Signes extérieurs : □ Petites piqûres rouges sur la peau. □ Points noirs dans les poils. Chez certains chiens hypersensibles, la salive de la puce entraîne une inflammation généralisée du dos de l'animal.

*Quel est le traitement ?*

Désinfectez la maison et les endroits préférés du chien avec un insecticide en aérosol. Les colliers et médaillons antipuces ne sont pas inutiles. Pendant les mois d'été, pulvérisez fréquemment de l'insecticide sur les animaux infestés de puces.

**Tiques**

La tique du chien est la tique commune, ou ricin. La tique s'accroche aux poils du chien et colle sa bouche contre la peau pour sucer le sang, qui distend son gros abdomen. On la trouve sur le ventre du chien, sous les membres antérieurs et sur la tête.

*Quel est le traitement ?*
Essayez d'enlever toutes les tiques, sans laisser la tête, qui risquerait de former un abcès. Si vous n'avez pu sortir la tête, appliquez des compresses chaudes et une lotion ou crème antiseptique, pour éviter l'infection.
*Extraction*
Vous pouvez engourdir la tique ou la tuer en l'enduisant d'alcool. Attendez quelques minutes, puis faites-la sortir avec une pince à épiler. Saisissez-la près de la bouche, mais pas *sur* la bouche. Un coup sec suffit à la déloger. On peut aussi pulvériser un produit antipuces sur la tique pour la tuer, et l'enlever le lendemain. L'emploi régulier d'un aérosol contre les puces les éloigne souvent.

**Ascaris**
Les ascaris, ou vers ronds des chiens – *Toxocara canis* et *Toxascaris leonina* –, vivent dans l'intestin grêle. D'autres vers ronds infestent le gros intestin, les vaisseaux sanguins et les voies respiratoires. Les ascaris se nourrissent des aliments à demi-digérés qui se trouvent dans l'intestin. Les parasites traversent la paroi intestinale, passent dans les vaisseaux sanguins, s'attaquent au foie puis aux poumons. De là, ils remontent la trachée jusque dans la bouche, puis sont avalés à nouveau. Chez les chiots, ils peuvent entraîner : □ Une hépatite. □ Une pneumonie. □ Des accès de colère. □ Une occlusion de l'intestin. Plus tard, la majeure partie des vers migrent vers les muscles, où ils s'enkystent. Ils y restent jusqu'à ce que l'animal (si c'est une femelle) commence sa gestation. Ils passent alors dans les poumons des embryons. C'est pourquoi pratiquement tous les chiots naissent avec des ascaris.
*Transmission à l'homme*
Ces vers peuvent se transmettre à l'être humain, mais ils ne provoquent que peu de maladies. Très rarement, ils peuvent s'enkyster dans l'œil d'un enfant, complication alors très grave. Une bonne hygiène et une surveillance raisonnable des enfants et des chiots élimine ce danger.

**Ankylostomes et trichures**
Les ankylostomes et les trichures sucent le sang et sont tous deux visibles à l'œil nu. Ils provoquent une anémie *(voir p. 263)*, une diarrhée ou un mauvais état général.

**Ténia (ver solitaire)**
Le plus courant est le *Dipylidium caninum.* Il se développe dans les larves de puces qui les transmettent. Les segments de ténia ressemblent à des grains de riz qui ondulent. Ils irritent l'anus, et le chien se frotte le derrière par terre.
*Quel est le traitement ?*
Les ténifuges actuels éliminent tous les types de ténias. Si vous trouvez des segments de ténia dans les excréments de votre chien, consultez un vétérinaire.

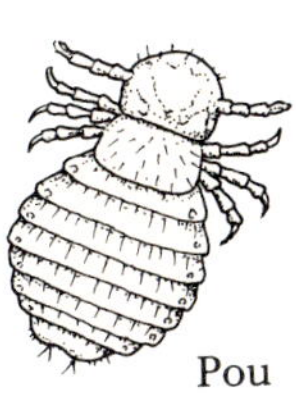
Pou

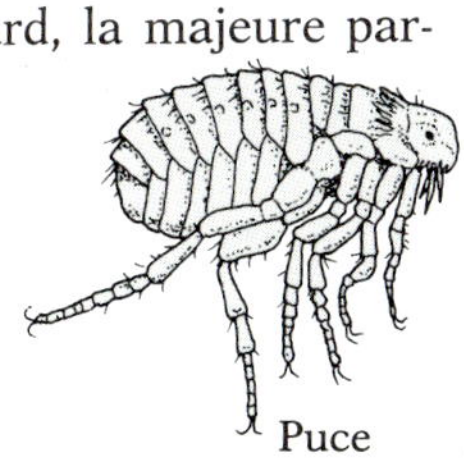
Puce

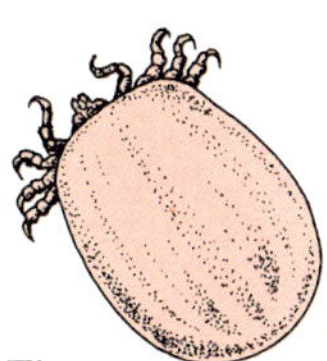
Tique

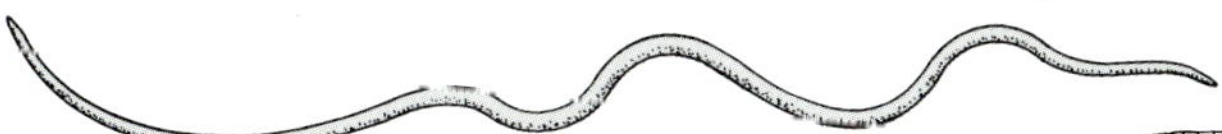
Ascaris

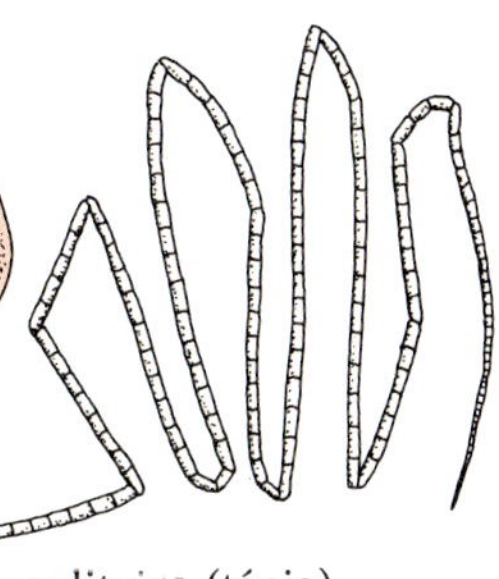
Ver solitaire (ténia)

# Troubles des oreilles

Examinez régulièrement les oreilles de votre chien ; vous éviterez ainsi qu'une infection bénigne se propage dans l'oreille moyenne et dans l'oreille interne.

N'oubliez pas de nettoyer périodiquement les oreilles de votre chien ; la façon de procéder vous est indiquée à la page 254.

**VOIR AUSSI**
**Structure de l'oreille,** voir « Anatomie », p. 26.

**Examen des oreilles**
Examinez tous les mois les oreilles de votre chien, plus souvent s'il a déjà souffert de troubles des oreilles. Votre chien s'y habituera facilement.
**1.** Posez le chien sur une table (s'il n'est pas trop gros). Maintenez-le *(voir p. 270).*
**2.** Soulevez le pavillon de l'oreille et examinez le canal, au besoin avec une lampe de poche. L'intérieur du canal devrait présenter une surface propre, semblable à la peau des endroits du ventre non couverts de poils. Si vous constatez la présence d'un peu de céru-

## ÉCOULEMENT DES OREILLES

Un écoulement indique une infection de l'oreille externe (otite externe).

**A surveiller**
- Petits points noirs.
- Écoulement noir et nauséabond.
- Écoulement verdâtre et visqueux.
- Douleurs.
- Gonflement du pavillon.
- Signes de surdité.

**Causes possibles**
Selon sa nature, l'écoulement peut être causé par des parasites (points noirs), par des levures (dépôt noirâtre) ou par une infection bactérienne (dépôt verdâtre).

**Traitement**
L'animal doit être examiné et soigné par un vétérinaire. Parasites : médicament spécifique. Levures : médicament antifongique. Infections bactériennes : antibiotiques.

**Urgence**
**+++** N'attendez pas ; consultez immédiatement un vétérinaire.

## GONFLEMENT DE L'OREILLE

Si l'intérieur de l'oreille est enflé, il s'agit vraisemblablement d'un « hématome auriculaire », c'est-à-dire une poche de sang qui se forme dans le pavillon, le plus souvent parce que le chien s'est secoué vigoureusement la tête.
**A surveiller**
- Le chien secoue la tête.
- Il se gratte fréquemment l'oreille.
- Il penche la tête.
- Une oreille a un angle différent.
- Bosses remplies de liquide à l'intérieur du pavillon.

**Causes possibles**
- Coup à l'oreille.
- Infection de l'oreille.
- Bagarre.

**Traitement**
Nettoyez l'oreille *(voir p. 254)* et maintenez-la contre la tête avec une bande propre. Il faut parfois opérer pour éviter « l'oreille en chou-fleur ».

**Urgence**
**++** Consultez votre vétérinaire à la première occasion.

men, n'y touchez pas. Par contre, si du cérumen ou des poils bouchent l'oreille, il faut les enlever.

**3.** L'oreille doit dégager une odeur de cire chaude. Si elle sent mauvais ou très fort, elle est peut-être infectée. Consultez le vétérinaire.

**4.** Félicitez le chien après l'examen.

**Problèmes courants des oreilles**

Les longues oreilles (par exemple celles du Basset) ou les oreilles couvertes de poils très abondants (comme celles du Cocker-Spaniel) réduisent la ventilation. L'intérieur de l'oreille devient trop chaud ; le cérumen se dégrade et l'oreille s'infecte. Chez certaines races, par exemple les caniches, le canal de l'oreille est étroit, ce qui favorise la formation de bouchons de cérumen. Les bouchons peuvent se former chez les chiens dont le canal est pourtant assez large.

Tous les chiens ont des poils dans les oreilles. Ces poils peuvent être à l'origine d'une infection s'ils forment un bouchon dans le canal. Quand c'est le cas, enlevez le bouchon avec les doigts. La plupart des poils vivants devraient rester en place, mais les poils morts sortiront facilement. Nettoyez le canal, bien au centre, aussi loin que vous pouvez voir. S'il est encore bouché, coupez soigneusement les poils avec des ciseaux à bouts ronds.

## MAUX D'OREILLES

Un chien peut avoir mal aux oreilles pour plusieurs raisons.

**A surveiller**
- Écoulement de pus.
- Dépôt noirâtre et cireux.
- Poils trop abondants.
- Enflure du pavillon.
- Le chien penche ou secoue la tête.
- Le chien se gratte les oreilles.
- Tête douloureuse.

**Causes possibles**
- Infection de l'oreille.
- Bouchon de cérumen ou de poils.
- Corps étranger.
- Hématome auriculaire.
- Otodectes.

**Traitement**

Enlevez les bouchons de cire et de poils *(voir p. 254)*. Badigeonnez les zones enflammées d'une lotion à la calamine pour soulager la douleur. Si le chien se plaint tout à coup alors que son oreille paraît normale, un corps étranger a pu s'y loger. Consultez le vétérinaire. Ne mettez rien dans l'oreille.

**Urgence**

**+++** S'il y a inflammation ou écoulement, consultez immédiatement un vétérinaire.

## SURDITÉ

Certaines infections peuvent entraîner une surdité temporaire.

**A surveiller**
- Le chien ne réagit pas quand vous l'appelez pour le repas.
- Il se gratte la tête.
- Ses oreilles coulent.

**Causes possibles**
- Maladie chronique qui provoque une obstruction de l'oreille externe.
- Bouchon de cérumen.
- Infection de l'oreille interne.
- Maladie congénitale.
- Tare héréditaire (les albinos sont souvent sourds).

**Traitement**

Enlevez les bouchons de cire ou de poils. Les infections doivent être traitées par le vétérinaire.

**Urgence**

**++** Si une infection paraît plausible, consultez le vétérinaire.

## COMMENT NETTOYER LES OREILLES

Voyez d'abord si les oreilles sont bouchées. Retirez les poils morts avec les doigts. Puis enlevez le bouchon de cérumen avec de l'huile de foie de morue tiède ou de l'huile de paraffine.

Le nettoyage des oreilles ne doit pas être trop vigoureux ni trop fréquent. L'oreille sécrète du cérumen quand elle est irritée, ce qui serait précisément le résultat d'un nettoyage excessif.

**Attention.** N'enfoncez jamais trop loin le bout de l'écouvillon. Vous ne risquez rien tant que vous pouvez voir le coton. Tenez l'écouvillon comme un crayon.

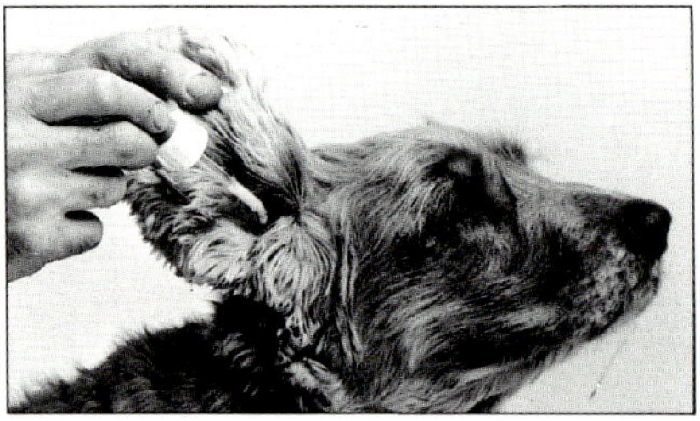

**1** Avec un compte-gouttes, faites couler de l'huile à l'intérieur du canal, puis massez la base du pavillon pour l'étaler. Regardez si de l'huile ou du cérumen remonte.

**2** Enlevez ce qui est ressorti. S'il n'y a pas de sang et que le chien continue à être mal à l'aise, recommencez jusqu'à ce qu'il ne sorte plus de cérumen.

## MÉDICAMENTS POUR LES OREILLES

N'utilisez pas de poudre, sauf sur indication du vétérinaire : elles ont tendance à « coller ». Les pommades bouchent l'oreille et réduisent la ventilation. Servez-vous de gouttes spéciales, d'huile de foie de morue ou d'huile de paraffine.

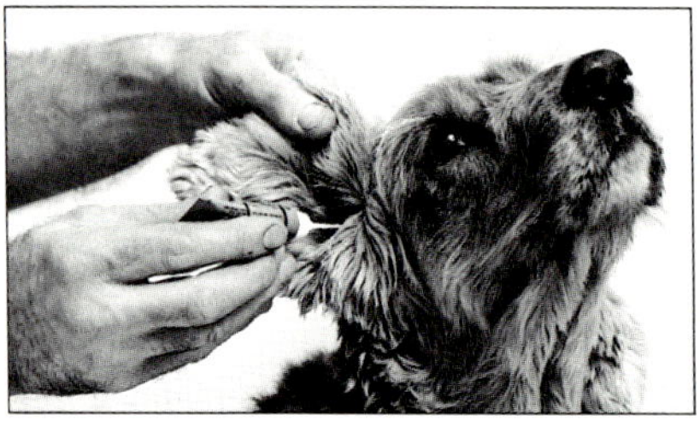

**1** Tenez le pavillon de l'oreille. Glissez le compte-gouttes ou l'embout du tube dans l'oreille. Faites couler la dose prescrite.

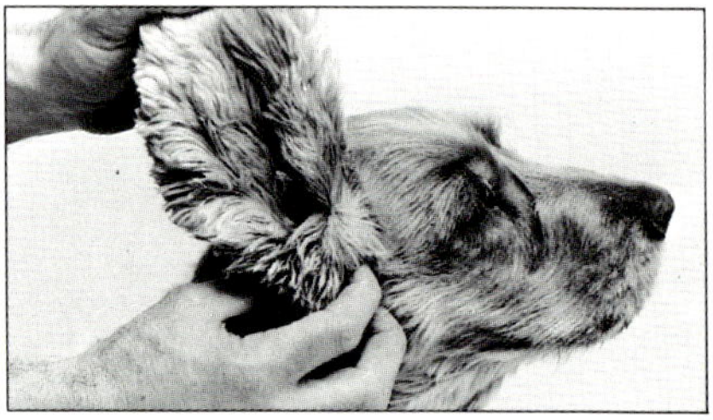

**2** Laissez le médicament descendre dans le canal, puis massez l'extérieur de l'oreille pour bien le faire pénétrer à l'intérieur.

# Troubles des yeux

Il est très important de déceler sans tarder les troubles des yeux. Dans tous les cas, consultez immédiatement un vétérinaire. En attendant, vous pourrez irriguer l'œil *(voir p. 257)* pour soulager votre chien.

Les malformations congénitales des yeux sont courantes chez les chiens, et elles peuvent être extrêmement douloureuses.

**VOIR AUSSI**

**Structure de l'œil,** voir p. 24.
**Les problèmes de consanguinité,** voir « Les races », pp. 47-48.
**Pansements pour les yeux,** voir « Les urgences », p. 243.
**Corps étranger dans l'œil,** voir « Les urgences », p. 281.

## ÉCOULEMENTS DES YEUX

Ces écoulements s'appellent « épiphora ». C'est le symptôme le plus courant d'une maladie de l'œil.

Un écoulement transparent provient sans doute d'une mauvaise évacuation des larmes, ou encore d'une inflammation comme la conjonctivite. Si l'écoulement est trouble ou purulent, l'œil est probablement infecté.

**A surveiller**

- Écoulement transparent ou purulent.
- Gonflement de l'œil.
- Douleur.

**Causes possibles**

- Obstruction des conduits lacrymaux.
- Conjonctivite *(voir p. 256)*.
- Glaucome *(voir p. 256)*.
- Infection générale, par exemple maladie de Carré *(voir p. 265)*.

**Traitement**

Ne laissez pas le liquide sécher sur les poils qui entourent les yeux, ce qui provoquerait certainement une infection.

En attendant de consulter le vétérinaire, nettoyez la région qui entoure les yeux avec une gaze imbibée d'eau tiède ou d'un produit spécial. Si les conduits lacrymaux sont obstrués, le vétérinaire devra les débloquer sous anesthésie ou les élargir. Pour le traitement de la conjonctivite et du glaucome, voir p. 256.

**Urgence**

**++** Si l'écoulement est transparent, consultez un vétérinaire à la première occasion.

**+++** Si l'écoulement est purulent ou si le chien souffre, consultez immédiatement un vétérinaire.

## GONFLEMENT DES YEUX

Le gonflement des tissus qui se trouvent derrière l'œil peut le faire saillir. Le globe oculaire lui-même peut gonfler.

**A surveiller**

- Globe oculaire protubérant par rapport à l'autre.
- Regard fixe.
- Pupille dilatée.
- Paupière incapable de se fermer.

**Causes possibles**

- Coup reçu à la tête.
- Hémorragie à la suite d'un accident.
- Infection des tissus se trouvant derrière l'œil.
- Tumeur.
- Glaucome *(voir p. 256)*.

**Urgence**

**+++** Tout retard pourrait faire perdre son œil à votre chien. Consultez immédiatement un vétérinaire.

**Cécité**
Un chien a l'ouïe très fine et il a une excellente mémoire des lieux, si bien qu'il n'est pas toujours facile de se rendre compte qu'il est devenu aveugle. Si c'est le cas, il se tirera très bien d'affaire si vous êtes patient et compréhensif. Il pourra se promener comme d'habitude mais restera probablement près de vous. Aidez-le en lui parlant souvent et évitez de déplacer les meubles chez vous. Si vous devez le laisser seul à la maison, le son d'une radio atténuera son isolement.

**Problèmes de la membrane nictitante**
Chez certaines races, par exemple le Saint-Bernard et le Bloodhound, il est normal que la troisième paupière soit visible. Par contre, chez la plupart des autres chiens, une membrane nictitante qui devient tout à coup visible indique généralement l'existence d'un problème : □ Affection douloureuse de l'œil. □ Perte de poids. □ Cartilage retroussé (malformation congénitale). □ Prolapsus de la glande nictitante.

Les signes d'une anomalie de la troisième paupière sont les suivants : □ Membrane blanchâtre, généralement bordée de noir, dans l'angle interne de l'œil. □ Boule rougeâtre dans l'angle intérieur de l'œil. □ Corps étranger derrière la membrane nictitante. □ Œil douloureux. □ Œil rouge.

Si votre chien présente l'un de ces signes, n'attendez pas ; consultez immédiatement un vétérinaire.

**Malformations congénitales des paupières et des cils**
Les malformations les plus courantes des paupières sont l'« entropion » et l'« ectropion », qui nécessitent toutes deux une intervention chirurgicale. Dans le cas de l'entropion, la paupière est retournée vers l'intérieur, et le frottement des cils irrite la cornée. Dans le cas de l'ectropion, la paupière est retournée vers l'extérieur, les larmes s'accumulent dans la poche qu'elle forme et la cornée se déshydrate.

Il arrive aussi que les cils poussent dans le mauvais sens et irritent la cornée. L'œil devient rouge. C'est ce qu'on appelle le « trichiasis ». Dans le cas du « distichiasis », une affection très semblable, la rangée postérieure des cils est déviée et irrite l'œil. Sans traitement, ces maladies peuvent causer la cécité.

**Conjonctivite**
Il s'agit d'une inflammation douloureuse de la conjonctive, à la suite d'une infection, d'une égratignure, d'une malformation congénitale, d'une tumeur de la paupière ou de l'action d'un irritant, comme la poussière ou la fumée. Symptômes : □ Larmes. □ Yeux tournés vers le haut. □ Rougeur.

S'il y a inflammation de la cornée (« kératite »), celle-ci prend un aspect laiteux, ou même une coloration bleutée qui la rend complètement opaque. Le phénomène se produit notamment à l'occasion de certaines hépatites *(voir p. 244)*. Le blanc de l'œil est parfois fortement congestionné. Finalement, une inflammation chronique entraîne parfois la formation d'une pellicule noirâtre sur la totalité de l'œil. Il faut traiter immédiatement l'inflammation.

**Cataracte**
Il s'agit d'une opacité du cristallin qui entraîne une cécité partielle. Dans certains cas, la cataracte est héréditaire. Dans d'autres, elle provient du fait que la mère du chien était malade ou sous-alimentée pendant la période de gestation. De nombreux chiens âgés souffrent aussi de la cataracte.

**Glaucome**
Cette anomalie résulte d'une augmentation de volume de l'humeur aqueuse dans l'œil. Elle peut être causée par : □ Une hémorragie. □ Une inflammation de la chambre antérieure. □ Une anomalie congénitale. L'œil sécrète constamment de l'humeur aqueuse. Si les conduits d'évacuation se bouchent, le volume de l'humeur augmente et distend le globe oculaire, qui devient douloureux. L'œil est enflammé et le chien pleure constamment. Autres signes : □ Œil gonflé. □ Douleurs. □ Sensibilité à la lumière.

**Troubles de la rétine**
Les affections de la rétine les plus graves résultent de malformations.
*Atrophie rétinienne progressive (PRA)*
Dans cette maladie, certaines sections de la rétine cessent progressivement d'être irriguées, et les cellules sensibles à la lumière meurent. La maladie présente deux formes : le PRA central et le PRA généralisé. L'atrophie centrale ne cause pas toujours une cécité totale, contrairement à l'atrophie généralisée.

*Anomalie du collie*
Cette maladie congénitale affecte les collies et le Berger des Shetland. Elle entraîne parfois une hémorragie ou un décollement de la rétine.

RACES VULNÉRABLES
*Terriers* – luxation du cristallin.
*Berger allemand* – sujet à la conjonctivite, aux anomalies congénitales du cartilage, à la cataracte.
*Saint-Bernard* – sujet au prolapsus de la glande nictitante, aux malformations congénitales du cartilage.
*Bloodhound, Boxer, Bulldog, Basset* – prolapsus de la glande nictitante.
*Collie* – sujet au PRA central.
*Berger des Shetland* – PRA central.
*Golden Retriever, Labrador* – sujets au PRA central et à la cataracte.
*Cairn-Terrier, Cocker-Spaniel, teckels, caniches, Setter irlandais* – sujets au PRA généralisé.
*Lévrier afghan, Boston-Terrier, caniches, Staffordshire-Bull Terrier* – cataracte.

## COMMENT IRRIGUER LES YEUX

Servez-vous d'un soluté spécial de thé léger froid ou d'une solution d'acide borique (une cuillère à café par tasse d'eau tiède).

**Attention.** Ne vous servez pas de coton hydrophile.

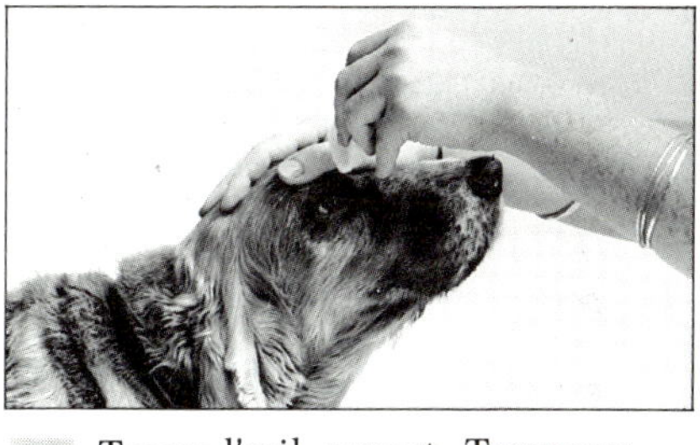

**1** Tenez l'œil ouvert. Trempez un chiffon dans la solution et faites tomber des gouttes.

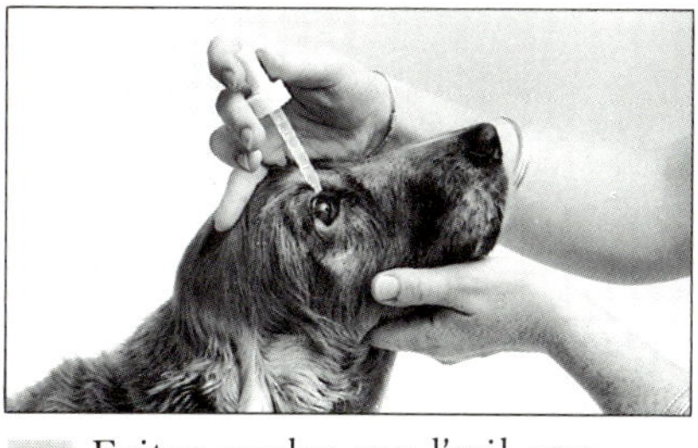

**2** Faites couler sur l'œil une goutte d'huile de foie de morue ou d'huile de paraffine.

# Troubles urinaires

Dans l'appareil urinaire du chien, ce sont les reins qui sont le plus souvent touchés par la maladie. La « néphrite », maladie inflammatoire des reins, cause fréquemment la mort chez les chiens. Les symptômes sont variables : □ Douleurs abdominales. □ Présence de sang dans l'urine. □ Abdomen enflé. Très souvent, la maladie n'est constatée que lorsqu'une insuffisance rénale aiguë ou chronique se manifeste, c'est-à-dire lorsque les reins ne fonctionnent plus normalement.

**Insuffisance rénale aiguë**
Symptômes : □ Abattement. □ Vomissements. □ Manque d'appétit. □ Mauvaise haleine. □ Douleurs abdominales. □ Arrêt de la fonction urinaire. Causes possibles :
- Empoisonnement *(voir p. 281).*
- Infection aiguë, par exemple leptospirose *(voir p. 259).*
- Séquelle d'une infection comme le pyomètre *(voir p. 261).*
- Obstruction.
- Paralysie de la vessie.
- Suites d'une infection chronique des reins.

*Quel est le traitement ?*
Votre chien, selon le diagnostic du vétérinaire, aura peut-être besoin d'antibiotiques, de perfusions intraveineuses, d'une dialyse, de vitamines ou d'antiémétiques.

**Insuffisance rénale chronique**
Symptômes variables : □ Soif excessive. □ Urine abondante. □ Ulcères à la bouche. □ Anémie *(voir p. 263).* □ Perte de poids et affaiblissement des muscles. □ Mauvaise haleine. Causes possibles :
- Combinaison d'une série de problèmes mineurs qui entraînent une insuffisance rénale.
- Tumeurs (cancer).
- Anomalie congénitale des reins.

*Quel est le traitement ?*
Le vétérinaire vous recommandera peut-être un traitement aux stéroïdes, des perfusions intraveineuses et, par la suite, un traitement d'en-

### RÉGIMES SPÉCIAUX POUR LES MALADIES DES REINS

De nombreux vétérinaires recommandent des régimes pauvres en protéines pour les chiens souffrant de néphrite, afin de « soulager les reins ». En fait, un tel régime est souvent en contradiction directe avec les besoins du corps. En effet, les reins souffrant de lésions éliminent des protéines. Si le chien n'en reçoit pas suffisamment dans son alimentation, il utilise les protéines de ses propres muscles, ce qui explique l'affaiblissement général des chiens souffrant de néphrite chronique. Dans les cas où la maladie est traitée suffisamment tôt, le « régime gériatrique » *(voir p. 169),* où l'apport protéique est légèrement réduit, convient généralement le mieux. Pour les chiens qui éliminent beaucoup de protéines et qui présentent une « ascite » (distension de l'abdomen) avec gonflement des pattes, un régime sans sel et à forte teneur en protéines s'impose, en plus des diurétiques prescrits par le vétérinaire.

Modifiez le régime de base *(p. 169)* pour porter à 175 grammes la quantité de riz et réduire à 35 grammes la quantité de viande.

tretien. Le chien doit boire beaucoup et suivre un régime pauvre en protéines. Pour éviter les accidents rénaux, faites toujours traiter les maladies chroniques de votre chien et faites-le vacciner contre la leptospirose.

**Suppléments alimentaires**
Pour maintenir un niveau peu élevé de phosphore, remplacez la poudre d'os par le carbonate de calcium dans le régime. Un peu de sel ajouté aux aliments avive la soif, stimule la fonction rénale et compense le sodium éliminé par les reins.

**Autres organes de l'appareil urinaire**
Divers problèmes affectent particulièrement la vessie et l'urètre.
*Calculs dans l'uretère et la vessie*
Il arrive que les sels de l'urine se cristallisent et forment des calculs qui irritent fortement la paroi de la vessie. Symptômes : □ Miction difficile. □ Miction anormalement fréquente. □ Présence de sang dans l'urine.
*Quel est le traitement ?*
Le vétérinaire pourra procéder à une intervention chirurgicale.
*Calculs dans l'urètre*
Chez les mâles, des calculs se logent parfois dans l'urètre, conduit qui traverse le pénis pour évacuer l'urine. Symptômes : □ Miction difficile. □ Vomissements. □ Manque d'appétit. Un traitement (et généralement une opération) s'impose d'urgence, sinon la pression de l'urine pourrait faire éclater la vessie ou endommager les reins.
*Cystite*
Les infections de la vessie peuvent aussi provoquer une cystite, plus courante chez les femelles. La cystite chronique s'accompagne souvent de calculs qui nécessitent une intervention chirurgicale. Dans les cas bénins, le vétérinaire prescrira souvent un acide, comme la vitamine C ou la chloréthamine, rendant l'urine moins alcaline, ce qui nuit à la prolifération des bactéries. Symptômes : □ Sang dans l'urine. □ Miction fréquente. □ L'animal se lèche le pénis ou la vulve.

**Leptospirose**
L'une des deux formes de cette maladie bactérienne *(Leptospira canicola)* s'attaque aux reins du chien. Comme dans la forme qui s'attaque au foie *(voir p. 244)*, le micro-organisme se transmet par l'urine.
*Quel est le traitement ?*
Dans les cas bénins, le chien n'est plus « dans son assiette » depuis quelques jours. Dans les cas plus graves, il est très abattu et vomit, car de l'urée s'accumule dans son sang par suite du mauvais fonctionnement des reins (urémie). Les chiens urémiques ont souvent des ulcères dans la bouche et une mauvaise haleine.
*Quel est le traitement ?*
Faites vacciner votre chien régulièrement. Si vous pensez qu'il peut avoir la leptospirose, consultez immédiatement un vétérinaire, qui prescrira peut-être des antibiotiques pour combattre les bactéries et des médicaments pour arrêter les vomissements. Des perfusions, des dialyses et des transfusions sont parfois nécessaires.

**Incontinence**
De nombreux chiens incontinents laissent s'écouler de l'urine pendant leur sommeil. L'anomalie peut avoir plusieurs causes :
- Ectopie des uretères (une malformation congénitale). Les uretères se déversent directement dans l'urètre, plutôt que dans la vessie *(voir p. 29)*. Cette malformation est opérable.
- Crise d'épilepsie *(voir p. 280)*.
- Cystite *(voir ci-contre)*.
- Maladie de la prostate *(voir p. 260)*.
- Vieillesse *(voir p. 274)*.

# Troubles de l'appareil génital

Certaines anomalies de l'appareil génital ne présentent pas un caractère de gravité, sauf bien sûr pour les éleveurs. Mais d'autres maladies mettent en danger la vie du chien.

**VOIR AUSSI**

**Anatomie de l'appareil génital,** voir « La reproduction », p. 188.
**Cycle génital de la chienne,** voir « La reproduction », p. 189.
**Accouplement,** voir « La reproduction », p. 191.
**Eclampsie,** voir p. 197.

**Problèmes de fertilité et de libido**
Les problèmes de fertilité et de libido sont souvent complexes. Vous ne pourrez pas y faire grand-chose, à part vous assurer que votre chien est en bonne santé et que son poids est normal.

**Troubles génitaux du mâle**
Consultez le vétérinaire si vous constatez les symptômes suivants :
☐ Écoulements abondants du pénis.
☐ Saignements. ☐ Douleurs.

*Inflammation du fourreau*
Les jeunes chiens souffrent souvent de cette anomalie qui se manifeste par un écoulement verdâtre de couleur pâle. Il suffit d'essuyer l'écoulement lorsqu'il se manifeste. Si les écoulements deviennent excessifs, consultez votre vétérinaire. Ils sont alors causés par une infection profonde du pénis, et le traitement consiste à administrer des antibiotiques et à placer des pansements antibiotiques.

*Saignement du pénis*
A part les blessures accidentelles, les causes possibles sont les suivantes :
- Comportement de la femelle pendant la saillie.
- Cystite aiguë *(voir p. 259).*
- Hémorragie de la prostate, sous l'effet d'hormones femelles.

Dans le cas d'une lésion causée par une chienne, il faudra peut-être pratiquer une incision en V. En attendant, appliquez une compresse d'eau froide sur le fourreau et maintenez-la en place en attachant une serviette autour du chien.

*Paraphimosis*
Il arrive que le pénis se trouve étranglé dans l'ouverture du fourreau et ne puisse retrouver sa taille normale. Si l'anomalie persiste plus d'un quart d'heure, appliquez une compresse d'eau froide *(voir ci-dessus).* S'il n'y a toujours pas de résultat au bout d'un quart d'heure, consultez d'urgence votre vétérinaire.

*Cryptorchidie*
On dit qu'un chien est « cryptorchide » quand un ou les deux testicules ne sont pas descendus dans les bourses alors qu'il n'est pas castré *(voir p. 188).* Le diagnostic ne peut être établi avec certitude que vers le dixième mois. Si l'un des testicules n'est toujours pas descendu, le vétérinaire procédera à son ablation pour éviter les risques de cancer.

*Tumeurs des testicules*
Ces tumeurs produisent parfois des hormones femelles qui ont des effets étranges chez le chien mâle : perte symétrique des poils, atrophie du pénis, et parfois développement des glandes mammaires. Le vétérinaire enlèvera ces tumeurs.

*Maladies de la prostate*
Les maladies de la prostate sont surtout fréquentes chez les chiens âgés. Des tumeurs se développent ou, plus souvent, la prostate s'hypertrophie. La maladie rend la défécation douloureuse et entraîne la constipation.

Consultez immédiatement un vétérinaire si votre chien a de la difficulté à déféquer *(voir « Constipation », p. 248)* ou s'il y a du sang dans son urine.

L'hypertrophie de la prostate se traite avec des hormones femelles, qui peuvent aussi avoir un effet sur les tumeurs. Augmentez la quantité de fibres alimentaires.

**Troubles génitaux de la femelle**
L'appareil génital de la chienne souffre de nombreuses maladies, dont un grand nombre sont liées à une variation de l'équilibre hormonal et aux changements qui se produisent dans l'utérus à chaque période de chaleur. Signes anormaux : □ Écoulements de couleur anormale. □ Soif excessive. □ Saignement ou gonflement persistant. □ Simulation de l'allaitement. □ Montée de lait six ou sept semaines après une chaleur.

*Pyomètre*
Le pyomètre (présence de pus dans l'utérus) est une infection qui se produit généralement de six à huit semaines après une chaleur. La chienne présente les symptômes suivants : □ Soif anormale. □ Parfois, écoulements épais, jaunes, verdâtres ou rougeâtres. □ Abattement. □ Vomissements.

Il faudra peut-être enlever les ovaires et l'utérus (ovario-hystérectomie). L'intervention est indispensable, car le pyomètre se manifestera à nouveau à la prochaine chaleur.

*Kyste ovarien*
Ce problème se manifeste par un saignement persistant de la vulve après une chaleur. Le vétérinaire administrera des hormones à la chienne ou, dans les cas les plus graves, recommandera l'ovario-hystérectomie.

*Grossesse nerveuse*
Le plus souvent, la grossesse nerveuse commence huit ou neuf semaines après une chaleur et peut durer plusieurs semaines. Symptômes : □ Augmentation de l'appétit. □ Comportement étrange : l'animal simule l'allaitement avec des jouets et des objets et se met à cacher des chiots imaginaires. □ Hypertrophie des mamelles. □ Mouvements anormalement lents. □ Démonstration d'affection. □ Gonflement de l'abdomen. □ Montée de lait.

Consultez le vétérinaire. Les grossesses nerveuses risquent de se reproduire après chaque chaleur. Il existe plusieurs solutions, notamment la stérilisation *(voir p. 189)* ou des médicaments qui empêchent le déroulement du cycle génital.

*Tumeurs des glandes mammaires*
Chez les chiennes non stérilisées, les glandes mammaires subissent parfois des variations cycliques qui provoquent la formation de tumeurs. Si vous constatez que les glandes mammaires de votre chienne sont gonflées ou présentent des bosses, consultez le vétérinaire. Toutes les tumeurs ne sont pas malignes, mais palpez régulièrement les glandes mammaires de l'animal, par exemple tous les deux mois, particulièrement après les chaleurs. Les tumeurs bénignes sont souvent mieux définies que les tumeurs malignes, mais consultez toujours un vétérinaire si vous constatez quelque chose d'anormal.

*Métrite*
Cette infection de l'utérus se produit quelques semaines après la mise bas. Symptômes : □ Écoulements purulents, jaunes ou verts. □ Abattement. □ Manque d'appétit. □ Vomissements. Le vétérinaire doit intervenir d'urgence pour donner des antibiotiques à l'animal ou le stériliser.

**RACES VULNÉRABLES**
*Boxer, Chihuahua* – sujets à la cryptorchidie.
*Chow-Chow* – apathie pendant la mise bas et difficulté d'accouplement.
*Bulldog, Carlin* (et autres races à museau aplati) – mise bas souvent difficile.

# Troubles de l'appareil circulatoire

Chez les chiens, de nombreuses maladies de cœur résultent de malformations congénitales, par exemple communications anormales entre les différentes parties du cœur ou communications anormales entre vaisseaux. Symptômes : □ Fatigue. □ Mauvaise résistance à l'exercice. □ Toux lorsque l'animal est resté allongé. □ Bleuissement des gencives. □ Évanouissements.

**VOIR AUSSI**

**Position et fonction du cœur,** voir « Anatomie », p. 28.
**Prendre le pouls d'un chien,** voir ce chapitre, p. 230.

**Persistance du canal artériel**
Cette malformation congénitale se produit lorsqu'un vaisseau sanguin du fœtus, qui devrait se fermer, reste ouvert et met en communication les deux côtés de l'appareil circulatoire qui sont normalement séparés. De même, des malformations congénitales des vaisseaux entourant le cœur forment parfois une couronne qui emprisonne l'œsophage, empêche le passage des solides et provoque des vomissements *(voir p. 241).* La chirurgie permet souvent de remédier à ces anomalies.

**Souffle au cœur**
A l'intérieur du cœur, entre les « oreillettes » et les « ventricules », des valves empêchent le sang de remonter dans les oreillettes lorsque les ventricules se contractent pour pomper le sang. Une malformation congénitale ou le simple vieillissement empêche ces valves de bien se refermer. Le sang qui revient sous pression dans les oreillettes fait un bruit, le « souffle », audible au stéthoscope.

*Souffle du côté gauche du cœur*
Les races de petite taille sont particulièrement prédisposées à cette anomalie, qui se manifeste quand les animaux prennent de l'âge. Une insuffisance de la « valvule mitrale » du côté gauche du cœur provoque une augmentation de la pression du sang qui revient des poumons. De petites quantités de liquide s'accumulent dans les poumons, ce qui perturbe les échanges d'oxygène et de gaz carbonique. Symptômes : □ Mauvaise résistance à l'exercice. □ « Toux cardiaque » (particulièrement au réveil) causée par l'accumulation de liquide dans les poumons.

*Souffle du côté droit du cœur*
Des problèmes semblables se produisent lorsque le souffle est provoqué par une insuffisance de la « valvule tricuspide », du côté droit du cœur. Dans ce cas, du liquide se dépose dans l'abdomen, ce qui provoque une ascite (distension de la paroi abdominale) et une hypertrophie du foie et de la rate. Les symptômes sont les mêmes que ceux du souffle du côté gauche, mais avec distension de l'abdomen.

*Quel est le traitement ?*
A titre préventif, il est bon de surveiller les signes d'obésité *(voir p. 249).* Si votre chien a peu de résistance lorsqu'il prend de l'exercice, ou encore s'il tousse au réveil, consultez un vétérinaire. Si la maladie est prise à temps, des médicaments permettront peut-être d'enrayer sa progression et d'éviter les complications.

Le vétérinaire auscultera sans doute d'abord votre animal, mais il pourra ensuite faire un électrocardiogramme pour déceler les rythmes anormaux du cœur, qu'il traitera avec des médicaments. Il peut opérer les malformations congénitales les moins complexes, particulièrement les couronnes vasculaires et la persistance du canal artériel. Les valves artificielles ne sont pas utilisées chez les chiens. On administre essentiellement des « diurétiques », qui accélèrent l'élimination, et des médicaments pour stimuler les battements du cœur.

**Filaires**

Les chiens sont parfois victimes de parasites internes qui vivent dans les vaisseaux sanguins. Ce sont les « vers du cœur » ou « filaires ». Il en existe plusieurs variétés. L'*angiostrongylus* se transmet par les limaces que mange le chien. Ses larves passent des vaisseaux sanguins dans les poumons, d'où elles sont expulsées lorsque l'animal tousse ; elles sont ensuite ravalées et se retrouvent dans les excréments. Le *dirofilaria,* une autre variété, se transmet par les moustiques et les puces.

*Quel est le traitement ?*

Il est relativement difficile d'éliminer les filaires, car les vers morts pourraient causer une thrombose.

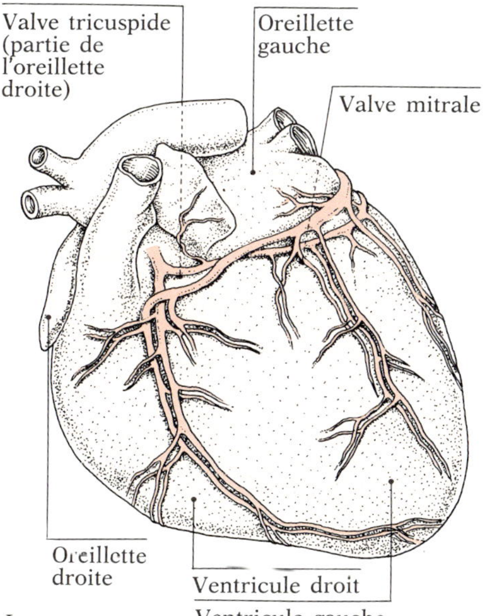


*Le cœur.*

**Anémie**

Cette maladie résulte d'une diminution du nombre des globules rouges, ou encore de la quantité d'« hémoglobine ». Elle a trois grandes causes :

**1.** Destruction des globules rouges par : □ Des parasites. □ Des poisons. □ Des toxines bactériennes. □ Des réactions immunitaires.

**2.** Perte de sang causée par : □ Un accident. □ Un empoisonnement. □ Des ulcères avec hémorragies. □ Des parasites.

**3.** Ralentissement ou anomalie de la production des nouveaux globules rouges dans la moelle des os, à la suite : □ De tumeurs. □ D'un empoisonnement. □ D'une infection aiguë. □ D'infections chroniques (par exemple, pyométrie ou plaie purulente). □ D'une maladie chronique du rein *(voir p. 258).* □ De carences en minéraux (fer, cuivre ou cobalt). □ De carences en vitamines (vitamine B6 ou B12).

Les symptômes de l'anémie sont les suivants : □ Couleur anormale dans la bouche et autour des yeux (disparition de la couleur rose normale). □ Affaiblissement progressif. □ Mauvaise résistance à l'exercice. □ Respiration rapide. □ Nervosité.

*Quel est le traitement ?*

Le vétérinaire, pourra prescrire des suppléments de fer, des vitamines et des stéroïdes anabolisants. Dans les cas très graves, une transfusion de sang est parfois nécessaire. Il vous recommandera aussi de donner à votre chien des aliments très nutritifs, des protéines, des suppléments vitaminés et du foie.

**RACES VULNÉRABLES**

*King Charles Spaniel, Pékinois, caniches* – prédisposition au souffle au cœur.

*Greyhound* – souffre souvent de parasitose du cœur (filaires).

# Troubles neurologiques

De nombreuses maladies s'attaquent aux nerfs, au cerveau et à la moelle épinière. La « méningite » est une inflammation de la membrane qui entoure le cerveau et la moelle épinière. L'« encéphalite » est une inflammation du cerveau. Symptômes : □ Convulsions. □ Tressaillement des muscles. □ Tremblements. □ Nystagmus (mouvements saccadés des yeux).

**VOIR AUSSI**

**Le cerveau,** voir p. 23.
**La moelle épinière,** voir p. 19.
**Troubles des muscles, des os et des articulations,** voir ce chapitre, pp. 266-267.
**Convulsions,** voir p. 280.
**Rage,** voir p. 152.

**Épilepsie**
Cette maladie est très fréquente, particulièrement chez les chiens âgés de un à trois ans. Causes :

- Épilepsie héréditaire.
- Lésion ou mauvaise oxygénation du cerveau.
- Hydrocéphalie *(voir à droite).*
- Maladie de Carré *(voir ci-contre).*
- Tumeurs.

La fréquence des convulsions est très variable. Cependant, les crises s'aggravent souvent à mesure que le chien prend de l'âge, sous l'effet d'autres maladies.

*Quels sont les signes ?*
Paradoxalement, les crises surviennent quand le chien est tranquille et détendu. Elles sont généralement courtes (environ 5 minutes), et l'animal reste inconscient quelque temps. Pour les symptômes, voir p. 280.

*Quel est le traitement ?*
Pour le traitement immédiat, voir « Les urgences », p. 280. Le traitement à long terme consiste à administrer des anticonvulsifs, qui ne suppriment pas totalement les crises mais réduisent leur fréquence. Si votre chien a des crises répétées de quinze à trente minutes, consultez votre vétérinaire de toute urgence.

**Hydrocéphalie**
L'hydrocéphalie, présence d'eau dans le cerveau, résulte habituellement d'une malformation du système qui fait circuler le liquide des ventricules cérébraux. Ce liquide finit par comprimer le cerveau contre la boîte crânienne. Signes d'hydrocéphalie : □ Convulsions. □ Cécité. □ Manque de coordination. □ Abattement.

Il est important de diagnostiquer la maladie dès ses premiers stades. Une opération chirurgicale s'impose.

**Encéphalite**
Il s'agit d'une inflammation du cerveau qui résulte d'infections bactériennes, virales, ou tout simplement de l'âge de l'animal. Si la maladie est d'origine infectieuse, elle apparaît généralement très rapidement. Les encéphalites bactériennes se déclarent souvent après une maladie des oreilles, une blessure ou une fracture du crâne. Symptômes : □ Convulsions. □ Raidissement du cou. □ Douleurs dans la région de la tête. □ L'animal pousse la tête contre les murs.

Un vétérinaire doit examiner l'animal, car le traitement des différentes encéphalites varie.

**Apoplexie**
Les chiens présentent des symptômes semblables à ceux des humains : □ Coma brutal. □ Anomalie de fonctionnement des différentes parties du corps. □ L'animal tourne en rond. □ Paupières tombantes.

☐ Paralysie partielle. ☐ Tressaillements des yeux.

L'administration de stéroïdes atténue parfois les symptômes. D'autres médicaments peuvent améliorer la circulation du sang dans le cerveau.

**Maladie de Carré**
Cette maladie, fréquente chez les jeunes chiens entre trois et six mois, peut frapper à n'importe quel âge.

Le virus de la maladie entre par les voies respiratoires. Les globules blancs qui essaient de le tuer le propagent dans tout le corps. Si le système de défense de l'organisme ne parvient pas à l'éliminer, il attaque le système immunitaire et le système nerveux, ainsi que les cellules des poumons et de l'intestin.

*Quels sont les signes ?*
Un jeune chien en bonne santé parviendra à combattre une infection très bénigne qui se manifeste par un abattement de l'animal et une légère température. Dans les cas plus graves, une forte poussée de fièvre est suivie par une deuxième phase : ☐ Abattement. ☐ Écoulements des yeux et du nez. ☐ Toux. ☐ Vomissements. ☐ Diarrhée. ☐ Durcissement et fissuration de la peau de la truffe et des coussinets.

*Les symptômes nerveux*
Alors que les symptômes de la deuxième phase s'atténuent, environ quatre semaines après l'infection des lésions du système nerveux peuvent commencer à apparaître. Leurs manifestations vont de légers tremblements à de violentes crises épileptiques.

*Quel est le traitement ?*
Il faut habituellement administrer des antibiotiques, des antitussifs et des médicaments contre les vomissements et la diarrhée, ainsi que des anticonvulsifs s'il y a lésion du système nerveux. Le seul moyen de prévention est la vaccination *(voir p. 237).*

**Spondylopathie cervicale**
Cette maladie frappe surtout les races de grande taille. Une ou plusieurs vertèbres sont mal formées, ce qui, avec le poids de la tête de l'animal, entraîne une lésion de la moelle épinière. Symptômes :
☐ Membres antérieurs traînants.
☐ L'animal frotte ses ongles et les use vite. ☐ Démarche chancelante.
☐ Manque d'équilibre des membres postérieurs. ☐ Paralysie.

*Quel est le traitement ?*
Un traitement chirurgical est parfois possible. Si la paralysie s'installe, le pronostic est médiocre.

**Hernie discale**
Elle est particulièrement fréquente chez les races à dos allongé et à pattes courtes. Symptômes : ☐ Douleurs soudaines. ☐ L'animal refuse de bouger et courbe le dos. ☐ Claudication. ☐ Incapacité de lever la tête. ☐ Paralysie.

*Quel est le traitement ?*
Pour les cas les plus bénins, des médicaments donneront peut-être des résultats. Sinon, une opération sera sans doute nécessaire.

**Rage**
Cette maladie virale mortelle *(voir aussi p. 152)* se transmet par la salive d'un animal infecté, à l'occasion d'une morsure. Symptômes :
☐ L'animal ne peut avaler. ☐ Il se met à courir, à attaquer et à mordre. ☐ Regard inquiet. ☐ Paralysie.

**RACES VULNÉRABLES**
*Basset* – sujet à la hernie discale et la spondylopathie cervicale.
*Chihuahua, King Charles Spaniel, caniches* – risque d'hydrocéphalie.
*Teckels, Pékinois, Shih-Tzu* – sujets à la hernie discale.
*Dogue allemand, Doberman* – spondylopathie cervicale.

# Muscles, os et articulations

Les troubles des muscles, des os et des articulations sont relativement courants chez les chiens. Leurs causes les plus fréquentes sont les chutes, les bagarres et les accidents de voiture. Les symptômes à surveiller sont les suivants : □ Claudication. □ Douleurs. □ Enflures.

**VOIR AUSSI**

**Muscles et mouvements,** voir « Anatomie », pp. 20-21.
**Troubles de la nutrition,** voir ce chapitre, p. 249.
**Squelette et colonne vertébrale,** voir « Anatomie », pp. 18-19.
**Attelles et pansements,** voir « Les urgences », p. 283.
**Hernie discale, spondylopathie cervicale,** voir ce chapitre, p. 265.

**Problèmes musculaires**
Une maladie musculaire est une « myopathie ». Une inflammation musculaire est une « myosite ». Les myopathies peuvent avoir plusieurs causes, dont les infections bactériennes. Certaines sont héréditaires et propres à une race. En pareil cas, elles sont incurables. Mais d'autres peuvent se guérir.
*Quel est le traitement de la myopathie ?*
Si vous pensez que votre chien souffre d'une lésion bénigne (léger boitement qui disparaît au bout de vingt-quatre heures), laissez-le au repos. En cas de doute, consultez votre vétérinaire.
*Myosite éosinophilique*
On ignore la cause de cette maladie qui s'attaque aux muscles de la tête, provoquant leur atrophie progressive. Symptômes : □ Faiblesse. □ Raideur. □ Douleurs. □ Le chien tient la tête penchée. Votre vétérinaire doit intervenir d'urgence. Il pourra prescrire des anti-inflammatoires et des analgésiques.

**Problèmes des articulations**
L'arthrite (inflammation des articulations) est relativement fréquente chez les chiens. Elle est généralement causée par une anomalie anatomique, soit héréditaire, soit d'origine nutritionnelle *(voir p. 249).*
*Foulures et ostéo-arthrite*
Une foulure est un étirement accidentel des ligaments articulaires, qui

## BOITEMENT

Un boitement est l'un des principaux signes qui indiquent une anomalie d'un membre.

**A surveiller**
- Le chien hésite à poser un membre à terre.
- Enflure douloureuse. Ces deux symptômes indiquent généralement une lésion relativement grave.
- Le chien traîne la patte, même s'il n'y a pas de douleur ou d'enflure apparente.

**Causes possibles**
- Foulure.
- Fracture.
- Blessure ou lésion.

**Traitement**
Dans tous les cas, mettez le chien au repos tant que son état ne s'améliore pas, et, ensuite, pendant une semaine encore.

**Urgence**
**++** Si le chien souffre ou si le boitement persiste, consultez votre vétérinaire à la première occasion.

peuvent parfois se déchirer. Les foulures peuvent aussi causer une arthrite, qui évolue parfois en ostéoarthrite – une inflammation des os de l'articulation, lésion irréversible.
*Quel est le traitement ?*
Si l'accident est grave, le chien doit se reposer environ six semaines avant de recommencer graduellement à prendre de l'exercice. Des bandages de soutien sont parfois utiles.
**Attention :** un chien qui prend des analgésiques parviendra peut-être à se servir d'une articulation abîmée, ce qui risque d'entraîner des dommages irréparables. L'animal doit absolument rester au repos.

### Maladies des os

Certaines maladies des os du chien sont congénitales, mais d'autres se manifestent lorsque l'organisme de l'animal ne reçoit pas les éléments nutritifs et l'oxygène dont il a besoin. Une maladie relativement courante, l'« ostéochondrite disséquante », frappe surtout les races de grande taille. Par suite d'une mauvaise nutrition, une section du cartilage de l'épaule meurt et tombe dans l'articulation, où elle se remet parfois à grandir, formant une sorte de bosse qui frotte sur l'articulation et entraîne une arthrite.

Cette maladie s'attaque aussi aux os du coude, du genou et du jarret. Symptômes : ☐ Claudication. ☐ Gonflement. ☐ Douleurs. ☐ Échauffement anormal de l'articulation.

Une opération pratiquée à temps permet le plus souvent un rétablissement presque complet.

### Fractures

Il arrive que des os affaiblis, par exemple par l'« ostéoporose », se fracturent spontanément. Symptômes : ☐ Claudication prononcée. ☐ Gonflement. ☐ Douleurs. ☐ Échauffement localisé.

*Quel est le traitement ?*
Consultez votre vétérinaire pour éviter les séquelles permanentes. En cas d'accident, voir « Les urgences », p. 278).

### Dysplasie de la hanche

Par suite d'une malformation, la tête du fémur s'adapte mal dans sa cavité, frottant sur celle-ci et provoquant une arthrite. L'anomalie, très fréquente chez les chiens de grande taille, présente une forte composante héréditaire.
*Quel est le traitement ?*
Chez les jeunes chiens, les analgésiques atténuent les symptômes. L'animal doit prendre très peu d'exercice jusqu'à l'âge de six mois, puis il pourra adopter progressivement un style de vie plus normal. Dans les cas graves, il faut opérer.

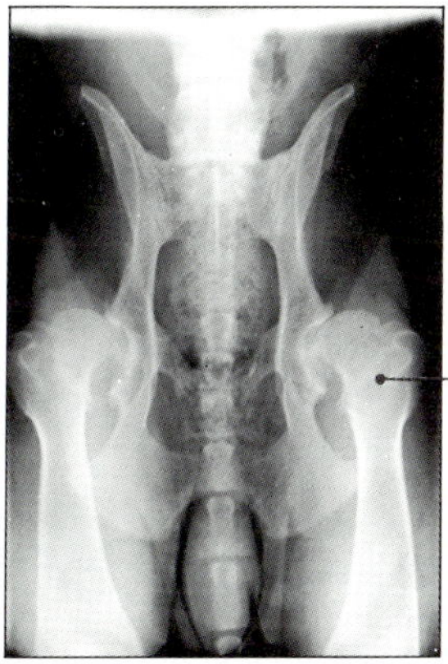

*Dysplasie de la hanche.*

### RACES VULNÉRABLES

*Berger allemand* – sujet à la myosite éosinophilique, à l'ostéochondrite disséquante du coude et à la dysplasie de la hanche.
*Rottweiler, Saint-Bernard* – sujets à l'ostéochondrite disséquante.
*Labrador* – sujet à l'ostéochondrite disséquante du coude et à la dysplasie de la hanche.

# Troubles de la peau et du poil

Les maladies de peau sont souvent complexes chez les chiens. L'« eczéma » – terme générique pour l'inflammation de la peau – est particulièrement fréquent, mais il est difficile d'en découvrir la cause.

Une maladie de peau se déroule en plusieurs phases : une inflammation (dermatite) provoque une irritation (démangeaison), ce qui pousse le chien à se gratter. Il arrache ainsi des poils, aggravant l'inflammation et les démangeaisons. Finalement, des bactéries s'introduisent dans les plaies. Il faut donc empêcher le chien de se gratter.

*Quels sont les signes ?*

Principaux symptômes : ☐ Démangeaisons. ☐ Chute de poils. ☐ Rougeurs. ☐ Poil humide de salive. ☐ Irritations. ☐ Plaies infectées. ☐ Points noirs dans la robe. ☐ Insectes dans la robe. ☐ Bourre. ☐ Poil sec. ☐ Pellicules.

**VOIR AUSSI**

**La peau et la robe,** voir « Anatomie », p. 32.
**Parasites,** voir ce chapitre, p. 250.
**Nœuds du poil,** voir « La toilette », p. 183.
**Mue,** voir « La toilette », p. 174.

**Gale**

Trois sortes de parasites causent la gale chez le chien :

- Demodex : provoque la gale folliculaire.
- Sarcopte : provoque la gale sarcoptique.
- Otodecte : provoque une inflammation de l'oreille.

L'otodecte est le seul parasite de la gale qui soit visible à l'œil nu.

*Gale folliculaire*

Presque tous les chiens portent le demodex. Le parasite ne fait généralement aucun mal, sauf en période de stress et chez les jeunes animaux. Le demodex provoque une dermatite pustulaire chez les chiots, autour de la tête et des épaules. Les plaies s'infectent souvent, entraînant une « pyodermite ou anasarque juvénile ». Symptômes : ☐ Odeur caractéristique. ☐ Chute des poils. ☐ Desquamation. ☐ Peau graisseuse. ☐ « Lunettes » démodéciques.

*Quel est le traitement ?*

Si le chien n'est pas soigné dans les vingt-quatre heures, il risque d'être couvert de cicatrices indélébiles. Votre vétérinaire prescrira des médicaments et des antibiotiques.

*Gale sarcoptique*

Elle s'attaque aussi bien à l'homme qu'aux chiens. Le sarcopte creuse dans la peau une galerie où il pond ses œufs. La gale disparaît d'elle-même chez les êtres humains, mais il faut cependant la soigner. Chez le chien, elle provoque la formation de plaques rouges, particulièrement sur les oreilles, les coudes et les jarrets.

*Quel est le traitement ?*

Un traitement rapide s'impose. Pour éviter la contagion et pour que le chien ne se fasse pas de mal en se grattant et en se mordant, le vétérinaire recommandera des shampooings insecticides spéciaux, qu'il faudra appliquer tous les cinq jours pendant au moins quatre semaines (l'incubation des œufs est d'au moins trois semaines). Il pourra aussi vous recommander des médicaments pour empêcher le chien de se mordre et de se gratter.

**RACES VULNÉRABLES**

*Doberman* – sujet à la gale folliculaire et à la pyodermite juvénile.
*Teckels* – pyodermite juvénile.
*Setter irlandais* – sujet à la gale folliculaire.

## DÉMANGEAISONS

Elles indiquent souvent une maladie de peau aux causes très diverses.

**A surveiller**
- Parasites : puces, poux et gale.
- Inflammations bactériennes : petits points infectés, desquamation et rougeurs.

**Causes possibles**
- Parasitose.
- Maladie de l'oreille.
- Lésion des glandes anales.
- Dermatite de contact.

**Traitements**
- Au besoin, bains antiparasitaires.
- Désinfectez les plaies localisées avec une solution antibactérienne.
- Pour les plaies bactériennes généralisées, les maux d'oreille et les lésions des glandes anales, consultez un vétérinaire.
- Pour les dermatites de contact, écartez le chien des causes probables : moquette, sièges de voiture, désinfectants.

**Urgence**
**++** Si la peau se fissure et suinte, ou si l'animal se mord, consultez un vétérinaire à la première occasion.

## ROUGEURS

Les rougeurs annoncent souvent un problème de peau.

**Causes possibles**
- Puces *(voir p. 250).*
- Dermatite de contact.
- Dermatite allergique.
- Tous facteurs d'irritation – teigne, poux ou infection bactérienne.

**Traitement**
- Si les rougeurs sont généralisées, un shampooing pour bébé à la lanoline éliminera les substances irritantes et calmera la démangeaison. Lorsque le poil est sec, pulvérisez un produit contre les puces.

**Urgence**
**++** Consultez votre vétérinaire à la première occasion.

## CHUTE DES POILS

Elle peut être due à de nombreux facteurs.

**A surveiller**
- Poils cassés.
- Rougeurs et inflammations.
- Zones dénudées.
- Perte symétrique des poils.
- Mue excessive.

**Causes possibles**
- Le chien se gratte.
- Anomalie du cycle de croissance des poils : zones dénudées sans irritation. Régime alimentaire.

**Traitement**
Si le chien se gratte, voir « Démangeaisons », ci-dessus. S'il n'y a pas d'irritation, il s'agit sans doute d'un trouble hormonal qui nécessite l'intervention du vétérinaire. Si le régime alimentaire est en cause, des suppléments d'huile et de vitamines *(voir p. 68)* arrêteront peut-être la chute des poils.

**Urgence**
**++** S'il ne s'agit pas de l'alimentation, consultez votre vétérinaire à la première occasion.

# Les soins du vétérinaire

Avant de choisir un vétérinaire, prenez les renseignements suivants :

- Quelles sont les heures de consultation ?
- Le vétérinaire reçoit-il sur rendez-vous seulement ?
- Combien de temps faut-il téléphoner à l'avance pour un rendez-vous ?
- Le vétérinaire fait-il des visites à domicile ?
- Peut-on l'appeler la nuit pour les urgences ?
- Tient-il un dossier médical de votre chien qui pourra être communiqué à un autre vétérinaire si vous déménagez ?

**La visite chez le vétérinaire**

A votre arrivée, voyez d'abord s'il y a une salle d'attente pour les chats et une autre pour les chiots. Si c'est le cas, c'est là que doivent se trouver les chiots non vaccinés en bonne santé. Tenez votre chien avec une laisse courte. De nombreux chiens sont nerveux chez le vétérinaire et ils se bagarrent facilement. Dans le cas d'un petit chien, il est souvent préférable de le tenir sur vos genoux. Si l'animal est très malade, vous aurez peut-être intérêt à le laisser dans la voiture jusqu'à ce qu'on vous appelle.

*La salle de consultation*

Ne lâchez pas votre chien quand vous entrez dans la salle de consultation. Continuez à le tenir en laisse. La plupart des vétérinaires préfèrent laisser le chien se détendre et ils en profiteront pour vous poser quelques questions :

- Race, sexe et âge du chien.
- Depuis combien de temps en êtes-vous propriétaire ?
- Antécédents récents.
- A-t-il été récemment dans un chenil ?
- Maladies récentes.
- Dernières vaccinations.
- Motif de votre visite et symptômes éventuels.
- Votre chien mange-t-il et boit-il normalement ?
- Son urine et ses excréments sont-ils normaux ?

## COMMENT TENIR UN CHIEN

Le plus souvent, il faudra tenir votre chien chez le vétérinaire pendant l'examen et le traitement. En règle générale, on met le chien sur une table. Pour que tout se déroule bien, il est préférable que vous le teniez vous-même. S'il risque de mordre, mettez-lui une muselière *(voir p. 279)*.

**Petits chiens.** Saisissez fermement la peau de la nuque, avec le collier.

**Chiens de taille moyenne** *(voir à droite)*. Maintenez la tête avec votre avant-bras ; entourez le corps de l'autre bras et tenez l'un des membres antérieurs.

**Gros chiens.** Placez un bras sous le cou de l'animal et maintenez la tête de l'autre bras en saisissant le membre extérieur et en vous penchant sur les épaules de l'animal. Un aide doit maintenir l'arrière-train.

*Comment tenir un chien de taille moyenne.*

## L'EXAMEN DU VÉTÉRINAIRE

En règle générale, le vétérinaire commence par procéder à un examen complet du chien, en allant de la tête vers les pattes.

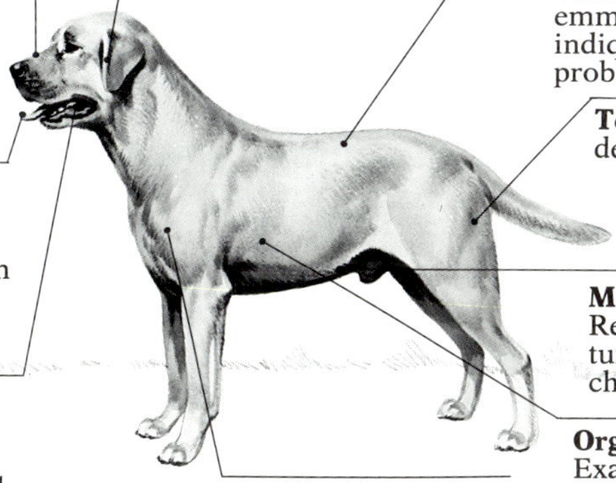


### Opérations

On vous demandera de ne pas donner à manger à votre chien à partir de 18 heures la veille et de ne pas lui donner à boire après son coucher. A votre arrivée, on vous fera signer un imprimé qui autorise le vétérinaire à pratiquer les opérations chirurgicales ou à administrer les traitements nécessaires.

L'anesthésie commence généralement par une injection. Puis le vétérinaire glisse dans la trachée un tube par lequel passera un anesthésiant gazeux qui maintiendra le chien endormi pendant l'opération.

La réanimation prend environ une heure, après quoi le chien est à peine capable de se tenir debout. Si l'opération est mineure, on vous autorisera sans doute à prendre votre chien le jour même.

### Euthanasie

Malheureusement, le vétérinaire se verra parfois obligé de vous recommander de « piquer » votre chien. L'opération peut se dérouler dans son cabinet de consultation ou chez vous. Vous pourrez y assister.

On injecte une forte dose d'un produit anesthésiant, généralement dans l'un des membres antérieurs. Le cerveau et le cœur s'arrêtent souvent de fonctionner avant que l'injection ne soit terminée. L'euthanasie est paisible et absolument sans douleur. Le chien ne sentira qu'une légère piqûre. Certains maîtres préfèrent enterrer leur chien chez eux. Si ce n'est pas possible, le vétérinaire vous mettra en rapport avec un service d'incinération qui pourra vous remettre les cendres de votre compagnon si vous le désirez.

# Les soins à domicile

Lorsque le vétérinaire aura établi son diagnostic, il vous permettra sans doute de ramener le chien chez vous. Voici ce qu'il vous faudra faire :

- Donner à l'animal un endroit chaud et propre où il pourra se reposer.
- Lui préparer des aliments nourrissants et appétissants.
- Lui administrer les médicaments prescrits par le vétérinaire.
- Examiner les pansements ou les plaies selon les indications du vétérinaire.
- Changer rapidement la litière du chien. Ne le laisser dehors que le temps strictement nécessaire.

**Bien au chaud**

Veillez à ce que votre chien soit bien au chaud et à l'abri des courants d'air. Au besoin, installez des ampoules infrarouges à au moins 60 centimètres de l'animal. Des bouillottes enroulées dans des couvertures seront utiles aussi *(voir « Les soins du chiot », pp. 130-131).*

**L'alimentation d'un chien malade**

Lorsqu'ils sont malades, les animaux perdent souvent l'appétit. Mais, pour que votre chien se rétablisse, il est important qu'il se nourrisse. Offrez-lui à manger tout en lui parlant.

Les aliments liquides comme les bouillons de viande fortifient. Votre vétérinaire vous indiquera peut-être d'ajouter du sucre dans l'eau du chien. La déshydratation est toujours à craindre, surtout chez un chien qui a la diarrhée ou qui vomit. *Assurez-vous que votre chien boit suffisamment d'eau.* Au besoin, faites-le boire à la cuillère.

## COMMENT NOURRIR UN CHIEN À LA CUILLÈRE

Si la nourriture est appétissante et si votre chien est placide, vous pourrez probablement le nourrir tout seul à la cuillère.

Le plus souvent, il faut deux personnes. **Sécurité :** après chaque cuillerée, laissez le chien ouvrir un peu la bouche pour avaler.

Les races à museau écrasé comme les Carlins, les Pékinois et les Bulldogs peuvent mordre ou avoir du mal à respirer.

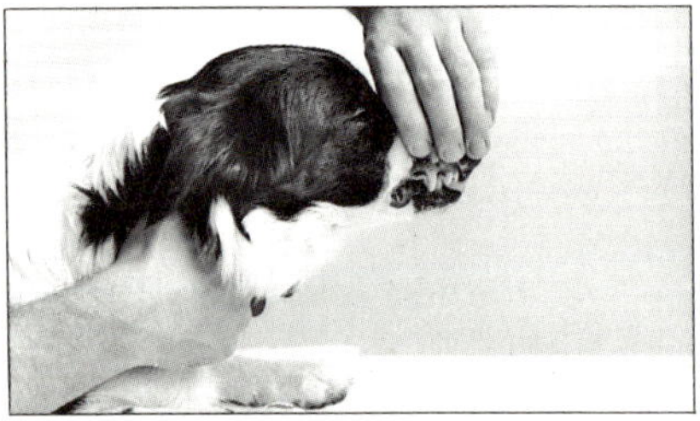

**1** Votre assistant s'agenouille du côté gauche du chien et lui soulève la tête en passant le bras droit autour du cou de l'animal, par-devant. De la main gauche, il retient doucement le museau.

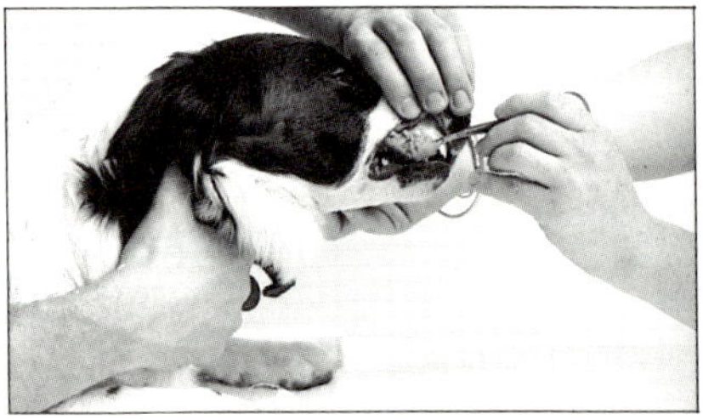

**2** Vous pouvez maintenant glisser une cuillerée de nourriture dans la bouche du chien, du côté droit, ou verser du liquide dans la « poche » que forment les côtés de la lèvre inférieure.

*Nourriture spéciale*
A moins que votre vétérinaire ne vous conseille un régime particulier, donnez à votre chien des aliments nourrissants, appétissants et variés :
*Liquides*
☐ Sucre (deux cuillères à café pour une tasse d'eau). ☐ Miel. ☐ Bouillon de bœuf. ☐ Gelée de jarret de veau. ☐ Aliments liquides en boîte.
*Solides*
☐ Poissons à chair blanche. ☐ Viande hachée de premier choix. ☐ Fromage. ☐ Œufs durs. ☐ Aliments pour enfants à base de viande et de poisson. ☐ Purée de pommes de terre. ☐ Riz. ☐ Céréales pour bébé.

**Les médicaments**
Donnez les médicaments liquides à la cuillère, mais, comme ils ont rarement un goût agréable, le chien vous résistera sans doute.

*Comprimés*
Si votre vétérinaire prescrit des comprimés, ne les écrasez pas : la partie centrale est souvent très amère.

Demandez à un aide de tenir l'animal en passant le bras autour de son cou pour lui soulever la tête et en maintenant son arrière-train. Saisissez fermement la mâchoire supérieure du chien d'une main et retroussez les babines avec l'index et le pouce. De l'autre main, celle qui tient le comprimé, abaissez la mâchoire inférieure et faites glisser le comprimé à l'arrière de la langue (au besoin, poussez-le avec le doigt).

Si votre chien refuse d'avaler le comprimé, essayez de le glisser dans sa bouche, de lui donner une cuillerée d'eau, puis de lui refermer la bouche pour qu'il avale. Certains chiens n'acceptent que les comprimés enrobés de beurre ou de fromage.

## COMMENT FABRIQUER UN COLLIER ÉLISABÉTHAIN

Ce collier empêche un chien convalescent de se frotter ou de se gratter la tête ou les oreilles, ou encore de se lécher et de se mordre les membres postérieurs. Vous pourrez le fabriquer avec un seau de plastique de 4,5 litres pour un petit chien et de 9 litres pour un chien de grande taille.

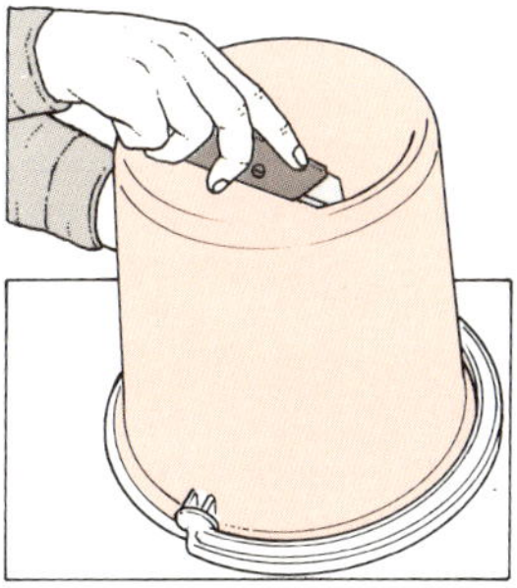

**1** Chauffez une lame de couteau et découpez le fond du seau. Percez des trous sur le pourtour, tous les 5 cm, à 5 cm du fond.

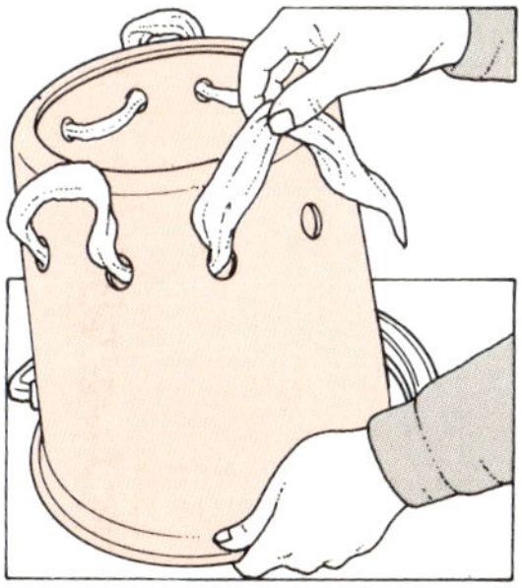

**2** Enfilez une bande de 5 cm dans les trous en faisant des boucles assez grandes pour y glisser le collier du chien.

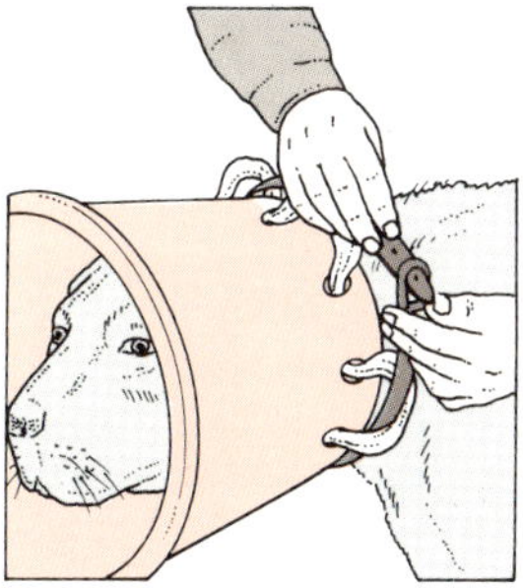

**3** Enfilez le collier du chien dans les boucles. Placez le seau sur la tête du chien et attachez le collier, sans trop serrer.

# Les soins du chien âgé

La longévité des chiens varie beaucoup d'une race à l'autre *(voir p. 123).* On constate cependant chez la plupart des chiens les deux principaux signes de vieillissement : un grisonnement des poils autour de la tête (particulièrement près des oreilles et du museau) et une diminution de poids.

La perte de poids est essentiellement due à un mauvais fonctionnement du foie et des reins. Quand vous constatez qu'un vieux chien commence à perdre du poids, faites-le examiner par un vétérinaire tous les trois ou six mois.

Il arrive aussi que ces problèmes soient dus à une leptospirose mineure *(voir pp. 244 et 259).* Votre chien risque moins de souffrir de cette maladie si vous l'avez fait vacciner toute sa vie. L'insuffisance rénale chronique *(voir p. 258)* n'est pas douloureuse, mais elle aboutit souvent à une insuffisance rénale aiguë. Si vous constatez l'un des signes d'une insuffisance aiguë des reins ou du foie *(voir pp. 258 et 243),* il faut consulter un vétérinaire.

### L'ALIMENTATION DES VIEUX CHIENS

Vous trouverez p. 169 une recette de pâtée « gériatrique ».

- Préparez-lui des aliments faciles à digérer (poisson et poulet).
- N'oubliez pas les suppléments vitaminés *(voir p. 168).*
- Laissez toujours de l'eau à sa portée.
- Donnez du son ou de l'huile de paraffine pour combattre la constipation.
- Ajoutez de la graisse (saindoux, graisse de poulet ou de dinde) dans les aliments d'un vieux chien trop maigre pour lui fournir des calories : une cuillère à café pour les petits chiens, quatre pour les gros.

**Problèmes d'intestins et de vessie**
Certains vieux chiens souffrent de constipation, souvent à cause d'une hypertrophie de la prostate *(voir p. 261).* D'autres ne parviennent plus toujours à contrôler leur vessie, parfois à cause d'une cystite *(voir p. 259).* Le chien qui souffre d'une tumeur de l'anus ne pourra pas toujours contrôler les mouvements de son intestin. Si l'un de ces problèmes se manifeste trop fréquemment, consultez votre vétérinaire. Tous peuvent se traiter avec d'assez bonnes chances de succès.

**Les dents**
Les dépôts de tartre seront moins importants si vous avez brossé les dents de votre chien et si vous lui avez donné quelque chose à ronger quand il était jeune *(voir p. 242).* Les vieux chiens cessent parfois de ronger les os. Il est donc recommandé de leur brosser les dents une ou deux fois par semaine *(voir p. 242).* Du tartre risque cependant de s'accumuler, et il faudra peut-être l'enlever sous anesthésie.

**Troubles de la vue et de l'ouïe**
Un vieux chien souffre souvent de troubles de la vision et de l'ouïe, mais son style de vie plus lent lui permet de s'en accommoder. Traitez-le avec douceur en faisant attention aux bruits violents qui risquent de l'effrayer. Faites en sorte que votre chien vous voie avant de mettre en marche des appareils bruyants, par exemple l'aspirateur. Pour la manière de vous occuper d'un chien aveugle, voir p. 256.

**Troubles des os et des articulations**
Les chiens âgés souffrent souvent d'une raideur des articulations causée par l'arthrite. Le problème est particulièrement sensible chez les chiens trop gros ou de grande taille. Votre vétérinaire pourra recommander des analgésiques.

# Un chien en bonne santé

Vous pouvez faire beaucoup pour protéger votre compagnon de la maladie :

- Commencez par suivre les conseils qui vous sont donnés pour choisir un chiot en bonne santé *(voir p. 127).*
- Méfiez-vous des maladies ou anomalies qui frappent particulièrement la race de votre chiot. Demandez les certificats appropriés et restez vigilant pour découvrir les signes d'anomalies dès les premiers stades.
- Faites vacciner votre chiot *(voir p. 136)* et n'oubliez pas les rappels annuels. A l'occasion de ces visites chez le vétérinaire, préparez une liste des questions à poser.
- N'essayez pas de trop « pousser » votre chiot quand il grandit : une croissance trop rapide entraîne parfois des problèmes musculaires et osseux.
- Prenez l'habitude d'examiner la peau, les yeux et les oreilles de votre chien quand vous faites sa toilette.
- Aidez votre chien à ne pas devenir obèse *(voir p. 249).*
- Le lit et les ustensiles de votre chien doivent toujours être bien propres. L'hygiène est un facteur important de bonne santé.
- Veillez aussi à la propreté de votre chien : examinez ses yeux, ses oreilles, sa truffe, sa bouche, sa peau, ses organes génitaux et son anus. Nettoyez les sécrétions.

**Sécurité**

Ne laissez jamais votre chien sortir seul de votre jardin. Les chiens errants sont souvent victimes d'accidents. Ils risquent aussi de se bagarrer avec d'autres chiens, ou de se mettre à pourchasser des animaux de ferme.

Promenez régulièrement votre chien, même si vous avez un grand jardin. La promenade vous donnera la possibilité de renforcer vos leçons de dressage, mais gardez toujours le contrôle de votre chien lorsqu'il sort avec vous.

***Un jeune chien en pleine forme***
*Un chien robuste et débordant de vie est la récompense du maître qui a su s'en occuper.*

**Êtes-vous assuré ?**

Une assurance vétérinaire vaut certainement la peine, particulièrement si vous habitez en ville, où les risques sont plus élevés pour votre animal. La médecine vétérinaire a progressé mais les interventions sont parfois très coûteuses. Moyennant le prix d'une prime modeste, vous vous protégerez contre les dépenses imprévues qu'entraînerait une maladie ou un accident.

**ZOONOSES**

Quelques maladies du chien se transmettent aussi à l'homme. On les appelles « zoonoses ». Les plus importantes sont les suivantes :

- Rage *(voir pp. 152 et 265).*
- Teigne *(voir p. 250).*
- Puces *(voir p. 250).*
- Vers ronds *(voir p. 251).*

Prenez des précautions : administration périodique de vermifuges ; traitement contre les puces pendant les mois d'été ; lavage des mains après avoir touché un chien qui souffre d'une maladie de peau. Si vous êtes mordu par un chien « douteux » dans une région infestée par la rage, consultez immédiatement un médecin *(voir p. 152).*

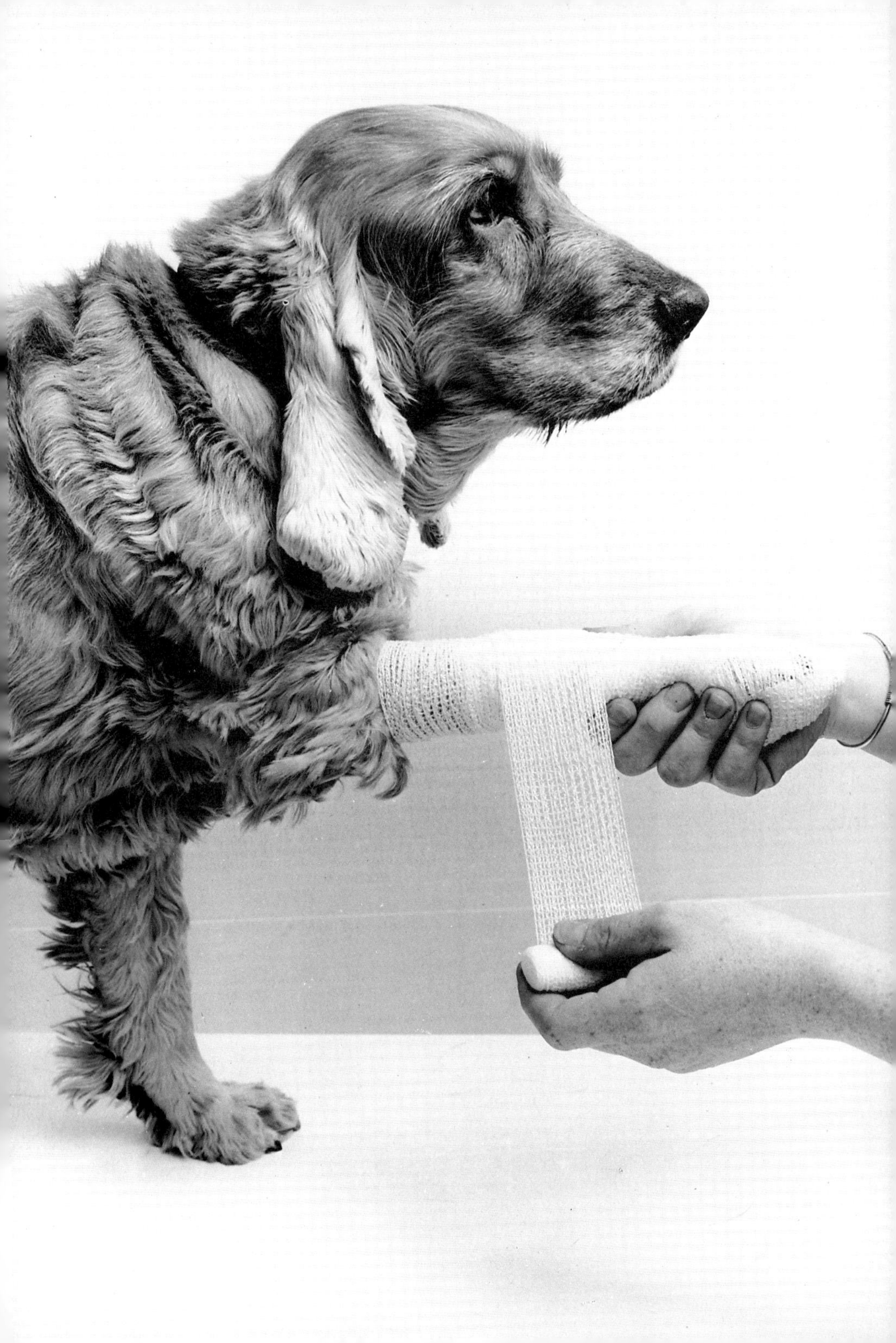

# 13

# LES URGENCES

Vous serez peut-être un jour appelé à soigner votre chien à la suite d'un accident mineur, ou même d'un accident plus grave, en attendant l'intervention du vétérinaire. Si l'accident est grave, gardez votre sang-froid et efforcez-vous de calmer l'animal. Dans ce chapitre, vous trouverez des indications utiles pour la plupart des problèmes courants. Si la situation est plus grave, les grands principes donnés dans ce chapitre vous aideront sans doute à vous occuper du chien en attendant le vétérinaire. Les premiers soins que vous donnerez à votre chien pourront lui sauver la vie ou prévenir certaines complications. Gardez une trousse de premiers soins à portée de la main et essayez d'apprendre par cœur ce qu'il faut faire pour pratiquer la respiration artificielle ou pour soigner un chien victime d'un accident de voiture : en cas d'urgence, vous n'aurez peut-être pas le temps de consulter ce guide.

# Accidents et urgences

L'accident de voiture est particulièrement pénible pour le chien. En règle générale, il est préférable de ne pas attendre l'arrivée du vétérinaire : la plupart des vétérinaires n'ont avec eux qu'un matériel d'examen sommaire, et tout leur équipement plus spécialisé se trouve au cabinet de consultation. Téléphonez pour prévenir le vétérinaire de votre arrivée et emmenez le chien à son cabinet de consultation. S'il est absent, son personnel vous dira quoi faire.

**EN CAS D'ACCIDENT**

**1.** Ne perdez pas la tête. Approchez-vous du chien avec prudence et parlez-lui d'une voix rassurante. Faites appeler son maître si possible.
**2.** Immobilisez doucement le chien avec une « laisse » improvisée (ceinture ou ficelle) que vous lui glisserez autour du cou.
**3.** Mettez-lui une muselière de fortune.
**4.** Assurez-vous que le chien n'est pas pris sous la voiture.
**5.** Donnez les soins appropriés.
Signes à surveiller :
- Battements du cœur.
- Respiration.
- Hémorragie grave.
- Râle.
- Pâleur des gencives.
- Impossibilité de se tenir debout.
- Fracture apparente.

**6.** Téléphonez au vétérinaire en lui indiquant ce que vous avez constaté.
**7.** Déplacez le chien avec précaution.

**VOIR AUSSI**

**Hémorragies,** voir ce chapitre p. 282.
**Pansements,** voir ce chapitre, p. 283.
**État de choc,** voir page suivante.

## LA TROUSSE DE PREMIERS SOINS

Préparez une trousse spéciale pour votre chien.
**1.** Ciseaux à bouts ronds. **2.** Thermomètre à gros bulbe. **3.** Pince à épiler. **4.** Bandes de 5 et 10 cm.
**5.** Sparadrap en rouleaux de 5 cm.
**6.** Gaze. **7.** Coton hydrophile.
**8.** Vieille chaussette. **9.** Sacs de plastique (pour envelopper les pansements des pattes). **10.** Pommade antiseptique. **11.** Lotion antiseptique. **12.** Écouvillons.
**13.** Comprimés de kaolin. **14.** Lotion de calamine. **15.** Collyre.
**16.** Produit pour oreilles. **17.** Huile de paraffine.

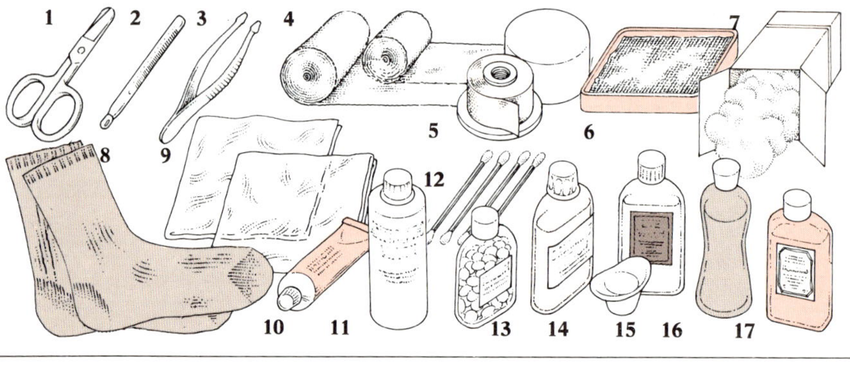

## UNE MUSELIÈRE IMPROVISÉE

Prenez une bande ou une cravate (les ceintures sont trop dures). Surveillez bien le chien. S'il devient bleu ou s'il a du mal à respirer, desserrez la muselière, ouvrez-lui la bouche et tirez sa langue à l'extérieur. Relâchez davantage la muselière et tenez sa tête sur vos genoux.

- **Ne jamais** museler un chien blessé à la poitrine ou qui a du mal à respirer.
- **Ne jamais** laisser seul un chien muselé, car il pourrait essayer de se défaire de la muselière.
- **Ne jamais** museler un chien à museau écrasé : cela pourrait l'empêcher de respirer.

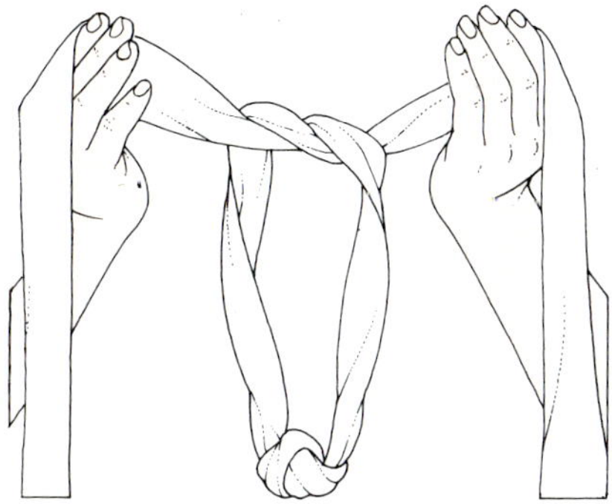

**1** Faites un nœud bien serré au centre de la bande et laissez-le pendre. Faites un deuxième nœud, sans le serrer, 20 cm au-dessus.

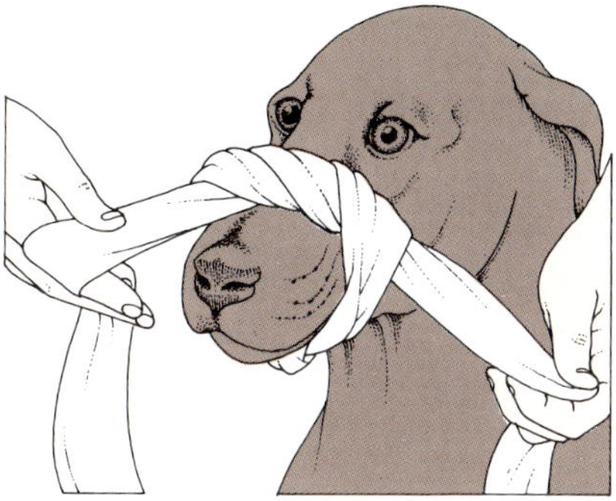

**2** Glissez la boucle formée par les deux nœuds, le plus loin possible sur le museau. Serrez le nœud pour immobiliser la mâchoire.

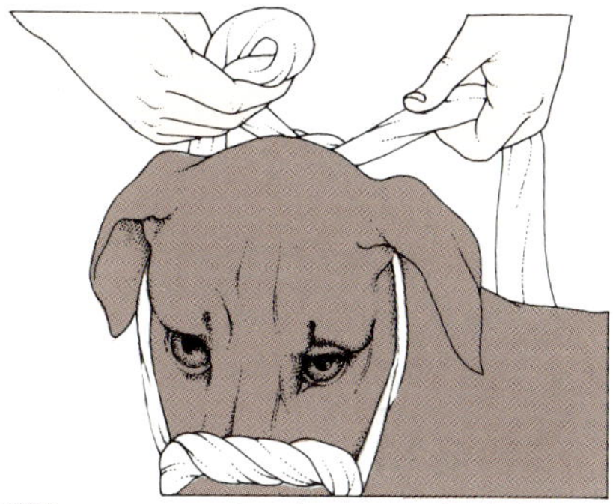

**3** Ramenez les deux extrémités sous la mâchoire, puis autour du cou. Sur la nuque, faites un double nœud facile à défaire.

### ÉTAT DE CHOC ET COMA

Si votre chien a perdu connaissance, une intervention rapide peut le sauver *(voir p. 280)*. S'il est encore conscient, il est peut-être en état de choc. Causes possibles : ☐ Crise d'épilepsie *(voir p. 264)*. ☐ Infection aiguë. ☐ Maladie de cœur *(voir p. 262)*. ☐ Empoisonnement *(voir p. 281)*. ☐ Diabète *(voir p. 245)*. ☐ Coup de chaleur *(voir p. 281)*. ☐ Accident *(voir p. 278)*. ☐ Hémorragie.

### A NE PAS FAIRE :

- Donner un stimulant alcoolisé.
- Le bouger plus que nécessaire.
- Lui soulever la tête.
- Lui faire absorber quelque chose.

**VOIR AUSSI**
**Pouls,** voir « La santé du chien », p. 230.
**Immobilisation,** voir p. 270.
**Convulsions,** voir p. 280.

## COMMENT DÉPLACER UN CHIEN BLESSÉ

Déplacez l'animal tout doucement. Posez-le sur une couverture qui vous servira de civière. Idéalement, une personne devrait soutenir la tête, une autre le dos, et la troisième le bassin. Si vous êtes seul, poussez très doucement le chien sur la couverture.

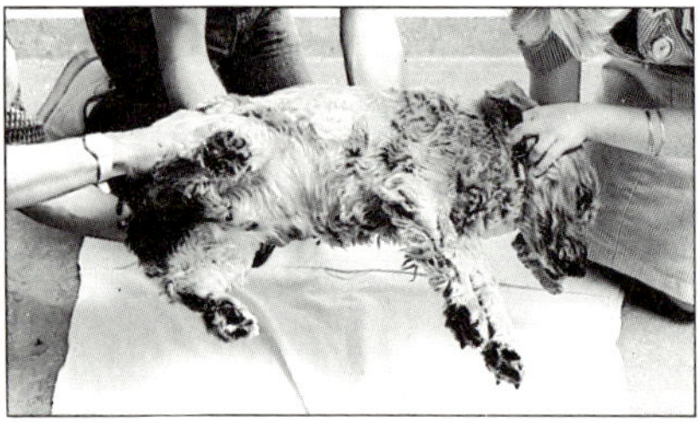

**1** Au besoin, servez-vous d'une muselière et d'une laisse. Étalez la couverture à côté du chien et posez-le doucement dessus.

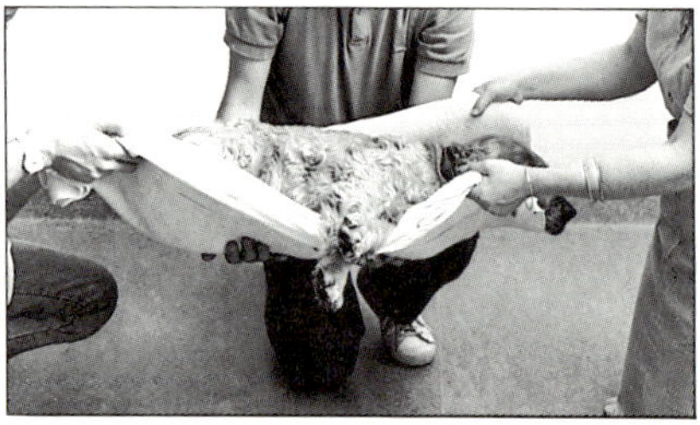

**2** Tendez la couverture à deux, le troisième soutenant le dos du chien. Avec précaution, portez l'animal jusqu'à la voiture.

### PERTE DE CONSCIENCE

**1. Traitement pour l'état de choc.** Gardez le chien dans un endroit calme et chaud. Mettez-lui une couverture et placez à côté de lui une bouillotte.

**2. Respiration.** Si la respiration est irrégulière ou si le chien ne respire plus : □ Desserrez son collier. □ Ouvrez-lui la bouche. □ Enlevez les corps étrangers, la salive, le sang ou les vomissures. □ Pratiquez la respiration artificielle *(voir à droite).*

**3. Pouls** *(voir p. 230).* Si vous ne le sentez pas, placez les doigts en bas de la poitrine, du côté gauche, derrière le coude. Si vous ne sentez rien et si le chien ne réagit pas, faites-lui un massage cardiaque en pressant vigoureusement le côté gauche de la poitrine, juste en arrière du coude – environ un massage à la seconde (si le cœur s'arrête plus de quatre minutes, le cerveau risque de subir des lésions irréparables). Pratiquez aussi la respiration artificielle *(voir à droite).*

**4. Hémorragie** *(voir p. 282).*

**5. Fractures** *(voir p. 283).*

**6. Appelez le vétérinaire.**

### RESPIRATION ARTIFICIELLE

**1.** Assurez-vous que la bouche et la trachée sont dégagées.

**2.** Posez les deux mains sur la poitrine et poussez fermement, mais sans brutalité, sur les côtes pour chasser l'air des poumons. Relâchez immédiatement la pression pour laisser les poumons se gonfler d'air.

**3.** Recommencez toutes les 5 secondes.

### CONVULSIONS

Elles sont généralement causées par une crise d'épilepsie *(voir p. 264).* Le chien commence par donner des signes de nervosité, puis il est pris de convulsions. Symptômes : □ Mouvements saccadés des mâchoires. □ Babines retroussées. □ Écume dans la bouche. □ Perte de conscience. □ Mouvements saccadés des pattes. □ Le chien urine et défèque.

*Ce qu'il faut faire*

**1.** Si vous savez que votre chien souffre d'épilepsie, appelez immédiatement le vétérinaire.

**2.** Assurez-vous que l'animal est en lieu sûr, loin des fils électriques.

**3.** Desserrez son collier et mettez-lui une couverture. Évitez de le toucher tant que la crise n'est pas terminée.
**4.** Laissez le chien au calme et dans l'obscurité.
**5.** La crise ne devrait pas durer plus de cinq minutes. Lorsqu'elle est terminée, essuyez la bouche de l'animal et nettoyez l'urine et les excréments.
**6.** Laissez le chien boire, mais ne lui donnez pas trop à manger. Laissez-le se reposer au calme.
**7.** Rendez-vous chez le vétérinaire.

### NOYADE

Chassez l'eau de ses poumons aussi rapidement que possible.
**Petit chien.** Tenez-le tête en bas, par les membres postérieurs, et balancez-le en cercles avec précaution. Demandez ensuite à quelqu'un de lui ouvrir la bouche et de pomper sur sa poitrine.
**Gros chien.** Prenez-le en arrière des côtes en passant un bras sous l'abdomen. Faites-le basculer sur votre épaule en lui ouvrant la bouche et en pompant sur sa poitrine. *Ne balancez pas* un gros chien : vous risqueriez de disloquer des articulations et de déchirer des ligaments.

### COUP DE CHALEUR

Un chien, après un coup de chaleur, s'il est encore conscient, halète très fort et de l'écume sort de sa bouche.
*Ce qu'il faut faire*
**1.** Nettoyez l'écume.
**2.** Arrosez le chien d'eau froide.
**3.** Rendez-vous chez le vétérinaire.

### CORPS ÉTRANGER DANS LA BOUCHE

Immobilisez le chien *(voir p. 270)*. Ouvrez-lui la bouche, comme pour lui donner un médicament *(voir p. 273)*. Attrapez le corps étranger avec les doigts ou avec de petites pinces, ou essayez la méthode recommandée pour vider les poumons en cas de noyade.

### CORPS ÉTRANGER DANS L'ŒIL

Empêchez le chien de se frotter l'œil en enfilant des chaussettes bourrées de coton sur ses membres antérieurs. Immobilisez-le *(voir p. 270)* et ouvrez les paupières avec le pouce et l'index. Si le corps étranger pénètre dans l'œil, *n'y touchez pas.* Appelez immédiatement le vétérinaire. S'il est en surface, essayez de le chasser en irriguant l'œil *(voir p. 257).*

### CORPS ÉTRANGER DANS LA GORGE

Essayez de chasser le corps étranger en utilisant la méthode décrite pour la noyade. Sinon, rendez-vous d'urgence chez le vétérinaire.

### POISONS

Un chien peut s'empoisonner en avalant un produit toxique, ou en se léchant, si son poil a été en contact avec un poison.
Symptômes : ☐ Vomissements violents. ☐ Perte de conscience. ☐ Violentes contractions musculaires. ☐ Convulsions. ☐ Faiblesse générale. ☐ Hémorragie.
*Ce qu'il faut faire*
**1.** Lavez son poil.
**2.** Appelez le vétérinaire.
**3.** Si possible, emportez le produit chez le vétérinaire dans son emballage. N'essayez pas de soigner vous-même l'animal. Le vétérinaire vous dira peut-être de faire vomir le chien avec un émétique, mais seulement si l'absorption du poison remonte à moins d'une demi-heure. Vous pourriez utiliser les produits suivants : ☐ Cristaux de soude (carbonate de soude), l'équivalent d'un gros pois chiche, directement dans la bouche, mais *pas* de soude caustique (hydroxyde de sodium). ☐ Sel dilué dans de l'eau tiède. ☐ Moutarde diluée dans de l'eau froide.

# Blessures et brûlures

Les blessures les plus fréquentes sont les morsures et les coupures aux pattes. Si vous voyez du sang sur les poils, cherchez d'où il vient. Si la plaie n'est pas visible, passez les doigts sur la robe jusqu'à ce que vous trouviez un endroit poisseux.

*Ce qu'il faut faire*

**1.** Au besoin, coupez les poils pour bien voir la plaie.
**2.** Arrêtez l'hémorragie.
**3.** Mettez un pansement sur la plaie.
**4.** Traitez le chien pour l'état de choc.

## TRAITEMENT DES BRÛLURES

Elles sont généralement causées par un liquide bouillant ou caustique. Autres possibilités : □ Électrocution. □ Froid très vif.

*Ce qu'il faut faire*

**1.** Arrosez le chien d'eau froide.
**2.** Appliquez de la vaseline.
**3.** Traitez le chien pour l'état de choc.

## HÉMORRAGIES

Mettez un tampon d'ouate sur la plaie et maintenez-le avec une bande bien serrée. Si l'hémorragie continue, mettez un tampon d'ouate et une bande sur les points suivants :
**Membre antérieur :** artère brachiale, dans le creux du coude.
**Membre postérieur :** artère fémorale, dans le creux de la cuisse.
**Queue :** artère coccygienne, sous la queue.
**Tête et cou :** enfoncez le doigt dans le sillon où la carotide rejoint l'épaule.

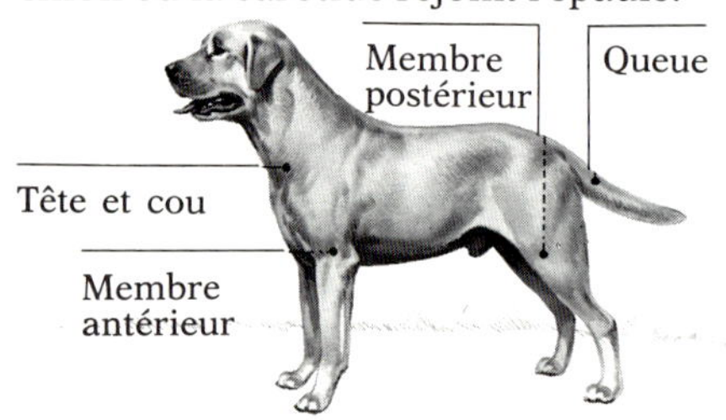


## LES PANSEMENTS

Pour empêcher la plaie de s'infecter, faites un pansement avec de la gaze, un essuie-mains ou un mouchoir propre. N'utilisez pas de coton hydrophile sur une plaie : il laisserait des fibres dans la blessure.

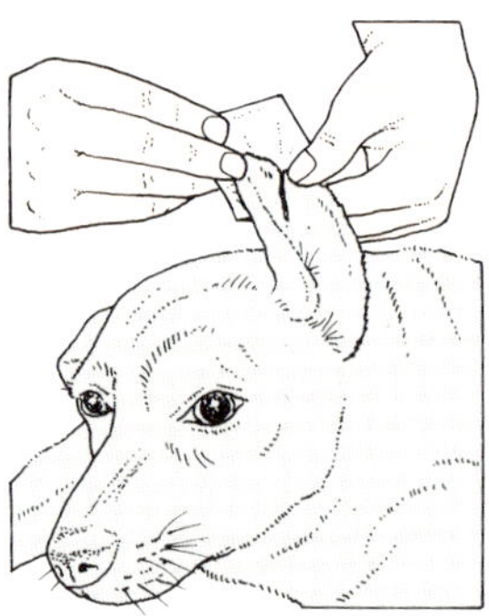

**1** Essayez de refermer la plaie autant que possible et posez le tampon sur la blessure.

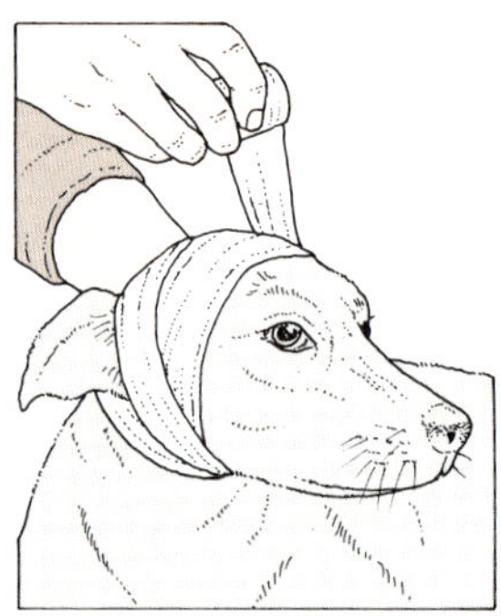

**2** Maintenez le tampon sous une bande élastique que vous enroulerez quatre ou cinq fois.

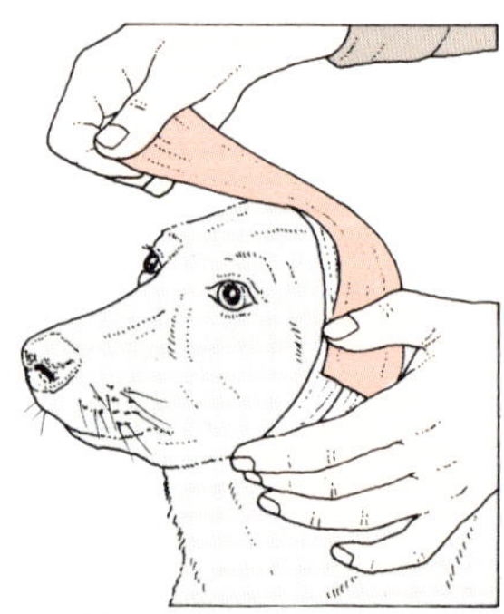

**3** Attachez la bande avec du sparadrap, *jamais* avec des élastiques, qui coupent la circulation.

**PANSEMENT D'UN ŒIL**
La surface de l'œil ne doit jamais se déshydrater. Il ne faut donc pas mettre de pansement sec sur un œil. Servez-vous d'un tampon absorbant imbibé d'eau tiède. Maintenez-le en place avec une bande que vous enroulerez plusieurs fois autour des oreilles pour qu'elles ne bougent pas.

**PANSEMENT D'UNE PATTE**
**1.** Glissez de petits morceaux de coton entre les doigts, puis enroulez tout le pied dans du coton hydrophile.
**2.** Maintenez le pansement avec une bande attachée avec du sparadrap.
**3.** Recouvrez le pansement d'un sac de plastique, puis d'une chaussette que vous attacherez avec du sparadrap au-dessus du « poignet ».

**PANSEMENTS AU TORSE**
Pour les blessures à la poitrine ou à l'abdomen, plusieurs solutions sont possibles :
- Vous pourrez souvent maintenir le pansement avec une bande enroulée sur la poitrine et l'un des membres avant.
- Si c'est impossible, taillez dans un drap un rectangle avec des lanières que vous nouerez au-dessus du dos.
- Vous pouvez aussi enrouler une serviette de toilette dont vous nouerez les extrémités au-dessus du dos.

**TRAITEMENT D'UNE FOULURE**
Les foulures sont fréquentes chez les chiens, particulièrement les chiens de grande taille. Le même traitement s'applique aux étirements musculaires. Pour les foulures graves, le principal traitement consiste en plusieurs semaines ou même plusieurs mois de repos.
*Ce qu'il faut faire*
**1.** Appliquez immédiatement une compresse froide. Changez-la toutes les vingt minutes.
**2.** Après quelques heures, appliquez une compresse d'eau bien chaude.
**3.** Soutenez le membre avec une bande élastique.

## COMMENT POSER UNE ATTELLE

Il n'est pas toujours facile de poser une attelle. Vous aurez besoin d'une bonne quantité de coton hydrophile, de deux baguettes et d'une bande. Essayez de mettre le membre dans sa position d'extension normale et recouvrez-le d'une bonne épaisseur de coton.

**1** Pour réduire l'enflure et faciliter la guérison, enroulez du coton tout autour du membre fracturé. Le manchon doit être deux fois plus gros que le membre.

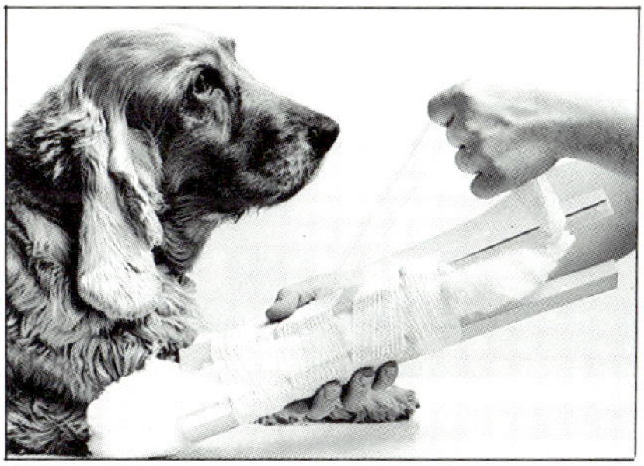

**2** Placez ensuite deux baguettes solides de part et d'autre du membre pour bien le soutenir et maintenez-les solidement en place avec une bande. Appelez le vétérinaire.

# Index

*Les chiffres en caractères gras renvoient au chapitre « Les races ».*

# H



# I



# J



# K



# L



# M



# N



# O



# P

# Crédits photographiques et illustrations

**Illustrations**
John Francis, dessins en couleurs du chapitre « Les races ».
Russell Barnett, Kuo Kang Chen, Vana Haggerty, John Woodcock.

**Photographies**
John Baldwin, Ian O'Leary.

**Couverture**
Dessins : John Francis, Kuo Kang Chen.
Photos : Ardea/Jean-Paul Ferrero, Sally Anne Thompson/Animal Photography, Ian O'Leary.

**Crédits photographiques**
Animal Photography/Sally Anne Thompson : pp. 46 (haut et bas), 48, 49, 50, 51, 53, 76, 79, 88, 94, 107, 111, 122, 123, 124, 176 (1-5).
Animal Photography/R. Willbie : p. 125.
Animals Unlimited/Paddy Cutts : pp. 14, 90, 148, 198, 202, 204 (haut), 205, 206, 207.
Ardea : pp. 7 (haut droite), 9 (droite), 11 (haut droite), 219.
Ardea/Ian Beames : p. 40 (bas droite).
Ardea/J.P. Ferrero : pp. 33, 39, 55, 217 (droite), 218.
Ardea/Clem Haagner : pp. 40 (haut), 41 (bas).
Ardea/Peter Steyn : p. 40 (centre).
Ardea/Wardene Weisser : p. 40 (bas gauche).
Beaumont Animals Hospital, Royal Veterinary College : pp. 19, 267.
Bridgeman Art Gallery (Haworth Gallery, Accrington) : p. 7 (haut gauche).
British Museum/Michael Holford : pp. 34, 38.
British Tourist Authority : pp. 9 (gauche), 201, 203 (haut).
British Tourist Authority/Barrie Smith : p. 204 (bas).
Bruce Coleman/Mark Boulton : p. 203 (bas).
Mary Evans Picture Library : pp. 45, 200.
Sonia Halliday Photographs : p. 8.
Sonia Halliday Photographs/F. Birch : p. 11 (gauche).
Marc Henrie : pp. 42, 65, 72, 73, 91, 103, 108, 160, 184.
Michael Holford : p. 44.
The Image Bank/W. Iooss : p. 215.
The Image Bank/Nicholas Foster : p. 216.
The Image Bank/Larry Allan : p. 217 (gauche).
Jacana : pp. 220, 223.
Jacana/J.P. Thomas : pp. 210, 225.
Frank Lane Picture Agency Ltd/B. Langrish : p. 61.
Mansell Collection : p. 6.
Marka, Milan : pp. 85, 149.
Marka, Milan/Stefano Bisconcini : p. 78.
NHPA/Lacz Lemoine : pp. 77, 120, 275.
Panther Photographic International : pp. 1, 12 (gauche), 71, 100.
Spectrum : p. 7 (bas).
Spectrum/Anne Cumbers : pp. 47, 64, 75, 93, 105, 112, 115, 116, 130, 132, 141, 172, 176 (bas), 194, 195, 196.
Spectrum/Ronald Oulds : p. 127.
Syndication International : pp. 213, 214.
Trevor Wood : pp. 11 (bas droite), 12 (droite), 13, 128.
ZEFA : pp. 2-3, 41 (haut).

Photocomposition MAURY, Malesherbes.
Impression WING KING TONG COMPANY LIMITED.
Dépôt légal : octobre 1986. N° éditeur : 16449.
Imprimé à Hong Kong (Printed in Hong Kong) – 512213 E septembre 1992.